Introduction to Human
Resource Management

人力资源管理导论

强恩芳 ◎编著

北京大学出版社
PEKING UNIVERSITY PRESS

图书在版编目(CIP)数据

人力资源管理导论/强恩芳编著.—北京:北京大学出版社,2019.10
ISBN 978-7-301-30694-9

Ⅰ.①人… Ⅱ.①强… Ⅲ.①人力资源管理 Ⅳ.①F241

中国版本图书馆CIP数据核字(2019)第181475号

书　　　名	人力资源管理导论 RENLI ZIYUAN GUANLI DAOLUN
著作责任者	强恩芳　编著
责 任 编 辑	董郑芳（dzfpku@163.com）
标 准 书 号	ISBN 978-7-301-30694-9
出 版 发 行	北京大学出版社
地　　　址	北京市海淀区成府路205号　100871
网　　　址	http://www.pup.cn
新 浪 微 博	@北京大学出版社　　@未名社科-北大图书
微信公众号	ss_book
电 子 信 箱	ss@pup.pku.edu.cn
电　　　话	邮购部 010-62752015　发行部 010-62750672 编辑部 010-62753121
印 刷 者	三河市北燕印装有限公司
经 销 者	新华书店
	730毫米×980毫米　16开本　23.25印张　387千字 2019年10月第1版　2019年10月第1次印刷
定　　　价	58.00元

未经许可，不得以任何方式复制或抄袭本书之部分或全部内容。
版权所有，侵权必究
举报电话：010-62752024　电子信箱：fd@pup.pku.edu.cn
图书如有印装质量问题，请与出版部联系，电话：010-62756370

序　言

对于人的关注和研究虽然由来已久,但是作为学科的人力资源管理却是比较年轻的。不过,在中外学者的共同努力下,人力资源管理的理论不断创新,人力资源管理的实践不断深化,从而极大地推动了人力资源学科的发展,人力资源管理也逐渐成为一门显学。许多院校设立人力资源管理专业,有的属于经济管理类学科,有的属于公共管理类学科。更普遍的情况是,很多院校虽然没有设立人力资源管理专业,但都开设了人力资源管理课程。作为对外交流、科学研究和社会实践的结果,我国出版了大量的人力资源管理相关教材,有力地促进了人力资源管理学科的教学和研究。按照常理来分析,在如此众多的教材中应该很容易找到自己需要的教材,但事实却并非如此,本序言会尝试着交代编写此教材的起因、编写原则和内容结构。

一、编写本教材的起因

当前,人力资源管理方面的教材在数量上可谓汗牛充栋,反映出作者们灿若繁星的思想,笔者在学习过程中受益颇多,但在教学过程中尚未找到一本比较适合非人力资源管理专业的学生使用,可以为公共部门和非公共部门的人力资源管理者共同接受的通用教材。于是,编写一本"好用"的教材,成了自己多年以来的一个"小目标"。

另外,笔者自1992年在大学学习劳动经济专业开始接触劳动人事理论,大学毕业后在党政机关的组织、人事部门工作九年，后来学习了国外的人力资源管理和人事行政课程，再后来在大学从事人力资源管理的教学和科研工作，至今已二十六年。笔者之所以能够鼓起勇气，在众多前辈和名家以及成就斐然的同辈学者面前不揣冒昧，编写一本人力资源管理的教科书，正是尝试将过去在劳动经济学和人力资源管理学这两个学科上学习、工作、教学等方面的想法做一小结。杨伟国和唐鑛二位老师出版了《人事管理经济学》，以经济学为工具来解释人力资源管理现象，但基本是以经济学为主体。本书也将这两个学科做了一定程度的融合，主体是管理学意义上的人力资源管理，也就是说，人力资源管理学主要用来对人力资源管理过程中的现象进行描述，而劳动经济学则为问题的解决提供理论支撑。此外，本教材内容还融合了劳动法学、企业管理、管理心理学、组织行为学等学科的成果。

二、本教材的编写原则

从20世纪80年代末开始，以经济学为学科基础的劳动经济学，以及以管理学为学科基础的人力资源管理学，在对于组织中"人"的研究方面积累了大量的成果，现在是时候尝试着将两者关联起来了，以期使人力资源的研究取得更大的成效。

借鉴经典教材作者的编写原则，本教材遵循了三个原则。第一，前沿导向。本教材力求探索成熟的理论体系，反映最新的研究成果，关注学科的最新发展，引导学生对本领域理论体系和经典文献的学习和理解。第二，实践导向。本教材力求反映公共部门、私营部门、非政府组织的人力资源管理实践，让读者在学习教材的同时熟悉和了解上述实践活动，掌握基本的分析方法，以提升读者的实践操作能力。第三，思维导向。本教材力求使读者获得相关理论知识和较好的学术训练；通过理论模型和管理实践分析，潜移默化地培养良好的思维习惯。

三、本教材的内容结构

本教材命名为《人力资源管理导论》，出于以下三个方面的考虑。第一，本教材不是人力资源管理方面的专著。诚然，本教材的内容中一定会有笔者对于人力资源管理的相关研究和思考，但更多的是作为人力资源管理学科的框架和基本内容。第二,本教材是人力资源管理的导论而非概论。笔者将读者假定为不一定具有人力资源的专门知识,但对人力资源管理有浓厚兴趣并且想进一步了解此领域的人。第三,本教材强调的是人力资源的管理。当前流行的教材中,一小部分专门研究人力资源的开发,一部分将人力资源的开发和管理并重,但笔者认为,人力资源开发和人力资源管理蕴含于人力资源实践的过程之中,是同一管理活动的不同表现:管理者直接作用于被管理者的活动是管理,是能够很容易地被双方测量和判断的;上述管理活动使得被管理者能力等得以提升的结果是开发,在短时间内难以被感知和认知。因此,本教材名称使用的"管理"一词代表了"管理"和"开发"两方面的内容。

本教材从逻辑结构上分为四编,第一编是基础理论,包括人力资源管理概述(第一章)、人力资源管理思想的历史考察(第二章)、人力资源管理的基本理论(第三章)、人力资源管理的环境(第四章)。第二编是人力资源管理功能,包括人力资源规划(第五章)、工作分析(第六章)、招聘与配置(第七章)、培训与开发(第八章)、绩效管理(第九章)、薪酬管理(第十章)。第三编是人力资源的保护,包括劳动保障和社会保障(第十一章)、劳动关系管理(第十二章)。第四编是人力资源管理的发展,包括国际人力资源管理(第十三章)和大数据时代的人力资源管理(第十四章)。

每章均以一则案例切入对具体问题的分析讨论,通过章末小结对重要知识点进行提炼,利用复习思考题加深学生对具体内容的理解和掌握,学有余力的学生则可以借助推荐阅读材料拓宽视野。这样的安排和基于人力资源管理实践活动的分析便于学生理解,教材中所引用的参考文献都是认真挑选的,可以作为文献选读研习的材料,对学生有极大的益处。

为方便学生理解和记忆、立体化呈现本教材内容,书中特别增加了**音频概述**和**延伸阅读**,学生可通过扫描二维码获得相关背景或拓展知识。这也是笔者的一次创新性尝试。

全书概述

各章节概述

在编写此教材的过程中，笔者虽然极力秉承严谨规范的学术态度，但学术功底、专业理解与研究积累都还存在欠缺，其中必然还有不足之处，敬请读者、学界及业界同行批评指正，更祈望业内大家给予指导，推动人力资源管理的进一步发展，为我国的人力资源实践提供更加科学的理论基础和分析框架。

笔者首先要特别感谢天津师范大学政治与行政学院的领导与同事给予的支持，也要感谢行政管理系历届听过本课程的学生们，他们给予了大量反馈。其次要感谢北京大学出版社的大力支持，尤其要感谢编辑董郑芳老师，正是因为董老师的辛勤努力，才使本书得以出版。最后对所引用的参考文献的作者们表示诚挚的谢意。

强恩芳

2018年5月5日

目 录

第一编 基础理论

第一章 人力资源管理概述 ……………………………………………… 3
学习目标 …………………………………………………………………… 3
引　例　马云：HR 是阿里巴巴财产增值第一人 ……………………… 3
第一节　资源与人力资源 ………………………………………………… 8
第二节　人力资源管理 …………………………………………………… 17
第三节　人力资源管理者 ………………………………………………… 22
第四节　人力资源管理的研究对象与方法 ……………………………… 32
小　结 ……………………………………………………………………… 39
复习思考题 ………………………………………………………………… 40
推荐阅读 …………………………………………………………………… 40

第二章 人力资源管理思想的历史考察 ………………………………… 42
学习目标 …………………………………………………………………… 42
引　例　曾国藩的识人用人之道 ………………………………………… 42
第一节　中国的人才思想 ………………………………………………… 44
第二节　西方人力资源管理学的发展 …………………………………… 49
小　结 ……………………………………………………………………… 59
复习思考题 ………………………………………………………………… 59

推荐阅读 ··· 59

第三章 人力资源管理的基本理论 ·· 61
学习目标 ··· 61
引　例　管理人性与人性管理 ·· 61
第一节　中西方的人性假设 ··· 63
第二节　人力资源管理相关理论 ······································ 70
第三节　人力资源管理模式 ··· 81
小　结 ·· 90
复习思考题 ·· 90
推荐阅读 ··· 90

第四章 人力资源管理的环境 ··· 92
学习目标 ··· 92
引　例　三大环境实现人力资源成长 ································· 92
第一节　作为开放系统的组织 ·· 94
第二节　人力资源管理的环境 ··· 106
小　结 ·· 111
复习思考题 ·· 112
推荐阅读 ··· 112

第二编　人力资源管理功能

第五章 人力资源规划 ··· 115
学习目标 ··· 115
引　例　人力资源规划之困境 ·· 115
第一节　人力资源规划流程及编制 ·································· 117
第二节　人力资源预测方法及平衡 ·································· 121
小　结 ·· 131
复习思考题 ·· 131

推荐阅读 …………………………………………………………………… 132

第六章 工作分析 …………………………………………………………… 133
学习目标 …………………………………………………………………… 133
引　例　基础管理需从工作分析开始 …………………………………… 133
第一节　工作分析及职位说明书 ………………………………………… 135
第二节　工作分析信息的收集方法 ……………………………………… 143
小　结 ……………………………………………………………………… 155
复习思考题 ………………………………………………………………… 155
推荐阅读 …………………………………………………………………… 156

第七章 招聘与配置 ………………………………………………………… 157
学习目标 …………………………………………………………………… 157
引　例　朋友圈里看招聘 ………………………………………………… 157
第一节　招聘及胜任力模型 ……………………………………………… 159
第二节　人力资源招聘流程 ……………………………………………… 168
第三节　人员甄选技术 …………………………………………………… 182
小　结 ……………………………………………………………………… 194
复习思考题 ………………………………………………………………… 195
推荐阅读 …………………………………………………………………… 195

第八章 培训与开发 ………………………………………………………… 196
学习目标 …………………………………………………………………… 196
引　例　员工培训别怕"为他人作嫁衣" ………………………………… 196
第一节　人力资本理论 …………………………………………………… 198
第二节　员工培训与开发 ………………………………………………… 202
小　结 ……………………………………………………………………… 208
复习思考题 ………………………………………………………………… 209
推荐阅读 …………………………………………………………………… 209

第九章 绩效管理 210
学习目标 210
引　例　吴晓波：绩效主义会毁了小米吗？ 210
第一节　绩效考核与绩效管理 214
第二节　绩效管理的理论和工具 224
小　结 232
复习思考题 232
推荐阅读 232

第十章 薪酬管理 234
学习目标 234
引　例　四大上市险企薪酬前十高管去年人均755万元 234
第一节　薪酬管理概述 236
第二节　薪酬管理要素 243
第三节　福　利 253
小　结 257
复习思考题 258
推荐阅读 258

第三编　人力资源的保护

第十一章 劳动保障和社会保障 261
学习目标 261
引　例　重大劳动保障违法行为上"黑榜"只是第一步 261
第一节　劳动保障 263
第二节　社会保障 271
第三节　社会保险 277
小　结 291
复习思考题 291
推荐阅读 292

第十二章　劳动关系管理 ……………………………………………………… 293
　　学习目标 ………………………………………………………………… 293
　　引　　例　裁员都一样,方式有不同 ………………………………… 293
　　第一节　劳动关系 ……………………………………………………… 297
　　第二节　就业歧视 ……………………………………………………… 312
　　第三节　退休管理 ……………………………………………………… 318
　　小　　结 ………………………………………………………………… 324
　　复习思考题 ……………………………………………………………… 324
　　推荐阅读 ………………………………………………………………… 325

第四编　人力资源管理的发展

第十三章　国际人力资源管理 …………………………………………… 329
　　学习目标 ………………………………………………………………… 329
　　引　　例　施耐德电气人才本土化之道 ……………………………… 329
　　小　　结 ………………………………………………………………… 345
　　复习思考题 ……………………………………………………………… 345
　　推荐阅读 ………………………………………………………………… 345

第十四章　大数据时代的人力资源管理 ………………………………… 346
　　学习目标 ………………………………………………………………… 346
　　引　　例　人力资源服务行业应当跟上"大数据"趋势 …………… 346
　　小　　结 ………………………………………………………………… 355
　　复习思考题 ……………………………………………………………… 355
　　推荐阅读 ………………………………………………………………… 355

参考文献 ……………………………………………………………………… 357

第一编 基础理论

第一章

人力资源管理概述

学习目标

1. 掌握人力资源管理的发展过程、与相近概念的区分。
2. 重点掌握资源、人力资源、人力资源管理的概念,人力资源管理的源头,人力资源管理者的角色等。
3. 明确人力资源管理对于组织的重要影响和意义。

引 例

马云:HR 是阿里巴巴财产增值第一人[*]

这是马云针对集团 HR 所做的一次演讲。

其中重点是**"幸福指数""HR 必须是生态链的思想""招人不是第一职责,留人才是第一职责"**等主题,并且回答了关于"HR 怎样找到成就感""价值观考核"等问题。

---

[*] 根据以下资料整理,详见 https://www.jianshu.com/p/3c64ba56735e,http://www.sohu.com/a/141344963_467362,2018 年 7 月 11 日访问。"HR"为 human resource 的首字母缩写,意为人力资源。在我国,人们在口语或非正式文件中经常以"HR"指代人力资源管理从业人员。

让我们一起了解一下，CEO(首席执行官)对于 HR 职能的要求与建议。

马云演讲内容

大家辛苦了，打心里我特别感谢所有集团 HR 的人，今天很多人提起 HR 的时候，非常欣赏和佩服。我也知道大家相当不容易，这个世界上最好的东西是人，我们是塑造人的人，所以我们压力是非常之大。

阿里巴巴集团有两个部门是最惨的，一个就是 HR，一个是 marketing。

一个部门是 HR，对人的兴趣，对人成长、培养的兴趣，可能是这个集团十年来我最关注的。

第二个部门是 marketing，我们这些人对社会的影响力要通过各种方法影响年轻人。

这两个部门可能在集团内是最难干最累的部门，但味道也是最好的。

1. 关于幸福指数

当然，每次谈起 HR 我心里很高兴，觉得阿里巴巴最好的产品应该是我们的人，我们的员工。如何把我们的员工提升？昨天下午跟几个同事在探讨，聊关于幸福指数的问题，我自己觉得压力挺大的。今天我们想建立一套新的体系和制度，打造最具幸福感的员工，这个没有人做过，也没有标准。

既然我们提出的**口号是，打造最具幸福感的公司，今年我们必须拿出一个幸福指数的大致标准**，然后我们可以不断去完善。

去年(指 2016 年)我们调查下来，觉得"最佳雇主"，还是"我是老板，你是员工，我待你挺好"。但是我认为，"最具幸福感"也许不是钱最多，但我们每个人感觉幸福感最好。

人的幸福感是一种理念的感觉，我两三年以前劝阿里巴巴的员工不要去买房子，我今天还是坚持这个原则。假如你有很多钱，买房子不是坏的事情。假如说一个员工收入一个月七千元，五千块钱房贷，两千块钱生活，这样你肯定是不幸福的。这样你不敢去玩，这样你幸福不到哪里去的。假如说你愿意两千块租房子，五千元生活，你会很幸福，尽管没有房子，你有信心，因为你开心，因为你有梦想。房子不是梦想，那是压力。

所以我们说 90% 的幸福跟钱没有关系,但是 90% 的不幸福跟钱是有关系的。

阿里巴巴现在提出的集团使命感是打造新的商业文明,我们 HR 的使命就是打造最具幸福感的公司。什么是指标,这是摆在大家面前要做的事情。我觉得,今天制定最幸福感公司和员工的时候,每个 HR 的人,都要回到"我是一个普通的员工",而不要把自己看成是专家。

2. HR 必须是生态链的思想

我们没有历史,阿里巴巴是创造历史的公司,我们才 10 年。我对以前已经"忘记"了,因为我"硬盘"小。我们永远谈未来,小孩子都是讲将来的,老头子是最怕讲将来的,因为他们没有地方去。

进入阿里巴巴的人,我希望他们有自己的观点,有自己的想法,但是懂得求同存异,懂得欣赏别人,懂得关心别人,懂得积极面对这个社会,而不是悲观。所以,我希望大家从正面去看问题,我们阿里巴巴整个文化思想是开放的平台的思想。我自己觉得,HR 必须是生态链的思想,我们不希望变成农场一样,所有人都一样的,我们不需要这些东西。我们应该是动物园,里面有猴子,也有大象,都有自己的生态系统,我们欢迎各种各样性格的人加入。

我希望在这个公司里面,因为我们有各种各样人才的聚集,让这个庄园变得越来越可爱。我希望阿里巴巴新引进的是五湖四海的人。唯一约束是我们的价值观,唯一决定我们的目标是我们的使命感。进到这条体系,我们公司就会丰富多彩起来。

3. 招人不是第一职责,留住人才是

我跟彭蕾交流了很多年,阿里巴巴的财产增值的第一人是人事专员(HR)。其实不说我也知道阿里巴巴有多少钱,年底报告上一看都知道了。最重要的资产,是无形的东西,以人为本最根本的就是,人是最大的本钱。钱谁都可以借,但是人不能乱借。

什么是 HR 的第一责任,招进来的人没有留住,里面"杂草众生",或者人进来后都走了,这是 HR 的责任。所以,我希望大家知道,招人不是你的第一职责,留住人才是你的第一职责。人才不一定是招来的,是培训出来的。我还要告诉大家,以人为本,这个"人"就是阿里集团最大的资本。如果"人"进我们的公司没有成长,第一职责是 HR。所以我们争取,第一把幸福指数打造出来,第二是人才的培养。

一个人肯定有郁闷的时候,我郁闷的时候还很多呢,怎么办? 我也要寻找突破自己,我觉得阿里巴巴没有突破,跟我一定有关系的,因为我自己肯定没有突破。但是阿里巴巴不断增长,跟我没有关系的,你看看各个公司的总裁,大家的努力,跟我有什么关系呢? 我只不过说了两句话。我们的员工一定会起起伏伏的,低迷的时候是怎么样的,高峰的时候是怎么样的。他低迷的时候告诉他使命、价值观,高潮的时候告诉他使命、价值观,所以这个是很重要的,我们 HR 工作是相当难做的,你们是公司集团内里各个部门中最难做的部门,也是最具战略性的部门。

请 HR 的人严格地把关好招聘,要训练、考核结果。人没招好,大家都知道是麻烦的。你们很虚,虚的东西一定要做实,所以每年的考核非常重要,而且要从 HR 先开始。

我希望 HR 部门,你们今天不是一个决策的部门,给阿里人的员工幸福就是你们的荣耀,他们的成长、发展就是你们一切工作的所在,你们存在的价值就是这些。我们今天阿里巴巴的 HR 在这里,是增值的,因为我们挑到好的人,他们就能为社会创造价值。你们就是布道者,新商业文明的布道者。为什么出《阿里味儿》这本书,就是让大家去看、学习、交流、沟通。

昨天我跟大家也探讨过组织部的一些事情。每个阶段都应该有不同的课程,我们应该搞三板斧①,M1 到 M3 一定要学好基本功。

鲍威尔将军跟我说过,他管理士兵有三招,如果发现他有问题,第一是训练他,第二是把他调走,第三是开除他,到最后,他明白了战略组织。所以,我觉得我们训练方法一定要有,然后是我们的生态环境系统,怎么样让文化更加丰富多彩,更有包容性。这个公司只有生态好了,才是一个具有幸福感的公司。

4. 阿里巴巴内部的生态系统是怎么样的?

我们最早提出踏实的大地,蓝蓝的天空,清新的空气,让人家有踏实、清新的

---

① 阿里的管理三板斧指的是中高层管理者在组织中发展与成长的方法与思路:"揪头发""照镜子"和"闻味道",分别代表着一个中层的管理者,需要具备的三项最核心的能力,即眼界、胸怀、心力。

感觉。**所以最幸福感的,首先第一点我们的环境是可靠、安全的,是透明的、开放的,是分享的,是愿意为自己、别人承担责任的**。所以,希望我们 HR 的人,如果你加入阿里巴巴的 HR,你们可能既幸运也不幸运。幸运的是,我们共同来创造一个 21 世纪,可能要为社会承担的责任,为朋友承担的责任;不幸的是,你可能很倒霉,你们是建设最优秀的幸福感最强的公司,你们是创业者,因为没人做过,而且你们做起来特别累,而且这么多人不一定都能达成共识。

我还要讲一个例子,**HR 制定政策的时候,一切以人为本,一切真正为大家着想,否则你们做很多的政策就没有用**。像我们的孕妇衫,人家要领孕妇衫,不让她来领,就是因为她没有证、我们觉得她会拿回去给妹妹穿。第一,有多少人会拿给自己妹妹穿?第二,就算给妹妹穿又怎么样了?第三,我根本没有怀孕穿孕妇衫?所以,管发孕妇衫的人要知道,出这个点子的目的是什么。

社会与时俱进,制度与时俱进,人一定要与时俱进,推动社会的主导力量是人,**人不与时俱进,就会落后于社会**。所以,要建立一个优秀、开放、透明,承担分享的平台,我们去建立这个生态的体系,蓝天、大地、空气,这个是我们建立起来的。

我们让每个人出去的时候都非常成功;我们让外面跟我们合作的人,都觉得跟我们打交道是一件很开心的事情;我们通过努力和影响,让更多的"80 后""90 后"感觉这就是我们要做的事情。

现在我们有一万八千多名的员工,而且一定会到五万。

我们要建立什么样的文化,什么样的清新空气,才能让这个公司走下去?今年我们要进入新商业文明时期,提出了公益考核,不是要承担社会责任,而是我们要真正爱这个社会。

我希望 HR 的人做公益,公益是我们对未来负责任,对今天负责任,对整个环境负责任,因为这些责任不是替别人做的,而是替自己做的,替自己的子孙后代做的,所以阿里巴巴的员工我希望就这样走下去。

如果我们坚持做正确的事,正确地做事,再给一点时间,这个公司就会越来越健康,越来越开心。

第一节 资源与人力资源

一、资源

彭补拙等编著的《资源学导论》①认为,资源(Resources)是一个历史的、可变的经济范畴。"资源"的概念源于经济科学,是作为生产实践的物质基础提出来的。《辞海》中将资源定义为生产资料或生活资料等的来源②,是人类生产和生活等活动中的可利用之物。换句话说,自然界及人类社会中,一切有用之物就是资源,无用之物就不是资源。简单地说,**资源是指人类生存发展和享受所需要的一切物质的和非物质的要素**。资源是资财的天然来源,即"资财之源",或者说,资源是创造人类社会财富的生产要素。

资　源

关于生产要素的构成,经典经济学家们提出了不同的学说。古典经济学家威廉·配第③提出了包括土地和劳动在内的两要素说,认为劳动是财富之父,土地是财富之母。马克思和恩格斯发展了配第的学说。马克思在《资本论》中的说法是:"劳动和土地,是财富两个原始的形成要素。"恩格斯的定义是:"其实,劳动和自然界在一起它才是一切财富的源泉,自然界为劳动提供材料,劳动把材料转变为财富。"④马克思和恩格斯的定义,既指出了自然资源的客观存在,又把人(包括劳动力和技术)的因素视为财富的另一不可或缺的来源。法国经济学家萨伊⑤提出了三要素说,认为劳动、资本、土地是一切社会生产所不可缺少的三个要素。英国著名经济学家阿尔弗雷德·马歇尔⑥提出了包括土地、资本、劳动和组织在内的四要素说。无论何种学说都认为劳动是无可争议的生产要素当

---

① 彭补拙等主编:《资源学导论(修订版)》,东南大学出版社 2014 年版,第 1 页。
② 夏征农、陈至立主编:《辞海(第六版彩图本)》,上海辞书出版社 2009 年版,第 3053 页。
③ 威廉·配第(William Petty, 1623—1687),英国古典政治经济学创始人,统计学家。一生著作颇丰,主要有《赋税论》(全名《关于税收与捐献的论文》,1662)、《献给英明人士》(1664)、《政治算术》(1672)、《爱尔兰政治剖析》(1674)和《货币略论》等。
④ 《马克思恩格斯选集》第三卷,人民出版社 2012 年版,第 988 页。
⑤ 让·巴蒂斯特·萨伊(Jean Baptiste Say, 1767—1832),法国资产阶级庸俗政治经济学的创始人。
⑥ 阿尔弗雷德·马歇尔(Alfred Marshall, 1842—1924),近代英国最著名的经济学家,新古典学派的创始人,剑桥大学经济学教授,19 世纪末和 20 世纪初英国经济学界最重要的人物。

中的一种。

从历史上看,可被人类用来创造社会财富的要素不是一成不变的,是随着人类认识世界和改造世界的能力提高而动态变化的。世界上的事物是无限的,事物的发展是无限的,社会实践的发展也是无限的,因此,人们对世界的认识永远不会终结,人类的认识是永无止境的发展过程。随着人类认识能力的不断提高,技术手段也不断丰富,人们对事物的认识也在不断地深化扩展向前推移,改造世界的能力也不断增强,因此,进入人类视野、可被用来创造社会财富的事物范围在不断扩大。比如,在农耕时代,人们的交通工具主要利用牛、马、驴、骡等畜力进行牵引;蒸汽机时代主要利用蒸汽机等机械进行牵引;电气时代主要是靠电力等动力进行牵引。牵引工具的发展是与人类认识世界和改造世界能力的提升密切相关的。由此可知,大部分资源都是人类在漫长的社会发展中利用已获技术、知识和经验所取得的智慧的结晶。资源范围是动态的,它依赖于人类的智慧和行为相应地扩大或缩小,不能同人类需要和人类能力相分离。所以,资源是一个可变的历史范畴,随着人类社会发展和科学技术的进步,资源的内涵与外延得以不断深化、扩大,资源科学的研究也将日益深化和拓宽。

二、资源的分类

学者习惯按属性把资源分为自然资源和社会资源两大类。《辞海》将"自然资源"定义为:泛指天然存在的并有利用价值的自然物,如土地、矿藏、气候、水利、生物、森林、海洋、太阳能等资源,即人类可以利用的、自然生成的物质与能量,是自然界中可被利用来为人类提供福利的自然物质和能量的总称。自然资源是人类生存的物质基础,也是人类生活的原料来源和布局场所。①

从广义来说,自然资源包括全球范围内的一切要素,它既包括过去进化阶段中无生命的物理成分,如矿物,又包括地球演化过程中的产物,如植物、动物、景观要素、地形、水、空气、土壤和化石资源等。彭补拙等认为,自然资源按圈层特征可分为土地资源、生物资源、水资源、气候资源、矿产资源和海洋资源等;按利用目的可分为农业资源、药物资源、能源资源、旅游资源等;按特性可分为耗竭性

---

① 夏征农、陈至立主编:《辞海(第六版彩图本)》,上海辞书出版社2009年版,第3066页。

资源与非耗竭性资源、可更新资源与不可更新资源等。

与资源的概念一样,自然资源的概念也随时间推移而变化,具有动态特征。随着社会和科学技术的发展,人类对自然资源的理解和认识逐渐深化。早在原始社会末期,社会生产力的提高、私有制的形成,为天然物产作为商品进行交换创造了条件,人们开始意识到自然物质是资财的源泉,从而形成了自然资源的概念。随着认识水平及科学技术的进步,先前尚不知用途的自然物质逐渐被人类发现和利用,自然资源的种类日益增多,自然资源范畴也愈益扩大,目前认识的自然资源主要包括土地、水、矿产、生物、气候气象和海洋六大资源。同时,随着地球表层自然环境的资源化趋向日益鲜明,地球表层的自然环境要素及其构成的自然环境整体几乎都属于自然资源范畴,自然资源与自然环境难以区分来看。例如,荒无人烟的沙漠、终年冰雪覆盖的高寒山地、难以涉足的高山峻岭,虽属无法开垦利用的土地,但仍有观赏、探险猎奇、考察研究等功能,成为旅游资源,且或许在其地下蕴藏着可以为人类提供福利的矿物资源或能源。

社会资源是指在一定时间条件下,人类通过自身劳动在开发利用自然资源过程中所提供的物质和精神财富的总称。狭义的社会资源仅指人类劳动所提供的以物质形态而存在的人力资源和资本资源。广义的社会资源不仅包括物质形态资源,还包括科学技术、信息、管理、文化等非物质形态资源。一般来说,社会资源可分为经济资源和人力资源两大类。

经济资源是人类在生产过程中形成和发展起来的具有经济意义的各种固定资产的统称。如厂矿企业、交通线路、站场码头、运输工具、劳动工具、水电工程等都属于经济资源。经济资源是继续发展生产的基础和条件,其丰富程度是一个国家和地区现有经济实力的重要标志。人力资源是一个国家和地区劳动力数量和质量的统称,是社会发展再生产的基本条件。

三、人力资源

人力资源是与经济资源同等重要的社会资源,与自然资源一起构成了现代组织所拥有和管理的对象。要研究人力资源管理,必须首先对人力资源的概念进行明确界定。中外不同的学者对人力资源进行了界定,因其学科背景和观察角度不同,所界定的概念也呈现出较大的差异。

(一) 人力资源的含义和特点

1. 人力资源的含义

国内外学者对人力资源进行了不同的界定。

彼得·德鲁克(Peter Drucker)1954年在其《管理的实践》一书中引入了"人力资源"这一概念。他指出,人力资源和其他所有资源相比较而言,唯一的区别就是它是人,并且是经理们必须考虑的具有"特殊资产"的资源。

伊万·伯格(Ivan Berg)认为,人力资源是人类可用于生产产品或提供各种服务的活力、技能和知识。

苏珊·杰克逊(Susan E. Jackson)、兰德尔·舒勒(Randall S. Schuler)在《管理人力资源:合作伙伴的责任、定位与分工》一书中指出,人力资源是组织可以将其看作能够为创建和实现组织的使命、愿景、战略与目标做出潜在贡献的人所具备的可被利用的能力与才干。

国内学者郑绍廉主要从整个社会经济发展的宏观角度来对人力资源进行界定,认为人力资源是指能够推动整个经济和社会发展的具有智力劳动和体力劳动能力的人们的综合,它应包括数量和质量两个方面。这一观点具有一定的代表性。

通过考察国内外学者对于人力资源的界定可以知道,人力资源可以分为两个层次,一是宏观角度,即国家或地区的人力资源存量角度;二是微观角度,即组织和部门的管理角度。

从宏观角度来看,人力资源是一个国家或者地区所拥有的、可推动经济和社会发展的所有体力劳动和脑力劳动的总和。人力资源数量是构成人力资源总量的基础,是指一个国家或地区拥有劳动能力的人口的数量。人力资源数量又可分为人力资源绝对量和人力资源相对量两种。人力资源绝对量的构成,从宏观上看,指的是一个国家或地区中具有劳动能力、从事社会劳动的人口总数,它是一个国家或地区劳动适龄人口减去其中丧失劳动能力的人口,即劳动适龄人口之中具有劳动能力的人口,反映了一个国家或地区人力资源绝对量的水平。人力资源的相对量是指一个国家或地区总人口中人均人力资源的拥有量,可用来进行国家或地区之间人力资源拥有量的比较,相对数量越高,表明该国家或地区的经济活动越有某种优势。

人力资源数量由以下八个部分构成(图1-1):

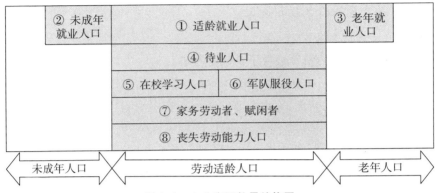

图 1-1 人力资源数量结构图

① 处于劳动年龄之内、正在从事社会劳动的人口,它占据人力资源的大部分,可称为"适龄就业人口"。

② 尚未达到劳动年龄、已经从事社会劳动的人口,即"未成年就业人口"。

③ 已经超过劳动年龄、继续从事社会劳动的人口,即"老年就业人口"。

以上三部分人构成了就业人口的总体,即就业人口=适龄就业人口+未成年就业人口+老年就业人口。

④ 处于劳动年龄之内、具有劳动能力并有积极参加社会劳动意愿的人口,可以称作"待业人口"(在资本主义国家,一般被称为"失业"[①])。

就业人口和待业人口共同构成了经济活动人口。

⑤ 处于劳动年龄之内、正在学校全日制学习的人口。

⑥ 处于劳动年龄之内、正在军队服役的人口。

⑦ 处于劳动年龄之内、家务劳动者或者赋闲者。

⑧ 处于劳动年龄之内、丧失劳动能力的人口。

---

① 根据失业产生的原因,失业主要有以下五种:

摩擦性失业,由于求职的劳动者与需要提供的岗位之间存在着时间上的差异而导致的失业,如新生劳动力找不到工作,工人想转换工作岗位时出现的工作中断等;

季节性失业,由于某些行业生产条件或产品受气候条件、社会风俗或购买习惯的影响,使生产对劳动力的需求出现季节性变化而导致的失业;

技术性失业,由于使用新机器设备和材料,采用新的生产工艺和新的生产管理方式,出现社会局部劳动力过剩而导致的失业;

结构性失业,由于经济、产业结构变化以及生产形式、规模的变化,促使劳动力结构进行相应调整而导致的失业;

周期性失业,市场经济国家由于经济的周期性萎缩而导致的失业。

第一章 人力资源管理概述

从微观角度来看，人力资源是一个组织所拥有和利用的能够为组织创造价值的所有体力劳动和脑力劳动的总和。 人力资源管理学科研究的对象主要是组织内部拥有的人力资源。

2. 人力资源的特点

不同的学者从不同的专业和研究对象出发，总结了人力资源的若干特点，以企业为例，组织中的人力资源具有以下四个特点。

（1）价值性。人力资源的价值性表现在高素质人员队伍往往是企业利润的直接来源。正是因为人力资源的价值性，所以市场中对于人才的竞争从来没有停止过。公司如果既拥有需要不同技能的各种工作岗位，又拥有与岗位技能要求相适应的员工，那么就能在竞争市场中表现出较高的绩效水平。

（2）稀缺性。企业人力资源的稀缺性主要表现在知识型员工超出市场平均水平的智力与能力。这里的知识型员工包括企业家、高级经理人员、高级工程技术人员及一般高技能操作人员。由于知识型员工形成的周期长，企业很难通过短期的培训或购买获得，所以哪个企业拥有他们就意味着拥有竞争对手短期内无法比拟的竞争优势。因此，企业需要通过精心规划的招聘、培训、激励、薪酬设计等人力资源手段组合吸引、留住这些人才，建立持续的竞争优势。

（3）难以模仿性。人力资源的难以模仿性主要是由于人力资源形成的路径依赖性造成的。人力资源的某些具体做法、操作工具或技巧可以通过学习而模仿，但人力资源管理中最核心的价值观却因为其形成的特殊历史条件、社会发展阶段、企业文化等原因，很难被模仿。

（4）难以替代性。物质资源可能会由于技术进步等原因表现出一定的生命发展周期，从而很容易以旧代新。而人力资源由于劳动者与劳动力的不可分性，并且只有当人力资源与物质资本相结合时才能形成生产力，因此很难被替代。

（二）人口资源、劳动力资源、人才资源和人力资源的关系

从整个社会经济发展的宏观角度看，"人力资源""劳动力资源""人口资源"和"人才资源"是四个常见且内涵相关的概念，厘清此四个概念的内涵和关系，可以更准确地理解人力资源。

1. 人口资源

人口资源是指一个国家或地区所拥有的人口的总量。人口资源是一个最基

本的底数,一切人力资源、劳动力资源、人才资源皆产生于这个最基本的人口资源,它主要表现为人口的数量。人口资源是一定空间范围内具有一定数量、质量与结构的人口总体,系进行社会生产不可缺少的基本物质条件。根据联合国人口机构统计数据,2016年全球人口总数攀升至74亿,其中年轻人口激增,对世界各国政治和社会制度构成了挑战。中国的人口数量近14亿,占世界人口总数的18.82%,印度的人口数量超过13亿,占世界人口总数的17.86%。中国和印度都是世界上的人口资源大国。

在古代,我国的先贤管子在《管子·重令篇》中提出:"地大国富,人众兵强,此霸王之本也。"管子把"人众"与"国富"并列为称霸天下的根本。在现代,人口数量也是衡量一个国家是否是大国的条件,欧阳峣和罗会华认为:"一个国家是否是大国,首先看其拥有居民数量的多少,这表现了国家的人本性、群体性。人口数量越多,国家的存在就越有必要。"[①]由此可知,人口数量多、人口资源丰富的国家,往往也是国力强大的国家,或者是潜在的国力强大的国家。

2. 劳动力资源

劳动力资源是指一个国家或地区,在一定时点或时期内拥有的具有体力劳动和脑力劳动等劳动能力的劳动适龄人口的总和。劳动力资源数量也就是指劳动力人口数量。劳动力资源的规模和范围一般考虑两个因素:(1)具有劳动能力的人口数量;(2)劳动适龄人口数量。劳动适龄人口的数量取决于劳动年龄的上下限,各国根据自己国情有不同的规定,它既取决于低龄或高龄人口的生物素质状况,又受社会经济发展水平和相应社会道德标准的制约。国际上一般把15—64岁列为劳动年龄人口,我国现阶段按照性别做了不同规定,男16—59岁、女16—54岁为劳动年龄人口。在我国现阶段,所有16—59岁男性和16—54岁女性的合计为我国的劳动力资源。

在数量上比较,劳动适龄人口小于劳动力资源,劳动力人口小于劳动适龄人口,原因是:劳动适龄人口中有一部分人丧失劳动能力;此外,在校学生、待升学者、家务劳动者、还有没有就业意愿的赋闲者,通常不算入劳动力人口。不过,在超过劳动年龄上限的人口中,还有一部分继续从事社会劳动,通常也算入就业人口,实际上也是劳动力人口。

---

① 欧阳峣、罗会华:《大国的概念:涵义、层次及类型》,《经济学动态》2010年第8期,第21页。

3. 人才资源

根据2010年6月中共中央、国务院印发的《国家中长期人才发展规划纲要（2010—2020）》，人才是指具有一定的专业知识或专门技能，进行创造性劳动并对社会做出贡献的人。人才资源是人力资源中能力和素质都较高的那部分劳动者。2010年5月25日至26日，全国人才工作会议在北京举行，时任国家主席胡锦涛做重要讲话时指出，人才资源是第一资源，人才问题是关系党和国家事业发展的关键问题，人才工作在党和国家工作全局中具有十分重要的地位。

人社部小史

从经济学角度看，世界上有四大资源：人力、物力、财力和信息。在人类社会发展过程中，随着生产力的发展，各种资源的利用程度和对经济增长的贡献率是不同的，从而使第一资源在经济发展中呈现出不断更替的现象。在人类社会发展史上的农业经济时代，人虽是生产的主体，但基本上是靠天吃饭，当时自然资源是第一资源。但随着社会的进步，人类自身能力不断发展，显示出越来越大的力量。进入21世纪后，作为科学技术的载体，掌握科技文化知识和专业技术的人才是人力资源中的精华。当今世界综合国力的竞争实质上是知识和人才的竞争。在这场空前的、全球规模的经济和科技的激烈竞争中，竞争的焦点是一个国家人力资源的质量，即作为人力资源中核心的、高层次部分的人才资源的数量和水平。

4. 四者之间的关系

人口资源、劳动力资源、人力资源和人才资源等概念的本质有所不同：人口资源和人才资源的本质是作为劳动能力载体的人，而人力资源和劳动力资源的本质则是脑力劳动和体力劳动的劳动能力。虽然四者关注的重点不同，但其在数量上却存在一种包含关系，即人口资源、人力资源、劳动力资源、人才资源，在概念上是包含关系，在数量上是依次递减的金字塔型关系（图1-2）。这种包含关系反映出了四者之间由注重数量到注重质量的发展过程。人才资源的数量最少，但质量也最高。一般来说，一个人力资源丰富的国家或地区，其人才资源也会丰富，但由于经济社会发展状况、教育普及程度以及个人受教育机会等因素的制约，一个人口资源的大国，未必是人力资源和劳动力资源的大国，更未必是人才资源的大国。

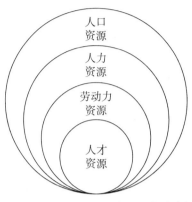

图1-2 人口资源、人力资源、劳动力资源和人才资源的关系示意图

萧鸣政提出了一个人口、人员、人力和人才的转化发展示意图[①]，借鉴其逻辑和转化的途径，本书提出人口资源、劳动力资源、人力资源和人才资源的转化发展过程(见图1-3)，即人口资源需要通过教育、保健、卫生等手段和措施发展成为人力资源；人力资源通过配置和培训等发展成为劳动力资源；劳动力资源通过培训和开发等成为人才资源。

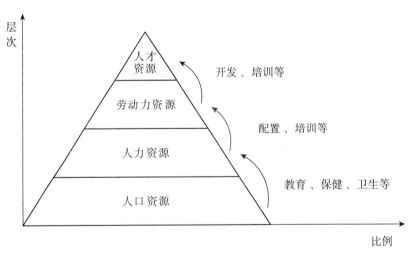

图1-3 人口资源、人力资源、劳动力资源和人才资源的转化发展示意图

---

① 萧鸣政编著：《人力资源开发的理论与方法(第二版)》，高等教育出版社2012年版，第23页。

第二节　人力资源管理

一、人力资源管理的含义

顾名思义,人力资源管理(human resource management,HRM)是对人力资源进行的管理。人力资源虽然可以分为国家和社会层面(宏观)与组织层面(微观)两个角度,但基本上是专指组织层面的社会活动。

据彭剑锋教授考证,人力资源管理作为组织的一种职能性管理活动的提出,最早源于工业关系和社会学家怀特·巴克(E. Wight Bakke)于 1958 年出版的《人力资源功能》一书。该书首次将人力资源管理作为管理的普通职能来加以讨论。巴克认为,人力资源管理的职能已经超出了人事或工业关系经理的工作范围。

随着人力资源管理理论和实践的不断发展,当代人力资源管理的各种流派不断产生,同时学者们也很难在人力资源管理的概念上达成一致。本书引用在人力资源管理学界一些比较具有代表性的观点来阐释人力资源管理的基本内涵和主要特征。

美国著名的人力资源管理专家雷蒙德·A. 诺伊等在《人力资源管理:赢得竞争优势(第五版)》一书中提出:人力资源管理是指对员工的行为、态度以及绩效会产生影响的各种政策、管理实践以及制度的总称。

苏珊·E. 杰克逊、兰德尔·S. 舒勒在《管理人力资源:合作伙伴的责任、定位与分工》一书中提出:人力资源管理是采用一系列管理活动来保证对人力资源进行有效的管理,其目的是为了实现个人、社会和企业的利益。

迈克·比尔提出:人力资源管理包括会影响到公司和雇员之间关系(人力资源性质的)的所有管理决策和行为。

中国台湾地区的著名人力资源管理专家黄英忠则提出:人力资源管理是将组织所有人力资源作最适当的获取(acquisition)、开发(development)、维持(maintenance)和使用(utilization),以及为此所规划、执行和统制的过程。

赵曙明则将人力资源管理界定为:对人力这一特殊的资源进行有效开发、合理利用与科学管理。

彭剑锋认为:人力资源管理是根据组织和个人发展的需要,对组织中的人力这一特殊的战略性资源进行有效开发、合理利用与科学管理的机制、制度、流程、技术和方法的总和。

综合国内外学者对人力资源管理概念界定的各种不同观点,我们认为:**人力资源管理是组织为了实现其目标,对其人力这一特殊的战略性资源进行有效开发、合理利用、科学管理等所有管理活动的总称。**

二、人力资源管理源头和趋势

人力资源无疑是一个组织中最容易也是最难管理的关键资源。人力资源管理覆盖了从人力需求的评估到管理和保留,为此,人力资源管理负责有效地设计和实施各种政策、程序和方案。这一切都是关于开发、管理,以及如何最优地使用知识、技能、创造力、态度和才能。

人力资源管理不仅局限于管理和最优利用人类智力,还关注于管理员工的物质资本和情感资本。考虑到其涉及的复杂性,人力资源管理的范围日益扩大,包括但不限于人力资源规划、招聘、培训与发展、薪酬管理、奖励和认可、工业关系、申诉处理、法律程序等,换句话说,人力资源管理是关于发展和管理工作上和谐的人际关系与平衡组织目标和个人目标的事务。

(一)人力资源管理的源头

人力资源管理的范围广泛而深远,因此,很难简明地定义人力资源的源头,但在实践过程中,人力资源管理的源头一共有三种表现形式。

1. 人力资源管理的第一种形式是员工福利

员工福利是指在管理层和员工的积极参与下,决定员工的实际需要和实现。这一方面主要涉及工作场所的工作条件和设施。雇员福利不仅包括广泛的责任和服务,如安全服务、卫生服务、福利基金、社会保障和医疗服务,还涵盖了安全管理人员的任命、使环境适宜工作、消除工作场所的危害、获得高层支持、安全作业、维护机械、保持清洁、适当的通风、照明、卫生、医疗、疾病津贴、工伤待遇、个人工伤津贴、生育津贴、失业福利和家庭福利等。另一方面,雇员福利还涉及监督、员工咨询、与雇员建立和谐的关系、教育和培训。在一些组织中,还会提供诸如食堂、托儿所、休息室、住房、交通、医疗救助、娱乐设施等福利。

1833年,英国的《工厂法案》(The Factory Acts)规定应该有男性工厂检查员。1878年通过的一项立法规定儿童和妇女的工作时间为每周60小时。在此

第一章　人力资源管理概述

期间,工会开始组建,1868 年举行了第一次工会会议。这是集体谈判的开始。1896 年,爱德华·吉百利①任命玛丽·伍德(Mary Wood)在英国约克的朗特里公司——一家家长制的公司担任福利官,负责工作场所妇女和儿童的福祉,并照料他们的健康和行为。这是世界上第一个有关人事管理的正式职位。1913 年,工业福利工人的数量已经有了很大的提升,西伯姆·朗特里②组织召开了一个会议,随后福利工人协会(The Welfare Workers' Association)成立,后改为人事和发展特许学院。

2. 人力资源管理的第二种形式是人事管理

人事管理有时也称人事行政,是典型的、直接的人力管理。主要包括人力规划、雇佣、培训和发展、归纳和定位、调动、晋升、补偿、裁员和缩减开支、员工生产率等。人事管理的总体目标是确定个人成长、发展和有效性,间接地有助于组织发展。人事管理还包括业绩评估、发展新技能、支付工资、奖励、津贴、旅行政策和程序以及其他有关行动等。

在第一次世界大战中,由于政府鼓励人们更好地使用人力,人事管理有所增加。1916 年,军需工厂中的火药工厂强制性地要求配备一名负责福利的工人,其他的军需工厂也鼓励配备福利工人。设置此岗位的重点是如何测试能力和智商以及其他工作中人为因素的研究。1921 年,美国国家心理学家协会(The National Institute of Psychologists)研究并出版了关于选拔测试、面试技巧和培训方法的研究成果。在第二次世界大战期间,人事活动的重点是:招募和选拔以及后来的培训;提高士气和动机;纪律;健康和安全;联合协商和工资政策。这意味着必须设立一个由受过培训的人员组成的人事部门。

3. 人力资源管理的第三种形式是劳资关系

劳资关系是一个高度敏感的领域,需要与劳动者或者雇员工会密切互动,以处理雇员的不满及有效解决争端,目的是维持本组织的和平与和谐。劳资关系是一种艺术,也是一门科学,可以用来理解就业(工会管理)、共同协商、纪律流程、共同努力以解决问题、理解人类行为、维持工作关系、集体谈判、解决争议等。

---

① 爱德华·吉百利(Edward Cadbury, 1873—1948),曾任吉百利兄弟公司的主席、商业理论家和慈善家,因其在管理和组织方面的开创性工作而闻名。
② 本杰明·西伯姆·朗特里(Benjamin Seebohm Rowntree, 1871—1954),英国的企业家和管理学家。他对企业中人的因素有出色研究,被誉为英国行为科学的先驱者之一。

进行劳资管理的目的是在不给组织造成负面影响的情况下,确保最高级别的理解,以维护雇员的利益。该利益包括建立、发展和促进工人参与,以维护职工和管理者的利益。

第二次世界大战期间,管理层与劳动者之间的协商迅速展开,这就要求人事部门开始负责协商的组织和管理,其中,健康、安全以及对专家的需求成为焦点内容。协商工作加大了对处理劳资关系的专家的需求,人事经理则担当了组织工作的发言人角色。20世纪70年代,劳资关系非常重要,这强化了劳资关系协商中专家的角色重要性。人事经理有权就工资和其他集体问题进行谈判等做出决定。同时,有关就业的立法激增,人事职能发挥了专业的顾问角色,以确保管理者不违反法律,也不会诉诸法律。

(二)人力资源管理的新趋势

20世纪90年代,人力资源管理方面出现了一个主要趋势,即雇主因兼职和临时合同的增加以及远程工作的发明,寻求雇员在工作时间上的灵活安排。劳动者和工作模式日趋多样化,传统的招聘做法毫无用处。在2000年,互联网使用的增长意味着从每天8小时、每周5天工作制的"8/5工作制"向全天候的"24/7工作制"社会的转变。互联网在电子商务领域创造了一些新的就业机会,也让一些工作岗位从商店等传统行业中消失。这意味着员工在家里工作的可能性增加了,组织需要战略性地思考这些事态发展的问题。随着变化的发生,人力资源管理者的角色也将随之发生变化。

信息技术系统(Information Technology System)等信息技术在人力资源管理的若干方面都有所助益,比如电子招聘系统、申请人在线筛选、在线制定培训战略、心理培训、工资制度、就业数据、招聘管理、推荐人管理等方面。信息技术不仅可以帮助人力资源管理者减少日常工作,以有更多的时间来解决复杂问题,还可以确保有更多的信息供决策使用。

三、人力资源管理体系

组织中的人力资源管理是通过人力资源系统运作的。一般来说,人力资源体系包括两大类,一是人力资源管理的架构体系,二是人力资源管理的内容体系。

HRM模块

第一章 人力资源管理概述

（一）人力资源管理的架构体系

人力资源管理的架构体系主要包括人力资源哲学、人力资源战略、人力资源政策、人力资源流程、人力资源管理实践、人力资源方案等。

（1）人力资源哲学：描述管理人员所采用的总体价值观和指导原则。

（2）人力资源战略：确定人力资源管理的方向。

（3）人力资源政策：指导组织价值观、原则和战略如何在人力资源管理的特定领域实施和实施的指导方针。

（4）人力资源流程：将人力资源战略计划和政策付诸实施的正式程序和方法。

（5）人力资源管理实践：包括管理人员使用的正式方法和非正式方法。

（6）人力资源方案：使人力资源战略、政策和实践能够按计划实施。

（二）人力资源管理的内容体系

人力资源管理的内容体系可简单概括为八大模块，是通过模块划分的方式对组织的人力资源管理工作所涵盖的内容进行的一种总结。主要包括人力资源规划、工作分析、招聘与配置、培训与开发、绩效管理、薪酬与福利、社会保障、员工和劳动关系管理等，具体包括以下内容：

（1）人力资源规划：是使组织稳定的拥有一定质量的和必要数量的人力，以实现包括个人利益在内的该组织目标而拟订的一套措施，从而求得人员需求量和人员拥有量之间在企业未来发展过程中的相互匹配。

（2）工作分析：是对组织中某个特定职务的设置目的、任务或职责、权力和隶属关系、工作条件和环境、任职资格等相关信息进行收集与分析，并对该职务的工作做出明确的规定，且确定完成该工作所需的行为、条件、人员的过程。

（3）招聘与配置：按照组织经营战略规划的要求把优秀、合适的人招聘进组织，把合适的人放在合适的岗位。

（4）培训与开发：组织通过学习、训导的手段，提高员工的工作能力、知识水平和潜能发挥，最大限度地使员工的个人素质与工作需求相匹配，促进员工现在和将来的工作绩效的提高。

（5）绩效管理：从内涵上说，是对人及其工作状况进行评价，通过评价体现人在组织中的相对价值或贡献程度。从外延上来讲，就是有目的、有组织地对日常工作中的人进行观察、记录、分析和评价。通过绩效考核来考察员工的工作态度、工作能力、工作业绩等。

（6）薪酬与福利：企业的薪酬体系是怎样的，怎样给不同的员工发工资、福利、补贴，要发多少等。

（7）社会保障：社会保障是一种国民收入再分配形式，是法律规定的、按照某种确定规则经常实施的社会保障政策和措施体系。

（8）员工和劳动关系：劳动者和用人单位（包括各类企业、个体工商户、事业单位等）在劳动过程中建立的社会经济关系。还包括一些档案、合同的管理。

人力资源管理各大模块的工作各有侧重点，又紧密联系，就像生物链一样，任何一个环节的缺失都会影响整个系统的平衡，所以，HR工作是一个有机的整体，各个环节的工作都必须到位，同时要根据不同的情况，不断地调整工作的重点，才能保证人力资源管理保持良性运作，并支持企业战略目标的最终实现。

第三节　人力资源管理者

一、人力资源管理者的含义

随着世界经济一体化程度的提高、知识经济的发展，信息革命第一次使数据全球共享成为可能，日趋激烈的国际国内市场竞争突出地表现为高新科技的竞争，其实质是人力资源之间的竞争。因此在经济发展的过程中，人们日益认识到人力资源管理的重要性。人力资源管理的重要作用在很大程度上依赖于人力资源管理人员的素质，换句话说，人力资源管理人员所受的教育和培训直接决定了他们的专业技能和水平，从而决定了组织的人力资源管理成效，乃至组织现在和未来的发展。

从事人事管理、人力资源管理的人员在不同的组织内、在不同的历史时期，有着不同的称呼。比如在2001年，我国劳动和社会保障部颁布了《企业人力资源管理人员国家职业标准》（劳社厅发〔2001〕3号），将在企业中从事人力资源管理工作的人员统称为"人力资源管理人员"。在《企业人力资源管理师国家职业标准（2007年修订）》中，将"人力资源管理人员"改称为"人力资源管理师"。在2001年的国家职业标准中，将通过国家鉴定的人力资源管理人员分为四个等级，级别由低到高分别是人力资源管理员（国家职业资格四级）、助理人力资源管理师（国家职业资格三级）、人力资源管理师（国家职业资格二级）、高级人力资源管理师(国家职业资格一级)。在2007年修订的国家职业标准中,人力资源管理师按照级别由低到高为四级人力资源管理师至一级人力资源管理师。但是,在企业从事人力资源管理的人员,除了国家职业标准规定的级别之外,更常见称谓是根据职位确定的称呼,比如主管、经理等。在公共部门和非公共部门,人力资源管理人员并没有推行国家职业标准,因此并没有特定的称谓,一般按照职位称为科长、处长或者主管、部长等。不管是哪种性质的组织,其人力资源管理人员都可统称为"人力资源管理者"。

本书所称人力资源管理者是指在特定组织内部工作,在实现组织目标的过程中从事人力资源规划、招聘与配置、培训与开发、绩效管理、薪酬福利管理、劳动关系管理等工作的专业管理人员。人力资源管理者不仅是人力资源管理各具体职能的承担者,还是组织中职位的具体分配者,因此,人力资源管理者在各个组织中的地位都是至关重要的。

"云时代"HR

二、人力资源管理者的角色

组织要想在重大挑战中生存下去,就必须依靠组织中的人力资源来进行学习、协作和组织再造。在新经济时代,成功的组织必须拥有速度、回应、灵敏、学习能力、雇员能力等能力。成功的组织要能够迅速地把战略转化为行动、理智快捷的管理程序、使雇员的贡献和承诺最大化、创造一种不断变革的氛围。这些能力的培养就需要人力资源管理者来承担。德夫·尤里奇认为,在各种挑战下,人力资源管理者应该同时担当以下四种角色。①

第一,执行战略的伙伴。人力资源管理者应该在战略执行方面成为组织高层和业务部门负责人的合作伙伴,助其将计划由会议室变成现实。

第二,行政管理的专家。人力资源管理者应该成为组织工作和执行工作方面的专家,在保证成本降低和质量不变的情况下,有效地提供工作。

第三,员工利益的同道。人力资源管理者应该在高级经理面前积极代表员工的关切,同时,努力提高员工的贡献,也就是说提高员工对组织的认同并提供更高的绩效。

---

① Dave Ulrich,"A New Mandate for Human Resources," *Harvard Business Review*, Vol.76, No.1, 1998, pp.124-125.

第四，推动变革的中介。人力资源管理者应该成为变革的中介人，塑造过程和文化，共同提高组织的变革能力。

（一）执行战略的伙伴

制定组织战略是组织最高层的职责，人力资源管理者只是参与者之一，并非是制定组织战略的完全伙伴，但在执行组织战略的时候，人力资源管理者如果可以推动和指导组织战略，就可以成为组织战略执行过程中组织高层的完全的、合格的战略伙伴。执行组织战略的步骤如下。

（1）人力资源管理应当负责界定组织的结构。换句话说，人力资源管理应当界定公司从事经营活动的基础模式。有几种已经广为人们所接受的框架可供使用。例如，五个基本组织要素：战略（strategy）、结构（structure）、奖酬（rewards）、过程（processes）和人员（people）。又如，7S 模式：战略（strategy）、结构（structure）、系统（systems）、员工（staff）、风格（style）、技能（skills）和分享的价值（shared values）。实际上，对一个组织来说，人力资源管理者采用哪个框架的组织结构并不重要，重要的是如何把这些结构表达清楚，否则，管理人员就无法明了公司是怎样运行的、公司的战略目标是什么、过程中存在的问题有哪些等。

（2）人力资源管理有义务指导对组织本身的审查。组织结构图在帮助管理者识别公司的哪些部分需要变更以便推动战略的执行方面起着关键作用，而人力资源管理应当在公司蓝图的讨论中起引导作用。

（3）作为战略伙伴，人力资源管理者要在变革所需要的组织结构方面想办法。换句话说，人力资源管理者应当在建议、创造和讨论文化变革方案的最佳方法方面起领导作用。

（4）人力资源管理必须了解自己的工作并明确规定其优先次序。在任何时候，人力资源管理者的手头一定要有一揽子创新手段。

成为一名战略伙伴，就意味着人力资源管理者是一个全新的角色。这就要求全新的技巧和能力、需要更多的教育来完成诸如深层分析和前面所谈到的组织审查之类的工作。这样的知识准备能增加协作的信心。

（二）行政管理专家

数十年来，人力资源专业人员都贴有行政管理者的标签。在扮演这个新角色中，他们必须抛开传统的执行规章制度的政策警察的形象，但仍然要把公司所有例行工作做好。从传统角色进入新的角色,人力资源管理者需要同时提高他们自身职能和整个组织两方面的效率。人力资源管理中有不少程序可以做得更好、更快、更省,找出这些程序并固定下来是新人力资源管理工作的一部分。通过减少步骤、借助技术,从而改进人力资源管理工作,降低成本。

但成本降低并不是人力资源管理者变成组织中的行政管理专家带来的唯一好处。效率的改进将建立人力资源管理者的信誉,反过来,这又为人力资源管理者变成战略执行伙伴打开了门户。通过对整个组织工作过程再思考,人力资源管理者也能体现其作为行政管理专家的价值所在。

(三) 员工利益的同道

今天,工作要适应更多的要求——雇员们不断地被要求少耗多做。公司撤回写有安全保障、可预见的提升条款的雇佣合同,换成了对忠诚的含糊许诺的新合同,雇员们也就用同样的方式回敬。雇员们与公司的关系变成了交易。他们付出时间,但不会更多一点。这是公司的失败。在新的角色中,人力资源管理者有责任保证雇员们都在为公司工作——让员工感到在为组织做贡献并愿意付出全力。在过去,人力资源管理是通过满足员工的社交需要来做到这一点的,如组织野餐、聚会、比赛。现在的新程序是:人力资源管理者负责定向训练部门经理,让他们懂得雇员士气高涨的重要性,并知道如何做到这一点。在公司管理人员的讨论中,人力资源管理者要代表雇员的声音;为雇员个人及个人专业成长提供机会;提供多种资源帮助雇员努力达到公司的要求。

为了进行定向帮助部门经理达到提高士气的目的,可用这几种工具:研习班、书面报告、雇员调查等。这可以使经理们了解士气低落的原因。更重要的是,人力资源管理部门可以根据雇员情绪低落的"原因",对生产部门开展教育。

组织行为专家一般认为,当对人们的要求超过了可用资源的保障程度时,或者当目标不清、优先次序不明、业绩标准含糊时,都会出现士气低落的情况。人力资源管理的任务之一就是在高层行政人员面前树立一面镜子。人力资源管理者可在提供建议改进士气问题上发挥关键作用。简单的建议如极力主张增雇辅助人员,复杂的建议如考虑在特定的情况下搞企业再造;或者建议在某些项目中更多地采用团队形式;或者建议让雇员更多地控制自己的工作时间表。人力资源管理也可以使部门经理注意到有的雇员干的活是乏味的或者单调重复的。在就士气问题对部门进行教育的同时,人力资源管理人员必须也是雇员们的辩护者,在管理方面做他们的代表,在管理人员讨论时代表雇员们的声音,这个辩护作用不是徒劳的:只有在雇员们知道了这一点之后,才愿意与人力资源管理人员交流看法。

(四) 推动变革的中介

在这样一个全球化、技术革新、信息便捷的时代,商业中的成功者与失败者的主要差别在于对变革响应能力的大小。人力资源管理的第四项责任就是构筑组织的接受变革和以变革作为资本的能力,包括集中创立高效率的团队,缩短革新的周期,或者搞新工艺的各项变革的创见,人力资源管理者要帮助把上层的要求变成员工的具体行止。

作为变革的中介,人力资源管理的任务就是让变革的阻力转化为决心、方案变为成果、害怕变为兴奋。如何做呢?回答是:创制和运用变革模式,通过谈话、讨论发现问题,帮助组织发现成功的关键因素并估计组织本身的优劣。作为变革中介人,并不要求人力资源管理者自己去执行改革,但要设法使改革得以完成。需要强调的是,这些人力资源管理者扮演的新角色与其传统形象是截然不同的:在大多数组织中,人力资源管理仍是政策警察和组织制度的监察者——成天围着招聘、解雇和别人已经决定的利润、奖酬等文件转圈,即人力资源管理活动显得或常常就是与组织的实际活动没有关联。而人力资源管理的新任务将帮助组织更好地为顾客服务或提升组织的价值。

三、人力资源管理者和直线管理者

(一) 人力资源管理者和直线管理者的区别

人力资源管理不仅仅是人力资源部门的事,凡是有组织、有人的地方就有人力资源管理。任何组织中,参与人力资源管理工作的群体都有四个,分别是领导者、人力资源管理者、直线管理者、员工。领导者是指组织的最高管理者和最终决策者。领导者决定组织人力资源管理的顶层设计和战略。人力资源管理者是专业的人力资源管理人员,他们建立、维护和推动组织的人力资源制度,帮助组织的各部门解决发展中一切与人相关的问题。直线管理者(Line Manager)是在对组织目标的实现负有直线责任的部门担任领导职务的人,比如,在组织的财务、销售、研发、生产等非人力资源部门担任部门领导的管理者。在本部门范围内,直线管理者对员工进行包括绩效、沟通、授权、激励、培训等方面的人力资源管理工作。所以有人说,所有的直线管理者都是人力资源管理者。员工是指组织内除领导者、人力资源管理者和直线管理者之外的全部人员,员工不仅是各级人力资源管理者的管理对象,还是自己的管理责任人。

在涉及人力资源管理的领导者、人力资源管理者、直线管理者、员工等四个群体中,领导者和员工的作用比较容易区分,人力资源管理者和直线管理者的职责在人力资源管理上有所交叉,应该对两者的作用加以辨别。

一般来说,人力资源管理者是组织的人力资源制度和机制的制定者,是人力资源方案的推行者,是人力资源专业技术的指导者,也是人力资源制度方案执行情况的监督者,站在战略和整体的高度为各直线部门提供增值服务。在出现人力资源管理方面的问题时,直线管理者要积极与人力资源管理者进行沟通和探讨,寻求人力资源管理者的专业服务,以更好地解决问题或防患于未然。

学者们研究发现,人力资源管理者和直线管理者对于人力资源管理的某些问题已经形成了共识,但在其他方面观点并不一致。[1]

第一,人力资源管理者和直线管理者在人力资源管理重要性的认知上并无显著差异,双方都认为人力资源是组织成功的关键。对于人力资源管理工作的各项制度,人力资源管理者认为招聘选拔、管理沟通和员工忠诚最为重要,这体现了人力资源管理者从人力资源管理的专业角度看问题的思路,即员工忠诚的获得在很大程度上依赖于有效的管理沟通。而要想实现有效沟通并进而培育员工的忠诚,最合理的方式就是把好招聘选拔这一关,在招聘时尽量挑选认同公司使命远景、和组织成员有共同价值观的应聘者。

第二,在对人力资源管理各职能重要性的认识上,人力资源管理者和直线管理者并不一致,而是各有侧重。相比人力资源管理者,直线管理者认为激励、薪酬管理和绩效管理是最重要的人力资源实践活动,这主要是从直线部门的日常运作出发。直线部门的工作人员最为关心的就是他们的薪酬,这通常和绩效水平相挂钩,二者相互影响。对直线人员的有效激励能提高其绩效和薪酬水平,而合理地运用薪酬和绩效管理的方法亦可获得对直线人员的有效激励。

第三,直线管理者与人力资源管理者对人力资源管理各职能有效性的认知

---

[1] 陈文钢、钱冈:《我国企业人力资源管理的认知度研究——基于人力资源经理和直线经理的比较分析》,《改革与开放》2005年第9期。

存在明显差异。相对于人力资源管理者,直线管理者认为人力资源管理各种职能的有效性要明显偏低,在员工培训、劳动关系、人力规划、绩效管理等指标上差异特别显著。直线管理者通常不能有效地运作人力资源系统,却将失败归因于人力资源系统本身。很多直线管理者实际上没有参与人力资源系统的设计,这使得他们对于一些活动没有归属感,因为直线管理者评价最高的人力资源活动往往来自他们所参与设计的活动,所以从设计阶段开始,人力资源系统就需要人力资源管理者和直线管理者的全面参与。

(二) 直线管理者在人力资源管理中的作用

直线管理者在工作中往往更加注重部门核心业务的跟进和管理,容易忽略本部门的人力资源管理,有的直线管理者甚至会认为人力资源管理只是人力资源部门的工作,与自己并无多大关系。其实不然,一个优秀的直线管理者必然要熟识人力资源管理的基本思想,掌握必要的人力资源管理方法和工具。直线管理者和人力资源管理者的通力合作是解决部门以及整个组织人力资源问题的重要基石。一般来说,直线管理者在人力资源管理中起着以下重要作用。

1. 直线管理者是组织人力资源管理制度的坚定执行者

组织的人力资源管理制度一旦制定出来,就需要各直线部门遵照执行,其执行效果的好坏与直线管理者如何执行该制度有很大的关系。一方面,直线管理者本人也受制度的约束,并接受制度的考核。作为一个团队的领导者,直线管理者必须带头坚定不移地执行组织的人力资源管理制度,为下属树立榜样。另一方面,直线管理者需在本部门推行组织既定的制度。为了让制度得到部门员工的普遍认可和有效执行,直线管理者需深入了解制度的内容和制定背景,随时为员工答疑解惑。

2. 直线管理者是人力资源管理部门的合作伙伴

在一个组织中,人力资源管理体系的效率不仅依赖于人力资源部门的活动,还依赖于直线管理者的参与。人力资源管理部门不是万能的,并不是指其管理能力不够,而是说很多事情必须要和其他业务部门合作。有些组织员工流失率很高,部分原因就是直线管理者在人力资源管理方面没有起到应有的作用。在科层制体系里,层级是清楚而稳定的,直线管理者充分发挥作用,与员工建立密切联系,适时挽留员工,可以降低员工流失率。而有些组织常常没有达到该有的科层制水平,导致缺少正式的人员去处理员工的去留问题。直线管理者和人资源部门的合作尤为重要。

3. 直线管理者是本部门人力资源管理制度的制定者

为理顺本部门工作关系,直线管理者应掌握工作分析和岗位评估的方法和流程,同时还要让部门每一个员工理解工作分析的方法和重要性,从而准确而有效地明确界定部门员工的责权利,合理评价不同岗位的相对价值及任职要求。在做好工作分析和目标管理的基础上,直线管理者向人力资源管理者提出本部门的用人及培训计划,有效地招聘、甄选合适的人才,并有针对性地帮助员工规划其职业生涯,增强员工的归属感,提升团队的凝聚力和战斗力。

4. 直线管理者是本部门人力资源管理的最终责任人

组织的直线管理者要为本部门的绩效负责,而绩效的决定因素是本部门的工作人员。具有人力资源管理思想的直线经理,在执行制度的过程中,应该从全局的角度审视自身的优势和劣势,观察和总结在执行组织人力资源制度时发生的问题。当发现组织人力资源管理制度的不足或有改进可能时,要及时与人力资源管理者进行沟通,向组织人力资源部门提出合理化建议,与人力资源管理者一起完善组织的人力资源制度及体系。不管本部门的人力资源管理活动是否有效,直线管理者都必须承担组织对本部门的所有评价结果。

四、人力资源管理者的层次和职责

一般来说,一个组织的组织结构分为三个层次,即高层、中层、基层,相对应的,组织中的工作人员根据其工作岗位在组织中的层次,也可以分成高层人力资源管理者、中层人力资源管理者和基层人力资源管理者等三个层次。以企业为例,在组织高层通常设立人力资源副总经理或者人力资源总监职位,在中层设立人力资源部经理职位,在基层设立人力资源文员职位等。基层的人力资源管理者通过工作和学习,不断扩充专业技能,有可能沿着组织内的职位阶梯向上发展,成为中层人力资源管理者,继而最终成长为负责整个组织的人力资源工作,并成为组织战略的合作者。

在组织中,不同层次的人力资源管理者,其承担的任务和对组织的人力资源管理目标的实现所起的作用不同,因此,他们所从事的人力资源管理工作的职责也就有所不同。对于组织的高层人力资源管理者来说,他们的任务是根据组织目标制定组织的整体人力资源管理目标,并促使该目标实现。因此,高层人力资源管理者的职责主要是配合组织总体战略制定组织的人力资源战略和发展目标,同时协调中层人力资源管理者的工作,为组织的存在与发展提供人力资源保证。中层人力资源管理者的任务是连接高层人力资源管理者和基层人力资源管理者的工作,其职责是把高层人力资源管理者制定的人力资源战略规划转变为可执行的人力资源管理方案,如人事规章制度等,同时协调基层人力资源管理者的活动。基层人力资源管理者负责人力资源管理方案的实施,即把中层人力资源管理者制定的人力资源管理方案细化为具体的计划并执行。

五、人力资源管理者的素质要求

因为不同层次人力资源管理者的工作职责不同,所以组织对不同层次人力资源管理人员的素质要求不同;当然,即使是同一层次的人力资源管理者,受其他因素的影响,其所需具备的素质也各有所侧重。

人力资源管理者要胜任所从事的人力资源管理工作,就必须掌握工作所需的人力资源管理及相关专业知识,熟悉人力资源管理的有关政策,遵守规定的职业标准,具备某些重要的工作能力,甚至还必须完善性格的某些方面,因此就可能需要接受人力资源管理专业的高等教育,参加人力资源管理理论和实务方面的职业培训,阅读人力资源管理专业杂志等。具体来说,一个合格的人力资源管理者应该具备以下素质。

(一)专业知识素质

人力资源管理者在组织中扮演着执行战略的伙伴、行政管理专家、员工利益的同道及推动变革的中介等重要角色。人力资源管理者应具有专业知识的能力特征,所以其首先应该是一位人力资源管理方面的专家,不仅要对人力资源管理各环节的知识熟练掌握并运用自如,还应该通晓所在行业的情况,熟悉本组织开展业务应具备的运营知识和经营活动能力。只有掌握好这些知识,人力资源管理者才能更有效地制定本组织人力资源战略与规划,顺利地开展招聘、培训、绩效考核、薪酬管理等人力资源管理活动,有效地参与组织的总体战略规划的制定,并通过这些活动为组织出谋划策。人力资源管理者要想适应知识经济时代的发展变化,提高组织的竞争能力,实现可持续发展,就必须尽快理解和掌握尽可能多的专业与经营知识。

(二) 职业能力素质

管理能力素质是人力资源管理者素质的核心内容,能力素质的高低直接影响组织管理水平的高低,是人力资源管理者知识智慧在工作中的综合体现。人力资源管理实践活动包含的内容、涉及的领域、实施的方式都非常广泛、复杂,人力资源管理者要胜任所从事的人力资源管理工作,必须具备人力资源管理能力、组织变革能力、战略管理能力、知识管理能力、沟通能力等多种能力。人力资源管理能力可理解为人力资源管理者在人力资源吸纳、使用、激励、培训与开发等人力资源活动中所表现出来的专业技术能力,即职业能力,是人力资源管理者的首要能力和核心能力,是其做好本职工作最基本的能力要求,也是其综合素质的重要体现。

(三) 职业精神素质

大多数组织都重视员工的职业精神,如果把组织所希望得到的工作成果作为一个结果函数的话,那么职业精神就是影响一个人能力发挥(变量)的系数。一个人能力发挥的程度,往往取决于他如何看待问题、思考问题。职业精神素质高,能力发挥程度就高。组织需要职业精神素质高的人,个人的职业发展也往往受职业精神高低左右。职业精神体现在日常工作当中,是职业人的灵魂,是组织和个人竞争力的重要组成部分,主要包括个人诚信、创新精神、敬业精神等。如果说知识结构、能力素质是人力资源管理者素质的支柱的话,那么个人诚信则是支撑这些支柱的地基。一个具有个人诚信魅力的人力资源管理者,能深得上级、下级、同事和客户的尊重,有助于他与公司内外关键人员保持有效的联系,建立一个可信赖的人际交往环境。

(四) 身心素质

身心素质是身体素质与心理素质的合称。身体素质是指人力资源管理者应具备的健康的体格,全面发展的身体耐力与适应性,合理的卫生习惯与生活规律等。心理素质是指人力资源管理者应具备稳定向上的情感力量,坚强恒久的意志力量,鲜明独特的人格力量。随着经济社会的急剧变化,人力资源管理者必须面对组织内外部环境的变化,使人力资源系统与整个组织的战略实施保持高度一致,与周边环境协调一致,在此过程中,人力资源管理者面临生理和心理上的巨大压力,身心素质不佳的话,就无法完成组织分配的工作。

第四节 人力资源管理的研究对象与方法

一、人力资源管理学在中国的发展

从一般意义上说,中国人力资源管理实践和人力资源管理教育历史悠久。两千多年前的管子就说过:"一年之计,莫若数谷;十年之计,莫若树木;终身之计,莫若树人。""树人"就包含着将人当作资源而"开发"的意义。据说早在1956年,毛泽东就使用过人力资源的概念。但作为一门独立的学科,中国的人力资源管理学是20世纪70年代末改革开放以后从西方引进的。到了80年代初期才开始逐渐被重视,一个重要的标志是1982年《人力资源》杂志创刊,其前身是由国内六省人事厅联合主办的《干部人事月报》。该刊的定位是聚焦人力资源前沿资讯和发展动态,提供人力资源全新管理理念和解决方案。该刊的发行为西方人力资源管理学在中国的传播开辟了道路。专业期刊《中国人力资源开发》创刊于1984年,后由国家发展和改革委员会主管、中国人力资源开发研究会主办,并被认定为国家级核心期刊。该刊旨在进行国内外人力资源的研究成果和工作经验交流,积极推动我国人力资源开发科学的发展,为实现我国人力资源开发战略服务。

1985年11月18—26日,在清华大学召开了"城市发展与人力资源学术探讨会",这次重要经济会议的主要议题是探讨各国的城市发展和人力资源管理。

1986年10月19—22日,国家科委人才资源研究所、天津财经学院经济研究所在天津召开了"决策科学、人力资源管理学学科体系建设讨论会",会议的主要议题是关于这两门学科体系的设想、对这两门学科性质的认识和发展规律及研究方法。1988年9月,在贵阳召开了"国际劳工组织亚洲人力资源开发网、中国人力资源开发研究中心成立暨首届学术研究会"。此次会议成为我国人力资源理论研究的真正发端。随后,人力资源开发丛书编委会、《光明日报》等举行了人力资源开发理论研讨会,人力资源管理理论迅速在我国传播。一时之间,各种人力资源管理译著问世,一些国际性机构与中国的高等院校开始进行广泛的学术交流,国内一些具有较高水平的学术性专著也逐渐增多,人力资源理论的研究与探讨达到了前所未有的高潮。

1988年,中国人力资源开发研究会成立,隶属于国家计划委员会(现为国家发展和改革委员会），是中国人力资源科研、教学活动和开发利用工作的学术性社会团体。其宗旨是推动中国人力资源的全面开发和利用。1992年，该研究会与国家计划委员会人力资源开发利用研究所、北京市经济管理干部学院在北京联合召开了"社会主义市场经济条件下的人力资源开发座谈会"，会议的主要议题包括：(1)社会主义市场经济条件下的人力资源开发的地位和重要意义；(2)社会主义市场经济条件下的人力资源开发与劳动市场的关系问题；(3)劳动力市场形成的主体；(4)有关主张"劳动力是商品"的探讨；(5)劳动力市场的基本的原则问题；(6)政府扶持劳动力市场发展的政策倾斜问题；(7)人力资源开发遇到的有关问题；(8)人力资源开发和教育的关系；(9)人力资源开发要重视经营人才的开发。

1995年，在北京召开的"人力资源开发与管理高层研讨会"探讨了人力资源管理与开发的意义、人力资源管理开发与国内企业发展、国外企业人力资源开发与管理的经验三个议题。2000年5月19—21日，《中国人力资源开发》杂志社、中国人力资源开发研究会培训中心在北京举办了"新世纪首届中国人力资源开发与管理论坛"，主要议题是中国企业的人力资源战略。与会者一致认为，中国企业的发展关键在于人力资源战略。2001年6月25—29日，中国劳动学会召开了"人力资源开发与管理的政策与方法问题学术研讨会"。会议达成两点共识：一是当代人力资本理论的发展，使人们加深了在实践中正确认识经济增长中人力资本投资的作用；二是针对人力资源管理方面存在的问题，提出了要制定好全国人力资源发展与调控的总体战略，制定好人才政策，加快建立和完善多层次的人才培训体系，特别是要加快对高层次专业技术人才、经营管理人才和高技能人才的培训力度，要深化改革，建立企业人力资源开发、管理体系等对策措施。2004年6月，中国人力资源开发研究会、《中国人力资源开发》杂志社、国家人事部中国人事科学研究院在北京人民大会堂和华润饭店举办了"首届中国人力资源大会"。这次大会是我国人力资源方面的一大盛会，大会主题是"人力资源开发与人本管理"；议题涉及人才战略、人力资本、人本管理、组织变革、薪资福利、绩效管理、培训开发、人才测评、职业发展、员工激励、领导力发展、人才甄选等诸多方面；旨在让与会者了解国内外人力资源管理的最新理念、最新方法及发展趋势，获得与国际顶尖跨国公司、国内先进企业、知名学府与科研机构的著名人力资源管理专家进行思想碰撞和面对面交流的机会，解决人力资源管理实务中的

人事管理变化

疑点和难点,提升人力资源管理水平。

一系列的关于人力资源管理的研讨会议见证了人力资源管理学在中国的发展历程,此外,很多国内著名学者也为人力资源管理理论在中国的传播做了很大的贡献。人才学家王通讯从人才学角度对人力资源管理的重要性、人才的培养等作了充分论述;南京大学的赵曙明多年致力于企业人力资源管理的基础理论和对策问题研究,主持了自然科学基金项目"中国企业国际化进程中人力资源管理研究""企业集团人力资源管理战略研究"等,对各国人力资源管理体系进行了比较研究,其有影响力的著作有《企业人力资源管理与开发国际比较研究》《人力资源管理研究》等;中国人民大学劳动人事学院赵履宽早在1994年就在《中国人力资源开发》期刊中发表《中国的当务之急——体制改革与人力资源开发》一文,文中分析了第二次世界大战后新加坡、韩国等国家以及中国台湾地区的"经济奇迹",前瞻性地指出了中国的振兴取决于人力资源开发,而中国人力资源能否得到有效开发取决于体制改革的成败。

二、人力资源管理的研究内容

人力资源管理学是在探讨企业内部人力资源管理的基础上发展起来的,现在已将研究范围扩展到了政治、军事、文化、教育、科学技术等各个领域。根据研究的角度不同,可以将人力资源管理划分为宏观人力资源管理与微观人力资源管理两个方面。

(一)宏观人力资源管理

宏观的人力资源管理指从宏观层面上研究社会各个领域的人力资源管理,即宏观的人力资源状况预测以及人力资源战略制定,它是政府的一项重要管理职能。内容包括社会人力资源投资与投资政策制定、社会人力资源保护、社会人力资源教育、人力资源国际间流动管理、人力资源管理法规的制定与实施、就业政策的制定与就业管理等。

(二)微观人力资源管理

微观人力资源管理指对组织内部人力资源的管理,也就是对组织内的人力资源实行有效的开发和利用以提高经济效益。其研究对象是组织中的人力资源,可以简单地理解为(组织中的)员工。具体研究内容主要包括人力资源的形成、结构和开发,工作分析与工作设计,制订人力资源计划,招聘、调配、培训、激励的规范化,薪酬管理、业绩管理的科学化,组织文化与领导者素质、员工素质的关系及其测评方法等。其任务在于综合利用人力资源管理的理论和方法,最大限度地协调组织内部人与人之间、人与事之间的关系,使人力资源得到最充分有效的使用,避免其浪费与摩擦,做好员工与岗位之间的匹配,以求用最少的人力和物力实现组织的既定目标,并且从中形成健康向上的竞争氛围与企业文化。

应该注意的是,人力资源管理学是一门应用性很强的学科,在基础理论指导下主要研究管理实践问题,随着时代的发展以及人力资源管理实践的不断深化,这门学科会出现很多新的理论和研究内容。比如企业越来越重视影响员工的心理因素,因此情绪管理应运而生。再比如近年来,由于企业组织重构、流程再造等重大变革的推进,很多企业以购买或付费的方式将企业内部人力资源活动交由企业外部机构或人员来完成,这就是人力资源外包。为了适应这种变化带来的影响,人力资源外包管理也将是人力资源管理学研究者新的研究课题。

高霓系统地考察了政府管理部门、政府教育管理部门和高校关于人力资源管理的学科设置情况,将人力资源管理分为类别学科、边缘学科和分域学科[①],形成了较为统一、具有一定层次的学科体系。

类别人力资源管理学科包括企业人力资源管理学、公共部门人力资源管理学、科研机构人力资源管理学、医院人力资源管理学、银行人力资源管理学、学校人力资源管理学、艺术人力资源管理学、军事人力资源管理学等,这组学科研究各种不同类型社会组织中的人力资源及其管理。不同类型的组织,例如企业、公共部门、科研机构或医院、学校等,由于其职能、发展目标、运作方式各有不同,因而决定了它们的人力资源类型、性质、特征也有所不同,很有必要分别加以研究。

人力资源管理学与哲学、心理学、经济学、生态学、工效学等相关科学部类、学科门类相互渗透、交融而形成的边缘学科,包括人力资源管理心理学、人力资源管理经济学、人力资源管理生态学、人力资源管理工效学、人力资源管理会计学、人力资源管理伦理学、人力资源管理运筹学、人力资源管理信息管理学等,统称为边缘人力资源管理学科。侧重于运用相关科学部类、学科门类的理论和方法来研究人力资源管理的理论与实践。例如,人力资源管理心理学是研究人力

---

① 高霓:《论人力资源管理学的兴起和演进》,大连理工大学硕士学位论文,2005年12月,第16—17页。

资源管理活动与人力资源开发过程中各种心理现象及其规律的学科。人力资源管理经济学从经济学的角度对人力资源管理活动进行经济分析,以取得最佳的经济效益。这组学科具有双重归属关系,既是人力资源管理学的边缘分支学科,又是相关科学部类(如哲学、数学)或学科门类(如经济学、心理学、生态学)的边缘分支学科。这些学科是人力资源管理学与相关科学部类、学科门类相互联结、沟通的桥梁,是科学知识整体化的重要环节。

依据人力资源管理工作的环节、程序分化出来的一组学科,包括人力资源预测学、人力资源外包管理学、人力资源薪酬管理学、人力资源培训管理学、人力资源招聘管理学、人力资源测评学、人力资源培训管理学、人力资源绩效管理学、人力资源开发学等,统称为分域人力资源管理学科。这组学科是把人力资源管理的程序、环节依次分解,对重要的环节、要素分别进行独立的研究。例如,人力资源薪酬管理学就是将薪酬管理环节独立出来研究而形成的分支学科;人力资源测评学是将人力资源管理中十分重要的测评环节分离出来进行单独研究。

需要说明的是,伴随时代的发展和科学技术的进步,人力资源管理学将是一个欣欣向荣、飞速发展的领域。与此相适应,人力资源管理学的学科建设与发展也将以十分活跃、蓬勃发展的局面在管理科学学科中独占鳌头。在这种情况下,人力资源管理学的学科体系必将伴随着人力资源管理实践和学科建设的发展而不断做出某些局部的调整。

三、人力资源管理的研究方法

人力资源管理和其他许多社会科学一样,其研究方法基本上有三种:第一种是归纳法,第二种是试验法,第三种是演绎法。

(一) 归纳法

归纳法就是通过对客观存在的一系列典型事物(或经验)进行观察,从掌握典型事物的典型特点、典型关系、典型规律入手,进而分析研究事物之间的因果关系,从中找出事物变化发展的一般规律,这种从典型到一般的研究方法也称为实证研究。由于人力资源管理过程十分复杂,影响管理活动的相关因素极多,并且相互交叉,人们所能观察到的往往只是综合结果,很难把各个因素的影响程度分解出来,所以大量的人力资源管理问题都只能用归纳法进行实证研究。

（二）试验法

人力资源管理中的许多问题,特别是在微观组织内部诸如关于人力资源的规划、招聘甄选、薪酬、绩效、劳动关系等都可以采用试验法进行研究。即人为地为某一试验创造一定集体,观察其实际试验结果,再与未给予这些条件的对比试验的实际结果进行比较分析,寻找外加条件与试验结果之间的因果关系。

如果做过多次试验,而且总是得到相同结果,这里就存在某种普遍适用的规律性。著名的霍桑研究就是采用试验法研究管理中人际关系的成功例子。

试验法可以得到接近真理的结论。但是,管理中也有许多问题,特别是高层的、宏观的管理问题,由于其性质特别复杂,影响因素很多,不少因素又是协同作用的,所以很难逐个因素地孤立进行试验。并且由于人力资源管理问题的外部环境和内部条件特别复杂,人为的重复实验在很多情况下也是不可能实现的。

（三）演绎法

对于复杂的管理问题,管理学家可以从某种概念出发,或从某种统计规律出发,在实证研究的基础上用归纳法找到一般的规律性,并加以简化,形成某种出发点,建立起能反映某种逻辑关系的经济模型(或模式),这种模型与被观察的事物并不完全一致,它反映的是简化了的事实,它完全合乎逻辑的推理。它是从简化了的事实前提推广得来的,所以这种方法被称为演绎法。从理论概念出发建立的模型称为解释性模型,例如投入产出模型、企业系统动力学模型等,都是建立在一定理论概念基础之上的。从统计规律出发建立的模型称为经济计量模型,例如柯普—道格拉斯生产函数模型,以及建立在回归分析和时间序列分析基础上的各种预测模型和决策模型。建立在经济归纳法基础上的模型称为描述性模型,例如现金流量模型、库存储蓄量模型、生产过程中在制品变动量模型,等等。

四、提高我国人力资源管理水平的对策

（一）加强人力资源管理组织结构再造

人力资源管理组织结构再造是组织提高人力资源管理水平的关键,可以从人员配置、部门合并或拆分和信息合作沟通方式三个方面进行。一是满足人力资源管理部门自身对人才的需求,使人力资源管理部门从业人员具备组织战略的制定、具体目标的设计、财务管理知识、员工绩效考核、协调解决问题等方面的

能力,引导和培训各层管理者建设性地做好管理工作,引导组织人力资源部门职能变革。二是科学划分人力资源管理部门整体管理功能,由人力资源管理部门与各部门管理者共同执行招聘、考评、升迁等任务职责,对组织内部人员的工作、收益、职业生涯做合理规划,增强人力资源管理效能。三是加强人力资源部门内部信息合作联系,通过定期和不定期交谈促进部门员工对组织战略实施和目标分解的认识,增强员工对组织的忠诚度和长远发展信心,为实现目标、增加盈利、稳定人力资源做贡献。

(二) 建设学习型组织以提高人力资源素质

学习型组织(Learning Organization)是美国学者彼得·圣吉(Peter M. Senge)在《第五项修炼》(*The Fifth Discipline*)一书中提出的管理观念,认为学习型组织是"一种兢兢业业创造未来的组织"。一般认为,学习型组织是一种不断学习和转化的组织,其学习的起点是组织成员、工作团队和整个组织;学习是一种持续性、战略性运用过程,并与工作相结合,将会导致知识、信念及行为的改变,并可强化组织的创新与成长的能力。

具体到某一组织,应该在引进经验丰富的人才基础之上,加强对重点人才和关键人才的培养力度,努力培养自己的人才梯队。组织要制订可持续的人力资源培训计划,从战略发展需要的高度深入了解培训需求,按照高层、中层、基层员工不同的岗位要求制订学习计划,以提高组织高层的管理决策能力、增强中层的岗位业务技能和基层的业务执行能力。通过对培训效果进行评估,及时改进培训方式,完善培训内容,提高人力资源培训的针对性、有效性,以维持组织的核心竞争力。

(三) 加强人力资源的优化配置

提升人力资源管理水平,还应该有效优化组织的人力资源配置,即根据组织架构和管理需要,按照能力、个性、特点、专长互补的原则,通过推行竞聘和任期机制,抓好各级管理人员的充实和调整工作,通过加强人员交流、轮岗和培训工作,提高其适应多岗位、多业务能力,真正建立起能上能下、能进能出的科学用人机制,激发员工活力。特别地,为应对人才流失和基层高素质人员不足问题,应进一步加强后备人才培养机制建设,根据未来发展需要,制定后备队伍建设规划,并综合运用年度考核、理论考试、民主测评、典型工作评价相结合的方式,科学评价后备人才的综合素质。在后备人才选拔中,将选拔与培训、实践锻炼相

第一章 人力资源管理概述

结合,通过人员交流、岗位轮换、参与重大项目等多种形式,提高后备人才的实际工作能力,为选拔培养高素质的后备人才奠定基础,增强组织人力资源的整体队伍建设。

(四)培训现有的人力资源管理人员

20世纪90年代前后,我国的一些高校开始设立劳动经济学和人力资源管理专业,系统地培养人力资源管理方面的专门人才。虽然当前开设人力资源管理专业的高校数量有所增加,毕业学生数量也连年增长,但相对于数量巨大的组织来说仍供不应求。

有相当数量组织的人力资源管理者并未受过人力资源的正规专业训练。另外,很多组织的人力资源管理人员多是从其他部门转行过来的,受自身能力与掌握的知识所限,他们多侧重于传统的、针对组织过去的人事档案与现在的人事事务进行的管理,而无法开展对组织未来发展至关重要的人力资源规划与发展等功能的工作,如员工培训、职业发展等。有鉴于我国现有人力资源管理人员的整体素质偏低的现实,必须加大培训投入,用人单位可与高校、政府等开展合作,聘请人力资源管理教师和专家,针对组织发展需要及其人力资源管理人员的素质现状,量身定做切合实际的人力资源管理人员培训体系。

小 结

本章概括地介绍了资源、人力资源和人力资源管理的概念、类型、递进关系,以及人力资源管理者的含义、角色、与直线管理者的关系、素质要求等,最后介绍了人力资源管理的研究对象与方法,由此使大家对人力资源管理有一个全面的认识。

第一节厘清了人力资源相关的概念。从资源入手,通过对资源的分类过渡到人力资源;在对人力资源进行宏观和微观分类的基础上,对与人力资源相关的人口资源、劳动力资源和人才资源进行区分和比较。

第二节论述了人力资源管理相关内容。从概念入手,总结了人力资源管理的员工福利、人事管理和劳资关系等三个源头,分析了人力资源管理的新趋势;人力资源管理体系可分为架构体系和内容体系两类,对两个体系分别做了说明。

第三节系统地分析了人力资源管理者。人力资源管理者具有多重角色,与直线管理者有着联系和区别;直线管理者在组织人力资源管理工作上起着重要的作用;人力资源管理者应该具备一定的素质。

第四节探讨了人力资源管理的研究对象与方法。研究内容主要包括宏观人力资源管理和微观人力资源管理两个层次;研究方法主要有归纳法、试验法和演绎法三种;提出了提高我国人力资源管理水平的对策建议。

复习思考题

1. 简述资源的基本含义和分类。
2. 简述宏观和微观的人力资源定义。
3. 人力资源相对量和人力资源绝对量是什么?
4. 简述人力资源的构成。
5. 简述人才资源、劳动力资源、人口资源和人力资源的关系。
6. 人力资源管理的含义是什么?
7. 简述人力资源管理的三个源头。
8. 简述人力资源管理的架构体系和内容体系。
9. 简述人力资源管理者的定义。
10. 人力资源管理者的角色有哪些?
11. 人力资源管理者和直线管理者在人力资源管理上的差别有哪些?
12. 直线管理者在人力资源管理中有哪些作用?
13. 人力资源管理者应该具备哪些素质?
14. 简述人力资源的类别学科、边缘学科和分域学科之间的关系和基本构成。
15. 简述人力资源管理的三种基本研究方法。
16. 提高我国人力资源管理水平的对策是什么?

推荐阅读

陈文钢、钱冈:《我国企业人力资源管理的认知度研究——基于人力资源经理和直线经理的比较分析》,《改革与开放》2005年第9期。

董克用主编:《人力资源管理概论(第四版)》,中国人民大学出版社2015年版,第一章。

〔美〕爱德华·拉齐尔:《人事管理经济学》(刘昕译),生活·读书·新知三联书店、北京大学出版社2000年版,第一章。

〔美〕加里·德斯勒:《人力资源管理(第14版)》(刘昕译),中国人民大学出版社2017年版,第一章。

倪星、揭建旺:《试论政府人事管理的治道变革——从传统人事管理到现代公共人力资源管理》,《探索》2003年第5期。

彭补拙等编著:《资源学导论(修订版)》,东南大学出版社2014年版,第一章。

彭剑锋主编:《人力资源管理概论(第二版)》,复旦大学出版社2011年版,第一章。

孙柏瑛、祁凡骅编著:《公共部门人力资源开发与管理(第四版)》,中国人民大学出版社2016年版,第一章。

萧鸣政编著:《人力资源开发的理论与方法(第二版)》,高等教育出版社2012年版,第二章。

杨伟国、唐鑛主编:《人事管理经济学》,复旦大学出版社2012年版,第一章。

朱振光、钟海燕:《传统人事管理与现代人力资源管理比较研究》,《市场论坛》2011年第2期。

第二章

人力资源管理思想的历史考察

学习目标

1. 掌握中国的主要人才思想和西方人力资源管理的发展历程。

2. 重点掌握中国古代的人才思想内容,西方前工业时期的人事管理思想的内容和现代人力资源管理思想的内容。

3. 学习从历史观的视角来比较中外人力资源管理思想的形成过程和差异。

引 例

曾国藩的识人用人之道*

在中国历史上,堪称完美的成功人士并不多,笔者认为,曾国藩应该算一个。而选贤任能,可以说是曾国藩事业成功的一大法宝。

关于曾国藩的识人用人之道,有学者从其所著《家书》和《冰鉴》中发微,概括为八字诀:广收、慎用、勤教、严绳。广收,就是广泛延揽人才。慎用,就是量才取用,务求慎重。勤教,就是经常进行督导和教诲。严绳,就是立法度,上规矩,严加管束。人才经"广收"而济济,又因"慎用"而得所,辅以"勤教"和"严绳",自然完善无虞,尽收事业兴旺之利。

---

* 资料来源:王兆贵:《曾国藩的识人用人之道》,《光明日报》2013年10月30日,第15版。

第二章 人力资源管理思想的历史考察

到底如何在广收的基础上做到慎用,或者说怎样恰当处理广收与慎用的关系,是人才管理中的一个难点。战国四公子养士,目的本是网罗人才、储备人才,到后来却变成了贵族门阀们争强好胜的手段,以致徒有虚名,难以为继。曾国藩认为,错一个人,横则影响一片,纵则贻误长远,造成难以补救的后遗症。有鉴于此,对来投奔他的人,总是礼貌地收留下来,先发给薪资,然后慢慢加以考察,视情委任,用其所长,尽其所能。

曾国藩认为,"办事不外用人,用人必先知人"。就是说,用人慎重须以知人至深为前提,具备察人本质的眼力。曾国藩的眼力如何呢?淮军草创之初,曾国藩让李鸿章把淮上豪士悉数邀往一处食宿,他要亲眼辨识鱼龙。这一天,曾与李不骑马,也不带随从,悄悄步入宿馆。只见有一人裸腹踞坐南窗,左手执书,右手持酒,朗诵一篇,饮酒一盏,长啸绕座,还读我书,大有旁若无人之概。视其书,司马迁《史记》也。于是,曾国藩对李鸿章说:"将来成就最大者,南窗裸腹持酒人也。"事实证明,曾国藩看得很准,那个人就是后来在保卫台湾的战争中闻名于世的淮军将领刘铭传,后任台湾首任巡抚。

曾国藩辨识人才的法门,被许多人视为"相面术"。其实,曾国藩察人与民间看相是不同的,或者说是"小同大异""形同实异"。其要义在于,通过人的外在形态来体察其内在的精气神,从而由表及里地洞悉其心地和志趣,目的在于看透人之后再用人,避免盲目选人、糊涂授权。曾国藩察人,并非全凭相貌,他更善于在日常生活中"听其言量其心志,观其行测其力,析其作辨其才华,闻其誉察其品格"。据民国笔记资料《花随人圣庵摭忆》记载:"旧传文正在安庆时,有乡人某来投,朴讷谨厚,将以试以事矣,一日共饭,饭有秕,某除之而后食,文正熟视之。饭后,奕既,令支应备数十金为赆。"吃饭剔除秕谷,这种常人不以为然的生活细节,在曾国藩看来却关乎个人品德。据说,这个被打发回乡的人,竟是曾国藩的亲外甥。

曾国藩尽管"衡才不拘一格""求才不遗余力",但在具体任用上"广中求慎",慎之又慎,并有严格的统一要求,即以道德品性为重。尽量弃用那些官气重、心窍多、投机取巧的浮滑之人,而选用那些吃苦耐劳、务实肯干之人。为此他提出,"观人之法,以有操守而无官气、多条理而少大言为主";"才德不可兼得以德重,好利之人不可重用";表现欲过强的人,不可久用;有大才而性格偏激之人要慎用;标榜"主动吃亏之人"要慎用;才高德薄名声不佳者、才德平平迁升太快者、个人不愿出仕者不可推荐。

做到唯才是举不易,做到用当其人、用当其事、用当其时更难。三国时期,马谡虽然才气过人,却刚愎自用,不宜独当大任。可惜孔明心存偏爱,未能谨记刘备的忠告,关键时刻派马谡驻防军事重镇,以至于街亭失守,蜀国不得不由进攻转为防御,白白断送了北伐中原的大好机会。这就叫"一着不慎,满盘皆输"。在战乱时代,为了战胜对手,曹操不问来路和品行,只要有才通通延至麾下,虽然是适应时势的明智选择,但到后来,这种良莠不分、重才轻德倾向的弊端就逐渐显现出来了,部分将士因看不上曹操的德性而分道扬镳,曹氏政权最终为其所欣赏的司马氏取而代之。历史上众多用人失误的教训告诉人们,与其铸成大错扼腕于后,不如详察德能慎用在先。多年以来,能进不能出,能上不能下,已然成为官场和职场的积弊和顽习。曾国藩的"广中有慎"原则,在今天仍然有让我们思考、借鉴的价值。

第一节 中国的人才思想

一、中国古代的人才含义

我国古代人才思想十分丰富,其内容涉及人才的鉴别、选拔、任用和管理等方面,并随着社会历史发展而不断丰富和完善。陈晶瑛对中国古代的人才含义进行了考察,认为中国自古以来对于人才非常重视和关注,并形成了特定的内涵。① 人们认为人是世界上最宝贵的东西。《释名》中有:"人,仁也,仁生物也。"人甚至超乎于天地鬼神之上,处于最尊贵的地位。《礼记·礼运》篇指出:"人者,其天地之德,阴阳之交,鬼神之会,五行之秀气也。""才"字的造字颇有意思,《说文》和《六书》形象地把"才"解释为正在生长着的树木,将成为顶天立地的材料。"才"也可释为"能",《礼记·文王世子》篇说:"必取贤敛才焉。""才"通"材",故《说文》曰"材木挺也",有人进一步指出"才"似木劲直可用者。至于人与才组合为"人才"一词,揭示出人的才能或有才学的人之内涵。汉人王充的名著《论衡·累害》进一步指出"人才高下,不能钧同",说人才指有才能的人。

在中国古文献中常见的有关人才的词,诸如"人力""人杰""人豪""才子"

---

① 陈晶瑛:《中国古代人才思想及启示》,《中国人力资源开发》2008年第6期,第103页。

"才气""才能""才人""才力""才士""才识"等,从不同角度解释人才的能力、品质、智力、仪表以及它们的广度与深度,体现了中国古代人才学丰富的内涵。在中国古代的治国安邦方略中,以重才、辨才、选才、用才为主要内容的人才观,占有特殊重要的位置。这种既符合传统伦理道德,又适应经邦济世需要的人才观,内容广泛、寓意深刻、论述精辟、利国益民,曾对中国历代社会的政局稳定、经济发展、社会进步起到了积极的作用。

二、中国古代的人才思想

在社会发展到新的历史时期,为了实现中华民族的伟大复兴,就必须联系现实,从古代人才观中汲取积极有益的成分,在选拔干部时必须全面贯彻德才兼备原则,坚持任人唯贤,反对任人唯亲,防止和纠正用人上的不正之风。中国古代人才观的论述可以说是浩如烟海,选择四点略加论述。①

优秀传统文化

(一)"为政之要,惟在得人"的重才思想

尊贤重才,既是中华民族的传统美德,又是历代治国经验的科学总结。历代开明君主和有识之士,都把人才问题作为治国安邦的首要问题。早在西周时期太师姜尚就提出了"治国安家,得人也。亡国破家,失人也"的思想。管子在总结古之圣王、暴王兴亡成败的教训后,得出结论说,圣王之治,"非得人者,未之尝闻";暴王之败,"非失人者,未之尝闻";"人,不可不务也,此天下之极也"。墨子认为王公大人治理国家,"国有贤良之士众,则国家之治厚;贤良之士寡,则国家之治薄"。吕不韦观《春秋》,认为自鲁隐公至哀公十有二世的安危荣辱,根本原因只有一条:"得贤人,国无不安,名无不荣;失贤人,国无不危,名无不辱。"一代英主、唐太宗李世民集前人人才观之大成,结合自己的治国体会,提出了"为政之要,惟在得人"的著名论断,这是当时对人才重要性的最高概括。

(二)"德才兼备,以德为先"的取才标准

古代圣贤明君都十分重视用人标准。李世民曾对魏征说:"用得正人,为善者皆勤;误用恶人,不善者竞进。"可见,用什么样的人,是关系到吏治民风和政权安危的大事。自古以来,我国的人才标准并不一致。荀子提出贤才必须是

---

① 吴文昌:《中国古代人才观之精华与启迪》,《中国特色社会主义研究》2001年第3期。

"谏、争、辅、拂之人",这种人能除"国之大患",是"社稷之臣,国君之宝"。孙武总结用兵之道,提出为将者,必须具备"智、信、仁、勇、严"的基本素质。他指出:"智者,先见而不惑,能谋略,通权变也;信者,号令一也;仁者,惠抚恻隐,得人心也;勇者,徇义不惧,能果毅也;严者,以威严肃众心也。五者相须,缺一不可。"司马光在概括前人经验的基础上,进一步提出了"道德足以尊主,智能足以庇民"的人才标准,其中"道德"即今天讲的"德","智能"即今天讲的"才"。明朝刘斌在《复讐疏》中提出选才的标准有三个:"一曰德,二曰量,三曰才。"只有三者皆备,才能当大任。明朝高拱进一步提出:"才德兼者上也","若夫钧衡宰制之任,必得才德兼备之人,而阙其一者,断不可以为也。"这些关于用人基本标准的论述,直到今天,仍有很强的现实意义。

(三)"察言考行,去伪存真"的辨才方法

在古代人才思想中,辨才之法居于非常重要的位置。这是因为,辨才是取才、用才的前提和基础。在辨才这一环节上如果出了问题,误用了恶人、庸人、愚人、小人,就会乱世、误国、害民。因此,古人不仅十分重视辨才的意义,而且十分讲究辨才的方法。因此,辨才就需要"听其言,观其行"。孔子曾经说过:"始吾于人也,听其言而观其行。今吾于人也,听其言而观其行。"荀子认为:"口能言之,身能行之,国宝也。口不能言,身能行之,国器也。口能言之,身不能行,国用也。口言善,身行恶,国妖也。治国者敬其宝,受其器,任其用,除其妖。"孔子与荀子主张的听言观行,是识别人才最基本也是最有效的方法。宋朝开明宰相王安石在《上仁宗皇帝言事书》中,专门阐述了"察"的问题,实际就是辨别人才问题。他说:"所谓察之者,非专用耳目之聪明,而私听于一人之口也。欲审知其德,问以行;欲审知其才,问以言。得其言行,则试之以事。所谓察之者,试之以事也。"

(四)"不拘一格,唯才是举"的用才之道

古人在用才问题上,很注重端正思想观念,全面地看人才。在他们看来,人无完人,金无足赤,如"尺之木必有节目,寸之玉必有瑕"。就连古代尧、舜、禹、汤、文、武等这样的圣王、大贤,也并非无过。《吕氏春秋·离俗览·举难》在论及此事时指出:"以全举人固难,物之情也。人伤尧以不慈之名,舜以卑父之号,禹以贪位之意,汤、武以放弑之谋,五伯以侵夺之事。由此观之,物岂可全哉?"荀悦在《申鉴》中指出:"惟恤十难以任贤能。一曰不知,二曰不世,三曰不任,四曰不终,五曰以小怨弃大德,六曰以小过黜大功,七曰以小失掩大美,八曰以讦奸伤忠正,九曰以邪说乱正度,十曰以谗嫉废贤能,是谓十难。十难不除,则贤臣不用,用臣不贤,则国非国也。"这里,荀悦将转变人才观念提到了立国的高度。魏征在谈到正确看待人才问题时指出:"君子非无小过。君子小过,盖白玉之微瑕","白玉微瑕,善贾之所不弃,小疵不足以妨大美也。"唐朝大散文家、诗人韩愈在批驳当朝一些人哀叹没有人才时,尖锐地指出:"世有伯乐然后有千里马。千里马常有,而伯乐不常有……呜呼!其真无马邪,其真不知马也!"明朝大政治家刘基认为"人非大圣,鲜有全才",主张在选用人才方面眼光和胸怀要远大一些。归结起来,古人的上述主张,可以概括为"举大节,弃其小瑕,随其所能,试之以事,用人之大纲也"①,抓住了这个大纲,就会人才辈出,群贤毕集。

三、中国近代的人才思想

人才问题是中国近代社会中带有根本性的问题。19世纪60年代的洋务运动开启了中国近代工业,而此时距离标志着中国近代社会开端的鸦片战争过去了二十年。应该说,这二十年在历史的长河中不过是瞬间,但对近百年的中国近代社会变迁来讲,这二十年的意蕴是丰富的,也是极其曲折的。应该说,这二十年的思想认识、奋斗、探索终于使中国的土壤上出现了中国近代化的第一抹阳光。② 史学家陈旭麓先生评价洋务运动为中国近代化的重要内容。关于1860年的意义,陈旭麓先生认为:"人们多注意1840的划时代的意义,实际上1860年同样是一个重要年份,就社会观念的新陈代谢来说,它比1840年具有更加明显的标界意义。"③

19世纪60年代兴起的洋务运动是一场在"中体西用"思想指导下开始的向西方学习的自强御侮运动。"中体西用"思想是调和中西理性的文化抉择,是动态发展的文化观,是洋务运动的理论框架,它指导着整个运动的发展,并决定了运动的最终命运。

"中体西用"是"中学为体,西学为用"的缩略语,1895年4月,沈康寿在《万

---

① 《新唐书·赵憬传》。
② 闫广芬、曹莉艳:《中国职业教育的产生及其启示——基于近代人才观念的变迁》,《天津大学学报(社会科学版)》2011年第5期,第430页。
③ 陈旭麓:《近代中国社会的新陈代谢》,上海人民出版社1992年版,第103页。

国公报》发表文章首提"中学为体,西学为用"。之后,孙家鼐筹议京师大学堂、张之洞改革两湖书院、梁启超起草大学堂章程,都使用了"中学为体,西学为用"的概念。然而,系统深入地进行阐释,集中体西用理论之大成者,还数张之洞。1898年,他在《劝学篇》中给中体西用下了确切的定义,将其思想理论化。在他看来,"中学为内学,西学为外学;中学治身心,西学应世事"。这就从位置和功能两方面论证了中西学之间的关系,使得中体西用更具体更系统也更凸显其理论意义了。中体西用思想由张之洞在甲午战后系统地加以阐释,并由光绪皇帝下诏颁行天下而影响全国,逐渐成为一种思想理论,一种文化观念,一种匡时救世的文化政策。

在很大意义上说,近代人才观念是一种新型的具有近代意义的人才观念,是对中国古代人才观念的突破。中国古代最为理想的人才目标是"内圣外王"的人才。内圣外王是儒者的"理想自我形象"。它通向教育的最高目标——君子,君子是不能落于一技一艺的,他首先是通儒,而不是专才。同时他又必须要做官,具有治理人民的本领。"君子唯有在政府中获得一个职位,才能达到其安百姓、平天下的目的。"[①]古代的人才与统治能力、治才几乎为同义语。人才结构是"德成而上,艺成而下",近代人才观念正是在这些方面相异于传统的人才观念:立足于中国实际,强调人才必须能够为社会现实服务;突出"实"与"用",打破了传统的人才单一结构,从德到艺,从形而上到形而下。近代人才已远非只具有熟练技艺的匠人,而是学艺融为一体的具有创新精神的实用人才。

四、中国现代的人才思想

谈到中国的资产阶级民主革命,就不得不提伟大的革命先行者孙中山。在他从事革命的四十多年中,一直把人才问题作为关系社会兴衰与事业成败的一个至关重要的大事。孙中山极为重视人才的作用,但他并没有把人才的作用绝对化。在强调人才作用的同时,孙中山也指出,人才作用的发挥又受到社会政治、经济等各方面历史条件的限制。社会政治制度的先进与落后,直接影响着人才的兴衰。

---

① Benjamin Schwartz,"Some polarities in Confucian Thought," in D. S. Nivison and A. F. Wright, eds., *Confucianism in Action* (Stanford, California: Stanford University Press, 1959).转引自金耀基:《从传统到现代》,法律出版社2017年版。

各式的人才在推进社会进程中起了至关重要的作用。推翻旧制度的革命离不开人才,建设新社会的过程同样也离不开人才。孙中山认为,推翻封建专制统治,相对来说是比较容易的;建立新的社会制度,则是任重道远,在这一过程中,人才的作用更为重要。

人才的成长,既有赖于人才自身的努力,也须通过后天的培养造就。在人才成长的内部因素上,孙中山特别强调树立远大志向的影响。他有一句名言"学生立志要做大事,不可做大官",是"最要紧的一件事",志向是人的一种理想境界,一种成就事业强大的驱动力。一个人如果没有志向,就难以成才;或者即使学了一辈子,达到满腹经纶的程度,也不会对社会做出任何贡献,毫无用处。

孙中山认为:"方今中国之不振,固患于能行之人。"因此他提出:"夫能行之人少,尚可借材异国以代为之行",这是孙中山第一次明确提出"借材异国"的思想。这既继承了我国历代人才思想的优良传统,又把引进西方先进的科学文化知识发展为自己的理论。之后,随着对中国社会问题的深入了解以及在不断的革命活动中,引进人才的思想逐步发展起来。在我国科学技术日益发展的今天,在比较薄弱的研究领域仍可以用"借才"的方式来弥补不足或空白之处。孙中山珍惜人才,尊重人才,使用人才甚至"借才"的先进人才思想,具有鲜明的时代特色和历史进步意义。

第二节 西方人力资源管理学的发展

中国拥有五千年的历史,在对人的管理方面,有着丰富的经验、教训,形成了非常有价值的管理理念,并且形成了较为系统的对人的思考,但是,作为一个学科来说,人力资源管理学的形成和发展主要集中在欧洲和美国。对于这段历史,研究学者们从不同的视角或运用不同的方法做过不同的划分和描述。比较有代表性的观点有六阶段论、五阶段论、四阶段论、三阶段论、二阶段论等。

西方社会的工业化开始较早,人力资源管理成为其一门具有完整理论体系和研究范畴的学科。有学者认为,西方一直沿用自然科学的线性思维方式对社会组织进行管理,从古希腊到近代莫不如此。人是最复杂的,社会组织自然也是复杂的。西方研究者在管理实践中,逐渐对其复杂性有所认识。

雷曦认为,在西方古希腊时期、古罗马时期和欧洲中世纪时期的人力资源管

图书推荐

理思想中,简单朴素的线性思维方式一直占据统治地位,间或有一些系统思维的火花,比如,倡导人性解放的文艺复兴运动的兴起,是历史发展的必然结果,这直接推动了西方人力资源管理思想由线性思维向复杂性思维的阶段性转变。① 工业革命前后,虽然以机械论为主的线性思维走上舞台,但人力资源管理的复杂性思维不仅在理论而且在实践中也初露端倪,开启了现代人力资源管理复杂性思维的先河。

一、前工业革命时期的人事管理思想

(一) 古希腊时期——直观、朴素的线性思维方式

古希腊时期,人们刚刚走出蒙昧,生产力极为低下,对自然科学仅限于简单直观的认识,无论是泰勒斯(Thales)把世界不变的始基定为水的学说,还是赫拉克利特把世界不变的始基定为火的学说,无论是恩培多克勒(Empedocles)把世界不变的始基定为火、土、气、水等四种元素的学说,还是德谟克利特等人把世界不变的始基定为不变的原子的学说,一个共同特征是都坚持着某种微观不变的简单性观念。作为意识形态的思想,人力资源管理自然也离不开线性思维方式。

苏格拉底(Socrates,前469—前399)是古希腊时期著名思想家、哲学家、教育家,他认为管理具有普遍性,比如:"管理私人事务和管理公共事务仅仅是在量上的不同。"也就是说,苏格拉底认为对于私人事务和公共事务的管理技术是可以完全互相通用的。亚里士多德(Aristotle,前384—前322)是古希腊少有的百科全书式学者,他对当时几乎所有学科都有精深的研究,著作颇丰,其管理思想主要体现在《政治学》和《伦理学》两本书。亚里士多德把奴隶制度看作自然的结果,他认为:天之生人,有宜于从事脑力劳动者,有宜于从事体力劳动者,即"天赋人性"的思想。这和我国孟子提出的"劳心者治人,劳力者治于人;治于人者食人,治人者食于人。天下之通义也"的观点异曲同工。

综上所述,限于当时的生产力发展水平,古希腊主流思想家们认为人力资源管理思想是直观的、朴素的线性思维方式,虽然偶尔有一点系统思维的火花,但只是片段的、不自觉的。

---

① 雷曦:《西方人力资源管理思想的演变》,《城市建设理论研究》2014年第8期。

第二章 人力资源管理思想的历史考察

(二) 古罗马时期——出现系统思维的火花

古罗马时期的管理思想仍以线性思维方式占统治地位,间或出现系统思维的火花,这可以从古罗马时代的哲学家、思想家的论述中找到。

加图(Marcus Porcius Cato)在其著作《论农业》中提出挑选管家的九条原则,其中的第八条是"对爱护牲口的奴隶应当奖励",这比"奴隶就是会说话的牲口"的简单线性思维进步很多。另外,他还具体地指示奴隶主给管家和牧羊奴隶的粮食要比给重活的奴隶少,也就是说,奴隶内部也要有等级的划分,用系统语言来说,系统内部要分层次,只有这样系统结构才会更稳定,工作起来才会更有效率。由于当时的生产效率十分低下,科鲁迈拉①主张在坚持严格管理的同时,相对扩大奴隶的生产自主权,把奴隶变成农奴,以便能够提高农业收成。这一思维已经有了现代系统理论中混沌管理的雏形。

从上述分析可以看出,由于生产力的进步,古罗马时期的人力资源管理思想已经具备了一些系统思辨的色彩,而且已经用于人力资源管理实践,但只是零星的,在本质上基本还是线性思维方式。如在对人性假设的认识上,奴隶还是被当作"牲口"来看待,只是把这些"牲口"分为比较明显的层次而已。

(三) 中世纪时期——渐趋认识到人性的复杂性

在这一时期,西方社会的管理思想由重农主义转向重商主义,一些国家开始奉行贸易立国,生产工具也有一些改进,人们对自然的认识开始趋向精确。同时,英国的"圈地运动"促进了手工业的发展,为后来的英国工业革命打下了基础。

总的来说,由于受封建制度的束缚,这段时期的经济发展相对古希腊和古罗马时期来说,虽然生产力已经有了较大的发展,对人性的认识也有了许多进步,但还是比较缓慢的,西方社会对人的管理思想仍基于一种"群氓"假设:公众只是"群氓",社会必须实行强制性的独裁统治。当然,这种线性思维方式是与当时的自然科学思维方式相一致的。

(四) 文艺复兴时期——确立了社会人文主义精神

文艺复兴运动在人类历史上第一次确立了社会人文主义精神,对传统的人

---

① 科鲁迈拉(Columella,4—70),古罗马杰出作家,著有十二卷的《论农业》。后人对其生活知之甚少。

性论与封建专制提出了挑战,而且,文艺复兴运动的影响引发了西方的宗教革命,尊重人及关注人的福利的新教伦理出现。从这里开始,西方世界对人的复杂性有了新的认识。

综上所述,中世纪前后,一方面,人们在认识自然方面取得了一些进步,科学技术取得了一些进展,要求解放生产力。而只有人性得到解放,才能使生产力真正得到解放。文艺复兴运动的兴起是历史发展的必然结果。但另一方面,当时的科学技术深受机械论的影响,人力资源管理思想也打上了线性思维的烙印。比如,笛卡尔认为所有物质的东西,都是为同一机械规律所支配的机器,甚至人体也是如此。这种线性思维方式在当时很有代表性。因此,虽然对于人性的认识在中世纪中后期已渐趋其复杂性,但人力资源管理的思维方式基本上仍是线性的。

(五) 工业革命前后——复杂性思维初露端倪

以机械论为主的线性思维开始走上舞台,而复杂性思维不仅在理论而且在实践中也初露端倪。

1. 欧文的管理思想

作为一个空想社会主义思想家,罗伯特·欧文(Robert Owen)为世人所熟悉,同时,他还是一位对管理思想做出了重要贡献的实践家。据欧文自己宣称,他的工厂获得56%的利润,后来达到了100%。虽然欧文把工人当"活机器"看待是一种典型的线性思维方式,但与其他把工人当"螺丝钉"看待相比,还有其积极意义。例如,在批评当时的企业主们只重视机器、设备(死机器),而没有也不愿意在员工(活机器)身上多加注意时,他说:"用在工人(活机器)上面的钱可以使你们获得50%—100%的报酬,而用在机器上的钱只能得到15%的报酬。"

欧文从根本上否认以强制性和惩罚为主要手段的管理方法,而是在其管理实践中贯彻以教育、感化为主要手段的柔性管理方法,可以说,欧文是第一个强调要善于利用人力资源的思想家及实践者,为后来的人际关系和行为科学理论做了前期探索。欧文被称为"现代人事管理之父"(father of modern personnel management)。[1]

---

[1] Wolfgang Pindur, Sandra E. Rogers, and Pan Suk Kim,"The History of Management: A Global Perspective," *Journal of Management History*, Vol.1, Iss. 1, 1995, p.61.

2. 李嘉图的管理思想

在《政治经济学及赋税原理》一书中，大卫·李嘉图（David Ricardo）提出了关于经济人的"群氓"假设：第一，社会是由一群处于无组织状态的个人组成的；第二，每个人都从个人生存和个人利益出发，在精确权衡利弊后采取行动；第三，每个人都竭尽全力实现上述目标而合乎逻辑地进行思维和行动。他力图通过这些特定的线性和机械性假设来减少经济社会实在的复杂性。从这个假设出发的必然性结论是：对这些群氓只能用绝对的、集中的权力来统治和管理。

3. 斯密的管理思想

亚当·斯密（Adam Smith）是西方古典经济学的创始人，是公认的经济学祖师，也是管理学的重要先驱。总的来说，其经济学理论仍沿袭的是线性思维方式，比如，他把引导着微观利益的"看不见的手"比作天文学中"看不见的"万有引力。另外，在其著作《国富论》中，亚当·斯密把分工的产生归结为人的利己性。"经济人"是其分工理论的基础。而在其另外一本著作《道德情操论》中，斯密论述了利他主义伦理观，即"道德人"。"经济人"和"道德人"都出现在斯密的著作中，看起来很矛盾，斯密解释说：屠夫、酿酒师、面包师在欺骗他人且能轻易逃脱惩罚的情况下，会出售劣质肉、酒和面包吗？他们可以选择不那么做，因为这样做的话，可能会使他们失去最重要的东西，那就是自我形象。因此，每个人对自己"私利"的追求是建立在有道德的基础上的，即必须以利他为前提。斯密强调，人还应该有同情心、有道德，懂得爱自己也爱别人，这才是一个符合人性的人。从这个意义上说，这种将"经济人"和"道德人"结合在一起的"符合人性的人"，才应该是斯密的"理想人性"。

综上所述，人力资源管理思维方式是与生产力发展水平紧密相连的。从古代到近代，西方人力资源管理思维经历了一个从线性思维到复杂性思维的渐进过程。从奴隶制、封建制到手工业，最后到大工业的发展过程，对人力资源管理思想不断提出新的要求，其中，文艺复兴时期的宗教改革摧毁了封建教会的精神枷锁，倡导人性解放，为人力资源管理的复杂性思想提供了肥沃的土壤，而工业革命后的大机器生产带来了雇佣劳动与劳资关系问题，使人力资源管理问题成为人们在企业管理实践中必须面对的课题。从这时候开始，人力资源管理的复杂性思维不仅在理论上而且在实践中逐步走上管理实践的舞台。尽管在其后的科学管理时代，人力资源管理的线性思维仍占主导地位，但是，同时代的工业心理学已经对人的复杂性研究形成体系,因此,工业革命前后是人力资源线性思维逐步走向复杂性思维的一个转折点。

二、现代人力资源管理思想的发展

美国华盛顿大学的弗里奇(W. L. French)提出:早在20世纪初,现代人力资源管理的内容已经形成,以后的发展主要是在观点和技术方面的发展。他从管理的历史背景角度将人力资源管理的发展历史划分为六个阶段:科学管理运动阶段、工业福利运动阶段、早期工业心理学阶段、人际关系运动时代、劳工运动阶段。

以罗兰(K. M. Rowland)和费里斯(G. R. Ferris)为代表的学者,从管理发展的历史角度将人力资源管理的发展历史划分为五个阶段:工业革命时代、科学管理时代、工业心理时代、人际关系时代、工作生活质量时代。

以科罗拉多大学的学者韦恩·卡肖(W. F. Cascio)为代表的学者,从人力资源管理的职责与功能角度将人力资源管理的发展历史划分为四个阶段。第一阶段是档案保管阶段,从人事管理出现到20世纪60年代。第二阶段是政府职责阶段,从60年代到70年代前后。第三阶段是组织职责阶段,从70年代末到80年代。第四阶段是战略伙伴阶段,从80年代至今。

佛姆布兰(C. J. Fombrun)、堤奇(N. M. Tichy)和第瓦那(M. A. Devanna)等人于1984年提出,从人力资源管理所扮演的角色和所起作用的角度可以把人力资源管理的发展划分为三个时代:操作性角色时代、管理性角色时代、战略性角色时代。

赵曙明从人事管理和现代人事管理之间的差异性角度,将人力资源管理的发展历史划分为人事管理和人力资源管理两个阶段。

高霓综合了人力资源管理理论发展和时间推进两个方面,将人力资源管理的发展划分为萌芽阶段、孕育阶段、成长阶段、成熟阶段等四个阶段。① 我们在此基础上,以人力资源管理领域的重大事件为节点,提出了人力资源管理的五个阶段,即萌芽阶段、形成阶段、成长阶段、独立阶段和成熟阶段。

---

① 高霓:《论人力资源管理学的兴起和演进》,大连理工大学硕士学位论文,2005年12月,第16—17页。

第二章 人力资源管理思想的历史考察

（一）萌芽阶段（1964 年以前）

人事管理的起源可以追溯到非常久远的年代。对人和事的管理是伴随着组织的出现而产生的，现代意义上的管理是随着工业革命的产生而发展起来的。19 世纪出现的工业革命高潮奠定了人事管理的基本职能，如人员招聘、工资和福利等事务性管理。从此，人事管理经历了泰勒的科学管理时代、赫茨伯格的工业心理时代和梅奥的人际关系时代，科学管理理论、人际关系组织行为理论在不同程度上影响了人事管理的理论和实践。

1954 年，美国管理学家彼得·德鲁克在《管理的实践》一书中首次使用"人力资源"一词。在这部著作中，彼得·德鲁克指出"同其他所有资源相比较而言，唯一的区别就是它是人"，并且是经理们必须考虑的具有"特殊资产"的资源。德鲁克认为人力资源拥有当前其他资源所没有的素质，即"协调能力、融合能力、判断力和想象力"。在后工业社会的组织中，出现了大量具有一定知识基础和技能的员工，经济需求不再是人们的唯一需求。曾经作为组织生产资料的劳动力——员工开始成为组织的一种资源。他们在组织中的人性地位发生了变化。彼得·德鲁克关于"人力资源"概念的提出以及人事管理理论和实践与后工业时代管理实际的不相适应，使人事管理开始向人力资源管理转变。

1958 年，美国社会学家怀特·巴克出版了《人力资源功能》一书。该书首次将人力资源管理作为管理的普通职能来加以讨论，并从七个方面说明了为什么人力资源管理职能超出了传统的人事或工业关系经理的工作范围，这是对人力资源管理最早的界定。

彼得·德鲁克和怀特·巴克的人力资源理论都非常强调管理活动，他们的观点对企业界和学术界产生影响，"人力资源"一词开始出现于企业界和学术界。

（二）形成阶段（1964—1971）

1964 年，皮格尔斯（P. Pigors）、迈尔斯（C. A. Myers）和马姆（F. T. Malm）等人编写了《人力资源管理：人事行政读本》。[1] 书中强调，管理人是管理的中心，是第一位的。他们把"人力资源的管理"看成是比"人事管理"更广泛和更全面的一个概念。继 1964 年通过了《民权法》之后，美国联邦政府和州政府连续颁

---

[1] Paul Pigors, Charles Andrew Myers, and F. T. Malm, eds., *Management of Human Resources: Readings in Personnel Administration* (New York: McGraw-Hill, 1964).

布了《种族歧视法》《退休法》《保健安全法》等涉及劳动和工人权利的法案,促进了劳工运动的发展,迫使企业各层领导对劳动人事管理工作给予足够的重视,人力资源管理成为法律敏感行业。因此,这一阶段人力资源管理的重要职能就是帮助企业避免法律上的问题。

1965年,雷蒙德·迈尔斯(R. E. Miles)在《哈佛商业评论》中发表了题为"Human Relations and Human Resources?"的文章,他认为大多数管理人员依然倾向于使用50年代工业时代强调控制员工的人事管理模式。他建议在管理中用"人力资源"来代替"雇员"的说法,"人力资源"一词开始走出学术圈,引起企业管理人员的注意,在管理学领域得到了较为确切的解释。

早期的人力资源管理理论虽然仅仅从人事管理职能和管理活动的变化来阐述人力资源管理,但它毕竟将人事管理理论推到了一个全新的发展阶段——人力资源管理。总之,在作为一门学科确立以前的漫长时期里,理论尚不成熟,没有形成科学的体系,人力资源管理学一直在人事管理的母体里汲取养分,正是这些点滴的思想催化了人力资源管理学的诞生。

(三) 成长阶段(1972—1981)

1972年,作为经理培训组织的美国管理协会(American Management Association, AMA)出版了德萨尼克(R. L. Desatnick)的《创新的人力资源管理》(Innovative Human Resource Management)一书,这是一本供高级管理人员和员工关系管理人员阅读的实用手册,同时标志着人力资源管理学的诞生。到20世纪70年代中期,"人力资源管理"一词已为企业所熟知,但在大多数教科书里,许多作者(通常是传统的人事管理或人际关系学者)把人力资源管理和人事管理等同起来。这一时期是人事管理学与人力资源管理学并存的时期。

1979年,彼得森(R. B. Peterson)和翠西(C. L. Tracy)在《人力资源系统管理》一书中认为,人力资源管理或人际和工业关系在一个确定的企业都包含这样一些活动:招聘、甄选、绩效评估、薪酬和员工(含管理人员)开发以及劳资谈判。然而,关于这一学科究竟应该称为人事管理学还是人力资源管理学的问题,他们没有给出明确的答案。随后,海勒曼(H. Henneman)、施瓦伯(D. Schwab)、弗塞姆(J. A. Fossum)和戴尔(L. Dyer)等人用"人事""人力资源管理"这一名称解决了这个问题。在很多教科书中,人力资源管理被定义成人事管理,人力资源管理等同于人事管理。

尽管如此,人力资源管理学仍然在人事管理学中孕育起来。1981年,哈佛大学商学院率先开设了人力资源管理课程取代人事管理课程,之后美国各大学商学院纷纷开设了该课程,出现了一批经典教材。随着人力资源管理活动对组织的重要性日益增加,以及组织心理学、组织行为学的发展,人力资源管理的内容更加丰富起来。这一时期,人力资源管理理论主要集中在讨论如何实施有效的人力资源管理活动、通过对员工行为和心理的分析来确定其对生产力和工作满意度的影响,从而使人力资源管理理论更加关注员工的安全与健康。

(四)独立阶段(1982—1991)

在这一阶段,许多学者将人力资源管理视为战略计划的一个重要组成部分,试图建立一种能把人力资源管理和组织的战略计划作为整体考虑的一般理论。

"战略性人力资源管理"(Strategic Human Resource Maragement,SHRM)的概念由堤奇、佛姆布兰和第瓦那等人最早于1982年提出,这标志着人事管理与人力资源管理并存的局面结束,人力资源管理学进入了独立成长阶段。随后,贝尔德(L. Baird)、麦休拉姆(I. Meshoulam)和戴盖乌(G. DeGive)在1983年,戴尔(L. Dyer)在1984年,布兰克(E. H. Burack)在1985年相继提出了较为完整的战略性人力资源管理理论并建议人们采用。

这一时期最有影响力的战略性人力资源管理理论是由比尔(M. Beer)等人于1984年在其《管理人力资本》一书中提出,他们认为应在组织中统一管理个体的不同方面,人力资源管理综合了组织行为学、劳工关系以及人事行政管理等学科的特点;他们还指出人力资源管理的研究领域已经扩展为对影响组织和员工之间关系的所有管理决策和活动的研究。

1989年9月1日,具有四十一年历史的美国人事管理学会正式更名为"人力资源管理协会",大学的相关专业和企业的相关机构也纷纷将人事管理更名为人力资源管理。1990年1月,其出版发行的杂志《人事管理者》和《人事新闻》分别更名为《人力资源杂志》和《人力资源新闻》。可以说在这一时期,人力资源管理学受到了前所未有的重视,并且得到了较大程度的发展。

(五)成熟阶段(1992年至今)

20世纪90年代,战略性人力资源管理理论令人瞩目的发展标志着人力资源管理学迈入了成熟阶段。经济发展的剧烈波动和全球竞争的日趋严峻使组织必须面对迅速变化的环境做出相应的调整,组织再造的浪潮贯穿这一时期。为了适应这种环境的变化,人力资源管理必须从战略的高度不断变革以促进组织战略的实施,在这种情况下,组织的战略性人力资源管理决策影响逐渐扩大。为了突出人力资源管理的战略性,学者们越来越多地使用战略性人力资源管理(SHRM)代替人力资源管理,关于战略性人力资源管理的讨论方兴未艾。

1992年,莱特(P. M. Wright)和麦克马汉(G. C. McMahan)对战略性人力资源管理进行了界定:战略性人力资源管理是使组织达成自身目标的有计划的人力资源调度和活动的模式。[①] 根据这一界定,他们指出战略性人力资源管理在职能和关注焦点两方面与人力资源管理有所不同,并表示正是这两点主要的区别体现了战略性人力资源管理的进步之处。

同年,舒勒把战略性人力资源管理分成人力资源管理的哲学、政策、项目、实践和过程几个不同的组成部分。他认为在每个部分中都包含着战略性人力资源管理所要实施的内容,它们之间通过组织的层次而相互联系,并成为一个整体。

1995年,休斯里德(M. Huselid)提出了后被称为具有"通用性"的战略性人力资源管理的研究方法,该方法假定存在确定的最佳人力资源管理工作,有助于改善企业的财务行为。1996—1997年,美国管理学权威杂志《管理学术杂志》《工业关系》《国际人力资源管理》分别就战略性人力资源管理的相关研究发行了专刊。

这一时期,除了战略性人力资源管理理论之外,还有很多学者的观点对人力资源管理理论产生了相当大的影响。美国管理学家彼得·圣吉所著的《第五项修炼》提出了实现组织不断创新、个人和组织发展的理论和方法。这部巨著于1992年荣获世界企业学会(World Business Academy)最高荣誉的"开拓者奖"(Pathfinder Award),其以极前瞻的眼光指出21世纪人力资源管理必须有效组织系统学习,培养系统学习观,整合个人的持续学习,并以建立和完善学习型组织作为其工作的重要领域。威廉·罗斯威尔(W. Rothwell)和亨利·斯内多尔(H. Sredl)于1992年在《人力资源开发作用与能力》一书中,将全球化列为影响人力资源开发与管理的十三个因素之一。戴维·沃尔里奇(D. Ulrich)在1996年出版的《人力资源教程》一书中认为,组织要想在全球化的竞争中保持竞争优势

---

① P. M. Wright and G. C. McMahan, "Theoretical Perspectives for Strategic Human Resource Management," *Journal of Management*, No.18, 1992, pp.295-320.

并取得成功,人力资源管理必须应对全球化、降低成本、以能力为本、技术创新等八个挑战。

总之,这一阶段,人力资源管理研究者们纷纷从不同的角度探讨人力资源管理的变化以及人力资源管理学的发展趋势。人力资源管理学的研究内容得到了空前深化和发展。

小　结

本章主要是从历史角度考察了人力资源管理思想的发展演变过程。事实上,人力资源管理理论主要来自西方,在我国古代一般称为人才思想。

第一节论述了中国的人才思想。首先界定了人才的含义,其次从重才、取才、辨才、用才等四个方面介绍了中国古代的人才思想,最后介绍了中国近代和现代的人才思想。

第二节分析了西方人力资源管理学的发展过程。该过程分为两个阶段,一是前工业革命时期,二是工业革命后尤其是现代时期。前工业革命时期的人事管理思想按照时间顺序被分为古希腊、古罗马、中世纪、文艺复兴和工业革命前后等五个时期。工业革命后的现代人力资源管理思想也被分为萌芽、形成、成长、独立和成熟等五个阶段。

复习思考题

1. 中国古代人才观主要有哪些?
2. 简述中国近代和现代人才思想。
3. 西方前工业革命时期的人事管理思想主要内容是什么?
4. 现代人力资源管理思想各阶段的主要内容是什么?

推荐阅读

Wright, P. M. and G. C. McMahan, "Theoretical Perspectives for Strategic Human Resource Management," *Journal of Management*, No.18, 1992.

陈晶瑛:《中国古代人才思想及启示》,《中国人力资源开发》2008 第 6 期。

金耀基:《从传统到现代》,法律出版社 2017 年版。

雷曦:《西方人力资源管理思想的演变》,《城市建设理论研究(电子版)》2014 年第 8 期。

黎滢:《党的人才思想对中国古代人才思想的继承和超越》,《理论导报》2010年第9期。

吴思:《潜规则:中国历史中的真实游戏(修订版)》,复旦大学出版社2009年版。

吴文昌:《中国古代人才观之精华与启迪》,《中国特色社会主义研究》2001年第3期。

《习近平谈治国理政》,外文出版社2014年版。

《习近平谈治国理政》第二卷,外文出版社2017年版。

向佐春、李必强、钱菁:《西方人力资源管理思想中的系统思维》,《河南科技大学学报(社会科学版)》2000年第4期。

闫广芬、曹莉艳:《中国职业教育的产生及其启示——基于近代人才观念的变迁》,《天津大学学报(社会科学版)》2011年第5期。

易中天:《帝国的惆怅:中国传统社会的政治与人性》,浙江文艺出版社2014年版。

第三章

人力资源管理的基本理论

学习目标

1. 了解人性假设对于人力资源管理理论和实践的重要性、人力资源管理需要的理论支撑和典型的管理模式。

2. 重点掌握中西方人性假设类型、人力资源管理相关理论的主要内容、四种典型的人力资源管理模式和战略人力资源管理。

3. 了解中外人性的变与不变及其如何影响中外的人力资源管理理论与实践。

引 例

管理人性与人性管理[*]

我们想一想,自己是否还在沿用20世纪初,科学管理之父——泰罗提出的"科学管理"方式来管理企业呢?在那个工业时代,泰罗提出的科学管理方法的确大大提高了企业的生产力,使企业的竞争力显著提高,但是,一百多年前的管理方式对今天的企业还能有效吗?今天的社会环境与市场环境都发生了质的

---

[*] 资料来源:史光起:《管理人性与人性管理》,2011年6月7日,http://blog.ceconlinebbs.com/BLOG_ARTICLE_62868.HTM,2018年5月8日访问。

改变,尤其是作为企业经营的核心动力——人,其思维早已发生了颠覆性的改变。在今天依然沿用"泰罗制"式的管理方式就像在用管理黄牛的方式来管理猴子。

泰罗所处的时代正受到英国工业革命的影响,机械化大规模生产取代了低效率的小作坊生产方式。工业时代的到来也使人民生活水平迅速提高,因此需求大增。这个时期大量的劳动产出就意味着企业的竞争力,如果再能兼顾产品的品质,那就是绝对的竞争优势了,因此,如何提高产能,降低次品率,就成了当时的管理任务,于是有了基于规模化生产,流水作业的科学管理方式。这种管理方式曾经在工业社会发挥了巨大的优势,可以使员工的劳动产出大大提高,在保证生产数量的情况下还能维持商品的质量相对稳定,对应地,组织也具有更高的稳定性,继而维系了企业生存与发展的需要。在那个特定时期内,"泰罗制"的管理方式是非常有效的,采用自然形态原始管理法的企业逐步在效率低下、成本提升的困境中失去竞争力。

但是,到了20世纪末21世纪初的这二三十年间,由于网络与数字技术的发展,世界从工业社会时代迅速发展到技术社会,继而是数字发展推动的信息社会时代。在今天的客观环境看来,泰罗基于工业时代下提出的"科学管理"方法就显得不那么科学了,其中80%的内容将在今天的市场环境中失去作用。遗憾的是,现今全球不仅生产型企业多在沿用泰罗的管理方式,其他如服务、技术等诸多行业中还有80%以上的企业也在沿用,因为这样的管理思维已经融入了它们的思想与文化当中。而这样的企业多在落后国家与发展中国家。

在当今这个信息化、多元化,纷繁复杂、飞速变化的社会环境中,市场的结构与工作的形态都发生了本质性的改变,工业时代环境已经作为客观环境中的一个瞬间一去不返,如果企业还沿用那个社会环境下所使用的管理方式,无异于刻舟求剑,将会被自然进化的法则所淘汰。在今天的市场环境下,决定企业兴衰的关键因素早已经不再是通过科学管理大量劳动力来提高生产效率与产品品质管控那么简单,因为,在这个物质极大丰富并高度科技化的时代,并不缺少好产品,缺的是革命性的技术与独特的创意,而这两个要素是泰罗式管理所无法有效达成的。信息化、多元化的社会环境让劳资双方的信息高度对称,选择也更加多元,因此,员工不再唯命是从,刚性的制度显得越发的无力。

如今常听到企业管理者抱怨:给员工的薪水与福利越来越高,可是员工的抱

第三章 人力资源管理的基本理论

怨声却一点不减；培养出一个人才却可能轻易就跳槽；企业规章制度越是增加、细化，管理问题反倒越多……管理者把这些都归罪于现在的员工缺乏道德意识、心态浮躁等原因。其实，这既不是员工的过错，也不是企业越来越难管理，而是管理者用错了管理方法。今天企业的竞争力不是依靠体力型劳动者来支撑的，而是智力型劳动人才，企业关键性员工的这种形态改变是本质性的。管理新时代的员工自然不该采用昨天的管理方式，或昨天管理方式的进化形态，而应该是一个全新的管理思维，因为，客观环境的巨大改变使管理的哲学发生了改变。还用管理"黄牛"的方式管理"猴子"，导致的结果必然是越管越难，越理越乱，直接结果就是人力资源内耗与人才的流失。

第一节 中西方的人性假设

一、人性

在哲学的问题域中，人无疑是其核心问题。哲学的其他问题归根结底都是围绕"人"这个问题提出和展开的，它们最终都要服务和回归于人。从管理学的角度来看，每一种管理理念的背后都反映了管理者对被管理者最基本的行为预期，而这一预期又以一定的人性本质假定为前提。人性假设是管理学研究的逻辑前提。不同的人性假定有不同的管理学理论，不同的管理学理论在管理实践中衍生为不同的各具特色的管理原则、管理方法、管理制度、管理准则。因此，对人性的认识是管理思想形成的重要理论依据，可以说，人性问题又是人的问题的关键，是解决人的问题的突破口。

所谓人性，就是人通过自己的活动所获得的全部属性的综合，是现实生活中的人所具有的全部规定性。人性是人的一般特性，即人类共性。人性是指人区别于动物特有的，一切人普遍具有的各种属性的总和。人性中最重要的和最根本的是人的本质特征，它规定着人的存在和发展。之所以采用这样的定义，首先是因为它能比较全面、完整地概括人性的内涵。在世间万物中，人是最复杂的存在物，必然具有多方面的属性，忽略其中任何一方面，都会使我们在理论上对人性的了解陷入片面，进而导致人力资源管理实践中的失误。

人具有多方面的规定性，我们可以把它概括为三个方面：

第一，自然属性。有人称之为生物属性或先天之性。这主要指人与生俱来的属性,即作为自然人的形态、体质、生物构造和由生存本能而滋生的一系列本能欲望,如食欲、性欲、进攻欲、获得欲等。

第二,心理属性。这是人的感觉、知觉、记忆、思维、情感、性格、能力等的总称。也就是说,人的全部心理现象都是人性的重要组成部分。具体地说,人的心理现象包括心理过程、个性心理特征、个性意识倾向性三个方面。

(1)心理过程。人的认知活动、情感活动和意志活动相互联系和影响,构成人的心理过程。

(2)个性心理特征。知、情、意人皆有之,这是人类心理的共同特征。

(3)个性意识倾向。它是指在一定社会条件下形成的个人的需要、动机、兴趣、态度、理想、信念、价值观念等意识倾向。

第三,社会属性。如何使社会中人人都生活幸福、完美,是人类终身追求的目标。于是,如何摆正人与人之间的交往关系(人际关系或社会关系)就成为推动人类进步或社会进步的最重大问题。因此马克思说,人的本质在其现实性上,它是一切社会关系的总和。这种人类所特有的又是不可或缺的人的本质属性称为"社会属性"。

二、变迁社会中的不变人性

杜兰特夫妇在浓缩了其十一卷本的《世界文明史》精华的《历史的教训》一书中指出:"社会的基础,不在于人的理想,而在于人性","人性的构成可以改写国家的构成。"①,当然,人性的构成更能轻易地改写一个组织和一个部门。

杜兰特夫妇将人性定义为人类最基本的倾向和情感,是人的本能。他们认为人类通常遗传了六个积极的和六个消极的本能,其作用是保护个人、家庭、群体以及种族。积极的本能包括行动、迎战、获取、合群、求偶和父母关心;消极的本能包括睡觉、败逃、回避、隐居、拒婚和子女"啃老"。② 在面对生活的基本挑战和机遇时,大多数人都具备了勇于面对和消极逃避的两套本能。

杜兰特夫妇总结说,在历史的长河中,从理论上讲,人性一定会是有所改变的,因为自然选择已经假定了人性既会作用于生理变化,也会作用于心理变化。

---

① 〔美〕威尔·杜兰特、阿里尔·杜兰特:《历史的教训》(倪玉平、张闶译),四川人民出版社2015年版,第43页。
② 同上书,第44页。

第三章 人力资源管理的基本理论

"然而,就已知的历史来说,人类的行为却又并未发生多大的改变。在柏拉图生活的年代,希腊人的举止与近代的法国人非常像,罗马人的行为举止则与英国人类似。生活方式和生活工具虽然改变了,但动机和目标依然如故,如:行动或者休息,争取或者放弃,迎战或者退缩,合群或者独居,求偶或者排斥,提供或者厌恶父母之爱。"①在社会层面,"不同的阶级之间,也不会有人性的不同:总的来说,穷人和富人都有同样的冲动,只不过穷人没有什么机会,而且技能太差,无法实现他们的本能冲动而已"②。杜兰特夫妇总结说:历史再清楚不过地表明一件事情,获胜的反叛者会采用他们过去习惯于谴责的方法。

人性是不变的,但人类社会是发展和进化的,是经济、政治、智力和伦理道德等革新的产物。也就是说,人类社会是人的本性和社会进步相互作用的过程。人力资源管理工作将不得不面对各种新的环境,处理各种新的问题,感到庆幸的是,人力资源管理的对象——人类的人性复杂但有迹可循。

人类思想史上关于人性的理论层出不穷,真正在现实世界中产生重大影响并为人们所津津乐道的却并不是那些纯粹的人性形而上学,而是一些具体学科中关于人性的假设。③在中国,主要有"性善论"和"性恶论"两种假设;在西方,主要是"经济人""社会人""自我实现人""复杂人"等四种人性假设。

三、中国传统的人性观

中华民族是一个富于思辨的民族,历史上许多管理思想家对人性做出了卓有成效的探讨,从而铸就了中国传统管理思想坚固的理论基础——人性论。④由于各个思想派别在基本理论观点和思维方法上的差异,中国人性论呈现出多元激荡的格局。不过从总体上看,人性善与人性恶的问题是中国传统管理人性论讨论的中心问题。这个问题的实质反映了人们对管理过程中存在的善恶矛盾的困惑。

儒家的创始人孔子早在春秋时期就提出了人性问题。在孔子看来,"性相近也,习相远也"。人所禀受的天性,本来是差不多的,但经过后天的习染,人与

---

① 〔美〕威尔·杜兰特、阿里尔·杜兰特:《历史的教训》(倪玉平、张闶译),四川人民出版社2015年版,第45页。
② 同上。
③ 冯务中、李义天:《几种人性假设的哲学反思》,《社会科学家》2005年第3期,第7页。
④ 朱华桂:《论中西管理思想的人性假设》,《南京社会科学》2003年第3期。

人之间便渐渐拉开了距离,不再相近了。孔子的人性观虽然没有明晰人性善恶之分,但它蕴含着人性的可变性,这正是儒家"德治"思想立论的依据。

(一) 性善论

孔子的人性论实质上是倾向于人性善的。人性善的观点在中国传统管理文化中影响最大,中华传统蒙学教材《三字经》开篇即称:"人之初,性本善。"这一观点几乎达到家喻户晓、妇孺皆知的地步。在中国管理思想史上,对人性本善的探讨最具影响的是亚圣孟子。《孟子·告子上》认为:"恻隐之心,人皆有之;羞恶之心,人皆有之;恭敬之心,人皆有之;是非之心,人皆有之。恻隐之心,仁也;羞恶之心,义也;恭敬之心,礼也;是非之心,智也。仁、义、礼、智,非由外铄我也,我固有之也,弗思耳矣。"孟子将仁、义、礼、智看成每个人天生所具有的四种本能,就像人的四肢是与生俱来的。在孟子看来,三尺孩童,皆无不知爱其亲,及其长,亦无不知敬其兄,人见孺子落井,又无不生怵惕恻隐之心,由此可见,四端并不是由某种外在力量强加于人,而是人们不待学而能、不待虑而知的本然面目,所以结论必然而且只能是人性善。人性本善是人之为人的内在规定性。

孟子所谓的人性本善是指,每个人在本质上都具有向善的可能,而不是说人在任何情况下都会自然而然地走向善,《孟子·告子章句上》有"乃若其情,则可以为善矣,乃所谓善也"。人之所以会"为不善",除了外在的环境的影响之外,更重要的就是由于个人对自身内在固有的人之所以为人的善性缺乏主动的内求反省。就管理者而言,他们之所以不能"以不忍人之心,行不忍人之政",主要就是因为他们被自身的利欲私好所困扰、左右着而不能自拔。因此孟子极为强调"养"的重要性。"苟得其养,无物不长,苟失其养,无物不消"。孟子认为,善端需要不断培养,只有不断培养,才能启发人的"良知""良能",使人为"善"而不为"恶",以至于能够成为圣人。也就是说,只要重视人性善端的培养,人的善良本性就会像万物一样蓬勃生长起来,如果不加培育和养护,人的善良本性就会消失得无影无踪。怎样操作"养"? 孟子指出,培养人的善良本性,首先要从管理者自身做起。管理者应该依人所具有的善良本性去推行管理,要把"恻隐之心"推广运用到全部管理活动中,做到老吾老以及人之老,幼吾幼以及人之幼。倘若管理者自己能努力培养和扩充人性中的"善端",就一定能形成"乐民之乐者,民亦乐其乐;忧民之忧者,民亦忧其忧"的良好社会氛围,被管理者就会与管理者趋向同一，整个人类的善良本性自然会长存不灭，管理者的管理工作就"可运于掌上"了。总之，孟子的这种培养引导说表现出了他对养的高度重视。管理者只有重视养，自身素养提高，才能在管理工作中表现出以善为本的"仁政"，从而以自身的"善端"来带动被管理者"乐其乐""忧其忧"，上下相互协同共同实现管理目标。

（二）性恶论

在中国传统管理思想史上，荀子是性恶论的集大成者。与孟子性善论的思想相反，荀子否定性善是与生俱来的，肯定性恶才是人所固有的本性。

荀子认为，人性中的善是后天社会环境影响的结果，并不是先天的良知良能。"人之性恶，其善者伪也。"人性的本能表现在"目好色，耳好声，口好味，心好利，骨体肤理好愉佚"。只有采用某些外在强制性的手段对"恶"的人性进行"伪"，即人为加工改造，人性才会表现出"善"。荀子从其性恶论观点出发，强调管理者应对人的本能欲求行为进行严格管理，《荀子·性恶》曰："凡古今天下之所谓善者，正理平治也；所谓恶者，偏险悖乱也。是善恶之分也已。"

针对孟子的性善论，荀子指出人的所谓善良本性并非先天具有，完全是管理者公平正确管理的结果，只有管理者放纵人的本能欲求行为时，人本性中的恶才会表现出来。如果人先天就具有善良本性，人天生就符合公平正确的管理原则，那还用得着管理者和管理制度吗？正因为人有恶的本性，所以要建立起管理制度，树立起管理权威，以禁止人们放纵自己的本能欲求行为，使人们的行为合乎善良的原则，从而避免造成天下的混乱，保持社会的安定。

荀子不仅从"人之性恶"的角度分析了管理的重要性，还提出了人性本能行为的管理原则，《荀子·礼论》认为："人生而有欲，欲而不得，则不能无求；求而无度量分界，则不能不争。争则乱，乱则穷。先王恶其乱也，故制礼义以分之，以养人之欲，给人之求。使欲必不穷乎物，物必不屈于欲，两者相持而长。"

在荀子看来，一个人要寻求满足其本性所固有的本能欲求是很正常的，关键是在寻求的过程中，不能没有一个度的限制和量的界定，否则就会造成人们的相互争斗，使社会一片混乱，从而形成财匮民乏的局面。只有在管理制度的规范下，人的本能行为才会受到一定"度量分界"的限制，一方面使人的本能获得了正常的满足，另一方面又制止了纵欲浪费财物现象的发生，同时避免了"争而乱，乱则穷"的局面。

荀子的这种管理规范说既强调了对人性本能行为进行管理规范的必要性,又提出了管理规范人性本能行为的基本原则。他希望管理者要高度重视这项管理工作,有针对性地建立起合乎人性特点的管理制度,"以养人之欲,给人之求",并且要注意"物"与"欲"之间关系的平衡。这说明,荀子已认识到了管理与人的欲求、管理与社会生产者之间所存在的辩证关系,若要正确规范人的本能欲求行为,必须建立起管理制度;这种管理制度一定要使人的本能欲求行为转化成"物"的生产力。在这三者中,管理起到了最为关键的作用,它既规范了人的本能行为,又推动了"物"的发展,使"物必不屈于欲,两者相持而长",形成了"欲"与"物"的良性互动关系。

孟子的性善论意在说明管理的合理性,从而论证了被管理者接受管理层行为规范的可能性。荀子的性恶论意在说明管理的必然性,从而论证了管理层对被管理者行为进行约束的必要性。

四、西方主流的人性假设

人性假设是人力资源管理的理念基础,即人力资源管理理论的建构和方法的设计都是以对人性的一定看法为基础的。这不是某个人的主观判断,而是有历史和现实依据的客观命题。纵观人力资源管理的历史发展,我们可以发现,不同的管理模式和管理思想有赖于管理者或管理思想家对人性的不同假设。

对于人的探究一直是管理工作中极其重要的理论和实际问题,但"人性假设"这一概念直到 1957 年才由美国学者麦格雷戈(D. M. McGregor, 1906—1964)在《企业的人性方面》一文中首次提出。① 麦格雷戈将人性分类,据此提出了 X 理论和 Y 理论。之后,西方学者对此做了大量论述。1965 年,美国心理学家施恩(E. H. Schein)的《组织心理学》(*Organizational Psychology*)一书,在深入理解人性假设内涵的基础上,抓住了各类人性假设的根本特点及其相互区别之后对人性假设做出的类型划分是目前最被广泛接受的观点。

人性管理的核心

---

① Douglas Murray McGregor, "The Human Side of Enterprise," *Management Review*, Vol.46, No.11, 1957, pp.22-33.

（一）"经济人"假设

又称"实利人"或"唯利人"假设。这种理论产生于早期科学管理时期,其理论来源是西方享受主义哲学和亚当·斯密的劳动交换的经济理论,即认为人性是懒惰的,干工作都只是为了获取经济报酬,满足自己的私利。因此,管理上主张用金钱等经济因素去刺激人们的积极性,用强制性的严厉惩罚去处理消极怠工者,即把奖惩建立在"胡萝卜加大棒政策"的基础上。

麦格雷戈最早提出"经济人"概念,他在1960年的著作中将以"经济人"人性假设为指导依据的管理理论概括为X理论,并对该理论进行了批判。该理论认为多数人天生懒惰,对工作抱有一种天生的厌恶感并尽可能逃避工作;多数人胸无大志,乐意任人摆布,不愿负责,缺乏抱负;大多数人的目标与组织目标相矛盾,必须对他们严加管制,实施威胁惩罚的办法才能使之为组织而工作;工作只是为了获得经济报酬以满足生理和安全的需要。

弗雷德里克·泰勒(F. W. Taylor)是以X理论为指导的管理的典型代表。泰勒倡导的"时间—动作分析""定额管理、计件工资制"及严格的科学管理方法,其基本出发点是如何提高生产率,而对工人的思想、心理、情感漠不关心。"经济人"假设把金钱看作主要的手段来促使下属人员努力工作,而且创造一种促使人们只关心个人利益的竞争环境。客观地说,"经济人"假设在短期内有利于充分利用经济杠杆来刺激人的行为。

（二）"社会人"假设

这种理论源于"霍桑实验"。霍桑实验是一项以科学管理的逻辑为基础的实验。"霍桑"一词源于用于实验的工厂,它是美国西部电气公司坐落在芝加哥的一间工厂的名称。霍桑实验从1924年开始到1932年结束,在将近八年的时间内,前后共两个阶段:第一个阶段是从1924年11月至1927年5月,在美国国家科学院(National Academy of Sciences)下属的国家研究委员会(National Research Council)赞助下进行;第二个阶段是从1927年冬天至1932年,由心理学家乔治·埃尔顿·梅奥(G. E. Mayo)教授主持进行。

整个霍桑实验由四个实验组成,第一阶段有一个实验即照明实验,意在观察车间照明变化对生产效率的影响。第二阶段有三个实验,分别是福利实验,意在观察工作时间和其他条件对生产效率的影响;访谈研究,意在了解员工的工作态度;群体实验,意在了解非正式的组织对工人态度的影响。

梅奥通过该实验提出了"社会人"假设。这种假设认为,人是社会人,人们的社会性需要是最重要的,人际关系、职工的士气、群体心理等对积极性有重要影响。因而在管理上要实行"参与管理",要重视满足职工的社会性需要、关心职工、协调好人际关系、实行集体奖励制度等。

(三)"自我实现人"假设

"自我实现人"假设最早由人本主义心理学家马斯洛提出。所谓自我实现,是指人的潜能得到充分发挥;只有人的潜能得以表现和发展,人才会有最大的满足。之后,麦格雷戈提出了以"自我实现人"人性假设为理论基础的管理理论,给予 X 理论相反的 Y 理论,他明确否定 X 理论,而肯定 Y 理论。

"自我实现人"假设认为,人是自主的,勤奋的,自我实现的需要是人的最高层次的需要,只要能满足这一需要,个体积极性就会被充分调动起来。因此,管理上应创设良好的环境与工作条件,以促进职工的自我实现即潜能的发挥,强调通过工作本身的因素,即运用内在激励因素调动职工的积极性。

(四)"复杂人"假设

这种理论产生于 20 世纪 60 年代至 70 年代。其代表人物有施恩、莫尔斯(J. J. Morse)和洛尔施(J. W. Lorsch)等。该理论认为,无论是"经济人""社会人"还是"自我实现人"假设,虽然各有其合理性的一面,但并不适合于一切人。因为,一个现实的人的心理与行为是很复杂的,是有个体差异的。人不但有各种不同的需要和潜能,而且就个人而言,其需要与潜能也随年龄的增长、知识能力的提高、角色与人际关系的变化而发生改变。不能把人视为某种单纯的人,实际上存在的是一种具体的"复杂人"。依据这一理论出现了管理上的"超 Y 理论"即权变理论。它认为,不存在一种一成不变、普遍适用的管理模式,应该依据组织的现实情况采取相应的管理措施。

第二节 人力资源管理相关理论

21 世纪的管理是以人为中心的人本管理,如何处理好组织与员工的关系是管理的核心内容之一。

一、组织承诺理论

作为个体态度的重要变量,组织承诺与离职、工作满意度、留职意愿、组织公民行为和组织文化等有着复杂的关系,学者们进行了广泛而深入的理论分析与实证研究。承诺(commitment)是形成稳定社会结构的基础。20世纪60年代早期,随着传统工业心理学和组织心理学的发展,"组织承诺"已经开始以独立的概念出现。① 霍华德·贝克尔(H. S. Becker)于1960年最先对"承诺"的概念进行了整理,并提出解释承诺的单边投入理论②,之后的研究者聚焦于组织情景,提出了组织承诺的概念③。组织承诺(organizational commitment)是员工对组织的一种肯定性的态度或心理倾向。组织承诺的形成,意味着员工在心理上与组织形成了一种固定的联结。④

管理理论丛林

对组织管理者而言,有效管理员工队伍成为员工关系管理中的主要内容,而组织承诺就是探讨这种关系的重要课题。组织承诺是一种驱动力,它能使员工表现出与一个或多个目标相关的一系列行动。组织承诺有别于以交换为基础的动机,也有别于与目标相关的态度,但是它会影响员工的行为,甚至在缺乏外部激励时也是如此。对员工和组织而言,组织承诺都存在积极的意义:对员工而言,承诺于工作、承诺于组织代表了积极的关系,增加生活的潜在意义(如提高自我价值认知);对组织而言,承诺型员工能提高工作绩效,降低离职和缺勤率。在竞争日趋激烈的今天,许多组织都在努力构建持续的竞争优势,而拥有一支高组织承诺的员工队伍是组织持续竞争优势的来源,因为它具有不可模仿性。

对于组织承诺的内涵,在过去很长一段时间内它都被看成是单一维度的,目前大家比较认同的是艾伦和梅耶提出的三因素模型,即组织承诺实际上包含了

---

① 翁清雄、陈国清:《组织承诺的理论溯源与最新研究进展》,《科学学与科学技术管理》2009年第11期。
② Howard S. Becker, "Notes on the Concept of Commitment," American Journal of Sociology, Vol.66, No.1, 1960, pp.32-40.
③ 樊耘、张旭、颜静:《基于理论演进角度的组织承诺研究综述》,《管理评论》2013年第1期。
④ 刘小平:《员工组织承诺的形成过程:内部机制和外部影响——基于社会交换理论的实证研究》,《管理世界》2011年第11期。

至少三种形式:情感承诺、持续承诺和规范承诺。① 情感承诺是指员工对组织的心理依附,员工对组织忠诚是因为他们愿意这样做;持续承诺是指由于离职会带来损失,员工对组织忠诚是他们不得不这样做;规范承诺是指员工有一种义务感和责任感,员工对组织忠诚是他们感到应该这样做。

随着研究的不断深入,也有新的承诺模型出现。科恩对前人研究进行了总结,基于时间维度和承诺维度提出了新的组织承诺模型。② 时间维度分为进入组织前和进入组织后,承诺维度分为承诺倾向和实际承诺。进入组织前的为承诺倾向,分为工具性承诺倾向和规范性承诺倾向;进入组织后的为实际承诺,分为基于工具、经济性交换的工具性承诺,及基于情感依赖、组织目标和价值观内化的情感性承诺。

科恩强调,员工的态度由社会化过程发展而来,没有在组织中开始工作就没有实际承诺产生。员工进入组织前的社会化和文化意识会形成两种不同的承诺倾向,即工具性承诺倾向和规范性承诺倾向。工具性承诺倾向受所选择的工作特性和工作期望影响;规范性承诺倾向受个人特征如价值观和信念影响。员工进入组织后产生的实际承诺分为工具性承诺和情感性承诺。工具性承诺是个人对感知到贡献和回报之间的有形交换结果的依赖,高工具性承诺倾向会导致高工具性承诺。工具性承诺可被描述为低层次的承诺,受到实际交换的质量与之前期望是否匹配的影响。情感性承诺是个人对组织认同、归属的情感依赖,高规范性承诺倾向会导致高情感性承诺。情感性承诺被视为承诺的高水平层次,受到领导方式、察觉到的公正和组织支持的影响。工具性承诺和情感性承诺都会受组织社会化特征正向影响,工具性承诺是情感性承诺的基础,工具性承诺会被情感性承诺正向影响,工具性承诺和情感性承诺会反过来影响其承诺倾向。

无论采取单维度或多维度对组织承诺做相关研究,不管是理论上的数据处理还是人力资源的实际应用,管理者都要正确把握员工不放弃组织的根本原因,积极通过相关奖励来留住有积极动机且认可组织文化和发展战略的员工,及时

---

① Natalie J. Allen and John P. Meyer, "Organizational Socialization Tactics: A Longitudinal Analysis of Links to Newcomers Commitment and Role-Orientation," *Academy of Management Journal*, Vol.33, No.4, 1990, pp.847-858.

② Aaron Cohen, "Commitment before and after: An Evaluation and Reconceptualization of Organizational Commitment," *Human Resource Management Review*, Vol.17, No.3, 2007, pp.336-354.

劝退单纯只是因为离开的机会成本而留在组织内的员工。

二、社会交换理论

霍曼斯认为,社会交换理论(Social Exchange Theory)兴起于20世纪50年代后期,是用经济学、社会学和心理学的理论从微观角度研究人类行为。① 布劳认为,社会交换指的是利益互惠行为,指一方向另一方提供帮助、支持等,使得对方有了回报的义务,但不知道对方是否会回报和什么时候回报,因此这种交换关系具有不确定性和风险。② 交换的隐含条件是双方通过交换各自特有的资源,从而达到互利的目的,其核心是自我利益和互相依赖。员工—组织关系(employee-organization relationship)的建立就是员工以个体的劳动来换取组织的报酬,以个体对组织的忠诚来换取组织对个体的关心和支持;通过员工的努力工作,组织有更大的发展;员工与组织之间相互依赖关系的形成是一种社会交换关系的形成。

员工—组织关系中存在两种社会交换关系:一类建立在经济性交换关系基础上,员工选择与组织建立稳定的交换关系而不是随机性的交换关系,主要是为了减少不确定性,在这种情形下组织承诺从本质上说是一种避免风险的机制,持续承诺就是在经济性交换基础上形成的;另一类建立在社会性交换关系的基础上,员工与组织在长期的成功交换关系中形成了情感联结,情感性承诺和规范性承诺就是在社会性交换基础上形成的。

就研究内容而言,经济学研究者偏向于经济性交换关系研究,心理学研究者偏向于社会性交换关系研究。但这两类研究融合的趋势很明显,综合性的研究得到社会交换理论研究者越来越多的重视。

布劳认为,在社会交换过程中,双方相互的责任度越高,社会交换关系就越稳定,双方从交换关系中获利的可能性就越大。根据员工与组织责任的平衡度和责任度,员工—组织关系分为四类:双方共同高责任、双方共同低责任、员工高责任—组织低责任、员工低责任—组织高责任。有研究证实,在双方共同高责任时,员工的情感承诺最高。

---

① George C. Homans, "Social Behavior as Exchange," *American Journal of Sociology*, Vol.63, No.6, 1958, pp.597-606.
② Peter M. Blau, *Exchange and Power in Social Life* (New York: Wiley, 1964).

三、资源基础理论

资源基础理论(Resource-Based Theory,RBT)虽起源甚早,但从20世纪80年代才逐渐为人们所重视。因其在企业存在和发展的一系列基础性问题上的独特见解和对战略管理思考方向所具有的广泛而深远的意义,RBT成为近几十年来最具影响力的学术流派。① 组织的竞争优势成为战略管理领域的一个重要研究方向,资源基础观也成为理解组织竞争优势的重要理论依据。虽然资源基础理论的很多思想可以在马歇尔的著作中找到,学术界还是把约翰·霍普金斯大学教授安蒂思·潘罗斯1959年出版的《企业成长理论》(*The Theory of the Growth of the Firm*)②看作资源基础理论的源头。1984年,沃纳菲尔特发表了《企业的资源基础观》③,一般认为,这标志着资源基础理论的正式诞生。④ 学者们认为,资源基础理论是核心能力理论等理论的基础。

资源基础理论主要回答"企业是什么"和"企业的长期竞争优势从何而来"。由于不同学者的答案是不一样的,资源基础理论分化为三个主要的流派,即传统资源基础理论、企业能力理论和企业知识理论。⑤ 传统资源基础理论学者认为,企业是"资源的独特集合体",企业的长期竞争优势来自企业所拥有和控制的特殊资源和战略资产。企业能力理论学者认为,企业是"能力的独特集合体",企业的长期竞争优势来自企业的核心能力或动态能力。企业知识理论学者认为,企业是一个"知识的独特集合体",蕴藏在企业组织或组织层次的社会知识或集体知识构成了企业长期竞争优势源泉。尽管这三个流派的基本思想是一致的,但是不同流派的学者认为这些要素应该是"资源""能力"或"知识",拥有特殊性质的要素是"特殊资源/战略资产""核心能力/动态能力"或"社会知识/集体知识"。

20世纪90年代以后,战略人力资源管理在理论上的发展基本上是基于资

---

① 黄旭、程林林:《西方资源基础理论评析》,《财经科学》2005年第3期,第94页。
② Edith Penrose, *The Theory of the Growth of the Firm* (New York: John Wiley and Sons, 1959).
③ Birger Wernerfelt, "The Resource-based View of the Firm," *Strategic Management Journal*, Vol.5, 1984, pp.171-180.
④ 王开明、万君康:《企业战略理论的新发展:资源基础理论》,《科技进步与对策》2001年第1期,第131页。
⑤ 杨春华:《资源基础理论及其未来研究领域》,《商业研究》2010年第7期,第26页。

源基础理论的。资源基础理论对于为什么人力资源和人力资源管理系统能够导致竞争优势提供了一个有说服力的解释,为人力资源管理和竞争优势之间的关系提供了更深入的理解。如一部分研究者利用资源基础理论的构架来检验企业的人力资源怎样成为竞争优势的资源,另一部分研究者则探索了人力资源管理成为一种竞争优势的可能性。①

资源基础理论可以在三个方面解释人力资源为何可能在战略的制定和实施中发挥作用:首先,任何战略均需要相应的员工的态度和行为的支持;其次,特定的人力资源管理的政策和手段会导致相应的员工的反应、态度和行为;最后,在给定战略的情况下重组资源比给定资源而重组战略总是要容易得多。

总之,借助于资源基础理论,战略人力资源管理领域中在关于人力资源和人力资源管理是产生竞争优势的资源这一点上,已基本达成一致。一些观点已成为理论与实践者的共识,如一个组织在既定时期内雇员的技能、知识以及能力的存量,需要随着战略的需要而不断调整以符合战略的要求;组织的竞争优势只能出自人力资本中的个体和整体选择有利于企业的行为;人力资源管理系统由于具有过程依赖性、因果模糊性以及内部各子系统间的协同作用而难以被其他的竞争对手所模仿,也是一种竞争优势,因此它可以通过一定的中间机制对组织的绩效发生作用和产生影响。

四、权变理论

权变理论(Contingency Theory)也称情境理论、机变理论,是研究组织与环境之间的关系及主要变量的一般模型,在20世纪70年代由美国学者菲德勒提出。"权"即权宜,"权变"即衡量是非轻重,因事制宜。权变理论认为管理环境是自变量,管理方式为因变量,管理者应依据环境的自变量与管理方式的因变量之间的函数关系来确定一种最有效的管理方式。环境变量与管理变量之间的函数关系即权变关系。

权变理论的特点包括三个方面:(1)系统性,管理的各种因素共存在一个统一联系的整体内。(2)情境观,管理的理论、方法和技术使用的有效性取决于它与管理情境的匹配程度。(3)动态性,在管理中不存在一成不变的、普遍适用

---

① 王颖、李树苗:《以资源为基础的观点在战略人力资源管理领域的应用》,《南开管理评论》2002年第3期。

的、最好的理论和方法,而应该根据实际情况随机应变。

权变理论认为,对于任何一个组织来说都没有最好的管理方式,而对于不同的组织来说,相同的管理方式并非同等有效,即并不存在一种普遍适用的管理实践,组织的管理必须和周围环境相匹配。组织性质、规模不同,环境条件不同,被领导者不同,管理方式和风格也必然不同。一个管理者必须要懂管理、知权变,根据环境的内外条件改变管理方式。

在现代组织人力资源管理中,权变理论具有极大的优势,主要表现为其以灵活多变的方式对待不同的情况,让组织对人力资源的管理工作更加规范化,从而提高了人力资源管理效率。它可以对组织的结构进行统一调配,为管理层正确决策奠定基础,保障决策的科学性和准确性,让战略人力资源管理得以顺利开展。在人力资源管理的具体运作上,招聘、考核、薪酬及人力资源开发等应与组织战略、实际需求相联系,为组织寻找、培养、保留优秀员工,最终提升组织绩效。

五、激励理论

"激励"(motivation)原本是来自心理学的概念,指的是激发人的动机的心理过程。在组织中,激励对于从事各种活动的员工是必不可少的条件,让员工充分发挥自己的才能去工作、把员工的工作思维由被动转换为主动、将员工在职责行动上的循规蹈矩转变成积极的工作状态的最佳方法就是对员工进行激励。换言之,激励就是一个如何确保组织中员工个人努力、需要的满足与企业目标保持一致的过程。激励理论大体上可以分为两种,即内容型激励理论与过程型激励理论。内容型激励理论主要考虑的是导致个人的动机和行为产生的内在需求,过程型激励理论强调的是人与环境之间的互动过程。

(一)内容型激励理论

内容型激励理论集中研究引起人们行为的原因,即什么样的特定刺激因素会激励人们。内容型激励理论通常有以下三种:马斯洛的需要层次理论、麦克利兰的成就激励理论、赫茨伯格的双因素理论。

马斯洛的需要层次理论。该理论是研究组织激励时应用得最广泛的理论。马斯洛将需要从低到高分为五级:生理的需要、安全的需要、感情的需要、尊重的需要、自我实现的需要。马斯洛认为,在特定的时刻,人的一切需要如果都未得到满足,那么满足最主要的需要就比满足其他需要更迫切。只有排在前面的那些需要得到了满足,人才能产生更高一级的需要。而且只有当前面的需要得到充分的满足后,后面的需要才能显出其激励作用。

麦克利兰的成就激励理论。该理论认为,人们是被要求按高标准工作或者在竞争中取胜的愿望激励者。麦克利兰指出,尽管几乎每个人都认为自己有成就动机,但只有很少数人受到成就欲的激励。这是因为其激励的强弱取决于早期的经验、职业经历以及所在组织的类型。同时,金钱刺激对高成就者的影响并非单一的。成就激励发生作用时,好的工作绩效可能对人们颇具吸引力,但如果高成就者从事例行性或令人生厌的工作,或者工作缺乏竞争性,那么成就激励就起不到什么作用了。

赫茨伯格的双因素理论。该理论认为,现实中存在两种性质不同的因素。第一类是激励因素,包括工作本身、认可、成就和责任,这些因素涉及对工作的积极感情,又和工作本身的内容有关;第二类是保健因素,包括组织政策和管理、工作条件、技术监督、组织氛围、薪水以及人际关系等,这些因素涉及工作的消极因素,也与工作的氛围和环境有关。该理论认为,满意和不满意并非共存于单一的连续体中,而是截然分开的,这种双重的连续体意味着一个人可以同时感到满意和不满意。它还暗示着工作条件和薪金等因素并不能影响人们对工作的满意程度,而只能影响对工作的不满意程度。

(二) 过程型激励理论

内容型激励理论涉及产生激励的一些重要需要,过程型激励理论则探讨这些需要怎样通过相互作用和相互影响而产生行为。比较有代表性的过程型激励理论有期望理论、强化理论、公平理论等。

1. 弗洛姆的期望理论

该理论阐明了激励职工的方法。弗洛姆认为:某一活动对于调动某一人的积极性,激发出人的内部潜力的激励(motivation)的强度,取决于达成目标后对于满足个人的需要的价值的大小——效价(valence)与他根据以往的经验进行判断能导致该结果的概率——期望值(expectancy),即

$$M = V \cdot E$$

弗罗姆的期望理论认为,激励取决于对行为和行为结果引起的满足感的期望,这种理论侧重于未来。

2. 斯金纳的强化理论

该理论认为强化人们行为的强化顺序会影响人们重复这项行为的倾向,因此人们在被强化过的环境中多半会更加努力工作。

强化的具体方式有四种:(1)正强化,就是奖励员工那些符合组织目标的行为,以便使这些行为得以进一步的加强、重复出现。在各类强化方式中,这是最常用和有效的方式。(2)负强化,预先告知员工某种不符合组织要求的行为或不良绩效可能引起的后果,使其避免不符合要求的行为发生。(3)自然消退,取消正强化,对员工的某种行为不理睬以表示对该行为某种程度的否定。(4)惩罚,以某种带有强制性的、威胁性的结果,表示对员工某一不符合要求的行为的否定,从而消除这种行为重复发生的可能性。

3. 亚当斯的公平理论

公平理论的基本观点是:当一个人做出了成绩并取得了报酬以后,他不仅关心自己的所得报酬的绝对量,而且关心自己所得报酬的相对量。因此,他要进行种种比较来确定自己所获报酬是否合理,比较的结果将直接影响今后工作的积极性。比较有两种,一种称为横向比较,一种称为纵向比较。人们通过比较自己和他人的地位来决定这种关系是否平衡,如果这种关系有利则继续保持,否则将结束。

激励作为一种机制已融入了现代管理的范畴。从上述不同的激励理论中我们不难总结出,无论是制度激励方面还是文化激励方面,激发员工工作的积极性才是组织管理过程中应该重点把握的环节。而员工积极性的高低则取决于组织目标能够在多大程度上符合员工的需要。管理者如何使员工协调好满足自己的需要与实现组织目标之间的关系,首要应明确组织内部能动发展与员工自身需求这种互赢互利的关系。

六、人力资本理论

人力资本理论(Human Capital Theory)的研究是从人力资本的价值开始的,而对人力资本的价值和特征的研究是与经济学一起展开的。劳动价值论是人力资本价值研究的根据。① 西方人力资本思想起源于人的经济价值的研究,作为

---

① 王开国、宗兆昌:《论人力资本性质与特征的理论渊源及其发展》,《中国社会科学》1999年第6期,第33页。

第三章 人力资源管理的基本理论

英国古典政治经济学的创始人之一,威廉·配第在其代表作《政治算术》中提出了"土地是财富之母,劳动是财富之父"的著名论断。

著名的古典经济学派代表亚当·斯密在其1776年出版的《国富论》中初步提出了人力资本的思想。他认为:固定资本中包含所有居民或社会成员获得的有用的能力。这种才能是通过包括教育、学校和学徒过程获得的,一般都需要付出现实的成本,因此,它可以被看作是固定在个人身上的、已经实现了的资本。他建议由国家"推动、鼓励,甚至强制全体国民接受最基本的教育"。后经法国古典经济学家让·巴蒂斯特·萨伊(J. B. Say)、德国古典经济学家冯·杜能(H. von Thunen)、德国经济学家弗里德里希·李斯特(F. List)、英国经济学家阿尔弗雷德·马歇尔(A. Marshall)等对人力资本思想的研究,奠定了人力资本理论研究的基础,开创了人力资本学派。[①]

进入20世纪后,西方经济学界对人力资本问题的研究取得了新的进展。美国经济学家欧文·费雪(I. Fisher)在1906年出版的《资本和收入的性质》一书中首次提出"人力资本"概念,并将其纳入经济分析的理论框架中。1924年,苏联经济学家斯特鲁米林(Strumilin)在其于1924年发表的《国民教育的经济意义》一文中率先提出了教育投资收益率的计算公式,他是最早用数量计算公式来阐述教育经济意义的经济学家。1935年,美国哈佛大学沃尔什(Walsh)发表了《人力资本观》一文,从个人教育费用和以后收入相比较来计算教育的经济效益,用教育效益的分析方式来计算高中和大学教育在经济上是否有利的问题。新制度学派的代表人物加尔布雷斯(J. K. Galbraith)在1958年出版的《丰裕的社会》一书中指出,现代经济活动需要大量受过训练的人,对人的投资和对物质资本的投资同样重要,改善资本或者技术进步几乎完全取决于对教育和科学的投资。没有对人的投资,虽然物质投资也能使产量增加,但是这种增长是有限的。

人力资本理论研究领域中最重要的代表人物之一是美国芝加哥大学的西奥多·舒尔茨(T. W. Schultz),他为后人誉为"人力资本理论之父"。他在20世纪50年代末60年代初连续发表了一系列重要文章,成为现代人力资本理论的奠基之作。特别是他在1960年任美国经济学会会长时发表的题为《人力资本投

---

① 王明杰、郑一山:《西方人力资本理论研究综述》,《中国行政管理》2006年第8期。

资》的演讲中,大胆而明确地阐述了人力资本概念与性质、人力资本投资内容与途径、人力资本在经济增长中的作用等思想。他不仅第一次明确地阐述了人力资本投资理论,使其冲破重重歧视与阻挠成为经济学的一个新的领域,而且进一步研究了人力资本形成的方式与途径,并对教育投资的收益率和教育对经济增长的贡献做了定量的研究。舒尔茨因其在人力资本理论方面的贡献而荣获了1979年诺贝尔经济学奖。1992年的诺贝尔经济学奖获得者贝克尔(G. S. Becker)系统地阐述了人力资本与人力资本投资的问题,为人力资本的性质、人力资本的投资行为提供了有说服力的理论解释。贝克尔提出了较为系统的人力资本理论框架,进一步发展了人力资本理论,使之成为系统而完整的理论体系。贝克尔的著作《人力资本》被西方学术界认为是"经济思想中人力资本投资革命"的起点。

  1956年,索洛(R. W. Solow)发表了题为《对经济增长理论的贡献》的论文,开始研究增长理论。经济学家们将人力资本因素结合进严谨的经济数学模型,提出了一些以人力资本为核心的经济增长模型。芝加哥经济学派的日裔教授宇泽宏文(Hirofumi Uzawa)在1965年提出了包含教育部门和生产部门的两部门模型,被认为是最早的人力资本增长模型。保尔·罗默(P. Romer)在其1986年发表的《收益递增经济增长模型》一文中,提出了内生经济增长模型。1995年诺贝尔经济学奖获得者罗伯特·卢卡斯(R. Lucas)在1988年发表的著名论文《论经济发展的机制》中,把舒尔茨的人力资本理论和索洛的技术决定论的增长模型结合起来并加以发展,形成人力资本积累增长模型。

  通过上述分析可以看到,人力资本理论把人的知识能力作为经济增长的巨大源泉而加以系统论证,这不但比以前的理论前进了一步,而且在当代经济理论中作为新开辟的经济研究领域而在众多经济流派中占有重要的地位。人力资本理论突破了传统经济理论在解释经济增长各种要素时的局限性,明确指出了人的质量不同,对生产所做的贡献不同。人力资本理论重新证明了,人特别是具有专业知识和技术的高层次的人是推动经济增长和经济发展的真正动力。这一理论也对资本理论、经济增长理论和收入分配理论的发展产生了革命性的影响。

第三节 人力资源管理模式

管理无定式,世界上不存在放之四海而皆准的管理模式,这是许多管理工作者的观点,也是许多学者的观点。众所周知,人是世界上最复杂的存在,关于人的研究异常困难,关于人力资源管理模式的研究就更加困难了。

有学者总结了研究人力资源管理理论模型的两个重要意义:第一,国内人力资源管理界对理论研究重视不足,大多数著作主要介绍的是国外人力资源管理的实践,即招聘、筛选、培训开发、绩效评估、薪酬管理等,这与传统的人事管理并无太大的区别。实际上,作为一种新的理论,人力资源管理模式为我们提供了看待人力资源管理的新视角,因此有必要讨论规范的人力资源管理模式提供的新思想。第二,国内目前对人力资源管理模式的局限、政治实质、理想化倾向还缺乏充分的认识。[①] 因此,有必要对其客观性进行评价,对其在中国的适用性问题作出判断。

一、人力资源管理模式的分类和原则

(一)人力资源管理模式的分类

学者们认识到,能为组织创造持续竞争优势的是组织总体的人力资源管理系统,而并非单个的人力资源管理实践。单个的实践活动容易复制,整合性的人力资源管理系统则具有特质性、复杂性、难以模仿和路径依赖的特点。这一系列互补的实践活动,除了可以避免因相互矛盾而可能产生混淆,从而导致较低的激励水平和较低的生产率等结果之外,其效果比单独运用各种实践活动的效果总和还大。对这些问题的关注开拓了最佳人力资源管理模式研究。

亚瑟从战略性人力资源管理的角度出发,调查不同的人力资源管理模式对企业绩效的影响。根据企业人力资源管理实践活动的特征,亚瑟采用聚类分析法将这些企业划分为两种类型:承诺型和控制型。[②] 承诺型是通过强化员工与组织之间的情感联系来达到员工自主行为与企业目标高度一致的目的;控制型

[①] 谢晋宇:《人力资源管理模式:工作生活管理的革命》,《中国社会科学》2001年第2期。
[②] Jeffrey B. Arthur, "Effects of Human Resource Systems on Manufacturing Performance and Turnover," *Academy of Management Journal*, Vol.37, No.3, 1994, pp.670-687.

则通过要求员工严格遵守组织的管理制度和规则,依据可以测量的产出来奖励员工以达到降低成本或者提高效率的目的。

德勒瑞和多蒂从各种人力资源管理实践中归纳出两种人力资源管理模式,分别是内部发展型(internal system)和市场导向型(market-type system)。[1] 内部发展型是以长期、培育的观点来对待员工,也期望员工能对组织忠诚,进而做出长期贡献。采取内部发展型的组织非常重视员工的发展,倾向于优先通过内部渠道来招聘员工,为员工提供广泛的培训,绩效评估以员工发展为出发点,较少使用利诱性薪酬机制,员工工作有高度的保障,重视员工参与决策。市场导向型是以短期、交易的观点来看待雇佣关系,其劳资关系建立在相互利用、各取所需的基础上。

代尔和赫尔德根据组织特色与人力资源管理相对应的做法,将人力资源管理模式分为三大类:利诱型(inducement)、投资型(investment)和参与型(involvement)。[2] 采用利诱型模式的组织,其结构多为中央集权式,生产技术较为稳定,要求员工在指定的工作范围内有稳定的表现即可,并以利诱性工具作为激励员工的主要方式,组织与员工的关系纯粹是直接和简单的利益交换关系。采用投资型模式的组织重视员工的创新,而生产技术一般较为复杂,组织与员工建立在长期的工作关系上,注重对员工的培训和激励。参与型模式的特点在于组织决策权力,大多数员工都能参与决策,因此对员工的主动性与创新性要求都较高。

通过对三种主要观点进行以上比较可以发现,承诺型、内部发展型和投资型人力资源管理模式都强调组织与员工之间的相互责任和长期的雇佣关系;而控制型、市场导向型和利诱型人力资源管理模式关注的是组织与员工之间短期的交易关系。由此可以区分出两种基本的人力资源管理模式:一种是基于承诺,另一种是基于控制。采用前者的组织为了提高员工的命运共同体意识并建立与组

---

[1] John E. Delery and D. Harold Doty, "Modes of Theorizing in Strategic Human Resource Management: Tests of Universalistic, Contingency, and Configurational Performance Predictions," *Academy of Management Journal*, Vol.39, No.4, 1996, pp.802-835.

[2] Lee Dyer and Gerald W. Holder, "A Strategic Perspective of Human Resource Management," in Lee Dyer, ed., *Human Resource Management: Evolving Roles and Responsibilities* (Washington, D. C.: Bureau of National Affairs, 1988), pp.1-16.

织之间的长期雇佣关系,非常重视员工发展,往往采用严格的招聘程序、广泛的内部职业发展通道和培训项目、权变的激励性薪酬机制、普遍的工作保障和自我管理团队等人力资源管理实践活动。而采用后者的组织主要通过外部劳动力市场来满足组织发展的需要,较少甚至不对现有员工队伍进行培训。

(二) 人力资源管理模式的原则[①]

美国南加州大学有效组织研究中心的爱德华·劳勒(E. Lawler)及其助手研究了《财富》排名前 1000 的企业,得出了最佳人力资源管理模式的四项基本原则:信息共享、知识开发、绩效与奖励挂钩和平等的工作环境。在创建最佳人力资源管理模式的过程中,这四项基本原则起着导向性的作用,它们需要通过各项相关的人力资源管理实践活动来实现。

本质上,这四项基本原则与最佳人力资源管理模式结构的两个核心维度是一致的。在组织环境瞬息万变的今天,员工只有得到及时的业务、计划和组织战略方面的信息,才能迅速地对处于萌芽状态的问题和机会做出反应,并就如何改善业务、更好地进行合作提出合理化建议。

信息共享一方面有助于提高员工的能力,另一方面也能提高员工的激励水平。组织之间的竞争实际上就是人才的竞争,要在竞争中获胜就必须投资于人力资源开发。为了提高员工的激励水平,组织要把绩效与薪酬挂钩,以确保员工只要对自己的绩效稍有改进,就能分享通过自己的努力所创造的成果,从而使之去追求对自己和组织都有利的结果。除此之外,较为平等的工作环境能够消除员工之间的地位和能力差异,进一步提高员工的积极性,增进合作和团队精神。以上四项基本原则——信息共享、知识开发、绩效与奖励挂钩和平等的工作环境是建立最佳人力资源管理模式的基础。这些原则有助于我们把实践和理论结合起来,创造一个完整的最佳人力资源管理模式。

二、四种典型的人力资源管理模式

对于什么是人力资源管理的模式,目前还很难找到一种明确的解释。20 世纪 80 年代以来,西方研究者不断总结人力资源管理模式。1995 年,马克·休斯

---

① 刘善仕、刘辉健、翁赛珠:《西方最佳人力资源管理模式研究》,《外国经济与管理》2005 年第 3 期。

里德(M. A. Huselid)提出了具有通用性的人力资源管理研究方法。该方法假定存在最佳的人力资源管理实践,这种"理想模式"有助于组织绩效最大化。这个观点的提出引起了许多人力资源管理学者的注意,国际上越来越多的学者加入"理想模式"的构建研究。阿姆斯特朗总结了六种人力资源管理模式①,结合已有的文献和实践,我们认为其中影响比较大的有哈佛模式、5P 模式、欧洲模式和情境模式等四种。

(一)哈佛模式

哈佛模式

哈佛模式(Harvard Model)是 20 世纪 80 年代早期由美国哈佛商学院首先开创人力资源管理课程的几位学者提出来的。由于该模式提出较早,其对后来的研究有很大的影响和指导作用。该模式包括六个基本组成部分:(1)情景因素;(2)相关者利益;(3)人力资源管理政策选择;(4)人力资源效果;(5)长期影响;(6)反馈圈。② 模式中相关者利益的提出显示了在人力资源管理中所有者和雇员之间利益协调的重要性。人力资源效果指的是雇员对组织目标的高度忠诚和个人的工作绩效,这样的忠诚和绩效能给企业带来高效益的产品和服务。

哈佛模式的优点很明显。它提供了一个分析人力资源管理的很有价值的分析框架。这一模式既包括了分析性的内容,如对情景因素、对股东、对战略不同层次的分析,也包括了描述性的对策性内容,如提高忠诚度和竞争力等。人力资源管理理论界和实践工作者对该模式所包含的变量评价较高,认为该模式反映了雇佣关系中所涉及的商业利益,也反映了雇佣关系应该实现的社会责任。该模式的重要特点是它从社会的层次来看待人力资源管理的结果和问题。这为比较人力资源管理研究提供了一个很好的基础。

(二)5P 模式

1992 年,舒勒在论述战略人力资源管理的时候,提出了人力资源管理的 5P

---

① Michael Armstrong and Stephen Taylor, *Armstrong's Handbook of Human Resource Management Practice* (London: Kogan Page, 2014).

② Michael Beer, Bert A. Spector, Paul R.Lawrence, Daniel Quinn Mills and Richard E.Walton, *Managing Human Assets* (New York: Fress Press, 1984).

模型①,描述了人力资源管理如何在五个以"p"为首字母的单词要素下运行。

(1) 人力资源的哲学(philosophy):关于组织如何看待人力资源、人力资源在业务的整体成功中所起的作用以及如何对待和管理人力资源的陈述。

(2) 人力资源的政策(policy):以战略需求为基础,政策针对与人相关的业务问题、制订人力资源计划和实践等提供行动指南。

(3) 人力资源计划(programme):由战略业务需求所推动,由人力资源政策所形成,旨在发起和管理组织的变化的各种努力。

(4) 人力资源实践(practice):执行人力资源政策和计划的活动,包括资源、学习和开发、绩效和奖励管理、员工关系等。

(5) 人力资源流程(process):实施人力资源战略计划和政策的正式程序和方法。

(三) 欧洲模式

布鲁斯特提出一个人力资源管理的欧洲模式(European Model)②,具体包括如下六个要素:

(1) 环境:已创立的法律框架;
(2) 目标:组织目标和作为关键资源的人所表现出的社会关切;
(3) 关注:成本—收益分析和环境;
(4) 与雇员的关系:工会和非工会;
(5) 与直线管理者的关系:专家/直线联络人;
(6) 人力资源专员的角色:具有模糊性、容忍性和灵活性的专家管理者。

马比等总结了欧洲模式有如下特点:社会伙伴之间的对话、重视社会责任、多文化组织、参与决策、继续学习。③

(四) 情境模式

人力资源管理的情境模式强调社会、制度和政治力量等变量的影响,这些通

---

① Randall S. Schuler, "Strategic Human Resource Management: Linking the People with the Strategic Needs of the Business," *Organizational Dynamics*, Vol.21, No.1, 1992, pp.18-32.

② Chris Brewster, "Developing a 'European' Model of Human Resource Management," *The International Journal of Human Resource Management*, Vol.4, No.4, 1993, pp.765-784.

③ Christopher Mabey, Graeme Salaman and John Storey, *Human Resource Management: A Strategic Introduction*, 2nd ed. (Oxford: Blackwell, 1998).

常在其他模式中被低估,后者充其量将情境视为权变变量。情境方法更广泛地将人力资源管理系统整合在发展的环境中。马丁-阿尔卡扎尔等人指出:"情境既制约人力资源管理战略,又受其制约。"① 一个更广泛的利益相关者参与制定和实施人力资源战略,舒勒和杰克逊称之为"多利益相关者框架"。② 这些利益相关者既可以是外部的,也可以是内部的;既影响战略决策,又受战略决策的影响。

自 20 世纪 80 年代人力资源管理模式出现以来,它为人类工作生活的管理带来了巨大变化。随着在理论上对模式进行的修正和各个国家广泛的实践,人力资源管理模式对我们管理的影响会更加深远。

三、战略人力资源管理

(一) 战略和战略管理

"strategy"一词最早出现于 1656 年,来源于希腊语的名词"strategus"(将军),意为总指挥官。这个词的发展和使用表明,战略是由"军队"和"领导"构成,在军事背景下的含义为"发动大规模的行动"③。《牛津词典》将战略定义为"将才"(generalship)。在管理情境下,"战略"一词已经取代了更为传统的术语"长期规划",用来表示高级管理人员为了实现组织目标而执行的活动。

战略还强调绩效目标的达成,因为对于绝大多数组织来说,压倒一切的目标都是实现卓越的绩效。战略是一种特定的决策和行动模式,管理者可据此实现卓越的组织绩效。④

随着"战略"概念的推广,战略管理应运而生。美国学者戴维·亨格和托马斯·惠伦将战略管理定义为:"决定一个企业长

孙子的大战略

---

① Fernando Martin-Alcazar, Pedro M. Romero-Fernández and Gonzalo Sánchez-Gardey, "Strategic Human Resourcemanagement: Integrating the Universalistic, Contingent, Configurational and Contextual Perspectives," *International Journal of HumanResource Management*, Vol.16, No.5, 2005, pp.633-659.

② Randall S. Schuler and Susan E. Jackson, *Strategic Human Resource Management* (Oxford: Blackwell, 2000).

③ Omar Aktouf, *Traditional Management and Beyond: A Matter of Renewal* (Montreal: Morin Editeur, 1996), p.93.

④ Charles W. L. Hill and Gareth R. Jones, *Strategic Management Theory: An Integrated Approach* (Mason, Ohio: South-Western College Pub., 2009), p.37.

期绩效的一系列管理决策和行动。"①阿克都夫(O. Aktouf)也持类似观点,他认为战略是通过不断更新内部和外部环境的数据,而维持的"未来的远景"。

鲁梅尔特、申德尔和蒂斯在《战略管理和经济学》一文中明确指出,以20世纪70年代为开端,战略管理进入了一个全新的阶段。② 与70年代之前的战略管理思想相比较,经济学的思想和方法被大量引入战略管理学是这一阶段的最大特点。20世纪70年代以来的阶段是战略管理与经济学相互融合的阶段。在这一历史时期,战略管理界先后出现了两个主流学派。较早的一个是由哈佛大学的波特教授(M. E. Porter)提出来的"五种力量模型"(又称"竞争优势理论"),几乎统治了整个20世纪80年代。另一个是由普拉哈拉德和哈默尔在《公司的核心竞争力》提出的核心能力理论③,它几乎统治了80年代后期开始的战略管理学界。与波特几乎同时代还存在另一个学派,虽然其影响力不及竞争优势理论和核心能力理论,但是作为与波特竞争优势理论相对应的一个学派,它成功地在经济学中引入了不同于波特的芝加哥思想,为普拉哈拉德和哈默尔等学者后来提出核心能力理论提供了思想源泉。④ 这就是班纳瑞(Banery)、鲁梅尔特(Rumelt)、皮特瑞夫(Peteraf)等学者创立的资源基础理论。⑤

战略管理是一种持续的活动,由组织的上层进行,并不断调整三个相互依赖的因素:高级管理人员的价值、环境和可用资源。战略管理强调,必须根据组织的长处和弱点来监测和评估环境带来的机会和威胁。因此,必须密切监测环境及内部资源和外部资源的任何变化,以便在必要时能够调整所追求的目标。这些目标应该灵活和开放,易于调整以符合环境的要求和限制。

(二)战略性人力资源管理

组织间竞争的加剧、组织所处环境变化和组织面临的资源约束,使得组织需

---

① Thomas L. Wheelen, J. David Hunger, Alan N. Hoffman and Charles E. Bamford, *Strategic Management and Business Policy: Globalization, Innovation and Sustainability*, 14th ed. (Harlow, UK: Pearson Education Limited, 2014), p.37.
② Richard P. Rumelt, Dan Schendel and David J. Teece, "Strategic Management and Economics," *Strategic Management Journal*, Vol.12, 1991, p.5.
③ C. K. Prahalad and Gary Hamel, "The Core Competence of the Corporation," *Harvard Business Review*, 1990, pp.79-90.
④ H. Igor Ansoff, "The Emerging Paradigm of Strategic Behavior," *Strategic Management Journal*, Vol.8, No.6, 1987, pp.501-515.
⑤ 马昀:《资源基础理论的回顾与思考》,《经济管理》2001年第12期。

要不断地挖掘其所获得的各种资源作为竞争优势的来源,并要求其各项职能都必须能够创造价值。在实践中,几乎所有的组织都宣称员工是最宝贵的资源,但是许多人力资源部门似乎被看作官僚机构的附属品,是"三类部门",只会产生多余的文案和程序而不创造任何价值。在这种背景下,组织的人力资源管理部门面对严峻的挑战:人力资源部门亟待证明自己在组织价值增值的链条中不是多余的。人力资源管理的根本目标在于通过提升员工个人绩效来改善组织的整体绩效。在理论上和实证上能够证明人力资源以及对人力资源进行很好的管理能够对组织的绩效产生影响和发生作用,参与组织的价值生成过程,关系着人力资源管理的战略地位以及组织的机构安排。

过去几十年里,由于美国管理学界对组织的战略管理非常感兴趣,许多战略性管理模式相继诞生,这个取向使组织的各个部门开始思考它们在组织的战略性管理中该扮演什么角色,人力资源管理同样希望能被整合在整个战略性管理的理念中。人力资源管理创造价值的基础是能够理解并执行公司的整体战略。长期以来,战略制定一直与人力资源领域无关,组织首先关注的是贸易、工业、投资或一般业务。近年来,组织逐渐认识到人力资源管理本质上是战略性的。这种战略理论发展的背景也推动了人力资源管理研究取向的转变:早期的研究着重于人力资源功能对员工行为及态度的影响,如员工离职意愿、工作投入和工作满意等。自20世纪80年代以来,人力资源管理的研究领域有非常大的方向性转变,这个转变使得人力资源管理的研究由完全的微观导向转为宏观的或者战略的导向,就是通常所说的"战略性人力资源管理"(SHRM)。

1981年,第瓦那、佛姆布兰和堤奇在《人力资源管理:一个战略观》一文中提出了"战略性人力资源管理"的概念①,标志着战略人力资源管理研究领域的诞生。

我们认为,战略性人力资源管理是指组织为实现其战略目标而采取的一系列、有计划的人力资源安排与活动的模式,是人力资源管理理论发展的一个新阶段。

根据组织在实施战略性人力资源管理过程中追求的不同目标,可将战略性人力资源管理分为四种模式:

(1)协作式战略性人力资源管理通过开发强烈的、促使组织一致性的价值

---

① Mary Anne Devanna, Charles Fombrun and Noel Tichy, "Human Resources Management: A Strategic Perspective," *Organizational Dynamics*, Vol.9, No.3, 1981, pp.51-67.

体系来强调团队工作和员工承诺,主要目的是在友好关系和员工相互支持下,保持高士气。

(2)创新式战略性人力资源管理鼓励员工的创新精神,强调通过持续的改进、获得新资源和采用新流程与方法,以适应环境的变化。

(3)控制式战略性人力资源管理重视员工控制、遵守程序、程序的标准化、信息管理和稳定性;强调通过工作分析、规章制度和企业再造等方法提升工作流程,以方便员工完成任务。

(4)绩效式战略性人力资源管理强调计划、目标设置、取得可衡量的目标、生产率测量和竞争力,其成功的标准是利润、效率、生产率、声誉和竞争力。

战略性人力资源管理的主要观点就是:人力资源管理活动对组织绩效非常重要。其最佳了解方法是将战略性人力资源管理与人力资源管理相比较。

人力资源管理的重点是招聘和雇佣最好的员工,并为他们提供薪酬、福利、培训和开发等,以确保他们在组织内取得成功;战略性人力资源管理在这些职责之上更进一步,将这些目标与其他部门的目标和总体组织目标结合了起来,实施战略管理的人力资源部门也确保其所有目标与组织的使命、愿景、价值观和目标一致。战略性人力资源管理区别于传统的人力资源管理模式的主要特征有两个:一是强调战略实施而非战略制定;二是让战略与人力资源相配合,而非人力资本刻意配合企业战略。越来越多的组织管理实践证明,战略性人力资源管理是保证组织绩效、提升组织竞争力及获得长期可持续竞争优势的有效途径之一。

战略性人力资源管理提出的战略整合主要包括:(1)纵向整合(Vertical Integration),即人力资源管理与组织战略的整合。与强调战略实施中的整合相比,这时更强调在战略制定时人力资源的参与。通过人力资源规划,人力资源管理应成为战略方案制定、选择中一个最重要的因素。"与传统的员工适应战略不同,战略性人力资源管理更注重战略对员工的适应,因为员工比战略更具有灵活性,更容易根据不同的情况进行调整"。(2)横向整合(Horizontal Integration),即人力资源管理实践各项职能之间的整合。这时,人力资源的各项政策不是独立地与战略整合,而是作为一个整体进行战略整合。它们之间首先应具有内部一致性,如果组织调整了薪酬发放方式,相应的招聘、培训、绩效考核等其他人力资源管理实践也应调整。

小 结

本章重点论述了人力资源管理相关的基本理论，包括人性假设理论、支撑理论和管理模式三部分内容。

第一节论述了人性假设理论。首先，从人性的定义和内容到人性的变与不变，明确了人性假设的重要性；其次，分析了中国文化中有代表性的性善论和性恶论两种人性观；最后，分析了西方主流的四种人性假设，包括"经济人"假设、"社会人"假设、"自我实现人"假设和"复杂人"假设。

第二节强调了理论对于人力资源管理的支援作用。重点介绍了组织承诺理论、社会交换理论、资源基础理论、权变理论、激励理论和人力资本理论。

第三节论述了人力资源的管理模式。重点一是人力资源管理的四种典型模式，即哈佛模式、5P模式、欧洲模式和情境模式；重点二是当下流行的人力资源管理模式即战略性人力资源管理。

复习思考题

1. 简述人性的含义及其三种属性。
2. 试述变迁社会中的不变人性。
3. 简述中国传统人性观中的性善论和性恶论。
4. 简述西方主流的四种人性假设。
5. 人力资源管理相关的主要理论有哪些？
6. 人力资源管理模式的分类有哪些？
7. 四种典型的人力资源管理模式是什么？
8. 战略性人力资源管理模式及其主要模式是什么？

推荐阅读

董克用主编：《人力资源管理概论（第四版）》，中国人民大学出版社2015年版，第二章。

樊耘、张旭、颜静：《基于理论演进角度的组织承诺研究综述》，《管理评论》2013年第1期。

黄爱华、陆娟：《基于权变理论的战略人力资源管理体系》，《中国人力资源开发》2012年第1期。

黄旭、程林林：《西方资源基础理论评析》，《财经科学》2005年第3期。

第三章 人力资源管理的基本理论

刘善仕、刘辉健、翁赛珠:《西方最佳人力资源管理模式研究》,《外国经济与管理》2005年第3期。

刘小平:《员工组织承诺的形成过程:内部机制和外部影响——基于社会交换理论的实证研究》,《管理世界》2011年第11期。

马昀:《资源基础理论的回顾与思考》,《经济管理》2001年第12期。

〔美〕威尔·杜兰特、阿里尔·杜兰特:《历史的教训》(倪玉平、张闶译),四川人民出版社2015年版。

王开国、宗兆昌:《论人力资本性质与特征的理论渊源及其发展》,《中国社会科学》1999年第6期。

王开明、万君康:《企业战略理论的新发展:资源基础理论》,《科技进步与对策》2001年第1期。

王明杰、郑一山:《西方人力资本理论研究综述》,《中国行政管理》2006年第8期。

王颖、李树茁:《以资源为基础的观点在战略人力资源管理领域的应用》,《南开管理评论》2002年第3期。

翁清雄、陈国清:《组织承诺的理论溯源与最新研究进展》,《科学学与科学技术管理》2009年第11期。

肖鸣政:《人力资源管理模式及其选择因素分析》,《中国人民大学学报》2006年第5期。

谢晋宇:《人力资源管理模式:工作生活管理的革命》,《中国社会科学》2001年第2期。

杨春华:《资源基础理论及其未来研究领域》,《商业研究》2010年第7期。

朱华桂:《论中西管理思想的人性假设》,《南京社会科学》2003年第3期。

第四章

人力资源管理的环境

学习目标

1. 了解环境对于人力资源管理的重要性、影响人力资源管理的环境因素。

2. 重点掌握组织的定义、类型,正确理解环境的稳定性和复杂性、外部环境和内部环境的具体内容,以及环境评价的 SWOT 方法。

3. 理解人力资源管理与环境的关系及其相互作用。

引　例

三大环境实现人力资源成长*

一名优秀的下属需要的是一位开明的上司,一名执行力强的员工需要的是一个能施展才华的舞台,一名具有工作潜能的人才需要的是一个良好的工作环境,一名有理想和抱负的职场人士需要的是一个工作前景广阔的企业。

在中国式管理中,老是犯错的下属和抱怨下属无能的领导都不少,能够制造条件让下属顺利成长的企业却不多,这倒不是因为企业不愿意这样做,而是这些企业根本就不知道应该为下属员工的成长提供什么样的环境,也不知道怎样来

---

* 资料来源:《三大环境实现人力资源成长》,引自微信公众号"HRCouncil"2017 年 4 月 20 日文章,2019 年 8 月 1 日访问。HRCouncil 是国内一个基于会员制的专业的人力资源分享平台。

建立这样的环境,这就是企业 HR 管理的关键。

其实,从狭义上理解,理想的舞台不外乎就是有灯光、有音响,有氛围,这样的舞台才能让人找到激情和方向,才能让人充分发挥。要想给员工提供理想的舞台,管理者必须从员工身边的工作环境、学习环境、成长环境的塑造开始,并让员工主动融入这种环境中,成为环境的一分子。

工作环境。工作环境就是让员工能够充分运用知识、发挥才干、成就梦想的一种环境。要想营造这种环境,管理者就必须设定明确的工作目标,分配好每一个人的工作责任,制定好所有的工作流程、标准和规范。让每一个人"一开始就知道做什么、一动手就知道怎样做、一出错就知道怎样去改善、一做好就知道能获得什么样的激励"。

学习环境。员工能力不强不要紧,经验不足也没问题,很多自认优秀的人其实都是被自己的经验害死的。所以只要人品不坏就行,能力素质都是可以通过培训学习来提升的。所以,很多优秀的企业挑选员工时并不怎么看个人经验,而是看中这个员工是否具备学习能力,这就需要企业打造一个良好的学习环境,让具备潜质的员工都能顺利地学习和提升。

一般而言,大型企业几乎都建立了自己的企业商学院,很多稍微规模一点的企业也都建立了自己的培训体系,有自己内部讲师和课程体系,员工可以在这里学习到工作和成长所需的知识和技能,从而得到长足的成长。而相对小企业而言,应该设立基本的员工培训机制,并根据企业的发展需要制定出或引进相应的培训课程,并有针对性地对员工的弱点进行培训,使之从容应对工作中的各种问题,让员工能够很方便、快捷地获取他们工作中需要的知识和信息,要是从成本方面考量的话,目前正在流行的网络商学院就是一个不错的选择。

成长环境。员工的成长与企业发展是成正比的。企业每长一分,员工就必须长一分。否则就会成为障碍。但是,员工的职业成长是与企业提供的职业空间息息相关的。所以,企业必须革新自己的人才理念,建立并完善自己的人才机制,打造多层次的没有障碍的职业成长通道。管理者更应该为每一个员工的工作生涯做出规划,引导员工把自己的职业目标融入企业的战略目标中来。努力使每一个员工都能认同企业的价值观,最终使每一个员工能够与企业融为一体。

第一节　作为开放系统的组织

组织可能是现代社会最突出的特征。虽然在中国、希腊和印度的古代文明中就已经有组织的存在,但是直到现代工业化社会,我们才发现周围有这么多组织,而且几乎所有社会运转功能都离不开组织。无论是政府部门、私人企业还是非营利和非政府的社会团体,都采用了"组织"这一形式。现今所熟知的组织形式产生于17—18世纪的欧洲和美国,当时正值欧美政治和经济扩张时期和启蒙运动过程中。在此期间,组织不仅在数量和应用领域激增,而且发生了结构的转变,从先前的基于亲属纽带和个人关系的"公社"形式,转变为基于除了对目标和利益的共同追求外无其他联系的个人之间的契约安排的"合伙"形式。斯科特和戴维斯认为:"组织在现代社会中起着重要的作用。组织的存在影响到甚至可以更确切地说是侵蚀了几乎当代社会生活的每一方面。"[1]

组织具有广泛性、对权势和地位的影响以及对个性和业绩的作用,因此,对组织的研究可以加深我们对社会的理解和认识。组织的类型、目标、规模、结构等各不相同,不同学科研究的组织对象也不尽相同,比如,政治学家主要研究政党和国家机构,经济学家主要关心企业,社会学家把目光投向社会福利的志愿者协会和非营利组织及其社会控制功能,人类学家则选择非西方、殖民地和发展中国家的行政体制比较作为研究课题,但所有的组织有着共同的属性,并得到了大多数学者的认同,即组织是"个人创造的社会结构,用以支撑对特定集体目标的追求"。斯科特和戴维斯认为所有的组织都会面临一系列共同的问题:"必须定义(和重新定义)其目标,必须吸引参与者为其贡献服务,必须协调和控制这些贡献,必须从环境获取资源和向环境发送产品与服务,必须挑选、培训和更新成员,以及必须做好协调邻里关系的工作。"[2]

---

[1] 〔美〕W. 理查德·斯科特、杰拉尔德·F. 戴维斯:《组织理论——理性、自然与开放系统的视角》(高俊山译),中国人民大学出版社2011年版,第1页。

[2] 同上书,第12页。

第四章 人力资源管理的环境

一、组织与组织职能

(一)组织的定义

"组织"一词在古汉语中最初为"纺织"的意思,所谓"经纬相交,织作布帛"。《辽史·食货志上》中有"饬国人树桑麻,习组织"①的记载。隋唐间儒家学者、经学家孔颖达首先把"组织"这个词引申到社会行政管理中,他说:"又有文德能治民,如御马之执矣,使之有文章如组织矣。"这里组织的意思即是将物的构成部分组合为整体。在现代汉语里,组织是指"将分散的人或事安排成一定的系统或整体",以及"按照一定的宗旨和系统建立起来的团体"。② 英文中的组织"organization"源于"organ"(器官)一词。由于器官是自成系统的有特定功能的细胞结构,因此,组织也天然地包含着自成系统和结构这两种特征。1873年,英国哲学家斯宾塞将"组织"一词引进了社会科学,他在提出"社会有机体"这一概念的同时,将组织看成已经组合的系统或社会。麦克卢汉认为媒介是"我们自身任何形式的外延"③,组织也是我们自身的延伸。组织能够实现的目标远远超出任何个人的能力,从古代中国的长城、埃及的金字塔到现代的摩天大厦和宇宙飞船,都是通过组织的形式得以实现的。另外,组织不仅提供制约个人活动的情境,同时以自己的名义行动。

为了生存,人类在与大自然搏斗的过程中结成了群体。只要有群体的活动,就需要管理,也就产生了组织。组织是人类文明的标志,但直到工业社会,人类社会才变成了一个组织化社会。从管理学的角度分析,组织有两种含义:一方面,组织是人类最一般的、常见的现象,如政府行政机关、军队、警察、工厂企业、公司财团、学校、医院、宗教党派、工会农会、学术行业等组织,它代表着某一实体本身;另一方面,组织是管理的一大职能,是人与人之间或人与物之间资源配置的活动过程。

一个实体之所以称为组织,必须具备三个共同的特征:(1)组织起源于共同的目标,即组织都具有明确的目的。(2)每一个组织都是由一定的人群组成。

---

① 夏征农、陈至立主编:《辞海(第六版彩图本)》,第2083页。
② 同上。
③ Marshall McLuhan and Lewis H. Lapham, *Understanding Media: The Extensions of Man*, 6th ed.(Cambridge: The MIT Press, 1994), p.7.

(3)所谓组织都派生出相应的系统性的结构,用以控制和规范组织内成员的行为。例如,制定规则建立规章制度,编写职责与职权,向组织内的成员说明应该做什么,由谁来做,相互之间如何协调等。

根据历史和现实的考察,组织可以被定义为:由具有明确的共同目的的特定人群组成,并具有实现该目的的系统性结构实体。

组织遍布于社会生活各个领域,其重要性也愈加凸显。但"越来越多的人将困扰当代社会的许多痛疾归咎于组织",尤其是针对大型组织的批评更是不绝于耳,认为其墨守成规和低效率,并滥用自己的规模以及由此导致的仗势欺人。对组织的批评主要集中在三个方面:(1)组织改变了权力的分配。其核心问题是组织对社会分层体系的影响,因为组织数量和规模的增加导致了权力和地位基础的变化。(2)组织成为社会生活理性化的工具。我们生活的各个方面都通过组织被计划、被系统化、被科学化,以便更加有效地和有序地接受"专家"的管理。(3)组织损害了成员的个性和精神。"异化"、强制统一和压制正常人格发展等现象,在日常生活中的各类普通组织里屡见不鲜。

20 世纪以来,三种理解组织的主要视角逐步发展起来,理性视角、自然视角和开放系统视角。

从理性视角出发,学者们认为组织是意在寻求特定目标且具有高度正式化社会结构的集体。相对于其他社会集体,组织具有鲜明的两个结构特征:(1)组织是拥有相对具体目标追求的集体;(2)组织是一种相对而言高度正式化的集体。正是这种高度的具体化目标与高度的正式化结构的结合,将组织与其他类型的社会集体区别开来。

从自然视角出发,组织是一种集体,其参与者追求多重利益,既有共同的也有不同的,但他们共同认识到组织是一种重要的资源和保持其永续长存的价值。自然系统观强调组织与其他社会集体的共同属性。组织无法与其他社会系统分离,因此,也受影响这些社会系统的所有力量的制约。

从开放视角出发,组织是一个开放的系统。上述两种视角都将组织看作一个与环境隔离的封闭系统,由一系列稳定且容易辨识的参与者组成。但是,组织并不是这样的封闭系统,而是一个开放系统,依赖于同外界的人员、资源和信息的交流。从开放系统的角度看,环境决定、支撑和渗透着组织。环境与组织之间虽然存在边界,但边界不是完全封闭的,而是不同程度开放的,也就是说,组织与环境之间存在着各种交流与交换。组织的任何活动都受组织的外部环境和内部环境的影响,人力资源管理也不例外,深受环境的影响和制约。

（二）组织分类

自然界中存在着普遍的集群现象,只是在人类社会中,集群现象获得了理性的形式,这就是组织。可以说,组织就是人类文明的标志,虽然文明的进步也会通过技术的革新与工具的创制等方式而得以彰显,但在根本上,组织水平的高低才是衡量一种文明成熟与否以及成熟程度的最终依据。

农业社会中虽然存在着组织研究,却没有产生自觉与系统的组织理论。随着工业革命的开展,工场逐渐转型为规模更大、机械化程度更高的现代化工厂;由于商业的持续繁荣与其他中介性行业的兴起,尤其是随着大型组织与巨型组织的不断涌现,经济组织的形式日趋多样。总之,随着社会结构的分化,工业社会中的所有组织分化成了社会组织与国家机构,而社会组织与国家机构又进一步分化成了私人组织、公共组织与社会组织。

如果说在宏观层面上工业社会存在着由家庭、市民社会和国家的实体结构与日常生活领域、私人领域和公共领域的形态结构所构成的双重结构的话,在微观层面上,工业社会则具有由私人组织、公共组织和社会组织所构成的三元组织结构。并且,从学科结构来看,私人组织主要是由经济学与企业/工商管理学、公共组织主要是由政治学与行政管理学、社会组织主要是由社会学来加以研究的。不过,20世纪后期以来,随着新的历史转型的开启,工业社会的社会结构出现了新的变动,这种变动直接地体现在了工业社会的组织结构上,私人组织、社会组织和公共组织三者的界线开始变得模糊起来。

（三）组织结构

组织结构是指组织内部各个有机构成要素之间相对稳定关系的一种模式,它既表现为静态的组织结构,又体现在动态的组织活动中。它包含组织内部的指挥系统和信息沟通网络,又包含着组织成员在不同层次的责权系统中的地位和相互关系,这涉及权力的集中程度、管理幅度的确定、组织层次的划分、组织机构的设置、管理权限和责任的分配、管理职能的划分以及组织中各层次、各单位之间的联系和沟通等问题。因此,组织结构是维持组织内部正常运行活动的关键

科层制

因素,是实现组织使命和目标、完成组织任务的重要保证,是维持组织健康发展、提高组织活动效率的有力手段。

组织结构的本质是组织成员之间的分工协作关系。构建组织结构的目的是为了更有效地和更合理地把组织成员组织起来,即把一个个组织成员为组织贡献的力量有效地形成组织的合力,为实现组织的目标而共同努力。组织结构的内涵是组织成员为实现组织目标,在管理工作中进行分工协作,在职务范围、责任、权力方面所形成的结构体系。这个结构体系的内容主要包括:

(1) 职能结构,即完成组织目标所需的各项业务工作及其比例和相互关系。

(2) 层次结构,即各管理层次的构成,又称组织的纵向结构。

(3) 部门结构,即各管理部门的构成,又称组织的横向结构。

(4) 职权结构,即各层次、各部门在权力和责任方面的分工和相互关系。

(四) 组织职权

1. 直线职权

直线职权(line authority)是指组织内直线管理系统的管理人员所拥有的包括发布命令及执行决策等的权力,也就是通常所指的指挥权。

2. 参谋职权

参谋职权(staff authority)是某项职位或某部门(参谋)所拥有的辅助性职权,包括提供咨询、建议等,其目的是为实现组织目标协助直线人员有效工作。

3. 职能职权

职能职权(functional authority)是指参谋人员或某部门的主管人员所拥有的原属直线主管的那部分权力。在纯粹参谋的情形下,参谋人员所具有的仅仅是辅助性职权,并无指挥权。但是,随着管理活动的日益复杂,主管人员仅依靠参谋的建议还很难做出最后的决定,为了改善和提高管理效率,主管人员就可能将职权关系做某些变动,把一部分原属自己的直线职权授予参谋人员或某个部门的主管人员,这便产生了职能职权。

4. 三者的关系

直线人员、参谋人员和职能人员的相互关系,本质上是一种职权关系。在管理工作中,应处理好三者的关系:参谋职权无限扩大,容易削弱直线人员的职权和威信;职能职权无限扩大,容易导致多头领导,导致管理混乱、效率低下。为此,要注意发挥参谋职权的作用,同时适当限制职能职权的使用。

(1) 从直线与参谋的关系来看,直线人员掌握的是命令和指挥的职权,参谋人员拥有的则是协助和顾问的职权。参谋的职责是建议而不是指挥,只是为直线主管提供信息,出谋划策,配合直线人员工作的。由此可知,二者之间的关系是"参谋建议、直线命令"的关系。因此,发挥参谋作用时,应注意参谋应独立地提出建议,而直线人员不为参谋所左右。直线职权和参谋职权是正式组织中的不同的职权,在职位、职务、职责、权力、利益诸方面都有所不同。

(2) 适当限制职能职权的使用,这就要求限制使用范围,职能职权的使用将限于解决如何做、何时做等方面的问题,再扩大就会影响直线人员的工作;再者限制其使用级别,下一级职能职权不应越过上一级直线职权。如人事处长的职能职权不应越过副总经理这一级。

(3) 职能职权大部分是由业务或参谋部门的负责人来行使的,这些部门一般都是由一些职能管理专家所组成。例如,一个公司的总经理统揽全局管理公司的职权,他为了节约时间,加速信息的传递,就可能授权财务部门直接向生产经营部门的负责人传达关于财务方面的信息和建议,也可能授予人事、采购、公共关系等顾问一定的职权,让其直接向直线组织发布指示等。由此可看出,职能职权是组织职权的一个特例,可以认为它介于直线职权和参谋职权之间。

二、组织结构的类型

组织结构理论来源于现实问题,又指导解决现实问题。在具体的管理实践中形成的典型组织结构形式有:直线式、职能式、直线职能式、事业部制、矩阵式以及虚拟组织结构等。

(一) 直线式组织结构

直线式组织结构(Linear Organization Structure)是最古老也是最为简单的一种组织结构形式。其主要特点是:各级组织依层次由上级垂直领导与管辖,指挥和命令是从组织最高层到最低层按垂直方向自上而下地传达和贯彻;最高首长集指挥权与管理职能于一身,对下属负有全权,政出一门;每一层级的平行单位各自分立,各自负责,无横向联系,纵向联系也只对上司负责。这种组织结构以权限清楚、职责明确、活动范围稳定、没有中间环节、关系简明、机构精简、节约高效见长。其缺点是:在任务分配和人事安排上缺乏分工与协作,因而难以胜任复杂的职能;组织结构刻板,缺乏弹性,不利于调动下级的积极性;权限高度集中,易于造成家长式管理作风,形成独断专行、长官意志;使组织成员产生自主危机,在心理上形成疏远感。

这种组织结构的适用范围有限,它只适应于小规模组织,或者是组织规模较大但活动内容比较单纯的情况。在古代,这种组织结构是主要的组织结构形式,随着社会的发展,它逐渐居于次要的地位。

(二) 职能式组织结构

职能式组织结构(Functional Organization Structure)是在直线式结构的基础上发展起来的。由于管理事务的日益复杂,用直线式结构进行管理便会出现管理者负荷太重,力不从心的问题。于是,在管理者和执行者中间便产生了一些职能机构,承担研究、设计、开发以及管理活动。在职能式结构中,按专业分工设置管理职能部门,各部门在其业务范围内有权向下级发布命令与指示,下级既要服从上级主管的指挥,又要听从上级职能部门的指挥。

职能式组织结构具有分职、专责的特点。其优点在于有利于发挥管理人员的特长,提高他们的专业能力;有利于将复杂工作简单化,提高工作效能;有利于强化专业管理,提高管理工作的计划性和预见性。它适应社会生产技术复杂、管理分工细腻的要求。在心理上,职能式组织结构造成一种强调专业、专业分工,强调规划的新型管理作风。

其缺点是:多头领导,削弱了必要的集中统一;不利于划分各行政负责人和职能部门的职责权限;增加了管理层次,管理人员过多,有时影响工作效率;使组织成员在心理上轻视权威。

(三) 直线职能式组织结构

直线职能式组织结构(Linear-Functional Organization Structure)的思想是法约尔最先提出来的,在现今各类组织中被广泛应用。它实质是综合了最初的直线制组织(line structure)和泰罗提出的职能制组织的优点而形成的垂直的组织形式。它以直接指挥、全面负责的简单直线制为基础,在各级领导者之下设置相应的管理职能部门,分别从事专门的职能管理工作。职能部门拟定的计划、方案以及有关指令,由上级领导者批准下达。在必要时还可设立参谋机构,它们对下级领导者和下级机构无权直接下达命令或进行指挥,只起业务指导作用。

直线职能式组织结构既保证了组织的集中统一指挥,又能充分发挥专业人员的才能、智慧和积极性,从而有助于提高组织的管理效率。但这种机械的组织模式也存在不足之处,各专业分工的职能部门之间的横向联系较差,容易产生脱节和矛盾。它只能适合组织运行环境相对稳定的情况,一旦环境变化频率加快,它的不适应性就会愈加凸显:组织规模扩大,纵向层级出现超载;决策堆积,高层管理者不能快速做出反应;由于协调少导致缺乏创新,每个成员对组织目标认识有限,组织的效率就会大大降低。

(四)事业部制组织结构

事业部制组织结构(Multi-Divisional Structure)又称部门化结构,即常说的 M 型结构,是组织在管理体制上由集权化向分权化转化的产物。它是在"集中政策,分散经营"方针指导下,根据产品、地域或顾客等标准划分各个事业部门,每个事业部门分别享有其独立的主权、独立的市场和独立的利益,形成相对独立的经营单位,其内部又设立相应的职能部门。高层管理部门只通过研究制定组织运行的基本原则,对事业部加以协调和管理。这样就有利于形成坚强有力的决策机构和灵活主动的执行机构,大大地提高了劳动效率,又能适应复杂多变的环境。

事业部最早产生于 20 世纪 20 年代初期的美国通用汽车公司和杜邦化学公司,它是著名管理学家斯隆(A. P. Sloan)研究和设计的组织结构形式。目前来说,实行事业部的组织,按内部职能机构的设置层次和事业部取得职能部门支持性服务的方式可以划分为三种类型:(1)产品或销售事业部结构(Product/sales division structure),事业部只管理生产或销售,或两者都管,但它们所需要的支持性服务都来自总部的有关职能部门。(2)多事业部结构(Multi-division structure),各事业部都设立自己的职能部门,进行科研、设计、采购等支持性服务,真正做到自己设计产品,自己采购,自己生产和自己销售。(3)建立超事业部,一些管理组织在各个事业部与最高管理层之间增设了一个管理组织,形成了超事业部制结构。对有关的几个事业部实行统一规划和分工,执行带有共同性的研究开发或服务性的管理职能,以协调各事业部的活动。超事业部在分权的基础上又适当地再度集中,这样一来就避免了执行同样职能所造成的不经济和低效率的现象。

事业部制组织结构使它能够对具体产品、市场和地域的生产销售实现统一领导,独立经营,便于灵活地根据市场动向作出相应的决策,取得竞争的主动权:有利于组织的最高管理者摆脱日常生产经营业务工作,专心致力于组织的战略决策和长期规划;有助于调动各部门和个体成员的主动性和创造性,充分利用组织的各种资源;有利于锻炼和培养管理人员,提高部门管理者的专业知识、领导能力和工作效率。事业部制组织结构形式的不足之处在于,由于事业部具有相对独立的经济利益,事业部之间存在竞争关系,就不可避免地会产生本位主义,影响组织的统一发展,难以形成规模经济;纵向联系的加强自然会导致横向联系交流缺乏的种种弊端,造成机构重复设置,管理人员浪费、管理费用增加等问题。

（五）矩阵式组织结构

矩阵式组织结构(Matrix Organization Structure)是对直线职能式的补充和完善。纵横两套管理链就如同数学中"矩阵"的两类向量,交错形成长方形的组织结构。它能够为了达到一定目标,在已有的直线职能式结构中,从各部门抽调专业人员组成专门的工作队或项目小组。值得注意的是,为了保证完成特定的组织目标,每个项目小组都设有负责人,在组织最高领导者的直接领导下进行工作。这样,项目小组成员在受到小组领导人指挥的同时仍隶属于原来的部门,这就形成了有别于传统单层模式的双层领导系统。

根据组织的具体需要,矩阵结构可以有不同的类型。一般地,矩阵结构的类型可依据其存续时间、组织目标与权力关系进行划分。按时间划分,矩阵结构有两种类型,即临时矩阵结构和永久矩阵结构。临时矩阵结构的存续时间是有限的,一旦任务完成,相应的专门机构就宣告解散。在永久矩阵结构下,项目小组存续的时间要长一些。按组织目标与权力关系划分,奈特(Kinght)将矩阵组织划分为覆盖型矩阵、协调型矩阵和择一型矩阵。覆盖型矩阵中,项目小组领导人对小组负全责,尤其是要安排小组成员的工作;职能部门管理者保留对组员工作质量的评价。协调型矩阵中,指定一个项目协调人对项目负责,但不对小组负责,仅协调小组的工作、报告项目进展等,没有权力指挥安排项目小组的日常工作,这些工作人员仍受职能部门管理人员的控制。择一型矩阵中,组织成员或者在项目小组工作或者在职能部门工作。这三种类型矩阵组织的松散程度依次增大。

矩阵式组织结构的优缺点都与其基本的结构特点有关。它打破了传统的一个下级只受一个上级指挥的组织原则,使组织中的纵向联系和横向联系较好地结合起来,整合各个部门的软硬件设施,及时沟通,有效决策,行动灵活,以寻找到集权和分权的最佳结合点;有助于激发成员的积极性和创造性,促进组织和组织中的个人技术、能力和责任心的提高;在平衡组织不同的目标方面具有独特的功效,每个小组所承担的项目可以根据情况的变化而变化,达到组织的稳定性和适应性。但是,矩阵结构的双层指挥链却动摇着这种稳定性,处理不当就会产生领导指挥不一致,责任不清,甚至个人操纵小组决策的不良现象。

(六) 虚拟组织结构

虚拟组织结构(Virtual Organization Structure)是一种没有总部、没有组织图、没有等级制度和纵向一体化的结构。它有两重含义:一方面指形式虚拟,即在信息技术的条件下,原来的实体组织改变了形式。原来固定的办公室、固定的作息时间都随着信息技术的应用而逐渐消除,取而代之的则是"虚化"的场所,所有业务通过计算机网络来完成。另一方面是内容的虚拟,组织运行所需要的资源和能力均来自他物。组织通过契约的形式支配使用组织以外的资源来实现组织的目标。这种虚拟组织几乎没有界限,不同组织、供应者及顾客之间的界限不仅易于穿透,而且不断地改变。组织内部传统的职能部门的界限也日益模糊,通过内部的合作,整合出比过去更多的资源。成员之间相互不见面,当然也不必见面,只是靠共同的目标愿景维持正常的秩序。所以说,它只是一种概念,一个概念化的组织结构。

三、组织的管理幅度与管理层次

无论是公共组织、私人组织,还是社会组织,其组织的结构形式都受两个重要因素的影响,即管理幅度和管理层次。

(一) 管理幅度

管理幅度亦称管理跨度,系指一名领导者直接领导的下级人数。从形式上看,管理幅度仅仅表示了一名领导人直接领导的下级人员的人数,但由于这些下级人员都承担着某个部门或某个方面的业务,所以,管理幅度的大小实际上意味着上级领导人直接控制和协调的业务活动量的多少。

(二) 管理层次

管理层次亦称组织层次,它是描述组织纵向结构特征的一个概念。如果从构成企业纵向结构的各级组织来定义,管理层次是指从企业最高一级组织到最低一级组织的各个组织等级。每一个组织等级即为一个管理层次。如果从构成企业纵向结构的各级领导职务来定义,企业有多少个领导职务等级就有多少级管理层次。

由于各个组织中的领导职务往往既有全面负责本部门工作的主管人员,即正职,又有协助主管人员工作的领导干部,即副职,所以,按领导职务划分的管理层次一般要比按组织划分的层次多一些。为了从概念上较为清楚地反映这种差别,避免因划分标志不同而产生矛盾,我们把按组织定义的管理层次形象地称为大层次,或者叫组织层次;而把按领导职务等级来定义的管理层次称为小层次,或者叫职务层级。

(三)管理幅度与管理层次的关系

管理层次和管理幅度是决定组织结构的两个重要参数,而且,管理层次与管理幅度是密切相关的。

一个组织的管理层次多少受到组织规模和管理幅度的共同影响。在管理幅度给定的条件下,管理层次与组织的规模大小成正比,组织规模越大,包括的成员数越多,其所需的管理层次就越多。在组织规模给定的条件下,管理层次与管理幅度成反比,每个主管所能直接控制的下属人数越多,所需的管理层次就越少。

较宽的管理幅度有利于降低管理成本。较宽的管理幅度会减少管理层次,管理人员的数量会相应地减少,最终会降低管理成本。

四、组织结构理论发展趋势

当前的理论探索和具体实践均呈现出组织结构扁平化的趋势,组织正逐渐从高耸的金字塔式等级结构,转化成管理层次减少、幅度增加的扁平结构。未来的组织结构形式将具有更多的自由度,更能充分发挥个性、创造性,更能及时地适应环境的变化,信息流通(纵横双向沟通)更通畅,员工参与决策程度更高。组织从垂直结构走向扁平结构,势必导致组织结构理论也发生重大的变革。可以从三个方面分析。

(一)等级制的原则将被打破

综合 21 世纪以来一些极有影响的组织结构理论家的有关论述,等级制的原则可表现为:(1)呈现层级状。传统组织结构的核心是等级,权威的意志自上而下通过垂直线得以贯彻。(2)命令一致。组织服从一个人的指挥,以避免引起

第四章 人力资源管理的环境

混乱。(3)管理幅度的规模应控制在较小的范围内。(4)参谋部门是对等级组织的补充。(5)一般根据工作过程、参与者、地域或目标进行分工。总之,传统组织结构原则的核心在于强调正式权威通过等级层次进行内部控制,以求得组织的效率。但是扁平结构和网络结构的出现,打破了等级制中层级状态,命令链也不再是垂直的单线构成,管理幅度大大扩展,而直线和参谋部门将融为一体,分工则将在更高的层次上进行。传统等级制的原则受到了极大的挑战。

(二)组织结构将具备新的功能

组织结构通常将组织的一些要素进行分解和整合,与此同时,组织结构本身还履行某些伴随的功能。在传统的组织结构中,这些功能具体有:(1)组织结构在确定组织成员的工作内容和协调成员的工作两个层面上界定劳动分工。(2)组织结构为组织成员提供具体的角色和单位基础。如果说分工是由横向的分解完成的话,那么协调则需要纵向的分解以调整个人和团体的行动。(3)组织结构规定一个具体的控制系统,即一种可以对个人和团体活动进行衡量、评价和修正的机制。(4)组织结构规定信息和沟通的流向,组织结构在纵横的单位之间建立一些沟通渠道。在未来,如果说扁平结构会强化传统组织结构的劳动分工和横向沟通的功能,而弱化了组织控制和角色固定的功能的话,那么网络结构的功能则将呈现出新的面貌。尽管组织结构的分合的功能依然存在,但会由于缺乏中心部门而呈现一种不确定性。作为在传统组织结构中维系结构分合的关键因素,正式权威在网络结构中日渐衰微,网络结构的功能也会随之发生变化。

(三)组织分析的一般系统理论受到挑战

系统理论将组织看成是一个可通过某些区分组织与其环境的界限而加以识别的系统。作为一个系统,组织过程通常可以用输入、转换和输出的形式来表达,组织内的子系统的互动通常对整体产生影响,系统理论强调系统的整体性和稳定性。但是,对于平行结构(尤其是网络结构)的出现,系统结构理论的解释就出现了偏差。首先,新结构中识别组织系统所需要的组织界限已经变得模糊,新结构系统的识别也不再采用旧的方法。其次,传统结构中的输入、转换和输出这样一个前后衔接、不可分割的运作过程也将发生变化,在新的结构中,这三者往往被加以分割。另外,信息高速公路的发展也使这一过程失去原来的形式,通过一台计算机的操作就可以完成整个过程。

（四）组织系统的稳定性被动摇

新结构本身就充满了不确定性。就整体性而言，在新的组织结构中，整体性指的是项目的整体效率，而非传统所指的组织的整体效率。

第二节　人力资源管理的环境

一、环境的稳定性和复杂性

任何的人力资源管理活动都实施于某一特定组织，而组织又深受环境的影响。我们应该看到，环境本身并不是一成不变的，其一个显著特征就是不确定性。

正如开放系统模型看到的，组织需要从环境获取所需的资源，它们的产品和服务也必须是环境所需求的，同时，组织需要环境的信息去监测这两种需求。只要一个组织能够预见它的需要可以被环境所满足，并且预测到环境对于产品和服务的需求，那就可以延续其发挥作用的方式。然而，随着环境的各个部分变得更加不确定，组织将不得不去适应新需求或突发事件。

环境不确定性

菲佛和萨兰基克将"环境的不确定性"定义为"世界的未来状态不能被预期和精确预测的程度"，①不确定性是由组织在某一时间点上的预测能力水平来决定的，不确定性本身并不是问题，只有"当不确定性涉及组织和有重要意义的环境之间的相互作用时，才会成为组织的问题"。

环境的不确定性会随着环境沿着五个基本维度变化而增加或者减少。

（1）同质—异质：影响组织的选区的数量和多样性。

（2）集中—分散：环境成分间的互联程度。

（3）稳定—动荡：环境变化的速度和幅度。

（4）稀缺—丰富：资源的丰富和可利用性。

（5）敌对—支持：组织的竞争程度和接受水平。

罗伯特·邓肯提出了一个二维模型，通过环境的可变性和环境的复杂性来

---

① 〔美〕杰弗里·菲佛、杰勒尔德·R.萨兰基克：《组织的外部控制：对组织资源依赖的分析》（闫蕊译），东方出版社2006年版，第74页。

确定环境的不确定性。① 环境的可变性是指环境中的元素是稳定的还是不稳定的。如果一个环境域经过了几个月或者几年仍然保持原样,那么这个环境就是稳定的。在不稳定的条件下,环境要素经常发生频繁而突然的变化。环境的复杂性是指环境中元素的异质性,比如组织必须处理的不同元素的数量。

邓肯从可变性和复杂性两个维度对环境的不确定性进行了评估,可得到简单—稳定、复杂—稳定、简单—不稳定、复杂—不稳定等四种类型。这两个维度的结合可以帮助确定环境的不确定性水平。当环境简单且稳定的时候,其不确定性最低;当环境复杂且不稳定的时候,其不确定性最高。

二、组织外部环境

对于一个具体组织的环境来说,依据组织界线(系统边界)来划分可以分为内部环境和外部环境。组织的外部环境影响着组织的管理系统,是指组织所处的自然环境和社会环境,通常是指组织所处的社会环境。外部环境可以分为一般外部环境和特定外部环境两种。

一般外部环境是指一切影响组织的宏观因素,其影响是间接的、长远的,这些因素的剧烈变化会导致组织发展的重大变革。由于不同的组织有其自身特点和运营需要,对宏观因素的分析也会有差异。对一般环境进行分析的方法很多,比较常见的一种是 PEST 分析法,即对政治(political)、经济(economic)、社会(social)和技术(technological)这四大类影响组织的主要外部环境因素进行分析。

PEST 分析法

(一)政治环境

任何组织都不可能脱离政治环境而独立存在,不同的国家有着不同的社会性质,不同的社会制度对组织活动有着不同的限制和要求。组织所处的政治环境对其发展有着至关重要的影响,当然也影响着组织的人力资源管理效果,包括:国家的政治体制、政府的管理方式、政府的方针政策、政治民主化进程,如机会均等、择业自由、人格尊重等。组织人力资源管理者在确定人力资源政策、实

---

① Robert B. Duncan,"Characteristics of Organizational Environment and Perceived Environmental Uncertainty," *Administrative Science Quarterly*, Vol.17, 1972, pp.313-327.

施管理之前,应充分考虑所在国的政治制度、政府管理方式,时刻关注政府的方针政策,只有这样才能制定出适合本土的人力资源政策和人力资源管理模式,不至于与政治环境发生冲突而削减组织的竞争力。

（二）经济环境

一个国家或地区乃至全球的经济状况对人力资源管理的影响很大,包括:经济发展水平、经济发展态势、就业状况、利率、通货膨胀水平、税收政策、股市行情等。经济环境主要包括宏观和微观两个方面的内容。宏观经济环境主要指一个国家的人口数量及其增长趋势,国民收入、国民生产总值及其变化情况,以及通过这些指标能够反映的国民经济发展水平和发展速度;微观经济环境主要指企业所在地区或所服务地区的消费者的收入水平、消费偏好、储蓄情况、就业程度等因素。这些因素直接决定着企业目前及未来的市场大小。一般来讲,经济越繁荣,就不容易找到合格的工人;经济越衰退,可适用的求职者就越多。由此可见,当今越来越复杂的经济状况对组织的人力资源管理提出了挑战。为了提高应对经济环境冲击的能力,组织管理者应根据国家或地区的经济状况,灵活调整自己的人力资源管理模式与方法。

（三）社会环境

社会环境包括一个国家或地区的居民受教育程度和文化水平、宗教信仰、风俗习惯、审美观点、价值观念等。文化水平会影响居民的需求层次;宗教信仰和风俗习惯会禁止或抵制某些活动的进行;审美观点则会影响人们对组织活动内容、活动方式以及活动成果的态度;价值观念会影响居民对组织目标、组织活动以及组织存在本身的认可与否。

（四）技术环境

科技是第一生产力,是一种创造性的力量。技术环境主要考察与组织所处领域的活动直接相关的技术手段现状和发展趋势。科技日新月异,技术、产品更新周期越来越短,现有工作岗位不可避免地被淘汰,需要新技术、新知识、新技能的新的工作岗位随之不断产生。人力资源管理部门应密切关注科学技术的发展动向,预测本组织业务及工作岗位对工作技能需要的变化,及时制订和实施有效的人才培养开发计划。

构成一般环境的政治环境、经济环境、社会环境和技术环境,对于辖区范围

第四章　人力资源管理的环境

的所有组织都有影响,除此,对组织产生影响的还有特定外部环境。特定外部环境因素主要是针对特定组织而言的政治环境、经济环境、社会环境和技术环境。不同的组织可能面临着相同或者不同的特定环境。比如,我国的教育政策会同时影响北京大学和复旦大学,但北京市的教育政策只会影响北京大学而不会影响复旦大学。特定外部环境会对组织产生直接的、迅速的影响。特定外部环境从总体上来说是不易控制的,因此它的影响相当大,有时甚至能影响到整个组织结构的变动。对特定外部环境作分析,目的是要寻找出在这个环境中可以把握住哪些机会,必须要回避哪些风险,抓住机遇,健康发展。

三、组织内部环境

组织内部环境是指管理的具体工作环境。影响管理活动的组织内部环境包括物理环境、心理环境和文化环境等。

(一) 物理环境

一个组织最基本也最重要的资源便是组织当中的人,但是为完成目标还必须依赖于其他一些物质资源。物质资源构成了组织的物理环境,主要包括工作地点的工具、基础设施、设备、原料供给,甚至空气、光线和照明、声音(噪音和杂音)、色彩等,它对于员工的工作安全、工作心理和行为以及工作效率都有极大的影响。物理环境因素对组织设计提出了人本化的要求,防止物理环境中的消极性和破坏性因素,创造一种适应员工生理和心理要求的工作环境,这是实施有序而高效管理的基本保证。

(二) 心理环境

心理环境指的是组织内部的精神环境,对组织管理有着直接的影响。心理环境制约着组织成员的士气和合作程度的高低,影响组织成员的积极性和创造性的发挥,进而决定了组织管理的效率和管理目标的达成。心理环境包括组织内部和睦融洽的人际关系、人事关系、组织成员的责任心、归属感、合作精神和奉献精神,等等。

(三) 文化环境

组织都是由不同成员间相似的价值观、信念、经验和处世原则构成的动态系统。这些要素的结合使一个组织具有特色,这就是组织文化。组织的高层管理者为组织文化搭建基本的框架,管理人员确立与规定这个组织的价值取向和行为准则。组织文化环境至少有两个层面的内容,一是组织的制度文化,包括组织的工艺操作规程和工作流程、规章制度、考核奖励制度以及健全的组织结构等;二是组织的精神文化,包括组织的价值观念、组织信念、经营管理哲学以及组织的精神风貌等。一个良好的组织文化是组织生存和发展的基础和动力。

组织内部环境的作用可能会给组织造成风险、形成挑战,也可能会提供机会、造成改变。管理者必须处于一种警醒的状态,感知组织内部环境各个因素的改变或改变的趋势,迅速作出反应。对变化的敏感可以帮助管理者准确进行预测和发挥作用,有效的预见使控制的方向有了指引,因而管理更为科学,结果也更贴合组织目标。

四、人力资源管理环境 SWOT 分析

为了更好地进行人力资源管理工作,需要组织制定总体战略和人力资源管理战略。对人力资源环境进行要素分析的工具很多,其中最常见、最实用的是 SWOT 分析法。组织可以运用 SWOT 分析法,对人力资源管理的外部环境和内部环境因素进行分析,将组织的战略与组织的环境要素匹配,制定最优的人力资源战略。

罗伯特·斯图尔特认为是阿尔伯特·汉弗莱开发了 SWOT 分析方法,并吸引了管理层的所有注意力。在斯坦福国际研究所(Stanford Research Institute International)发行的 2005 年 12 月的校友通讯(*Alumni Newsletter*)中,汉弗莱否认自己是 SWOT 分析法的创始人,也不认同该方法源于哈佛大学和麻省理工学院。汉弗莱承认自己率先提出了 S-O-F-T 方法,其中"S"代表满意(Satisfactory)、"O"代表机会(Opportunity)、"F"代表错误(Fault)、"T"代表威胁(Threat)。汉弗莱确信,SWOT 分析方法是从 SOFT 方法发展而来的,并说,"1960—1970 年间,SRI 运用 SWOT 分析来进行研究"。① 也就是说,SWOT 分析方法的成形应该不晚于 1960 年。一般认为,安德鲁斯于 1971 年出版了《公司战略概念》一书,首次提出以 SWOT 分析方法进行战略研究。②

---

① Albert S. Humphrey,"SWOT Analysis for Management Consulting," SRI Alumni Association Newsletter, 2005 December, p.7.
② Kenneth Richmond Andrews, *Concept of Corporate Strategy* (Homewood, Ill: Dow Jones-Irwin, 1971).

SWOT分析法是指一种综合考虑组织内部条件和外部环境的各种因素进行系统评价,从而选择最佳经营战略的方法。SWOT分析法从四个角度进行环境分析,这里的"S"是指组织内部的优势(Strengths),"W"是指组织内部的劣势(Weaknesses),"O"是指组织外部环境的机会(Opportunities),"T"是指组织外部环境的威胁(Threats)。SWOT分析的指导思想就是在全面把握组织内部优劣势与外部环境的机会和威胁的基础上,制定符合组织未来发展的战略,发挥优势、克服不足,利用机会、化解威胁。

在明确了环境要素之后,SWOT分析方法将上述四种要素匹配起来加以系统分析。具体做法就是把优势和机会组合(SO组合),劣势和机会组合(WO组合),优势和风险组合(ST组合),风险和劣势组合(WT组合)。在这四种组合中:

(1) SO(优势+机会)最为重要。此形式事关组织未来的核心发展,应该利用优势、抓住机会;

(2) WT(劣势+风险)非常重要。此形式事关组织的生死存亡,应该扭转劣势、规避风险;

(3) WO(劣势+机会)比较重要。组织可以人为地消除弱点,但机会是可遇不可求的,所以应该消除不足、抓住机会;

(4) ST(优势+风险)重要级最低。有节奏地做起来,应该利用优势、规避风险。

运用SWOT分析方法对组织的内部状况和外部环境进行全面的分析,具有一定的准确性和客观性,为组织做到知己知彼、提高核心竞争力提供借鉴,也可以为实施人力资源管理提供充足的信息。

小　结

本章重点论述了人力资源管理活动的载体——组织,以及组织所处的内部和外部环境,主要包括两方面内容。

一是组织理论。组织是一个开放的系统,首先,要掌握其定义、分类、结构和职权;其次,组织结构的主要类型包括直线式组织结构、职能式组织结构、直线职能式组织结构、事业部制组织结构、矩阵式组织结构和虚拟组织结构;再次,探讨了组织的管理幅度和管理层次及两者关系;最后分析了组织结构理论的发展趋势。

二是人力资源管理的环境。首先,要了解组织环境的稳定性和复杂性;其次,掌握组织的外部环境因素,主要包括政治环境、经济环境、社会环境、技术环境等;再次,梳理了组织的内部环境因素,主要包括物理环境、心理环境、文化环境等;最后介绍如何运用SWOT分析法对人力资源管理环境进行分析。

复习思考题

1. 简述组织的含义、分类及职权。
2. 主要的组织结构类型有哪些?
3. 简述组织的管理幅度与管理层次及其关系。
4. 组织结构理论的发展有何趋势?
5. 组织的外部环境因素有哪些?
6. 组织的内部环境因素有哪些?
7. 如何用SWOT分析法对人力资源环境进行分析?

推荐阅读

董克用主编:《人力资源管理概论(第四版)》,中国人民大学出版社2015年版,第三章。

〔美〕W. 理查德·斯科特、杰拉尔德·F. 戴维斯:《组织理论——理性、自然与开放系统的视角》(高俊山译),中国人民大学出版社2011年版,第一章。

〔美〕韦恩·卡西欧、赫尔曼·阿吉斯:《心理学与人力资源管理(第7版)》(孙健敏、穆桂斌、黄小勇译),中国人民大学出版社2017年版,第一章。

孙柏瑛、祁凡骅编著:《公共部门人力资源开发与管理(第四版)》,中国人民大学出版社2016年版,第四章。

杨伟国、唐鑛主编:《人事管理经济学》,复旦大学出版社2012年版,第二章。

第二编　人力资源管理功能

第五章

人力资源规划

学习目标

1. 了解人力资源规划流程、编制,以及人力资源预测的方法和平衡的重要性。

2. 掌握人力资源规划的定义、流程、编制步骤,重点掌握人力资源的预测方法和劳动力市场平衡、组织内部平衡。

3. 理解人力资源管理规划是人力资源管理实践的起点。

引 例

人力资源规划之困境*

在竞争白热化的今天,企业界逐渐达成了这样一个共识:对于各类企业,尤其是人员规模庞大、分支机构众多的大型企业而言,如何通过科学合理的资源配置实现高效而非粗放经营扩张,已成为影响企业实现战略目标和未来可持续发展的关键因素,而人力资源配置及规划是其中核心的一环。

一项调查显示,有近80%的企业意识到了人力资源规划对于企业发展的重要作用,而其中仅有不到30%的企业已经或正在试图建立与企业发展战略相结

---

* 资料来源:刘晓燕:《人力资源规划之困境》,《中国人事报》2008年1月18日,第004版。

合的人力资源规划,但真正认为取得成效的企业却不足10%。

面对这样的现实状况,记者与人力资源咨询专家陈澄波进行如下对话:

记者:您怎么理解"人力资源规划"这个概念?

陈澄波:迄今为止,企业界或是学术界对于人力资源规划的定义各不相同,但无论认识深浅与否,我认为人力资源规划的目标不外乎这几点:满足企业战略需求,保障适应企业发展的人力资源供给;统筹规划实现针对性的人才资源储备;为企业定员定编提供基本的方法和制度保障,合理控制人工规模和人工成本;挖掘组织潜能,合理运用人力资源,提高人力资源效率;提出人力资源管理政策和制度的改进建议,提升整体管理水平。

从广义上看,人力资源规划包括理念规划、组织规划、人员规划和制度规划的内容,也就是树立成功吸引和保留人才的人力资源管理理念,理顺各层级人力资源管理的职能分工,组织未来成功需要的人才,并且根据轻重缓急,持续完善人力资源管理制度及执行保障体系。

而从狭义上看,人力资源规划就是人员规划,也就是人力资源的供需预测,描述的是企业要达到未来战略目标所需要的人员数量、结构匹配性。这是企业人力资源规划最关注的内容。

记者:大型国企在人力资源规划中都存在许多困境,这些困境具体指的是什么?

陈澄波:大体存在三大困境,首先是"减员增效"的恶性循环。随着国企改革浪潮的推进,很多企业,尤其是大型国企,把人力资源规划简单看成是一种确定最佳人工规模、控制人工成本的方法和手段,认为"减员增效"就是人力资源规划的目标所在。然而,让很多企业没有想到的是,正是这个看似合情合理的"目标"让无数企业陷入困境无法挣脱。在"减员增效"的目标指导下,企业认为只有人工规模控制了,人员减下来了,效率提升才能体现出来。但是对于大多数企业,尤其是生产型企业,人力资源部并不太熟悉业务,不了解业务单位岗位人员配置的规律,自然对业务部门上报的用人需求都采取了一种怀疑的态度,想尽办法控制人员数量。

其次是"标杆瞄准"的短视。很多企业认识到"博弈定员"的局限性,他们开始试图寻求一些更为科学、合理、量化的方法为企业的效率目标和定员目标提供一些依据,在这种背景下,"标杆瞄准"成了大型国企的人力资源规划的新选择。

这样做足够充分了吗？并不尽然。这样做只能让国内企业清楚与标杆企业存在的差距，但是它并不能得出企业人力资源规划的结果和目标。因为所处环境、资源配备的差异，所以企业人力资源规划的目标在满足前瞻性、挑战性的同时，更重要的是要切合实际、合情合理。

第三个困境是"量化模型"的技术鸿沟。企业人员供需预测的方法本身具有极强的技术性，不但涉及许多与统计预测有关的模型，而且需要大量与生产经营相关的历史数据作为建模数据支持，这就使得人力资源部门要想做好人力资源规划，一方面必须能灵活运用统计和预测方法，另一方面还必须熟悉业务运作模式。而通常的情况是，企业人力资源部的人员配置非常精简，日常的工作已经使得人力资源部忙忙碌碌，很少有时间下到基层去深入了解业务部门的真实用人需求情况。

记者：如何突破企业的这些困境？

陈澄波：正如刚才我所说的，面对人力资源规划工作的困惑，越来越多的大型国企开始寻求专业 HR 咨询机构的帮助。

第一节　人力资源规划流程及编制

一、人力资源规划的含义和作用

（一）人力资源规划的含义

人力资源规划是整个人力资源管理中的首要问题，为组织进一步的选、用、留、育人才提供指导和保障。人力资源规划有广义和狭义之分。广义的人力资源规划泛指各种类型的人力资源规划，而狭义的人力资源规划特指组织的人员规划。广义的人力资源规划是人力资源的战略规划和战术计划（具体的实施计划）的统一，包括战略规划（全局的大政方针）、组织规划（整体框架设计，如组织结构图）、制度规划（管理制度等）、人员规划（人员总量、构成、流动的整体规划）、员工薪酬计划、员工绩效管理计划、其他计划。狭义的人力资源规划包括人员配备计划、人员补充计划、人员晋升计划。从时限上看，人力资源规划还可以分为中长期计划和按照年度编制的短期计划，一般来说，五年以上的计划可以称为规划。

对于人力资源规划的研究主要集中于三个视角。詹姆斯·W. 沃克(Walker)强调通过人力资源规划来实现组织的人岗匹配,进而实现组织的战略目标;安德鲁·斯库拉(Sikula)、杨清和刘再煊等强调人力资源的供需平衡;谌新民、赵曙明强调人力资源规划即人力资源管理活动的管控方针策略。综合各种定义描述,我们认为,人力资源规划是围绕组织战略目标而展开,通过分析组织人力资源现状,科学有效地预测组织人力资源的供给需求,制定相宜的行动方案,从而达到组织人力资源供需平衡,最终促进组织实现既定战略与目的的过程。

（二）人力资源规划的作用

(1) 有利于组织制定战略目标和发展规划。人力资源规划是组织发展战略的重要组成部分,同时也是实现组织战略目标的重要保证。

(2) 确保组织生存发展过程中对人力资源的需求。人力资源部门必须分析组织人力资源的需求和供给之间的差距,制定各种规划来满足对人力资源的需求。

(3) 有利于人力资源管理活动的有序化。人力资源规划是企业人力资源管理的基础,它由总体规划和各种业务计划构成,为管理活动（如确定人员的需求量、供给量、调整职务和任务、培训等）提供可靠的信息和依据,进而保证管理活动的有序化。

(4) 有利于调动员工的积极性和创造性。人力资源管理要求在实现组织目标的同时,也要满足员工的个人需要（包括物质需要和精神需要）,这样才能激发员工持久的积极性,只有对人力资源进行规划,员工对自己可满足的东西和满足的水平才是可知的。

(5) 有利于控制人力资源成本。人力资源规划有助于检查和测算出人力资源规划方案的实施成本及其带来的效益。要通过人力资源规划预测组织人员的变化,调整组织的人员结构,把人工成本控制在合理的水平,这是组织持续发展不可缺少的环节。

二、人力资源规划流程

人力资源规划工作是从收集信息、分析问题、制定方案到实施解决问题的一个动态的、不断修正和调整的过程。组织的人力资源规划流程涉及以下五个步骤：调查准备阶段、供需预测阶段、规划方案阶段、规划实施阶段以及评估与反馈阶段。

HR 总体规划

（一）调查准备阶段

调查人力资源规划所需要的信息，包括组织基本情况、内外部环境分析、组织发展战略以及当前人力资源管理现状。

（二）供需预测阶段

通过主观经验判断或者数学模型，预测组织下一时期的人力资源需求和供给情况，其中供给情况又包括内部供给预测和外部供给预测。

（三）规划方案阶段

对组织人力资源开发与管理的总体进行规划，作为拟定其他相关项目的人事政策依据，主要包括规划总体目标和分目标，分目标规划包含培训计划、招聘计划、培养计划、薪酬激励计划以及职业生涯发展计划等。

（四）规划实施阶段

人力资源规划的贯彻执行应着眼于如何实现规划的战略落地，而不是束之高阁，必须将组织发展战略与人力资源规划的各项目标和计划进行分解和落实，涵盖组织结构的优化方案、岗位分析、人员招聘流程体系设计、绩效考核体系设计和薪酬福利体系设计等。

（五）评估与反馈阶段

这是人力资源规划修正和调整的过程，不断反馈信息，收集信息，审视规划的合理性与匹配性，同时借助人力资源评价指标来量化人力资源的价值，最终的方案评价结果有益于现存人力资源的预测和方案的修正。

三、人力资源规划的编制

任何组织编制人力资源规划都是一项非常重要的工作，这对于组织当前的运行和未来的发展将产生直接的重大影响。因此，为了保证人力资源规划的编制工作顺利进行，应该遵守确保人力资源需求、与内外环境相适应、与战略目标相适应、保持适度流动性等原则。

根据相关的理论和必要的流程，结合一些组织在编制人力资源规划时的具体实践，我们提出了人力资源规划的七个步骤。

（一）确定人力资源需求

人力资源规划的价值主要就在于帮助组织将经营战略与策略落地，只有确定并实现人力资源规划的目的、目标才能产生对应的价值。因此，在进行人力资源规划前，首先要根据组织的发展战略，结合组织及各部门的人力资源需求报告进行汇总和分析，确定人力资源需求的大致情况。其次，结合组织现有人员及职务可能出现的变动情况、职位的空缺数量等，掌握组织整体的人员配置情况。最后，编制组织的配置计划，明确描述组织未来的人员数量和素质构成。

（二）编制职务计划

随着组织的发展，组织规模和业务范围都可能会发生变化，除了原有的职位外，还会创造新的职位，因此，在编制人力资源计划时，不能忽视职务计划。编制职务计划之前要充分做好职务分析，根据组织战略和发展规划，结合职务分析报告的内容，详细陈述组织结构、职务设置、职位描述和职务资格要求等内容，描述未来的组织职能规模和模式。

（三）预测各部门人员需求

在人员配置和职务计划的基础上，合理预测各部门的人员需求状况，将预测中需求的职务名称、人员数量、希望到岗时间等详细列出，形成一个标明有员工数量、招聘成本、技能要求、工作类别，及为完成组织目标所需的管理人员数量和层次的分列表，依据该表有目的地实施日后的人员补充计划。

（四）确定内部人员供给状况

一个组织的人员供给主要有两种途径：一是组织内部人员调整，二是从外部招聘。如果采取第一种方式，组织的人力资源部要充分了解组织内部各部门的优秀员工，了解符合提升条件的员工数量、整体质量等，也可联系各部门负责人推荐。总体来说，组织中空缺出的职位由组织内部的员工补充比较好，因为被提升的员工基本上已经接受了组织的文化，省去了文化培养的程序；通过提升使员工得到某种满足，更易激发员工的工作热情和积极性。外部招聘相对内部招聘来说提升效果要差一些，如果能够从外部招聘优秀人才并留住人才，得以发挥其作用，也是很好的。在确认供给状况时要陈述清楚人员供给的方式、人员内外部的流动政策、人员获取途径和获取实施计划等，特别是对于现在特殊人才的供不应求，在确定人才供应状况时也要做好充分考虑。

第五章 人力资源规划

（五）制订人力资源管理政策调整计划

明确阐述人力资源政策调整的原因、调整步骤和调整范围等。人力资源调整是一个牵涉面很广的内容，包括招聘政策调整、绩效考核制度调整、薪酬和福利调整、激励制度调整、员工管理制度调整等。人力资源管理政策调整计划是编制人力资源计划的先决条件，只有制订好相应的管理政策调整计划，才能更好地实施人力资源调整，实现调整的目的。

（六）编制人力资源费用预算

费用预算包括招聘费用、员工培训费用、工资费用、劳保福利费用等。详细的费用预算让组织的决策层掌握组织总体及部门的预算细节，了解每一笔钱花在什么地方，才更容易得到相应的费用，实现人力资源调整计划。

（七）编制培训计划

对员工进行必要的培训已成为各组织发展必不可少的内容。培训的目的一方面是提升组织现有员工的素质，适应组织发展的需要，另一方面是培养员工认同组织的经营理念、组织的文化，培养员工爱岗敬业精神。培训计划中要包括培训政策、培训需求、培训内容、培训形式、培训效果评估以及培训考核等内容，每一项都要有详细的文档，有时间进度和可操作性。

第二节 人力资源预测方法及平衡

一、人力资源预测的方法

（一）人力资源需求预测的方法

人力资源需求预测的方法分为定性分析法和定量分析法两类，其中定性分析中常用的有德尔菲法、经验判断法、趋势分析法等；定量分析中则包括比率分析法、回归分析法、计算机模拟预测法等。

1. 德尔菲法

德尔菲法（Delphi method）又称专家意见法或专家函询调查法，是采用背对背的通信方式征询专家小组成员的预测意见，采取多次讨论的方式，将每轮结果归纳整合后反馈给专家，通过多轮次的重复，使得专家的意见趋于一致，最后做出符合组织发展趋势的人力资源需求预测结论。匿名性、多次反馈、小组的统计回答是德尔菲法的三个显著特点。

（1）匿名性。采用这种方法时所有专家组成员不直接见面，只是通过函件交流，这样就可以消除权威的影响。匿名是德尔菲法极其重要的特点，从事预测的专家彼此不知道其他有哪些人参加预测，他们是在完全匿名的情况下交流思想。

（2）反馈性。小组成员的交流是通过回答组织者的问题来实现的，一般要经过若干轮反馈才能完成预测。德尔菲法需要经过3—4轮的信息反馈，在每次反馈中使调查组和专家组都进行深入研究，使得最终结果基本能够反映专家的基本想法和对信息的认识，所以结果较为客观、可信。

（3）统计性。最典型的小组预测结果是反映多数人的观点，少数派的观点至多概括地提及一下，但是这并没有表示出小组的不同意见的状况。而统计回答却不是这样，它报告一个中位数和两个四分点。这样，每种观点都包括在这样的统计中，避免了专家会议法只反映多数人观点的缺点。

2. 经验判断法

这是一种主观预测的方法，即管理人员凭借自己的经验，根据组织过去几年的人力资源需求状况和自己认为将来可能会发生变化的因素，来对组织的人员需求进行估计和预测。经验预测法建立在启发式决策的基础上，这种决策的基本假设是：人力资源的需求与某些因素的变化之间存在着某种关系。一般来说，组织在未来一段时间内可能发生变化的因素有：组织决定提高产品质量或服务质量，或者决定进入新市场；技术变革和管理变革导致生产率的提高；可能获得新的财力资源。由于此种方法完全依靠管理人员的个人经验，所以预测结果的准确性不能得到保证。

3. 比率分析法

这是根据某种可变指标与所需人数之间的比例关系进行预测的方法。比例的大小通常来源于本组织的历史数据或本行业的经验数据以及国家颁布的行业标准。例如，在过去的几年里，组织每年需要20名销售人员来实现2000万的销售额，那么销售额与销售人员数的比为$2000÷20=100$（万元/人）。假使组织计划在下一年实现4000万的销售额，那么组织就需要多雇用（4000-2000）$÷100=20$个销售人员来完成这项增加销售额的任务。与趋势分析法一样，比率分析法也有很多假设条件，因此，当出现产品价格下降、劳动生产率提高或广告费用增加等情况时,该方法的预测结果需做调整。

4. 回归分析法

这是一种典型的定量预测技术,旨在通过建立人力资源需求量及其影响因素之间的函数关系,根据影响因素的变化来推测人力资源需求量的变化。回归预测法有一元的,也有多元的;有线性的,也有非线性的。在实际工作中,往往是多个因素共同决定了人力资源需求量,且与其呈线性关系,所以我们这里主要讨论多元线性回归预测法,其方法简介如下:

设 Y 为因变量(人力资源需求量),其影响因素为自变量 $X_1, X_2, X_3, \cdots, X_n$。其关系近似为:

$$Y = \beta_0 + \beta_1 X_1 + \beta_2 X_2 + \cdots + \beta_n X_n$$

根据最小二乘法、矩阵和联立方程组的原理,结合观察数据,可以解出 β_0,β_1,β_2,直到 β_n,从而得到人力资源需求量与诸影响要素之间的回归关系,为人力资源需求的预测提供依据。

5. 计算机预测法

这是一种利用计算机系统来预测组织人力资源需求量的方法。具体地讲,人力资源专家和直线管理人员将所需要的信息综合在一起,建立起一套人员需求的计算机化预测系统。该系统包含一些典型数据,如生产单位产品所需要的直接劳动工时、销售额的各种指标(最低销售额、最高销售额、可能销售额)等。运用这一系统,组织可以对人员需求进行估计与预测。计算机预测法是组织人力资源需求预测技术中最复杂也最精确的一种方法,但目前还没有一种大家公认的通用软件系统被广泛应用于人力资源需求预测中。

(二) 人力资源供给预测

在对人力资源的需求进行预测之后,还要对人力资源的供给进行预测,也就是说,只有对人力资源的需求和供给进行准确的预测,组织才能根据预测结果进行人力资源的平衡调节,进一步调整人力资源规划的策略。

人力资源供给预测是指组织为实现其既定目标,对未来一段时期内组织内部和外部各类人力资源补充来源情况的预测。人力资源供给预测首先从内部开始,弄清计划期内现有人力资源是否能够满足组织的战略目标需要,这就要考虑到计划期内人员的流动及其适应未来工作能力状况;其次从组织的外部获得社会人力供给总量的有关统计数据。从组织内部供给的视角对人员供给进行预测的方法主要有以下几种。

1. 管理人员接替模型

该方法旨在对组织内部出现的岗位空缺进行及时的补充,主要用于确认特定的职位候选人,在工作分析的基础上明确岗位对员工的具体要求;然后确定一位或几位能够达到这一岗位要求的候选人;最后综合考虑各岗位的候补人员情况与员工的职业发展生涯计划。通过控制好员工流动方式与不同职位人员接替方式之间的关系,组织可以实现其人力资源的动态管理。这需要人力资源管理者具有较高的人员素质辨别能力,以便为组织甄选出合适的岗位接替候选人。

2. 马尔科夫模型

基于马尔科夫模型(Markov Model)的人力资源供给预测方法是一种动态的预测技术,其基本思想是根据组织人力资源变动的规律来推测未来人员变动的趋势。

马尔科夫模型用来预测等时间间隔(一般为一年)上各类人员的分布状况。在给定时间内,各类人员都有规律地由一类岗位或低一级岗位向另一类岗位或较高一级岗位转移,转移率是一个固定的比例,或者可以根据组织岗位转移变化的历史数据分析推算。如果各类岗位人员的起始数、转移率和未来补充人数已给定,则可以预测组织中各类人员分布。

马尔科夫模型预测方法的基本步骤是:(1)根据组织的历史资料,计算出每一类岗位的每一名员工流向另一类或另一级别岗位的平均概率;(2)根据每一类岗位员工的每一级别流向其他类或级别的概率,建立一个人员变动矩阵表;(3)根据组织年底的各类岗位员工人数和步骤(2)中人员变动矩阵表预测第二年组织可供给的人数。

二、人力资源的劳动力市场供需平衡

(一) 劳动力市场

在市场经济条件下,一个国家或者地区里具有劳动能力的人力资源——劳动力正是借助劳动力市场而被有效地分配到不同的组织、行业、职业和地区之中的。这种把劳动者配置于不同的工作岗位上并且协调就业决策的市场称为"劳动力市场"。

劳动力市场、资本市场和产品市场是企业为了实现正常运营

暂行条例

所必须依赖的三大市场,企业在经营过程中必须与这三个市场发生关系,其中,在劳动力市场和资本市场上,企业是以购买投入要素(劳动力和资本)的买方身份出现的,而在产品市场上,企业是以出售产出的卖方身份出现的。劳动力市场是一种要素市场,是劳动力或者劳动服务进行交易和流通的市场。劳动力市场是在市场经济条件下对劳动力这种最为重要的生产性资源进行有效配置的根本手段。它为劳动力供给和需求双方提供一个接触、谈判和交易的机制,以一定的工资率将劳动者配置于一定的工作岗位上。这种劳动力的配置不仅满足了个人的需要,而且满足了社会的需要。

一般来说,劳动力市场有宏观和微观两个层面的含义。从宏观的角度来看,劳动力市场是由各种各样的局部或单一劳动力市场构成的一个总的劳动力市场体系。从微观的角度来看,劳动力市场实际上是特定类型的劳动力供求双方,在通过自由谈判达成劳动力使用权转让(或租借)合约时所存在的一种市场环境。从各市场经济国家的发展经验来看,一国的劳动力市场体系发育通常会是一个渐进的过程,它往往是从单个的或局部的劳动力市场发育开始,逐渐扩散,最终形成一个统一的劳动力市场。目前我国的劳动力市场正处在成长和发育的过程之中,在我国劳动力资源的配置过程中正扮演着越来越重要的角色。

(二)影响劳动力市场的主要力量

影响劳动力市场的外部因素很多,包括政治因素、经济因素、社会因素和科技因素等。劳动力市场内部的重要影响因素也很多,可以概括为三种力量。

1. 市场的力量

劳动力供求双方在劳动力市场上的相互作用过程及其所产生的结果是劳动力市场上最根本的一种力量。在完全竞争的劳动力市场上,劳动力的供给方和需求方通过价格指导交易。在市场经济中,价格是推动物品与劳务的需求量与供给量达到均衡状态的力量,是指导资源配置的信号。价格既反映了一种物品的社会价格,也反映了生产该物品的社会成本,它指引着个别决策者在大多数情况下实现整个社会福利最大化的结果。

2. 机构的力量

机构的力量主要是指工会、政府等各种组织对于劳动力配置和工资决定所产生的影响。在劳动力市场上,非市场力量的作用非常明显,机构的力量和社会的力量对劳动力市场的影响也非常巨大。各种机构通过正式的规则、制度或者非正式的习惯,将劳动力市场分隔为一系列相互分离但具有松散联系的细分劳动力市场,这些规则往往是以工会集体谈判合同、政府立法等形式体现。比如,政府可能会对企业必须提供的工作条件、最低工资水平等提出要求,规定企业雇用残疾人和少数民族劳动者的比例,对劳动者和企业双方征收工薪税,将雇用童工等交易界定为非法等。工会则通过集体谈判甚至罢工的方式对企业施加影响,使企业所支付的工资水平偏离(通常是高于)劳动力市场通行工资水平。

3. 社会的力量

社会群体或规范也会对劳动力配置和工资决定产生影响。比如,一个社会的风俗习惯、文化等情况,有可能会对劳动力市场上的就业和工资产生影响。比如,一些西方国家曾经存在不鼓励女性尤其是已婚女性从事公开劳动力市场活动的社会习惯,中国某些农村地区到现在依然存在对女性的受教育歧视,女性教育发展仍然缓慢,成人后也难以走出家庭。这可以归结为一种文化影响。[①]

(三)劳动力供给的影响因素

对于任何一个国家或者地区而言,其劳动力供给总量首先包括质量和数量两个方面。劳动力供给质量主要是指劳动力队伍的身体健康状况以及受教育和训练的程度,主要表现为劳动者的知识、技能和经验等水平,这方面的因素主要通过人力资本投资理论来加以解释。劳动力供给数量方面的因素主要取决于人口总量、劳动力参与率和劳动者的平均周工作时间三个因素。

1. 人口总量

人口总量因素主要取决于一个国家或地区的人口出生率、死亡率和净人口流入率三个因素。一个国家或地区的人口出生率降低、人口死亡率升高、劳动力人口向外地迁徙等都将造成当地人口总量的减少,并改变当地的人口结构。

2. 劳动力参与率

劳动力参与率(labor force participation rates, LFPR)是指一个国家或地区当中已经有工作的人和正在找工作的人与本国或本地区人口总量之比。劳动力参与率所反映的是,一个国家或地区的人们希望走出家庭到劳动力市场上去寻找并实际从事工作的意愿高低。由于大部分国家都规定 16 岁为法定最低可工作

---

① 郭剑雄、刘琦:《生育率下降与中国农村女孩教育的逆歧视性增长》,《思想战线》2013 年第 4 期,第 35 页。

年龄,因此,劳动力参与率主要是指在16岁以上人口中,就业人口与失业人口之和在人口总量中所占的百分比。另外一种说法是,16岁以上的总人口为潜在的劳动力人口,就业人口和失业人口的总和则为实际劳动力人口或经济活动人口,因此,劳动力参与率为实际劳动力人口与潜在劳动力人口之比。

3. 平均周工作时间

平均周工作时间是指劳动者平均每周在劳动力市场上供给的工作小时总量。周工作时间在实践中一般取决于劳动力需求方提出的具体要求,即雇主在法律允许的范围内有决定员工的周工作时间的自主权。尽管通常是雇主来决定工作的时间表,但是劳动者依然可以通过很多决策来实现自己的理想周工作小时数,比如,劳动者通过对是从事全日制工作还是非全日制工作、是否从事兼职工作、从事何种类型的职业以及到哪一个组织中去工作等决定而做出自己的周工作时间决策。显然,在同样是做全日制工作的情况下,与需要完成职能管理类工作的管理岗位相比,从事一般事务性工作的办公室文员岗位每周所要求的工时数量会少一些。此外,不同的组织往往会提供不同的全日制工作和非全日制工作组合、不同的周工作时间表;在休假和带薪节假日政策方面,不同的组织也有不同的规定,这些也为劳动者选择自己的理想周工作时数提供了机会。从长期来看,劳动力供给方在平均周工作时间方面仍然有一定的自主选择权。

(四) 劳动力需求

所谓劳动力需求,从宏观角度来说,是指在一定的市场工资率下,各行业的劳动力需求所形成的劳动力市场需求总量;从微观的角度来说,则是指在一定的市场工资率下,组织所需要的某种既定质量的劳动力工时数量或者人数。

一般来说,需求可以分为两种:一种是直接需求,即对那些能够直接满足人们需要的商品或服务的需求,比如对食品、服装、公共交通、邮政等的需求,人们对这些商品或服务的消费能够产生直接的效用或满足;另外一种则是间接需求或派生需求(derived demand),即由于存在对某种能够给人们带来效用的最终产品的需求而间接导致的对于生产这种产品的生产要素的需求。更形象地说,企业所扮演的是一种"中间人"的角色,它们之所以会形成对劳动力的需求,从根源上来说是因为人们对于产品和服务有需求。由于劳动力属于一种生产要素即生产产品或服务的一个因素,因而,对劳动力的需求就是一种间接需求或派生需求。正是劳动力需求的这种派生需求的性质导致它要受到很多因素的影响或制约。

首先,在很多时候,劳动力之所以被用人单位所雇用,并不是因为这种劳动本身能够给人们带来直接的效用或满足,而是因为他们生产出来的产品或者所提供的服务能够给社会带来满足。对劳动力的需求在很大程度上取决于人们对他们所生产出来的产品或服务的需求。也正因为如此,劳动力需求对于产品需求的变动往往会反应非常敏感。比如在世界性的经济危机时期,许多产品的出口会下降,结果导致许多出口产品生产企业的劳动力需求下降,这一类企业大量关门倒闭、降低工资或者是减少劳动者的工作时间。相反,当社会对某种商品或者服务的需求量大增的时候,生产这种商品或服务的企业(行业)的规模会迅速扩张,劳动力需求也随之大幅度上升。此外,商品或者服务的市场价格以及劳动者在生产某种商品或服务时的生产率本身也会对企业的劳动力需求产生重要影响。

其次,派生需求是因对某种最终产品的需求而引起的对生产它的生产要素的需求,生产要素中不仅包括劳动力,还有资本。劳动力在生产过程中通常需要与资本共同作用才能创造出产品,所以,企业对资本的需求同样会对劳动力需求产生直接影响。这种影响主要体现在企业在生产产品或服务的过程中,侧重采用资本占主导地位的生产方式还是劳动力占主导地位的生产方式,前者即我们通常所说的资本密集型生产方式,后者即劳动密集型生产方式。显然,在其他条件既定的情况下,如采取劳动密集型生产方式,劳动力的需求会更大。

当然,实际的劳动力需求与企业对其他生产要素的需求是不同的。首先,当企业不需要某种资本时,它们可以通过报废、出售、转租等多种形式加以处置,企业对劳动力的使用却只是租赁性质,它对于劳动力只有使用权,劳动力的处置权属于劳动力的承载者即劳动者,因此企业不能通过变卖等形式随意处置劳动力。其次,即使是在能够提供相同工资率的情况下,不同企业的工作条件、工作环境、管理风格和组织文化等也存在差异,它们所需要的劳动力因而往往需要达到某些特定的标准。即使劳动者的知识、技能完全相同,企业可能也会去考察其价值观和工作动机等其他因素。劳动力的生产率本身会受到诸多环境以及个人因素的影响,这就使企业对劳动力的需求比资本需求更复杂。最后,劳动力需求涉及很多社会和政治方面的考虑。企业所雇用的劳动者人数以及所支付的工资水平是许多经济政策的核心内容,最低工资、就业补贴以及对于企业解雇员工的能力所施加的限制等,实际上都会对劳动力需求产生非市场化的管制力量。

(五) 劳动力市场供需平衡

根据上述分析可知,市场劳动力供给反映的是在其他条件不变的情况下,相对于某一既定的市场工资率,劳动者愿意而且能够提供的劳动力数量。市场劳动力需求则是在其他条件不变的情况下,相对于某一既定的市场工资率,市场上的所有企业愿意而且能够雇用的劳动力数量。若其他条件相同,则市场工资率越高,劳动力需求量越少,劳动力供给越多;反之,市场工资率越低,劳动力需求量越大,劳动力供给越少。显然,市场劳动力供给和市场劳动力需求都是工资率的一个函数,那么是否存在一个能使市场上的劳动力供给和劳动力需求正好相等的市场工资率呢? 当达到这个值的时候,劳动力市场达到均衡,市场上既不存在失业,也不存在劳动力短缺,即市场上所有愿意在这一工资率水平上参加工作的人都能够找到工作,企业的所有职位空缺也都有人填补。这一工资率便为均衡工资率。

"均衡"本来是一个物理学概念,它是指某一物体在同时受到两个或两个以上力的作用但合力为零时所处的状态。经济学借用"均衡"一词来指经济系统在承受各种外力的情况下得以保持平衡时的一种经济状态。劳动力市场均衡则是指市场上的劳动力供求相等,从而市场出清的一种劳动力市场状态。

在完全竞争的劳动力市场上,一旦市场均衡工资率或出清工资率确定下来,它便成为每一位雇主和劳动者都必须面对的市场通行工资率,换言之,工资率是由市场上的总体劳动力需求和总体劳动力供给两个方面的力量决定的,每一位市场参与者都是这一劳动力价格的接受者。在这种情况下,单个企业所面临的劳动力供给曲线就不同于市场劳动力供给曲线,任何一家企业只要支付市场均衡工资水平,它便可以得到自己想要的任何数量的劳动力。

三、组织的人力资源供需关系

任何组织的人力资源供需关系大体只有三种可能性:人力资源供求平衡,人力资源供小于求,人力资源供大于求。

(一) 人力资源供求平衡

这种情况在现实的组织运营中极为少见,甚至不可能。即使组织的人力资源供需总量平衡,也会在层次、结构上发生不平衡。

（二）人力资源供小于求

这种情况下会造成组织的资源和设备闲置，固定成本不能有效分摊。当预测到组织的人力资源在未来可能发生短缺时，组织应根据具体情况选择不同方案以避免短缺现象的发生。

（1）将符合条件且又处于相对富余状态的人调往空缺职位。

（2）如果关键岗位人员出现短缺，应拟订培训和晋升计划；在组织内部无法满足时，应拟订外部招聘计划。

（3）如果短缺现象不严重，且本组织的员工有意愿延长工作时间，可以根据《中华人民共和国劳动法》等有关法规的规定，制订延长工时、适当增加报酬的计划。不过，这只是一种短期应急措施。

（4）提高个人的劳动生产率，或采取以机器替代人力的措施。

（5）制订聘用非全日制临时用工计划，如返聘退休者或聘用小时工等。

（6）制订聘用全日制临时用工如实习生等计划。

虽然以上措施是解决组织人力资源短缺的有效途径，但最为有效的方法是通过科学的激励机制和培训以提高员工生产业务技能、改进工作流程等方式，来调动员工积极性，提高劳动生产率，减少对人力资源的需求。

（三）组织人力资源供大于求

这种情况即常说的人员过剩，会导致组织内部人浮于事，内耗严重，造成生产或工作效率低下，解决的常用方法有：

（1）永久性辞退某些劳动态度差、技术水平低、劳动纪律观念差的员工。

（2）合并和关闭某些臃肿的机构。

（3）鼓励提前退休和内退。对一些接近而未达退休年龄者，应制定一些优惠措施，如提前退休者仍按正常退休年龄计算养老保险工龄；有条件的企业还可一次性发放部门奖金（或补助），鼓励提前退休。

（4）提高员工整体素质，如制订全员轮训计划，使员工始终有一部分在接受培训，为组织扩大再生产准备人力资本。

（5）加强培训工作，使员工掌握多种技能，增强他们的竞争力。鼓励部分员工自谋职业。同时，可拨出部分资金开办第三产业。

（6）减少员工的工作时间，随之降低工资水平。

（7）由多个员工分担以前只需一个或少数几个人就可以完成的工作和任务，组织按工作任务完成量来计发工资。

小　结

人力资源规划是人力资源管理实践的起点，对于人力资源管理工作的成败起着决定性作用。本章内容分为两节，一是人力资源规划的程序和编制，二是具体预测方法和人力资源的供需平衡分析。

第一节首先介绍人力资源规划的含义和作用，其次是人力资源规划的流程，最后是如何编制人力资源规划。

第二节首先介绍人力资源需求预测方法，包括德尔菲法、经验判断法、比率分析法、回归分析法和计算机预测法。其次是人力资源供给预测的两种方法，即管理人员接替模型和马尔科夫模型。最后是人力资源的两种供需平衡，一是劳动力市场供需平衡，重点是影响劳动力市场的力量、劳动力市场上的劳动力供给和需求，以及劳动市场的供需平衡；二是论述人力资源在组织内的供需关系，包括供求平衡、供小于求和供大于求等三种情况。

复习思考题

1. 简述人力资源规划的含义和作用。
2. 简述人力资源规划流程的五个阶段。
3. 简述人力资源规划编制的七个步骤。
4. 人力资源需求预测的主要方法有哪些？
5. 人力资源供给预测的主要方法有哪些？
6. 简述劳动力市场的含义。
7. 简述影响劳动力市场的三种主要力量。
8. 简述影响劳动力供给的三种要素。
9. 影响劳动力需求的因素有哪些？
10. 如何理解组织的人力资源供需关系？

推荐阅读

董克用主编:《人力资源管理概论(第四版)》,中国人民大学出版社 2015 年版,第五章。

〔美〕韦恩·卡西欧、赫尔曼·阿吉斯:《心理学与人力资源管理(第 7 版)》(孙健敏、穆桂斌、黄小勇译),中国人民大学出版社 2017 年版,第九章。

张萍、陆大奎:《论人力资源规划的战略地位》,《西南民族大学学报(人文社科版)》2004 年第 6 期。

赵曙明编著:《人力资源战略与规划(第四版)》,中国人民大学出版社 2017 年版。

赵永乐、李海东、张新岭、姜农娟编著:《人力资源规划(第 2 版)》,电子工业出版社 2014 年版。

第六章

工作分析

学习目标

1. 了解工作分析的重要性、职位说明书包括的内容。

2. 掌握工作分析的含义和作用、职位说明书的内容和编写,以及工作分析所需要信息的收集方法。

3. 理解信息对于编写职位说明书的重要意义。

引 例

基础管理需从工作分析开始*

在现实工作中,我们经常能听到员工有这样的抱怨:自己的才能得不到充分的发挥,工资水平不合理,长期以来得不到培训,前景暗淡……作为企业的人力资源管理者,有责任和义务去解决这些问题。

但解决好这些问题除需要主观方面的努力之外,有必要建立客观的标准和基础。否则,解决了张三的问题之后,李四就会再次提出相关的问题。形成这个客观标准的基础工作就是工作分析。

---

* 资料来源:石宝华:《基础管理需从"工作分析"开始》,《中国劳动保障报》2006年12月16日,第003版。

工作分析又称职务分析,它是全面了解一项工作内涵的管理活动。工作分析是对组织中某个特定职务的工作内容和职务规范进行描述和研究的过程。通过这个程序,我们可以确定工作的职责和任务是什么,以及确定哪些类型的人(从经验、知识、技能的角度来分析)适合从事这份工作。将上述分析的成果进行汇总,就形成了工作分析的结果,即《岗位说明书》。

工作分析是人力资源管理的基础。它在企业的管理当中,特别是在企业人力资源管理的各个环节(选人、用人、育人、留人)中起核心作用。

工作分析的重要性表现在以下几个方面:

对于招聘和配置:它提供岗位所要求的任职资格及工作内容。

对于薪酬体系:它描述了所有的给付报酬因素,如责任轻重、技能高低、教育水平以及工作环境的优劣。

对于业绩考核:如果业绩考核过程是将员工的实际工作业绩,同要求达到的业绩标准进行对比的过程,那么工作分析就要确定在特定岗位上的员工需要达到何种业绩标准,以及需要完成哪些特定的工作活动。

对于培训:工作分析的结果——岗位说明书,提供了岗位对于员工技能的要求,从而使我们能够知道员工需要哪种技能和知识方面的培训。

对于组织:如果说管理=理事+管人,工作分析就是同时对人与事进行规划,它能够确保将所有的职责落实到相关人员的工作中。

工作分析的意义主要表现在以下几个方面:

为企业各项人事决策提供坚实的基础。在组织管理过程中,无论是选人、用人,还是育人和留人都有了科学依据。

通过对人员能力、个性等条件的分析,做到"人尽其才"。运用工作分析的结果可以在"适当的时候把适当的人放在适当的岗位上",避免"大材小用、小材大用"的现象。

通过对工作职责、工作流程的分析,使"人尽其职"。避免人力资源的浪费,提高工作效率。

可以更加科学地评估员工绩效,有效地激励员工。

工作分析形成的岗位说明书也不是一成不变的,应随企业的技术条件、人员素质、组织架构、工作程序以及各项涉及人力资源政策的变化而及时修订,这样才能充分发挥积极有效的作用。

第六章 工作分析

第一节 工作分析及职位说明书

一、工作分析定义

工作分析(Job Analysis)又称岗位分析、职位分析、职务分析,是人力资源管理工作的基础,应当说人力资源管理的人力资源规划、人员选聘、人员录用、人员培训与发展、绩效管理、薪酬与福利等所有职能活动,都是围绕着工作分析进行的。

工作分析是指系统全面地确认工作整体,以便为管理活动提供各种有关工作方面的信息所进行的一系列的工作信息收集、分析和综合,以形成职位说明书的过程。职位说明书,也称工作说明书、岗位说明书,是工作分析的结果或直接成果。职位说明书是记录工作分析结果的文件,它把所分析岗位工作识别信息、工作概要、工作职责和责任、工作内容、任职资格等信息以文字形式记录下来,以便管理人员使用。

工作分析对于组织来说至关重要,只有在客观、准确的工作分析基础上构建起来的人力资源管理体系,才可能真正提升组织的绩效,高效地实现组织的目标。

二、工作分析的作用

工作分析在企业人力资源管理中的作用具体有以下几方面。

(一)为人员招募及甄选提供明确标准

一项招募或甄选人才的计划,目的在于找出并聘用最合适的应征者,工作分析的信息能够确定甄选的标准。这些标准包括能成功执行该项工作所需要的知识、技巧与能力。找到合适的人,这叫适用适才,可以让工作者发挥更大的潜能。针对不同的职种,借由工作分析,人力资源专业人员可以设计不同的甄选工具,如面试题目、需经过哪些考试等。

岗位分析

（二）为培训与开发提供具体内容

组织借由工作分析来甄选合适员工,也可借由测验的资讯来评估训练需求,并且用来发展或计划员工必需的或现有能力的工作项目。工作分析列出了具体的工作职责和技能要求,为培训工作的内容提供了参考。

（三）为绩效考核提供科学依据

工作分析就是对每一项工作列出详细的工作责任、工作内容或工作行为,根据这些责任、内容或行为可以确定绩效评价项目,并在每一阶段协调设定每一项目的目标。在缺乏工作分析的组织里,绩效的评核缺乏适当的依据,往往是上级主管凭直觉或喜恶作判断,那是不可靠的。

（四）为制定薪酬政策提供可信依据

薪资标准的确定基本上是根据每一项工作对组织的相对价值及重要性来决定的。工作分析可以判断该项工作对组织的价值或重要性,组织也可以借由执行这些工作项目所需的资格条件如知识、技巧与能力作为核定薪酬的依据。

（五）加强组织沟通提供有效渠道

不同的人对不同的工作项目其认知标准不一样,诸如对工作内容、负责的范围、与其他部门之间的关系,每个人的理解不同,在一个没有明确标准的环境里,认知标准不同是造成不愿沟通或沟通困难最大的主因。工作分析可以明确制定职能分掌,确定组织内部正式的沟通渠道,提高沟通与协调的有效性。

（六）为公平就业提供制度保障

就业歧视是指某些劳动者在劳动报酬以及劳动条件等方面受到不平等待遇,主要有性别歧视、户籍歧视和年龄歧视等。工作分析可以就职务描述和任职资格进行界定,有助于消除我国劳动力市场上的歧视现象,实现公平就业。

三、工作分析的步骤

工作分析是指对工作进行整体分析,以便确定每一项工作的7个"W":谁来做(Who)、做什么(What)、何时做(When)、在哪里做(Where)、如何做(How)、为什么做(Why)、为谁做(Whom)。

第一步,制定工作分析方案。

首先,成立工作分析工作领导机构。工作分析是一项非常重要的工作,因此,最好由专业人士来操作。一般会建立由组织的最高负责人牵头、人力资源部门和各部门主要领导参与的工作分析领导小组。其次,确定岗位工作分析的目的。了解进行工作分析的目的是为了更好地规范员工工作方法,还是为了人力资源管理的科学性等。最后,根据工作分析的目的制定分析方案。制定分析方案一定要统筹全局,以发展的眼光看问题,以科学的方法解决问题,确定工作分析的步骤、时间节点、参与人员等。

第二步,考察组织的背景信息。

工作分析可展开的前提条件是相关组织的组织结构已经确定,并具有相对稳定性。组织结构确定之后,工作流程和部门责任即可确定,每个部门应有的工作职位也已明确。据此,可以画出具体到部门、团队、职位的组织结构图,并且通过职位名称、命令链等确定职位之间的相互关系。

第三步,选取代表性职位。

当需要分析的工作有很多,它们彼此又相同或者比较相似的时候,例如,对流水线上的工人所做的工作进行分析,一个一个地进行分析必然非常耗费时间。在这种情况下,选择代表性职位进行分析显然是十分必要也是比较合适的。

第四步,收集职位信息。

工作分析的工作人员利用各种方法和工具,搜集有关工作活动、工作条件、工作对人员行为和自身条件(如个人特点与执行工作的能力等)的要求等方面的信息,为进行实际的工作分析做准备。

第五步,进行工作分析。

对于收集到的岗位调查结果进行深入分析,采用文字、图、表等形式作出归纳、总结,对岗位的特征和要求作出全面深入的考察,充分揭示其主要任务结构和关键影响因素。

第六步,确认工作分析的信息。

工作分析提供了与工作的性质和功能有关的信息。通过工作分析所得到的这些信息只有与从事这些工作的人员,以及他们的直接主管人员进行核对才会减少偏差。这一核对工作有助于确定工作分析所获得的信息是否正确、完整,也有助于确定这些信息能否被所有与被分析工作相关的人所理解。此外,由于工作描述是反映工作承担者的工作活动的,所以这一审查步骤实际上还为这些工作的承担者提供了一个审查和修改工作描述的机会,这无疑有助于赢得大家对所搜集到的工作分析资料的认可。

第七步,编写职位说明书。

工作分析领导小组成立之后,一项重要的具体工作就是设计职位说明书的模板。职位说明书模板应该根据组织的实际情况来设计,对需要填写的项目有所取舍,确定对本组织来说最重要的项目。确定了职位说明书模板之后,领导小组要对参与工作分析和职位说明书编写的员工进行相关培训,使其了解工作分析的内容,掌握各种技巧,回答疑问,为推动下一步的工作充分准备。

职位说明书包括职位描述和任职资格两部分。职位描述就是对有关工作职责、工作活动、工作条件以及工作对人身安全危害程度等工作特性方面的信息所进行的书面描述。任职资格则是全面反映工作对从业人员的品质、特点、技能以及工作背景或经历等方面要求的书面文件。

四、职位说明书的编写

职位说明书是组织通过工作分析工作,对职位信息收集、分析与综合后,最终形成的职位分析成果。关于职位说明书的内容并没有统一的规定,不同的组织会根据不同的需要规定不同的内容。一般来说,核心内容主要包括两块:一是职位描述,二是任职资格。通常情况下,相当多的组织采用这种方法,也有组织将这两块内容作为一个整体呈现。比如《国家公务员职位分类工作实施办法》中以法律的形式规定职位说明书包括七个方面的内容:职位名称、职位代码、工作项目、工作概述、所需知识能力、转任、升迁的方向和工作标准。这七方面的内容对政府组织来说或许够用,但对于绝大多数其他组织来说就不够充分和具体。

(一) 职位描述

职位描述是对职位本身的内涵和外延加以规范的描述性文件,是对人的要求,界定了工作对任职者的教育程度、资格证书、工作经验、培训、知识、工作技能、能力、心理品质等方面的要求。当它作为招聘甄选的依据时,也可以视为任职要求或者雇佣标准。职位描述包括核心内容和选择性内容:前者是任何一份职位描述都必须包含的部分,这些内容的缺失会导致我们无法对本职位与其他职位加以区分;后者并非是任何一份职位描述所必需的,而可由职位分析专家根据预先确定的职位分析的具体目标或者职位类别,有选择性地进行安排。

职位描述包含如下内容：

(1) 职位名称：例如办公厅秘书处信息工作主任科员。

(2) 职位代码：指每一个职位的代表号码。由三部分组成"×××-×××-×××"。第一部分是职位所在国务院各工作部门（指所在省、市、区、县）的代码，采用国家标准。第二部分是职位所在各部门内设机构（指所在地的各工作部门）的代码。第三部分是各内设机构（或各工作部门）中职位的顺序号。第二、三部分由各级人事部门负责编制。

例如，海关总署关税司国际关税处处长职位的代码为：415-03-07，其中"415"是国家标准中规定的海关总署代码；"03"是海关总署规定的关税司代码；"07"是该职位在关税司中的顺序号。

对于没有国家标准规定代码的组织来说，可以自编组织代码使用，并自行确定内设部门的代码。另外，职位代码并不必然采用三部分的组成方式，在相当多的情况下，职位代码由部门代码和职位顺序号两部分组成即可（×××-×××）。

(3) 工作项目：列出职位按照职责应担负的全部工作项目。

(4) 工作概述：按照工作项目简要说明工作的内容、程序、职责及权限。工作职责是指该职位通过一系列什么样的活动来实现组织的目标，并取得什么样的工作成果。工作权限是指根据该职位的工作目标与工作职责，组织赋予该职位的决策范围、层级与控制力度。工作概述的目的是使阅读者能够快速方便地了解工作的总体性质、中心任务和工作目标，理解该职位的特点并与其他职位相区分。

(5) 绩效标准：是在明确界定工作职责的基础上，对如何衡量每项职责完成情况的规定。常见的指标包括：销售额、市场占有率、工作完成的及时性、设备利用率、事故率、客户投诉率等。

(6) 工作关系：第一部分是该职位在组织中的位置，可用组织结构图来反映；第二部分是该职位任职者在工作过程中与组织内部和外部各单位之间的工作联系，包括联系的对象、联系的内容、联系的方式和联系的频次等。

(7) 工作环境条件：工作环境界定的是经常性工作场所的自然环境、安全环境（工作危险性）和社会环境。此外，工作环境还关注由于工作本身或工作环境的特点给任职者带来的工作压力，主要包括：工作时间的波动性、出差时间的百分比、工作负荷的大小等。

（二）任职资格

任职资格又称为工作规范，它界定了工作对任职者的教育程度、资格证书、工作经验、培训、知识、工作技能、能力、心理品质等方面的要求。当它作为招聘甄选的依据时，也可以视为任职要求或者雇佣标准。工作描述是对职位本身的内涵和外延加以规范，任职资格则是对人的要求。

任职资格包括如下内容：

（1）教育程度要求：主要包含学历要求和专业要求两方面内容。学历要求是指胜任该职位所需要的最低学历；专业要求是指任职者需要具备什么样的专业能力来承担该职位工作。

（2）资格证书要求：是指国家或行业规定的任职者必须持有的资格证书。

（3）工作经验要求：是指该工作的任职者需要具备什么样的经验。可以从三方面来描述，即社会工作经验、专业工作经验和管理工作经验。

（4）培训要求：一般包括每年需要的工作培训（在岗培训、脱岗培训或者自我培训）时间、培训的内容以及培训方式。

（5）知识要求：可以分四个层级来描述，与工作相关的基础理论知识、专业知识、企业知识、相关的政策法律知识及其他。

（6）工作技能要求：是指对与工作相关的工具、技术和方法的运用。

（7）心理品质要求：是根据职位的性质和特点，对员工心理素质及其发展程度的要求所进行的综合分析。

在完成了工作分析，确定了职位描述和任职资格的具体内容后，可形成一份职责清晰、要求明确的职位说明书。具体示例可参考表6-1。

表6-1 职位说明书

职位名称	行政人事经理	所属部门	行政部	工作性质	管理
直接上司	厂务副总经理	直接下属	行政文员、人事文员、前台文员、电脑维护员		
定员人数	1人	所辖人数	25人	职位代码	HR-001
酬资水平		分析日期		执行日期	
工作目标责任	建立和维护系统的行政和人力资源管理体制，确保公司生产运作的需要。				

续表

	工作任务	工作清单
职位描述	1. 安全与卫生管理	1.1.规划公共区域管理标准,并监督和检查其执行情况
		1.2.编制食堂、宿舍管理及附属设施的管理制度,并监督和检查其执行情况
		1.3.建设保安队伍,督导保安工作
		1.4.建立和维护门禁管理,督导员工遵守
		1.5.建立劳动与安全卫生用品发放制度
	2. 人事管理	2.1.建立系统的人力资源管理,规范人力资源管理
		2.1.规划人力资源,编制人员增补计划
		2.2.组织开展人员招聘、甄选、任用、晋升、转岗、降级、解雇
		2.3.建立和维护员工档案
		2.4.适当控制人员的流动
		2.5.审核并汇报员工流动率
	3. 考勤管理	3.1.建立和维护考勤管理体系
		3.2.适当控制员工请假、加班
		3.3.审核并汇报员工出勤率统计结果
	4. 薪酬、福利管理	4.1.建立和维护员工薪酬、福利管理体系
		4.2.审核员工晋级、降级
		4.3.制定员工薪酬、福利调整方案
		4.4.审核并上报员工工资
	5. 教育训练管理	5.1.建立员工教育训练体系
		5.2.组织开展员工教育训练,不断提升员工素质
		5.3.审核并汇报教育训练成果
	6. 绩效管理	6.1.建立和维护绩效考核体系
		6.2.适时更新绩效考核指标
		6.3.统计绩效考核成绩,确定绩效奖惩系数
		6.4.组织召开绩效沟通会,汇报绩效成绩,公布绩效指标
		6.5.统计年度绩效成绩,制定年度绩效奖惩计划
		6.6.依据绩效成绩提出各级人员的晋级、晋升、降级、降职、辞退计划

续表

	7. 文体、宣传管理	7.1.编制文体活动、宣传计划	
		7.2.组织开展文体活动、宣传活动	
	8. 文件控制	8.1.建立并维护文件控制制度	
		8.2.监督文件控制管理	
	9. 办公用品管理	9.1.建立并维护办公用品的管理制度	
	10. 网络维护	10.1.建立并维护电脑及局域网络的管理制度	
		10.2.监督、检查电脑及局域网络的管理	
	11. 对外行政事务	11.1.对外行政事务处理	
任职资格	内容	必备条件	期望条件
	1. 教育水平	大专学历	硕士,人力资源管理专业毕业
	2. 工作经验	2年以上人力资源、行政管理经历	2年以上行业人力资源、行政管理经历,并具1年以上工程技术或生产、品质管理经验
	3. 技能和能力	熟用office软件	精通电脑软硬件及网络建设与管理
		熟悉应用文写作	文字功底强,文笔流畅
		英语读写熟练	英语读写说流利,并具其他外语能力
		熟悉ISO 9000:2000质量管理体系	精通ISO 9000:2000,熟悉ISO 14000
		熟悉国家劳动人事法律法规	精通劳动与人事法律法规
		熟悉国家劳动人事部门办事程序	擅长同国家劳动人事部门交往
	4. 个性与品质	忠于工厂、为人正直、清正廉洁	有强烈的事业心和开拓创新意识,具备管理理念
		个性坚韧、原则性强	有良好的人格魅力、能承受巨大心理压力
		为人正派,办事公正,心态平和、理智	思维敏捷、性格沉稳、善于沟通和决断

续表

工作环境	工作地点	行政人事部办公室
	工作时间	每周一至周五 8:00-12:00,13:30-17:30
职位关系	可直接晋升的职位	厂务副总
	可相互轮换的职位	客户服务经理、生产经理、工程经理、品管经理、采购物控经理
	可晋升至此的职位	车间主任、人事文员、行政文员
分析人员		审核人		批准人	

第二节 工作分析信息的收集方法

工作分析的质量好坏取决于相关信息的优劣,相关信息的优劣取决于是否选择了正确的信息收集方法。在实践中,常见的信息收集方式有四类:通用工作信息收集方法、以人为基础的系统性方法、以工作为基础的系统性方法和传统的职位分析方法。每一类方法中又包含几种典型的方法,适用于不同的信息收集情境和用途。有学者做了比较全面的梳理。[1]

一、通用工作信息收集方法

(一) 访谈法

访谈法(Interview)是目前组织中运用最广泛、最成熟、最有效的工作分析方法。访谈人员就某一岗位与访谈对象按事先拟订好的访谈提纲进行交流和讨论。访谈法不仅适用各类职位的职位分析要求,而且是对中高层管理职位进行深度工作分析效果最好的方法。访谈的成果不仅表现在书面信息的提供,更重要的是,它能通过资深工作分析师牵引指导,协助任职者完成对职位的系统思考、总结与提炼。

---

[1] 彭剑锋:《人力资源管理概论(第2版)》,复旦大学出版社2011年版,第159—167页。

按照不同的分类标准,访谈法可分为不同的类型。根据访谈对象的多少,可分为个体访谈和群体访谈;根据是否有粗线条的访谈提纲,可分为结构化访谈、半结构化访谈和无结构访谈;根据与访谈对象的接触程度,可分为一般访谈和深度访谈;根据对访谈内容是否有针对性,可分为一般座谈和焦点访谈。事实上,工作分析很少采用单一访谈形式进行,而是多种访谈形式的结合。以深度访谈法(In-Depth Interviews)为例,这是一种无结构的、直接的、个人的访问形式,由一个掌握高级技巧的调查员深入地访谈一个被调查者,以揭示对某一问题的潜在动机、信念、态度和感情。

一般来说,在进行工作分析访谈的时候有一个提纲,列出一些经常被问及的问题。

1. 请您用一句话概括您的职位在本公司中存在的价值是什么,它要完成的主要的工作内容和要达成的目标是什么?

2. 与您进行工作联系的主要人员有哪些?联系的主要方式是什么?

3. 您认为您的主要工作职责是什么?请至少列出八项职责。

4. 对于这些职责您是怎样完成的,在执行过程中碰到的主要困难和问题是什么?

5. 请您指出以上各项职责在工作总时间中所占的百分比重。请指出其中耗费时间最多的三项工作。

6. 请您指出您的以上工作职责中最为重要、对组织最有价值的工作是什么?

7. 组织所赋予您的最主要的权限有哪些?您认为这些权限有哪些是合适的,哪些需要重新界定?

8. 请您就以上工作职责,谈谈评价其完成的标准是什么?

9. 您认为在工作中您需要其他部门、其他职位为您提供哪些方面的配合、支持与服务?在这些方面,目前做得好的是什么,尚待改进的是什么?

10. 您认为要出色地完成以上各项职责需要什么样的学历和专业背景?需要什么样的工作经验(类型和时间)?在外语和计算机方面有何要求?需要具备哪些能力?

11. 您认为要出色地完成以上各项职责需要具备哪些专业知识和技能？需要什么样的个性品质？

12. 请问您工作中自主决策的机会有多大？工作中是否经常加班？工作繁忙度是否具有很大的不均衡性？工作中是否要求精力高度集中？工作负荷有多大？

访谈法要注意以下几方面：

（1）访谈者的培训：工作分析访谈是一项系统性的、技术性的工作，因此在访谈准备阶段应对访谈者进行系统的工作分析理论与技术培训。

（2）事前沟通：应在访谈前一星期左右事先通知访谈对象，并以访谈指引等书面形式告知其访谈内容，使其提前对工作内容进行系统总结，并有利于获得访谈对象的支持与配合。

（3）技术配合：在访谈之前，访谈者须对访谈工作进行文献研究，并通过开放式工作分析问卷初步收集、整理与汇总职位信息，形成对职位的初步印象，找到访谈的重点，使访谈能够有的放矢。

（4）沟通技巧：在访谈过程中，访谈者应与被访谈者建立并维持良好的互信和和睦关系，适当地运用提示、追问、控制等访谈技巧，把握访谈的节奏，防止访谈中的"一边倒"现象。

（5）信息确认：访谈过程中，访谈者应就获得的信息及时向被访谈者反馈并确认，在访谈结束前，应当向被访谈者复述所获信息的要点以得到最终的认可。

（二）非定量问卷调查法

问卷法（Questionnaires）是工作分析中广泛运用的方法之一，它是以书面的形式、通过任职者或者其他职位相关人员单方信息传递来实现的职位信息收集方式。在实践中，工作分析专家开发出大量的不同形式、不同导向的问卷以满足不同需要。问卷调查法收集信息完整、系统，操作简单、经济，可在事先建立的分析模型的指导下展开，因此几乎所有的结构化工作分析方法在信息收集阶段均采用问卷调查的形式。

工作分析问卷主要分为定量结构化问卷和非结构化问卷。

定量结构化问卷是在相应理论模型和假设前提下，按照结构化的要求设计的相对稳定的工作分析问卷，一般采用封闭式问题，问卷遵循严格的逻辑体系，分析结果可通过对信息的统计分析加以量化,形成对岗位的量化描述或评价,定量结构化问卷最大的优势在于问卷经过大量的实证检验,具有较高的信度和效度,便于岗位之间的相互比较。

非结构化问卷是目前国内使用较多的工作分析问卷形式。其特点在于能对岗位信息进行全面、完整的调查收集,适用范围广泛,能根据不同的组织性质、特征进行个性化设计。与定量结构化问卷相比,非结构化问卷存在精度不够、随意性强、与分析是主观原因高度相关等缺陷,但是非结构化问卷也有适应性强、灵活高效等优势。非结构化问卷不仅是信息收集工具,而且包含了任职者和工作分析师信息加工过程,因而其分析过程更具互动性、分析结果更具智能性。

1. 问卷的构成

问卷是以书面的形式,根据研究假设而设计的问题表格。结构型问卷由问题与限制性答案两个方面,包括前言、个人特征资料、事实性问题和态度性问题等四个基本部分组成。

2. 基本程序

第一步:调查准备。初步了解工作分析的范围及工作特性、确定工作分析人员等;事先须征得样本员工直接上级同意,尽量获取直接上级的支持。

第二步:设计调查问卷。精心设计的问卷是获取大量有用信息的关键。

第三步:填写调查问卷。为样本员工提供安静的场所和充裕的时间;向样本员工讲解工作分析的意义,并说明填写问卷调查表,不要对表中填写的任何内容产生顾虑;职务分析人员随时解答样本员工填写问卷时提出的问题。问卷可以由承担工作的员工来填写,也可以由工作分析人员填写。

第四步:回收并处理调查资料。样本员工填写完后,工作分析人员要认真检查其是否有漏填、误填的现象;如果对问卷填写有疑问,工作分析人员应该立即向样本员工进行提问;问卷填写准确无误后,完成信息收集工作,向样本员工致谢。

第五步:填写职位说明书。

3. 注意问题

(1) 问卷设计应该科学合理,这是调查成败的关键;

(2) 对问卷中的调查项目要做统一的说明,如编写调查表填写说明;

(3) 应该及时回收问卷调查表,以免遗失;

(4) 对调查表提供的信息进行认真的鉴别和必要的调整。

(三) 观察法

观察法就是岗位分析人员在不影响被观察人员正常工作的条件下,通过观察将有关工作的内容、方法、程序、设备、工作环境等信息记录下来,最后将取得的信息归纳整理为适合使用的结果的过程。利用观察法进行岗位分析时,应力求观察的结构化,根据岗位分析的目的和组织现有的条件,事先确定观察的内容、观察的时间、观察的位置、观察所需的记录单等,做到省时高效。观察法又分为直接观察法、阶段观察法、工作表演法三种形式。

1. 应用观察法的要求

(1) 注意所观察的工作应具有代表性。

(2) 观察人员在观察时尽量不要引起被观察者的注意。在适当的时候,工作分析人员应该以适当的方式介绍自己。

(3) 观察前应确定观察计划工作,计划工作中应含有观察提纲、观察内容、观察时刻、观察位置等。

(4) 观察时思考的问题应结构简单,并反映工作有关内容,避免机械记录。

(5) 在使用观察法时,应将工作分析人员用适当的方式介绍给员工,使之能够被员工接受。

采用观察法进行岗位分析结果比较客观、准确,但需要岗位分析人员具备较高的素质。当然,观察法也存在一些弊端,如不适用于工作循环周期很长的工作,难以收集到与脑力劳动有关的信息。

2. 程序

第一步:选择合适的分析人员。分析人员要熟悉观察对象的工作。

第二步:初步了解工作的有关信息。

第三步:观察并记录分析对象的工作。

第四步:对收集的信息进行分析。

第五步:编制工作说明书。

采用观察法进行工作分析时,应事先拟定一个初步的观察提纲作为观察清单,以取得更好的效果。观察对象不同,观察提纲内容也应各有侧重。表6-2为从事室内生产岗位工作人员的观察提纲示例。

表 6-2 工作分析的观察提纲

被观察者姓名		观察者姓名	
观察日期	年 月 日	观察时间	时 分至 时 分
工作类型		工作部分	
观察内容	1. 从上午(下午)(　　)时开始正式工作。		
	2. 一个班次共工作(　　)个小时。		
	3. 工作时间共休息(　　)次。		
	4. 第一次休息从(　　)点(　　)分到(　　)点(　　)分。		
	5. 第二次休息从(　　)点(　　)分到(　　)点(　　)分。		
	6. 工作时间共吸烟(　　)次或饮水(　　)次。		
	7. 一个班次共完成(　　)件产品。		
	8. 平均(　　)小时(分钟)完成一件产品。		
	9. 工作期间与同事交谈(　　)次。		
	10. 每次交谈平均(　　)分钟。		
	11. 室内温度为(　　)度。		
	12. 工作场地噪音为(　　)分贝。		
观察者签名			

(四) 工作日志法

工作日志法是由任职者按时间顺序，详细记录自己在一段时间内的工作内容与工作过程，经过归纳、分析，达到工作分析的目的的一种工作分析方法。

1. 操作要点

单向信息：工作日志法是来源于任职者的单向信息的收集方法，后期信息交流方法容易造成信息缺失、理解误差等系统性或操作性错误，因此在实际操作过程中，工作分析人员应采取措施加强与填写者的沟通交流，削弱信息交流的单向性，如事前培训、过程指导、中期辅导等。

结构化：工作日志法是一项所获信息相当庞杂的职位信息收集方法，后期信息整理工作量极大，因此在工作日志法填写表格设计阶段，我们应该按照后期分析整理的要求设计结构化程度较高的填写表格，以控制任职者填写过程中可能出现的偏差和不规范之处，以减少后期分析的难度。

适用条件：在理论界，对于工作日志法的信度问题存在一定的争议——由任职者自己填写的信息是否可信？实践证明，岗位所包括的工作活动数量、内容的庞杂性以及大量的重复，使得任职者"造假"成为相当容易或是微不足道的事情。对于组织中的核心关键岗位，其职责或是重大的，或者是稳定性差，工作日志法不宜作为主导方法。

过程控制：在工作日志法的填写过程中，工作分析人员应积极参与填写过程，为任职者提供专业帮助与支持，另外项目小组也可组织中期讲解、工作分析研讨会等跟踪填写过程，以减少误差。

2. 基本程序

第一步：准备阶段。向工作分析的对象解释工作分析的目的、意义和工作日志法的基本要求。

第二部：实施阶段。要求员工严格按照规定的格式和要求填写工作日志。

第三步：分析阶段。

第四步：编写工作说明书。

3. 工作日志填写要求

（1）每天工作开始前将工作日志放在手边，按时间顺序记录自己所进行的工作任务、工作程序、工作方法、工作职责、工作权限以及各项工作所花费的时间等；

（2）要严格按照表格要求进行填写，不要遗漏那些细小的工作活动，以保证信息的完整性；

（3）为了避免损害自己的利益，务必提供真实的信息；

（4）做好保管工作，防止遗失；

（5）以真诚的态度与管理人员合作。

（五）主题专家会议法

主题专家（Subject Matter Experts，SMEs）会议法通常指与熟悉目标职位的组织内部人员和外部人员，包括任职者、直接上司、曾经任职者、内部客户、其他熟悉目标职位的人以及咨询专家、外部客户、其他组织标杆职位任职者的集思广益的过程。在工作分析中主题专家会议法主要用于建立培训开发规划、评价工作描述、讨论任职者绩效水平、分析工作任务、职位设计等。专家会议法的特点包括：

（1）参加预测的人员必须是与预测问题有关的专家。专家在这里一般指具有专业知识、精通业务、在某些方面经验丰富、富有创造性和分析判断能力的人（无论有无名望）。

（2）可以将某些难以用数学模型定量化的因素考虑在内，在缺乏足够统计数据和原始资料的情况下，可以给出定量估计。

（六）文献分析法

文献分析法是通过现存的与工作相关的文档资料进行系统性分析来获取工作信息。由于它是对现有资料的分析提炼、总结加工，文献分析法无法弥补原有资料的空缺，也无法验证原有描述的真伪，因此一般用于收集工作的原始信息，编制任务清单初稿。

1. 操作流程

（1）确定信息来源

信息来源包括内部信息和外部信息。

内部信息包括《员工手册》《公司管理制度》《职位职责说明》《绩效评价》《会议记录》《作业流程说明》《ISO 质量文件》《分权手册》《工作环境描述》《员工生产记录》《工作计划》《设备材料使用与管理制度》《作业指导书》等。

外部信息主要指其他企业工作分析的结果，这些资料可以为本企业的工作分析提供参照。为了保证所收集到的信息有较强的适用性，在收集信息的时候应该注意两点：第一，目标企业应该与本企业在性质上或者行业上具有较高的相似性；第二，目标职位应该与本企业典型职位有较高的相似性。

（2）确定并分析有效信息

文献分析需要快速浏览文献，从大量的文档中寻找有效信息点。针对文献中信息不完整和缺乏连贯性的情况，应一一做好标记，在编制工作分析提纲时，作为重点问题加以明示，对于文献中隐含的工作内容以及绩效标准，应深入挖掘，在以后的分析中求证。

文献分析法的优点在于分析成本较低，工作效率高，能够为进一步工作分析提供基础资料、信息；其缺点在于收集到的信息不够全面，尤其是小型企业或管理落后的企业往往无法收集到有效、及时的信息，需要与其他工作分析方法结合起来使用。

2. 应注意的问题

（1）搜集文献应当客观、全面；（2）材料与评论要协调、一致；（3）针对性强；（4）提纲要简单、突出要点；（5）适当使用统计图表；（6）不能混淆文献中的观点和个人主观的思想。

二、以人为基础的系统性方法

系统性职位分析方法指职位分析方法从实施过程、问卷量表使用、结果表达运用方面都体现出高度结构化的特征，通过量化的方式刻画职位性征的职位分析方法。以人为基础（Job-oriented）的职位分析方法是从任职者行为的角度描述职位，侧重于任职者在履行工作职责时所需的知识、技术、能力以及其他行为特征。

在实践中运用较多的以人为基础的系统性职位分析方法主要有职位分析问卷法（Position Analysis Questionnaires，PAQ）、管理职位描述问卷法（Management Position Descriptoion Questionnaire，MPDQ）、工作元素分析法（Job Element Analysis）、基础特质分析系统（Threshold Traits Analysis）、能力需求量表法（Ability Requirement Scales）、工作诊断调查法（Job Diagnostic Survey）、工作成分清单法（Job Components Inventory）。

（一）职位分析问卷法

职位分析问卷法（PAQ）是一项基于计算机的、以人为基础的系统性职位分析方法。它是在 1972 年由普渡大学教授麦克考密克（E. J. McComick）开发出的一种结构化的职位分析问卷。经过多年实践的验证和修正，PAQ 已成为使用较为广泛的有相当信度的职位分析方法。

PAQ 研究设计者最初的设计理念主要有以下两点：开发一种通用的、以统计分析为基础的方法来建立某职位的能力模型，以淘汰传统的测验评价方法；运用统计推理的方法进行职位间的评价，以确定相对报酬。此后，在 PAQ 的运用中，研究者发现 PAQ 提供的数据同样可以作为其他人力资源功能板块的信息基础，例如工作分类、人职匹配、工作设计、职业生涯规划、培训、绩效测评以及职业咨询等。运用范围的扩展表明 PAQ 可以运用于建设企业职位信息库，以整合基于战略的人力资源信息系统，事实上 PAQ 的这种战略用途已经在国外得以证明，并取得了很好的效果。

1. 实施技巧

实施的一般程序包括被调查者的选取、发放问卷、回收问卷、分析问卷及结果处理。一般有两种发放和回收方式：一种是现场发放，集中作答，现场回收；另一种则是先发送到各个部门，再另找时间作答。第一种方式的回收和作答效果较好，但也受操作时间、场地等诸多条件制约。

第二种方式最为常用，但操作时须注意将问卷发放到各部门时，应先召集各部门的各级主管进行动员和培训，培训内容包括调查目的、如何消除员工疑虑、常见问题及解答等。建议 HR 工作者带着主管人员先浏览整个问卷，然后由部门主管负责组织本部门员工集中填答。员工填完后，交由主管审核签字，以确保资料的准确性。问卷回收后，HR 工作者必须检查是否填写完整，是否有不清楚、重叠或冲突之处。若有，便须决定是否约此任职者或其主管进行面谈，以确认资料收集的准确性。另外，为提高调查质量，建议提供"工作分析问卷范例"以提高员工填写的有效性。

2. PAQ 运用较多的三种工作分析报告

工作维度得分统计报告：目标工作在 PAQ 各评价维度上得分的标准化和综合性的比较分析报告。能力测试估计数据：通过对职位信息的分析，确定该职位对任职者各项能力（GATB 系统）的要求，并且通过与能力水平常模的比较，将能力测试预测分数转化为相应的百分比形式，便于实际操作。工作评价点值：通过 PAQ 内在的职位评价系统对所收集的岗位信息进行评价，确定职位的相对价值，以确定组织工作价值序列，作为组织薪酬设计的基础架构。

（二）管理职位描述问卷法

在现代组织中，管理职位因其工作活动的复杂性、多样性和内在性，给职位分析带来极大的困难。为了解决上述困难，学者们开发出管理职位描述问卷法（MPDQ）对管理职位进行职位分析。该方法由美国著名职位分析专家亨普希尔（Hemphill）于 1960 年首创，由托诺（Tornow）和平托（Pinto）于 1976 年完善，在 1984 年定型。

MPDQ 是一种结构化的、以工作为基础、以管理型职位为分析对象的职位分析问卷。MPDQ 主要收集、评价与管理职位相关的活动、联系、决策、人际交往、能力要求等方面的信息数据，通过特定的计算机程序加以分析，有针对性地制作各种与工作相关的个性化信息报表，最终为人力资源管理的各个职能板块——

工作描述、职位评价、人员甄选、培训开发、绩效考核、薪酬设计等——提供信息支持。

彭剑锋系统地研究了 MPDQ 方法,建立了一个系统模型,并提出了 MPDQ 维度。① 他认为,MPDQ 作为一套系统性的职位分析方法主要包含信息输入、信息输出和信息分析三个功能板块(见图 6-1)。

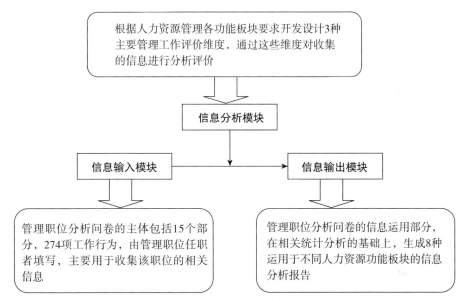

图 6-1　MPDQ 系统模型

MPDQ 中所使用的问卷,主要由 15 个部分、274 项工作行为组成,具体内容如表 6-3 所示。

表 6-3　MPDQ 维度实例

序号	主要部分	项目释义	题数
1	一般信息	描述性信息,如工作代码、预算权限、主要职责等	16
2	结构图	职位在组织架构中的位置,如上司、平级、下属等	5
3	决策	决策活动描述和决策的复杂程度	22
4	计划组织	战略性规划和短期操作性计划、组织活动	27

---

① 彭剑锋:《人力资源历程(第 2 版)》,复旦大学出版社 2011 年版,第 165—167 页。

续表

序号	主要部分	项目释义	题数
5	行政事务	包括写作、归档、记录、申请等活动	21
6	控制	跟踪、控制和分析项预算、生产、服务等	17
7	监督	监督下属工作	24
8	咨询创新	为下属或其他工作提供专业性、技术性的支持	20
9	工作联系	内部工作联系与外部工作联系,包括联系的对象与目的	16
10	协调	在内部联系中从事的协调性活动	18
11	表达	在推销产品、谈判、内部激励等工作中表达行为	21
12	指标监控	对财务、市场、经营以及政策等指标的监控和调节	19
13	知识、技术、能力	工作对任职者知识、技术和能力的要求以及所需的培训活动	31
14	自我评价	上述十项的管理功能的时间和相对重要性评价其中"计划组织"功能分为战略规划和短期规划两方面	10
15	反馈	任职者对本问卷的反馈意见以及相关补充说明	7
	总计		274

三、以工作为基础的系统性职务分析方法

以工作为基础的系统性职位分析方法是指从职位角度出发,侧重描述完成其组成元素——工作任务所需的活动、绩效标准以及相关任职条件(KSAOs)等。该方法的关注点是准确详尽地描述履行工作任务的前期投入、中期过程和后期产出,在实践中主要有以下几种以工作为基础的职位分析系统:功能性职位分析法(Functional Job Analysis)、关键事件法(Critical Incident Technique)、工作—任务清单分析法(Job Task Inventory Analysis)、管理及专业职位功能清单法(Managerial and Professional Job Function Inventory)。

四、传统工业企业本位分析方法

传统工业企业职位分析法是在科学管理之父泰罗和吉尔布雷斯夫妇针对操作性职位所做的时间动作研究的基础上进行完善开发的职位分析方法,适用于对重复性的、规律性的操作性职位进行活动分析,主要的分析方法包括时间研究法(Time Study)、动作研究法(Motion Study)、工作样本法(Work Sampling)、工作负荷分析及人事规划法(Workload Analysis and Personnel Scheduling)、电脑模拟职位分析(Computer Simulation and Job Analysis)。

小　结

工作分析是指系统全面地确认工作整体,编写职位说明书的过程。工作分析是人力资源管理工作的基础,为人力资源管理提供了平台,人力资源管理的其他所有职能活动应当说都是在此基础上进行的。

本章包括两部分内容。第一节是工作分析及职位说明书,首先确定工作分析的定义和作用;其次了解工作分析的七个步骤;最后确定职位说明书的内容,包括职位描述和工作规范以及编写职位说明书。

第二节是工作分析信息的收集方法。首先介绍通用工作信息收集方法,包括访谈法、非定量问卷调查法、观察法、工作日志法、主题专家会议法和文献分析法;其次介绍以人为基础的系统性方法,包括职位分析问卷法和管理职位描述问卷法;再次介绍以工作为基础的系统性职务分析方法;最后介绍传统工业企业本位分析方法。

复习思考题

1. 简述工作分析的定义。
2. 工作分析有什么作用?
3. 通用工作信息收集方法有哪些?
4. 以人为基础的系统性工作信息收集方法有哪些?

推荐阅读

董克用主编:《人力资源管理概论(第四版)》,中国人民大学出版社 2015 年版,第四章。

付亚和主编:《工作分析(第二版)》,复旦大学出版社 2009 年版。

李强:《人力资源工作分析研究》,《科学管理研究》2006 年第 1 期。

〔美〕埃里克·普里恩、伦纳德·古德斯坦、珍妮特·古德斯坦、小路易斯·甘布尔:《工作分析——实用指南》(朱舟、朱营译),中国人民大学出版社 2015 年版。

〔美〕韦恩·卡西欧、赫尔曼·阿吉斯:《心理学与人力资源管理(第 7 版)》(孙健敏、穆桂斌、黄小勇译),中国人民大学出版社 2017 年版,第八章。

孙柏瑛、祁凡骅编著:《公共部门人力资源开发与管理(第四版)》,中国人民大学出版社 2016 年版,第六章。

萧鸣政编著:《工作分析的方法与技术(第四版)》,中国人民大学出版社 2014 年版。

第七章

招聘与配置

学习目标

1. 了解招聘与职位空缺的关系、招聘流程和甄选技术。
2. 掌握招聘的含义、胜任力模型和人员甄选技术。
3. 理解人力资源招聘流程对于保证人力资源质量的重要意义。

引　例

朋友圈里看招聘*

春节开工的第一周,朋友圈里关于招聘的各种信息几乎天天都在刷屏。观察这些招聘,与往年不同。

首先是创业氛围明显变浓,创业者的数量明显增多。我的朋友圈里,一开年就有至少3个朋友帮人推荐创业型公司的招聘职位,策划、内容创意、新媒体等岗位,开出的条件较为优厚,且带有期权。这种类型的公司在招聘上多强调的是工作弹性、时间自由、工作氛围宽松等,迎合了当今应聘者的心理。与"80后"的笔者对工作和职业的理解完全不同,"95后"的年轻人更看重工作的环境,至于待遇、发展空间等则考虑得少一些。

---

* 资料来源:刘凡:《朋友圈里看招聘》,《证券时报》2018年3月3日,第A08版。

其次，广深之间的企业也有着略微的差别，这与广深两地的产业特点有着很大的关系。广州的招聘，外企以及国企单位相对多一些，而深圳，则创新、创业企业更多，新增的招聘岗位中，也以新兴产业类公司为主，如生物医药、电子科技等，但规模较之于广州会小一些。

再次，从一个行业就业机会的增多，可以判断出这个行业的景气度。以笔者熟悉的交通行业而言，5年前，交通行业招聘机会主要是在航空公司。近几年，互联网与交通行业的结合，交通行业出现了很多新的就业机会。早先的"滴滴""优步"，到现在的"摩拜"等，这些创新企业的出现不仅改变了人们的生活，还提供了大量新的就业机会，不少人因此找到了心仪的互联网工作机会，并从此踏入互联网圈，人生轨迹也由此发生了改变，进入全新的生活状态。

还有一个很大的变化，就是从去年年底开始，朋友圈里出现了大量的区块链行业工作机会。虽然区块链到底是什么，很多人依然还是懵懂，但是朋友圈基本形成了共识：这又是一个存在着大量机会的行业，甚至有可能对社会产生颠覆性影响。由于大家都不懂这个行业，但又都想试一试，所以笔者发现，区块链公司对从业人员的招聘要求五花八门，没有一致的标准。

总体而言，从朋友圈的招聘可以看出，人工智能、无人机、生物医药及基因技术、新材料等产业由于发展迅速，招聘机会也多，此外互联网与实体产业结合，比如房地产、智能交通等产业，以及与消费升级相关的产业，也存在大量的招聘机会。而这些正是与近年来的增长性的产业分布相吻合的。可以说，虽然朋友圈是个小范围的信息发布的渠道，却是个观察中国经济发展特点的很好的窗口。

虽然招聘信息满天飞，但笔者发现，招聘者和应聘者之间的匹配度依然不高，人才荒、用工荒等需求与供给之间的结构性缺口一直存在。笔者在朋友圈里做随手转发，帮朋友招聘、应聘时总会提醒他们，在选择新的就业机会时，除了看产业的景气度、发展前景等，也要看自身的职业特点。在一个朝阳产业中找准自己的职业定位，无论是哪个平台，都会得心应手，有不错的结果。

现在，朋友圈招聘成为现场招聘、网络招聘之外的新渠道，也是个非常有意思的现象。业内人士认为，之所以会出现朋友圈招聘这一现象，大背景是现在招聘越来越难了，求职者获取信息的渠道越来越多，在微信如此普及的情况下，企业不得不尝试这种渠道让自己的招聘信息有效传达。

通过微信朋友圈招聘优势是招聘信息传达更为精准，直接面对和自己社交关系密切的人,或者与自己行业相关的人。即便招聘信息传播的人群不是直接的求职人群,凭借自己的人际关系和信任感,他们会传播给身边有这一需求的人,从而带来信息的二次三次甚至多次传播,此外,成本也很低。而弊端也很明显,朋友圈只能作为信息传递的渠道之一,不能形成整个招聘求职的闭环,无法进行简历的编辑和投递。

一家猎头公司经理表示,目前虽然还未到招聘高峰,但从他们即将召开的高端招聘会征集到的情况看,需求最高的岗位是市场营销人才,其次是运营管理。从求职信息来看,汽车制造业和房地产这两个行业跳槽的人相对较多。分行业来看,互联网、电子商务人才需求增长最快,房地产行业对复合型人才的需求强烈。

第一节 招聘及胜任力模型

一、招聘

虽然员工招聘是现代人力资源管理中非常重要的一项工作,但自古以来世界各地都对"人"非常关注。西方人更是从现代管理学的发展过程中形成了人力资源管理理论,并开始对招聘进行系统的深入研究。现代人力资源管理理论认为,员工招聘是组织成败的关键。对新成立的组织来说,如果招募不到合乎组织需要的员工,组织在物质、资金、时间上的投入就会白白浪费;如果完不成基本的员工配备,组织就无法进入运营。已经处于运作之中的组织会由于组织计划、任务、目标以及组织结构的变动和自然原因而处于经常的变动之中,员工的配置更是一项经常性的工作。尤其是对于公司等私营部门来说,员工招聘工作是常年性的,能否招聘到称职的员工对企业的发展至关重要。

(一)招聘的概念

招聘在历史上有招徕、聘请之意。汉朝刘向的《新序·杂事五》讲:"(庄王)于是乃招聘四方之士,夙夜不懈。"《宋书·前废帝纪》有"可甄访郡国,招聘闾部"的记载。宋朝文天祥在《先君子革斋先生事实》说道:"自此名师端友,招聘仍年。"

近现代,人们对招聘赋予了更详细的内涵,国内外众多学者都有广泛的研究。

美国学者小舍曼、勃兰德和斯耐尔所著的《人力资源管理》认为:"招聘是寻求和鼓励潜在的应征者申请现有的或预期的空缺职位的过程。在这一过程中,组织应致力于使应征者得到工作要求和职位机遇的全面信息。某一项工作会由组织内部还是外部的人员承担,当然取决于人员的可利用性、组织的人力资源政策和工作的要求。"[1]米尔科维奇和布德罗认为:"招聘是确认和吸引大量候选者的过程,从中可挑选出接受雇用要求的人。"[2]中国学者罗哲等认为:"人员招聘就是以组织人员需求为基础,以工作分析为依据,通过发布招聘信息来吸引应聘者,从中挑选出适合岗位需求的人员,并向他们分配工作岗位,使其补充到现有的或计划的岗位空缺的过程。"[3]董克用认为:"招聘就是指在企业总体发展战略规划的指导下,制订相应的职位空缺计划,并决定如何寻找合适的人员来填补这些职位空缺的过程,它的实质就是让潜在的合格人员对本企业的相关职位产生兴趣并且前来应聘这些职位。"[4]彭剑锋以"人力资源获取"这一概念代替了常见的"人员招聘"一词,他认为:"人力资源获取是指组织战略和人力资源规划的要求,通过各种渠道识别、选取、发掘有价值的员工的过程。"[5]

综合中外学者的观点,我们认为招聘是指,组织通过采用一些方法寻找、吸引那些符合特定职位的条件又有意愿的人员到本组织来参加选拔,从中遴选出合适人员予以录用的所有活动。

招聘是从招聘需求分析、评估到发布招聘信息、接待应聘者应征的过程阶段,由两个独立的模块组成,一是招募,二是选拔聘用,包含招募、选择、录用、评优四个方面。招募是选拔聘用的前提和基础,聘用是招募的目的,是组织补充人力资源的基本途径。作为人力资源管理中的重要环节,招聘还涉及规划、组织和实施等许多方面,它是组织获取人力资源的第一环节,也是人员选拔的基础。

组织的人力资源处于变化之中,如员工升迁、降职、退休、解雇、辞职、死亡

---

[1] 〔美〕亚瑟·W.小舍曼、乔治·W.勃兰德、斯科特·A.斯耐尔:《人力资源管理(第11版)》(张文贤译),东北财经大学出版社2001年版,第106—107页。
[2] 〔美〕米尔科维奇、布德罗:《人力资源管理(第8版)》(彭兆祺等译),机械工业出版社2002年版,第166页。
[3] 罗哲、沙治慧:《人力资源开发与管理》,四川大学出版社2007年版,第94页。
[4] 董克用主编:《人力资源管理概论(第四版)》,中国人民大学出版社2015年版,第177页。
[5] 彭剑锋:《人力资源管理概论(第2版)》,复旦大学出版社2011年版,第270页。

等,组织成长的过程中人力资源拥有量也在变化。因此,组织需要通过招聘来获取合适人选填补组织中的空缺岗位。这有助于创造组织的竞争优势。正如日本"经营之神"松下幸之助所说,企业成败的关键,取决于一开始是否用对人。因此,招聘工作能否有效完成对于提高组织的竞争力及组织发展有着重要的影响。另外,招聘还有助于组织形象的传播。在员工招聘的过程中,通过网络招聘信息、招聘会现场招聘等多种渠道对外发布公司的信息,无形中对组织形象进行了宣传。整个人力资源工作可以简单地概括为"选人、用人、育人、留人"八字箴言,在这个过程中招聘管理即"选人"的过程,占据人力资源工作内容的四分之一。

（二）职位空缺的含义和类型

对于组织来说,进行招聘工作的前提只有一个,那就是组织中出现了职位空缺。职位空缺是指一个组织正在悬空并须立刻填补,而组织也正积极进行招聘以填补的职位。根据职位的重要性不同,一个组织的岗位可分为关键岗位和非关键岗位两类。非关键岗位的空缺可以比较容易地得到填补,不易形成较长时间的空缺,因此,对于非关键岗位的空缺在此不做重点讨论。对于组织的关键岗位职位空缺,根据造成空缺的原因不同可分为五种不同的类型。

（1）创造性空缺。这是一种从无到有的职位空缺,一般出现于组织创建或者组建新机构的时候。这时候,新机构的绝大多数职位都空缺,并且必须迅速填补,才能保证组织功能的实现和组织目的的达成。这种情况需要为所有新职位招聘新员工。

（2）扩张性空缺。这也是一种从无到有的职位空缺,一般出现于组织因业务的扩展和扩张而引起的组织规模扩大而创造了许多空缺职位。这种情况需要为很多的空缺职位招聘新员工。

（3）晋升性空缺。组织事业的要求和员工成长等因素使得一些员工在组织内部得以晋升,因此形成职位空缺,可以通过内外部渠道的招聘解决。

（4）结构性空缺。有时候,虽然组织的人力资源数量从总量上看是充足的,但某些职位可能人浮于事,某些职位可能人手不足,员工队伍结构不合理。在这种情况下,应该在裁减某些员工的同时招聘某些短缺人员,最终实现合理的员工队伍结构。

（5）离职性空缺。从造成员工离职的原因看,离职大体有三种类型。一是外部诱导型离岗。多数表现为同行业竞争对手直接或通过中介机构以更高的职位、更好的待遇吸引具有一定管理或技术专长的优秀人才"倒戈"。二是内部驱使型离岗。多数表现为组织内部缺乏公平合理的竞争和发展环境,缺乏释放个人工作重负的亲情和友情关怀等,致使员工离职。三是综合型离岗,即内部因素驱使加上外部因素诱导导致人才流失而造成岗位空缺。

(三)职位空缺的危害

一个组织的理想状态是员工和岗位匹配,这样既可以保证组织的目的得以实现,又可以促进员工的健康成长。当因种种原因造成了职位空缺时,如不能及时进行补充,就会对组织产生影响,由于空缺时间长短、空缺岗位性质、空缺岗位数量等不同,影响程度不同。岗位空缺尤其是关键岗位如长时间出现空缺,会对组织产生严重的危害,概括起来有以下四点。

第一,组织秘密泄露。关键岗位上的关键人才往往是组织重大决策的参与者和制定者、是组织核心技术的研发参与者或掌握者,如他们到竞争对手那里就职,就将对原组织造成伤害。

第二,组织运营受挫。关键岗位人员的离职往往会导致相关业务的管理混乱,直接后果是运营环节的有效沟通和衔接不畅,导致运营受挫甚至停滞。

第三,组织信誉受损。关键岗位人员的离岗会使部分员工对于组织的管理、运营等情况产生疑惑,降低对组织的认同。同时,外部客户可能因此在与组织的后继沟通中产生困难,对组织的前景产生忧虑等。总体来说,关键岗位人员离岗,会使得组织的内外部信誉度都受损。

第四,组织竞争力下降。关键岗位人员流向竞争对手,或者自立门户,都会对现有的竞争局面产生重大影响。人员及其附带资源、信息的流失,会使得现有组织竞争力下降。

二、胜任力的定义

"胜任力"(competency)也被称作"胜任特征""胜任素质""胜任能力"或"胜任资质"等,来源于拉丁语"competere",意思是"适当的",由哈佛大学麦克利兰教授在1973年提出。在管理领域的胜任力研究和应用最早可追溯到"管理科学之父"弗雷德里克·泰勒的"管理胜任力运动"。泰勒认为,我们完全可以按照物理学中的一些原理进行管理科学研究,他通过"时间——动作研究"(time and motion study)来识别工作对能力的要求和能力差异,是最早对胜任力进行的分析和研究。但是,对于胜任力具有开创性贡献的是麦克利兰(McClelland)博士。20世纪70年代早期,麦克利兰研究小组受美国政府委托,寻找甄选情报信息官(Foreign Service Information Officers,FSIO)的新方法,以挑选出优秀的情报信息官作为宣扬美国政府政治、人文、社会等的代言人,以使更多的人支持美国的政策。他们在研究中发现,传统的智力测验、性向测验、学校的学术测验及等级分数等手段,不能预测员工从事复杂工作和特定管理职位工作的绩效,同时对某些特定人群还存在不公平性。在这种背景下,他们采用了行为事件访谈(Behavioral Event Interview,BEI)方法,通过一系列分析和总结,发现杰出的情报信息官和一般胜任者在行为和思维方式上的差异,从而找出了情报信息官应该具有三种核心胜任力(competency):跨文化的人际敏感性、对他人的积极期望和快速进入当地政治网络的能力,后来该研究成果被应用到FSIO的选拔当中,效果良好。

1973年,麦克利兰在继承并发展前人研究成果的基础上发表了一篇题为《测验胜任力而不是测验智力》("Testing for Competence rather than for 'Intelligence'")的论文,倡导采用胜任力模型取代智力测验作为预测未来工作绩效的方法,并认为高绩效者运用了某些特定的知识、技能和行为等胜任力以取得出色业绩。该文章的发表标志着胜任力理论研究和应用的开端。

在麦克利兰之后,美国学者博亚特兹(R. Boyatzis)、斯潘塞(L. M. Spencer)、马洛比利(Mirabile)和美国管理协会(AMA)、合益集团(Hay Group)等都从不同的侧面进行了胜任力研究,推动了胜任力在全球组织的应用。

综合上述定义中的主要观点,本书认为:胜任力是员工所具有的知识、技能、价值观、个性、内驱力等可预测、可测量的个性特征集合,可以驱动员工在特定情境下产生高绩效。

众多学者虽然给出了不同的定义,表述形式也各有不同,但普遍认为胜任力应具有三个重要的特征表现:

(1)胜任力与任务情境相关联。胜任力具有动态性,与员工所在工作岗位的要求紧密联系,也就是说它在很大程度上受到工作环境、工作条件以及岗位特征的影响。在某一工作岗位上重要的胜任力在另外一个工作岗位上可能不适应。

（2）胜任力与工作绩效密切相关。胜任力不仅可以考察当下,甚至可以预测员工未来的工作绩效。

（3）胜任力能够区分组织中的绩效优秀者与绩效一般者。换句话说,优秀员工与一般员工在胜任力上会表现出显著性差异,组织可以将胜任力指标作为员工的招聘、考评和提升的主要依据之一。

三、胜任力的构成要素

为了深化胜任力研究,学者们提出了不同的模型,其中有代表性的是斯潘塞的"胜任力冰山模型"、博亚特兹的"胜任力洋葱模型",不同的模型各包含若干构成要素,总的来说,胜任力构成的核心要素包括以下几个：

（1）知识。一个人在某个特定领域中所拥有的事实型与经验型信息。其中,事实型知识是由人们所知道的事实组成,这些知识一般可以用语言进行交流,它可以采取抽象和意象的形式。经验型知识是指人们所知道的如何去做的技能,此类知识难以用语言表达。这些信息能使某人能做某事,而非想做某事。

（2）技能。指结构化地运用知识完成某项具体工作的能力,包括分析性思考及概念性思考。技能是否能够产生绩效受动机、个性和价值观等胜任力要素的影响。

（3）价值观。价值观是指一个人对周围的客观事物(包括人、事、物)的意义、重要性的总评价和总看法,是决定人的行为的心理基础。价值观具有相对的稳定性和持久性,在同一情境下,人们因价值观不同会产生不同的行为。

（4）态度。态度是个体对客观事物所持有的一种持久而一致的心理和行为倾向,是自我形象、价值观和社会角色综合作用外化的结果,主要包括：① 认知成分,即个人对人、工作和物的了解；② 情感成分,即个人对人、工作和物的好恶、带有感情的倾向；③ 行为成分,即个人对人、工作和物的实际反应或行动态度。

（5）自我形象。自我形象是指个人对于自身能力和自我价值的认识,是个人期望建立的某种社会形象。自我形象是社会性和渐进性的过程,一经形成,有拒绝改变的倾向,如果改变,情绪随之发生改变。自我形象作为动机的反应,可以预测短期内有监督条件下的个人行为方式。

（6）个性。个性是指个人典型的稳定的心理特征的总和，表现出一个人对外部环境和各种信息的反应方式、倾向和特性。它的表现形式不尽相同，如善于倾听，为人谨慎等。个性特点与先天的诸多因素有关，一般不容易发生改变。它包括个性倾向性（需要、动机、兴趣、信念、理想和世界观等）和个性心理特征（气质、性格和能力等）。

（7）内驱力。内驱力是人们在内心深处反复出现的一种牵挂，这种牵挂驱动、指导并选择行动。内驱力是引起、维持和指引人们从事某种活动的内在动力，推动并指导个人行为方式的选择朝着有利于目标实现的方向前进，并且防止偏离。内驱力的强烈与否往往决定了行为过程的效率和结果。比如，具有强烈成功欲望的人常常会为自己设定一些具有挑战性的目标，并尽最大努力去实现它，同时积极听取反馈争取做得更好。

胜任力的构成要素之间存在着相互驱动、相互影响的关系。其中，对于行为、知识、技能等要素而言，通过培训、工作轮换、岗位调配等手段可以在短时间内实现较大改变，但对于价值观、态度、社会角色、自我形象、个性、品质、内驱力和动机而言，则不易改变。因此，组织对员工的知识、技能的开发相对较为容易，其他则相对困难。

四、胜任力冰山模型

美国心理学家麦克利兰在组织员工的胜任力方面做了开拓性的研究，在1973年发表了里程碑式的论文《测试胜任力而不是"智力"》，提出了测试胜任力的两个重要内容，一是使用标准样本；二是确认操作性思维和行为与成功结果之间的因果关系。[1] 在麦克利兰的研究基础上，美国学者莱尔·斯宾塞和塞尼·斯宾塞于1993年出版了《工作胜任力：卓越绩效模型》一书，论述了人们所具有的五种胜任力：内驱力（motives）、特质（traits）、自我概念（self-concept）、知识（knowledge）和技能（skill），并提出了著名的"胜任力模型"，即通常所说的"冰山模型"。[2]

---

[1] David C. McClelland, "Testing for Competence Rather Than for 'Intelligence'," *American Psychologist*, Vol.28, No.1, 1973, pp.1-14.

[2] Lyle M. Spencer, Jr. and Signe M. Spence, *Competence at Work: Model for Superior Performance* (Hoboken, N. J.: John Wiley and Sons, 1993), pp.9-12.

胜任力冰山模型认为,与漂浮在洋面上的冰山由水面之上的可见部分和水面之下的隐藏部分组成一样,人的素质也分为两类:一是技能胜任力和知识胜任力,属于裸露在水面之上的表层部分,是可以被直接地观察到的部分;二是自我概念胜任力、特质胜任力和内驱力胜任力,属于位于水面之下的隐藏部分,是不可能被直接观察到的部分。

在胜任力冰山模型中,表层的技能胜任力和知识胜任力是相对容易开发的,在确保员工的此项能力上,培训是最具成本效益的方式。以人性为基础的特质胜任力和内驱力胜任力是核心胜任力,是最难以评估和开发的,在确保员工的此项能力上,选拔是最具成本效益的方式。自我概念胜任力居于前两方之间,尽管所需时间更多、难度更大,通过培训、心理治疗和积极的发展体验等,员工的态度和价值观仍是可以改变的。

目前对于胜任力冰山模型的具体内容,学术界和企业界仍存在两种不同的观点。第一种是狭义的观点,认为胜任力即任职资格,即露出水面的知识和技能两部分。第二种是广义的观点,认为胜任力包括了露出水面和没有露出水面的整个冰山。这两种观点各有优缺点:如果把胜任能力定义为一个"小"能力,只包括任职资格部分,可能丧失与工作绩效相关的深层次特征;如果把胜任力定义为一个"大"能力,即包括整个冰山的全部内容,又可能模糊了决定工作绩效的直接因素。

五、基于胜任力的甄选体系

人力资源管理的核心理念是:把合适的人,于合适的时间,放在合适的位置。传统的人员甄选一般比较重视考察人员的知识、技能等表象特征,而很少有针对动机、特质等潜在素质的测量。这种选拔方法存在一个严重的问题,即缺乏对候选人未来绩效的准确预测。相反,基于胜任力的选拔正是帮助企业找到具有核心动机和特质的员工,既避免了由于人员挑选失误所带来的不良影响,也减少了企业的培训支出。尤其当工作要求较为复杂的岗位挑选候选人时,在应聘者基本条件相似的情况下,胜任力模型在预测优秀绩效方面的重要性远比与任务相关的技能、智力或学业等级分数等显得更为重要。因此选拔过程可运用胜任力这一概念进行行为逻辑面试、候选人评价以及建立选拔标准体系。

基于胜任力模型的人才选拔是根据组织总体发展战略和人力资源规划的要

求,通过各种渠道识别、挖掘、录用对组织有价值的员工,并将其配置到能够发挥其价值的岗位的过程。其主要内容包括两方面,一是指将外部具有组织需要的胜任力的人招聘进来并安置在合适的位置上,二是指对组织内部员工按其具备的胜任力进行合理的岗位配置。基于胜任力的人员选拔依据该工作岗位的优异绩效和能取得优异绩效的人所具备的胜任特征与行为。招聘者根据应聘岗位胜任力模型,对应聘者的价值观及其在过去所表现出来的能力高低进行判断,并与岗位胜任力标准对照,预测应聘者在应聘岗位的未来表现,做出是否录用的决策。这种选拔方法可以帮助企业找到具有核心的动机和特质的员工,在面试过程中应考察应聘者是否具备岗位胜任能力模型所要求的关键行为,从而提高招聘的成功率。

在人才选拔过程中,胜任力模型应被作为评价依据和评价标准,将应聘者的胜任力水平与岗位胜任力模型进行比较,根据比较结果进行选拔决策。一般可以得到三种结果。若比较的结果完全匹配则可直接录用;若仅仅是知识和技能等外显胜任力特质有欠缺,且培训开发成本小于重新招聘的成本,则可适当考虑;若是态度和价值观等隐性胜任力特质不相匹配,则不予考虑。此种做法的根据在于:处于胜任力结构中表层的知识和技能相对易于改进和发展,通过培训就可获得;而处于胜任力结构中底层的核心动机和人格特质则难于评估和改进,所以它是最具有选拔经济价值的;处于胜任特征结构中部的社会角色和自我概念决定了人的态度和价值观,对其改进和发展需要花费大量的时间进行针对性的培训。

胜任力模型的建立方法有很多,包括专家评定法、工作分析法、问卷调查法、全方位评价法、专家系统数据库和观察法,等等。目前得到公认且最有效的方法是戴维·麦克利兰结合关键事件法和主题统觉测试而提出来的行为事件访谈法。行为事件访谈法是构建胜任力模型最为常用的一种方法,它基于美国学者弗莱纳根(Flanagan)的关键事件技术,是通过对优秀和一般员工分组进行沟通,对比分析谈话内容,发现那些能够导致两组人员工作绩效差异的一些关键行为特征,这些关键行为特征就构成了不同岗位任职者必须具备的胜任力。它的主要特点在于,员工要详细地描述工作中成功的和失败的典型事件,特别是其在整个事件中所充当的角色、表现以及事件最终的结果等。通过这些访谈来了解员工当时的想法,评价员工的能力水平、个性品质、动机等深层次胜任特征,从而提炼出岗位所需要的关键胜任力。

根据胜任力体系进行组织的招聘工作,挑选的是具备胜任力和能够取得优异绩效的人,而不仅是能做这些工作的人。人—职匹配不仅体现在知识、技能上,还必须重视内隐特征的匹配。在招聘过程中,应不仅注重候选人的学历、工作背景等表面资料,而且要发掘候选人在胜任力上是否与企业要寻找的能力相符,具体可以通过能力评估为一些高级岗位制定胜任力要求,并在企业内部寻找合适的人选,进行跟踪培养,使其将来成为胜任工作的继任者。

第二节　人力资源招聘流程

一、招聘管理体系

招聘体系是人力资源管理体系中一个非常关键的组成部分,是指为了实现组织的发展战略规划和组织目标,同时满足组织在实现长远战略目标过程中对人员的需求,建立起的适用于本组织的招聘流程,并借助相应的测试手段、招聘渠道来识别、甄选出有价值的、适合组织职位要求和战略发展的优秀人才的管理体系。

一个完善的招聘体系是一个结构完整、科学、合理、规范的工作系统,能够促进组织发展,提高组织招聘的效率,大幅降低招聘成本。招聘体系以招聘模块为核心,以人力资源规划、职位分析等人力资源管理的功能模块为重要组成部分,各模块互相支持、相辅相成、互相影响。招聘体系因组织的性质不同、目的不同所包含的模块也不同,对此学界和实践领域也没有统一的标准。各个模块的内容排列即表现为该组织的招聘程序。

以公务员考试录用为例,在国家层面以制度的形式对招录公务员的程序做了如下规定:2016年10月13日,《公务员录用规定(试行)》第5条规定,招录公务员一般应当按照下列程序进行:(1)发布招考公告;(2)报名与资格审查;(3)考试;(4)考察与体检;(5)公示、审批或备案。从上述规定可以看出,国家公务员的招录程序包括了五个主要步骤。但在实际操作中遵循的程序和上述规定并不完全相同。根据《公务员法》和公务员录用的有关规定,中共中央组织部、人力资源和社会保障部、国家公务员局公布《考试录用公务员公告》中列明了五项主要内容:(1)报考条件;(2)报考程序;(3)考试内容、时间和地点;(4)体检和考察;(5)公示拟录用人员名单。

制度规定和实践操作上的差异表明了招聘工作是一项必须将原则性和灵活性结合起来的工作,公务员的招录尚且如此,对于占用工数量绝大多数的私营部门来说,招聘的程序则更为灵活。但无论如何,完善的人力资源管理招聘体系对于规模组织的招聘工作来说都是必需的。参考公共部门、私营部门和第三部门的员工招录的相关制度规定和具体实践,以及学界的相关研究成果,一个完善的人力资源招聘体系应该包括以下几方面的内容。

二、招聘管理体系内容

（一）确定招聘原则

虽然各类组织的业务或有所不同,但其招聘的目的都是一样的,即根据组织内外部环境的变化,为满足组织对人员的需求而实施人才选用机制。因此,各类组织的招聘原则基本相同,都应该能够保证组织的招聘活动顺利进行。《公务员录用规定(试行)》第3条所规定的公务员招录应遵循的公开、平等、竞争、择优原则具有相当的普适性和代表性,对于面向社会的人力资源招聘制度尤其具有针对性和指导性,可以为各类组织借鉴和采用。

（二）确定招聘组织

为了做好招聘工作,宏观指导招聘工作,研究解决招聘工作中出现的重大问题,对招聘工作进行监督检查,各组织应该建立一个招聘工作领导小组。

招聘工作领导小组由组长、副组长和成员构成。组长一般由组织的高层领导来担任,副组长由高层或者主要的中层领导来担任,成员主要由中层领导来担任。一般情况下,领导小组还会下设办公室,办公室主任由人力资源部门的领导兼任。小组成员所属部门既包括人力资源部门,也包括了业务部门和职能部门等。

领导小组从存续时间角度看可以分为三类:常任型,即招聘领导小组的存续没有固定期限,但小组成员可以随工作需要和职务变动进行调整;固定期限型,即工作小组存续的起止时间有明确规定;项目型,即以完成一定工作任务为期限,小组随着特定工作的结束而解散。

(三) 确定招聘需求

1. 招聘需求的确定

(1) 部门人力资源需求预测:各部门每年根据组织发展战略和年度经营目标编制年度计划时,应同时进行本部门年度人员需求预测,内容包括实现本部门年度目标所需人员总数与结构、现有人员总数与结构、流出人数与方式(辞职、辞退、轮岗等)、流入人数、时间与方式(内招、外招)及其原因分析等;人力资源部负责对各部门的管理人员需求预测进行审核。

(2) 组织年度需求预测:人力资源部综合考虑组织发展、组织架构调整、员工内部流动、员工流失、竞争对手的人才政策等因素,对各部门人力资源需求预测进行综合评估,进行组织年度人力资源需求预测。

2. 招聘申报手续

以各用人部门为单位,在确认本部门内无横向调剂人员的可能性后,报部门主管审批后,填写《人力需求表》报人力资源部门,如所需人员为新岗位,需同时附上《职位说明书》。按照审批流程逐级签批后,交人力资源部组织实施招聘工作。

人力资源部负责根据需求和供给预测制订年度招聘计划和具体行动计划,招聘计划应包括招聘岗位、人数及资格要求(年龄、性别、学历、工作经验、工作能力、个性品质等);招聘渠道和方式;招聘结束时间和新员工到位时间;招聘预算(招聘广告费、交通费、场地费、出差津贴及其他费用)等。

(四) 确定招聘渠道

招聘渠道就是用人单位为了吸引应聘者前来应聘,而选择的招聘信息的发布方式和渠道。在招聘过程中,一个正确的战术性选择可能会使用人单位多招聘几个人,而一个正确的战略性选择则会使用人单位多招聘几十人甚至上百人,从某种角度来说,渠道选择是招聘中的战略性、方向性的决定。招聘渠道是与用人单位所在行业的特性、组织发展的阶段、招聘职位的特点以及人才市场的供给情况密切相关的。人员招聘的渠道可分为外部招聘和内部招聘两大类。

1. 外部招聘

外部招聘是吸收外部人才来解决招聘问题。外部招聘主要有校园招聘、猎头招聘、现场招聘、员工推荐、网络招聘等渠道。

(1) 校园招聘

校园招聘在私营部门比较常见,是许多企业采用的一种招聘渠道,由公司到学校张贴海报,进行宣讲会,吸引即将毕业的学生前来应聘。对于部分优秀的学生,可以由学校推荐,对于一些较为特殊的职位也可通过学校委托培养后企业直接录用。校园招聘的员工可塑性较强,干劲充足。最近几年,一些知名企业加大了校园招聘的宣传力度,增加了招聘名额,就是看到了校园招聘的员工没有其他公司的工作经验,易于接受本组织的企业文化,可塑性强。但是这些员工没有实际工作经验,需要进行一定的培训才能真正开始工作,且不少员工由于刚步入社会对自己定位还不清楚,工作的流动性也可能较大。

(2) 现场招聘

现场招聘一般包括招聘会和人才市场两种方式。

招聘会一般由各种政府及人才介绍机构发起和组织,较为正规,同时,大部分招聘会具有特定的主题,比如"应届毕业生专场""研究生学历人才专场"或"IT类人才专场"等,通过这种以毕业时间、学历层次、知识结构等为区分的招聘会,用人单位可以很方便地选择适合的专场设置招聘摊位进行招聘。对于这种招聘会,组织机构一般会先对入会应聘者进行资格的审核,这种初步筛选节省了企业大量的时间,方便企业对应聘者进行更加深入的考核。目标人群的细分虽方便了用人单位,也带来一定的局限性,比如,如果企业需要同时招聘几种人才,那么就要参加几场不同的招聘会,增加了企业的招聘成本。

人才市场与招聘会相似。招聘会一般为短期集中式,且举办地点一般为临时选定的体育馆或者大型的广场,人才市场则是长期分散式,地点也相对固定。对于一些需要进行长期招聘的职位,企业可以选择人才市场这种招聘渠道。

现场招聘的方式不仅可以节省企业初次筛选简历的时间成本,同时简历的有效性也较高,而且相比于其他方式,它所需的费用较少。现场招聘也存在一定的局限。首先是地域性,现场招聘一般只能吸引到所在城市及周边地区的应聘者;其次这种方式受到组织单位的宣传力度和组织形式的影响。

(3) 网络招聘

网络招聘也被称为电子招聘,是指通过互联网技术手段的运用,帮助用人单位的人事经理完成招聘的活动过程。网络招聘没有地域限制、受众人数大、覆盖面广、时效较长,可以在较短时间内获取大量应聘者信息,是目前现代招聘渠道中应用最为广泛的一种渠道。

网络招聘需要通过网络平台来实现,一般来说,网络平台可以分为以下几种:①社交网站招聘平台。比如 LinkedIn(领英)、"脉脉""周伯通"等,都是利用社交网络来开展招聘工作。在会员活跃度较高的社交网站上招聘,用人单位对于某个人才的了解不再局限于"简历"的层面,其"人脉圈"的显示也是职业经历和能力的良好佐证。此类平台招聘的多以中高端人才为主。②综合招聘平台。比较为人熟知的招聘网站有中华英才网、前程无忧、智联招聘。这些内部网站的优势是在行业内享有很高知名度和美誉度,对于想要从事这个行业的人来说会很有吸引力。会员也会经常关注招聘网站的信息。但是这种普通的招聘网站针对性不强,在简历筛选过程中可能会出现其他行业的应聘者,大部分并不是企业所需要的专业性人员等。③社区招聘平台。互联网上有许多高度专业化的论坛(BBS),比如安卓开发论坛、开源中国论坛等,这些论坛中有人员求职交流板块,用人单位可以从中选择非常有针对性的潜在员工。通过此类平台招聘的员工具有非常强的针对性。④应届生招聘平台。比如大街网、应届生求职网等,是专门为应届生提供工作的网络平台,针对性非常强。⑤兼职招聘平台。为在校大学生或者其他人员提供兼职信息的网站,比如"兼职猫""猪八戒兼职"等。⑥企业招聘平台。华为、联想、阿里巴巴等很多公司在自己的官网上都设人才招聘板块,专门用来发布自己的校园招聘和社会招聘信息。⑦地方招聘平台。比如北京人才网、天津滨海人才网等,都是主要为当地行政区内企业服务的招聘网站。随着互联网技术的发展,各种招聘网站如雨后春笋般发展起来,但没有绝对靠谱、好用的招聘网站,在进行人员招聘时,应尽量寻找合适的招聘方法和渠道。

(4)传统媒体广告招聘

与依托互联网和移动互联发展起来的新媒体比较起来,报纸、杂志、电视台和广播电台等媒体被归类为传统媒体。在新媒体的冲击下,传统媒体在社会生活中的地位已经下降了很多,但没有被人们完全抛弃,仍然有用人单位在刊登招聘信息。在传统媒体上刊登、播放招聘信息有受众面广、收效快、过程简单等特点,一般会收到较多的应聘资料,同时也对企业起了一定的宣传作用。通过这一渠道应聘的人员分布广泛,但高级人才很少采用这种求职方式,一般适用于招聘中基层和技术职位的员工。该渠道招聘可能会受到广告载体的影响力、覆盖面、时效性的影响。

第七章 招聘与配置

（5）猎头招聘

猎头（Head Hunter）业务在改革开放后由西方传入中国，最初是外资企业用来招聘高端人才、专业人才、稀缺人才的，现在已经在中国落地生根。

优秀的猎头公司拥有自己的人才资源库，并且会非常主动地发现人才，寻找人才。猎头顾问都是行业内的资深人力资源专家，并且猎头公司在专业背景和测评评估方面非常权威，也是企业可以去信赖的。但是，猎头公司数量众多，专业水平良莠不齐，这使得企业更难寻找到适合的、职业的、好的猎头。另外，猎头收取的费用相对高，所以，如果是一般岗位通常不采用这种招聘方式。

（6）员工推荐

员工推荐就是当组织出现职位空缺时，由内部员工推荐候选人来应聘的方式。这是比较常用的一种招聘，效果也比较好。与其他渠道招聘来的应聘人员比较，由内部员工推荐而来的员工稳定性强、工作业绩好、对工作的满意度比较高。主要原因是内部员工对于推荐者的情况比较熟悉，同时又了解企业的文化与职位的真实需求，这样同时了解供求双方面的情况，匹配度较高。在被推荐者通过层层面试进入企业的时候，推荐者也可以起到非常好的桥梁作用，使被推荐员工更快地进入工作状态。但是，内部员工推荐的候选人可能局限于自己的亲戚、朋友、同学等，这种熟人关系可能在组织部门形成小团体，给管理者带来管理上的困难。

2. 内部招聘

内部招聘就是当组织出现职位空缺的时候，主要通过调整和提拔组织内部员工等方式来解决。内部招聘主要有内部提拔晋升、竞聘上岗、工作调换和工作轮换等。

（1）提拔晋升

此方法是由组织高层管理者指定可以胜任这项空缺工作的优秀人员。一方面，这种做法给员工以升职的机会，使员工感到有希望、有发展的机会，利于激励员工。另一方面，内部提拔的人员对本单位的业务工作比较熟悉，能够较快适应新的工作内容。然而内部提拔也有一定的不利之处，如内部提拔的不一定是最优秀的，还有少部分员工可能产生"他还不如我"的心理。

（2）竞聘上岗

为了建立员工能进能出、能上能下的用人机制，优化员工队伍，实现人力资源的最佳配置,为组织加快发展提供人才保障,很多部门和单位都实施竞聘上岗。参与竞聘的岗位大多为组织的中层和基层的管理岗位。除通常采用的笔试加面试的方式之外,还会加上工作业绩测评的内容,即综合评价竞聘者在原从事岗位工作表现和成绩。竞聘上岗作为一项最近流行起来的创新制度,①有利于现有员工树立危机意识;②易于选拔出真正优秀的人员;③可以抑制用人腐败;④可以使员工之间公平竞争。

（3）工作调换

工作调换也叫作"平调",是在内部寻找合适人选的一种基本方法。这样做的目的是要填补空缺,但实际上它还起到许多其他作用。如使内部员工了解单位内其他部门的工作,与本单位更多人员有深的接触、了解。这样,一方面有利于员工今后的提拔,另一方面使上级对下级的能力有更进一步的了解,为今后的工作安排做好准备。

（4）工作轮换

工作轮换和工作调换有些相似,但又有些不同。从时间上来讲工作调换往往较长,而工作轮换则通常是短期的、有时间界限的。另外,工作调换往往是单独的、临时的,而工作轮换往往是两个以上的、有计划进行的。工作轮换可以使单位内部的管理人员或普通人员有机会了解单位内部的不同工作,给那些有潜力的人员提供晋升的条件,同时可以减少部分人员由于长期从事某项工作而产生的职业倦怠等。

3. 外部招聘和内部招聘的优缺点

组织是通过外部招聘还是通过内部招聘来补充空缺岗位,最后还是要取决于组织的战略以及具体的现实条件,从而选择合适的招聘方式,因为外部招聘和内部招聘都各有其优缺点。①

（1）内部招聘的优点

① 组织和员工之间相互之间比较了解。首先,组织对自己的员工比较了解。组织如果拥有一份员工技能清单,可以把这作为内部招聘的起点,获得员工的绩效评价;获悉候选人员的现任和前任管理者对其潜力发展的评价;能够有机会观察候选人的工作习惯、工作技能、与他人相处的能力和在组织中的适应性;

---

① 万希:《组织的内部招聘和外部招聘》,《交通企业管理》2006年第12期。

得到更为准确的资料,从而做出正确决策。其次,员工也了解组织的更多情况如组织的运作、组织的价值观和文化,这样,员工的预期不准确性和对组织不满意的可能性就降低了。

② 创造了晋升的机会。晋升对员工动机的激发和士气的提高会产生积极、重大的作用。员工如果知道自己有希望得到晋升和职业有发展就会为组织努力工作,晋升也是对员工绩效和忠诚的奖励。如果总是优先考虑外部人员填补工作空缺,就会产生相反的影响。

③ 招聘成本较低。与外部招聘相比,内部招聘在评价、测试和背景资料方面,能节约一定的人力、物力和财力,而且招聘的效率比较高。同时,组织可以充分利用现有员工的能力,使员工人力资本的投资获得一定的回报。

(2) 内部招聘的缺点

① 容易导致"近亲繁殖"。由于缺少新鲜血液的流入,组织会逐渐变得封闭,并且容易在内部形成错综复杂的关系网,导致任人唯亲、拉帮结派、管理水平下降,不利于形成公平、合理、科学的管理局面。

② 容易造成组织氛围恶化。当几个人竞争一个职位时,求胜的心理可能会导致不健康的冲突和组织内人际关系紧张。相当多的情况下,当结果公布后,没得到晋升的员工可能会产生消极情绪,一些被否决的候选人甚至会产生怨恨,表现出对组织的强烈不满。

③ 内部候选对象范围狭窄。当组织内部缺少足够的人才储备,外部人才不能进入组织视野时,组织的运行和发展将面临巨大挑战。

内部招聘既有长处也有不足。在组织实施以稳定为主的战略、面临的外部环境威胁较小的情况下,内部招聘可能发挥最好的作用。在时间或经费有限的情况下,内部招聘可能较适宜。

(3) 外部招聘的优点

① 人员选择范围广泛。对组织来说,从组织外部可获得的人员不论是在技术、能力和数量方面都有很大的选择空间。

② 有利于带来新思想和新方法。外部招聘会给组织带来新鲜的血液,把新的技能和想法带进组织。这些新思想、新观念、新技术、新方法、新的外部关系,使得组织充满活力与生机,能帮助组织用新的方法解决问题。这对于需要创新的组织来说就更为关键。

③ 节省了培训费用。从外部获得有熟练技术和管理才能的员工往往要比内部培训成本低,特别是在组织急需这类人才时。这种直接的"拿来主义",不仅节约了培训经费和时间,还节约了获得实践经验所需的"学费"。

(4) 外部招聘的缺点

① 容易造成对内部员工的打击。外部招聘的员工占据稀缺的职位,使那些渴望拥有职位的内部员工失去机会,感到自己被忽视,这将影响员工的士气,甚至会造成内部员工离职,产生"招来女婿气走儿"的现象。

② 难以准确判断新入职员工的实际工作能力。组织在对外部招聘员工信息获取、绩效评价等方面存在困难,因此,外部招聘选错人的风险比较大。

③ 需要更长的适应时间。外部招聘的员工对组织各方面情况需要有一个熟悉的过程,即不能迅速进入角色开展工作,会产生效率损失。

④ 可能与企业文化有冲突。两种不同文化之间的冲突可能是最深层次、最激烈的冲突。对外部招聘员工本人和组织来说,文化的冲突都是致命的。

⑤ 致使招聘成本增加。与内部招聘相比,外部招聘可能费时费力。无论是引进高层人才还是中低层人才都需要相当高的费用,包括招聘人员的费用、广告费、测试费、专家顾问费等。

4. 内部招聘和外部招聘相结合

通过上述分析和实际表明,用人单位在招募人员时最好采取内部招聘和外部招聘相结合的办法。具体偏向于内部还是外部,取决于组织战略、职位类别和组织在劳动市场上的相对地位等因素。在实践过程中并不存在标准答案。对于招募组织的中高层管理人员而言,内部与外部招聘都是行之有效的方法。一般来说,对于需要保持相对稳定的组织中层管理人员,适合内部招聘;在需要引入新的风格、新的竞争时,高层管理人员可以从外部引进。

内部招聘可以使员工看到新的职业发展机会,是提升工作满意度的激励因素。这也在一定程度上保证了员工适应组织文化。然而,如果内部招聘系统不公平的话,就会产生别的问题。避免内部招聘产生负面冲击的最好方法就是设立一个公平的程序。如果程序是公平合理的,大多数员工就容易接受失败并保持高效的生产力。

在具体操作中,一是使用客观的遴选方法。要尽可能避免主观的选择方法,如无计划的面试、根据声誉和介绍信对候选人进行评价等。在选拔过程中,可以使用面试或测试方法客观评价候选人在工作描述中已具体规定的工作能力。客观的遴选方法可以给候选人提供这样一个信息:选择程序是公平的,并且担当某个职位的可能性是与能力而不是偏爱直接相关的。二是与候选人公开沟通。公开关于选择过程的工作方式和必需的标准,保证决策过程透明。例如,如果交际能力是一项工作的决定性因素,就将这一点首先陈述出来。三是为落选者提供信息反馈。将组织选择的结果和原因告知落选者,帮助他们分析优势和劣势、需要改进的地方,以便他们成为今后空缺职位的候选人。

5. 招聘渠道的影响因素

招聘渠道往往要综合用人单位的自身情况,结合实际的招聘需求进行选取。

(1) 组织现状

对组织现状的观察应该包括两方面,一是组织战略,二是组织的人力资源计划。组织战略包括两方面:组织的发展阶段和组织的业务发展状况。组织的发展阶段可以借助莱斯特、帕内尔和卡拉赫的组织生命周期理论[①]来判断,即组织处于生成期、成长期、成熟期、更新期还是衰退期。业务的发展阶段可以借助波士顿矩阵(BCG Matrix)来观察组织主要业务的市场份额和市场增长情况,以确定组织的主要业务是①问题(Questionmarks)状态、②明星(Stars)状态、③现金牛(Cash cow)状态还是④瘦狗(Dogs)状态。

组织的人力资源计划主要考虑年度计划和部门计划。年度计划包括公司计划、梯队建设规划、储备人才情况及发展人才规划;部门计划有其侧重点的区分,即重点部门计划优于辅助部门计划,关联部门也应作为岗位招聘的参考项目。

(2) 岗位需求

在选择招聘渠道时,应考虑岗位需求,主要包括岗位层次和岗位类别两方面。岗位层次是指该职位在组织中是属于战略层、战术层还是操作层,是就职位的重要性而言。岗位类别是指该职位属于哪种职能。

---

① Donald L. Lester, John A. Parnell and Shawn Carraher, "Organizational Life Cycle: A Five-stage Empirical Scale," *International Journal of Organizational Analysis*, Vol.11, No.4, 2003, pp.339-354.

（3）市场程度

市场程度也是选择招聘渠道时的重要参考因素，主要包括岗位的稀缺程度、竞争程度和市场时限等因素。岗位在市场的稀缺程度可分为极度稀缺、较为稀缺和丰富三类；竞争程度可分为竞争性强、竞争性一般和竞争性弱三类；市场时限可分为用人高峰期和平淡期。市场程度往往会影响到我们的招聘投入和取舍，应恰当选择。

（4）时间紧迫状况

时间紧迫性往往对招聘的渠道选择有重大影响。时间的紧迫程度可分为紧迫、比较紧迫、一般等情况，会决定组织的渠道选择和投入。

（5）预算状况

对于招聘工作来说，最重要的约束条件之一是预算问题。在预算紧张时，组织不得不选择低成本的招聘渠道；在预算宽松时，组织有更多的选择。

综合考虑上述因素，用人单位就可以找到恰当的招聘渠道。简而言之，招聘渠道有很多，关键是看己方所需要的人力资源主要分布在哪些渠道。比如，保洁阿姨不会去领英上开账户，专业的高管人员不会在非正式网站挂出简历。

因此，如果招工人、电话客服之类的员工，最好不要用网络渠道，直接找中介或者低端的人力资源公司；如果招通用性强的一般办公室员工如行政、出纳等，"51job"之类的网站上应该有不少；如果招应届生、实习生，不要求专业技能的，可以上应届生、豆瓣网发帖；如果招针对性不强的销售如房产中介、金融产品销售之类的，"前程无忧"上应该不少；如果招需要一定专业基础的、年资中等及以上、对英文没要求的，建议结合"三大"、猎聘网和部分行业垂直招聘网站；如果招电子行业的工程师，可以到摩尔精英或专业论坛；如果招英语好、有一定职级的，上 LinkedIn 英文版。

总而言之，用人单位要了解自己的用人需求，还要了解主要面向的群体和各类人才库的构成等，才能选择真正有效的招聘渠道。

（五）发布招聘广告

在明确了组织的用人需求、选择了适当的招聘渠道后，人力资源部门可以着手进行招聘信息的发布。招聘信息一般以招聘广告的形式发布。招聘广告指用人单位为招聘组织所需人员而在报纸、电视台、网站等招聘渠道发布的招聘信息,也是对招聘方的一种宣传。招聘广告的内容、发布时间、方式、渠道与范围等,应该根据岗位的要求和招聘预算来确定。

招聘广告的内容一般包括以下内容:招聘单位的名称、招聘单位的简介、招聘职位名称、岗位描述和任职资格、报名条件、薪酬待遇、报考程序、考试内容、应聘方法等。

校园招聘

招聘广告应该提供明确的职位说明书,包括两方面内容:职位描述和任职资格。

(六)接收应聘申请

招聘信息会吸引不定量的应聘者提交应聘申请。应聘方式一般有三种:一是通过招聘专线电话提出申请,二是直接填写《应聘信息登记表》,三是在互联网上在线直接提交申请书。

所有应聘申请汇集到人力资源部门,由其进行汇总、整理、筛选,并通知符合职位要求的人前来参加甄选。

(七)人员选拔程序

1. 资格审查

组织的人力资源部门需根据招聘岗位的要求,比照岗位描述和任职资格,对收集到的应聘者个人资料进行审查,审查内容为年龄、学历、工作经历、专业技能等,剔除不符合要求的资料,其中适合其他岗位的资料也予以保留,由人事部对符合要求的进行初试。

2. 在线测评

现在很多用人单位招聘都通过网络申请来完成。相当多的企业会要求申请人在网申成功并通过资格审查后参加一个在线测评。在线测评以测试被测评人当前的心理状态和性格趋向为主,目的是帮助用人单位了解被测试人的个性特征,及其与申请岗位的匹配程度。

3. 初试

初试负责人根据事先设计的内容对应聘者进行测试,根据测试对象的不同可采取笔试或面试或组合方式,并做好初试记录。公务员招录的初试为笔试,笔试内容为公共科目,包括行政职业能力测验和申论两科。对于一些中高级职位和资料审查结果为"优秀"的候选人来说,初试不是必需的环节,可直接获得复试资格。

4. 复试

复试负责人根据事先设计的测评内容对应聘者进行复试,复试一般采用面试方式,并作好复试记录。公务员的面试根据《招考简章》中规定的面试人选的比例,按照笔试成绩从高到低的顺序,确定参加面试和专业科目考试的人选名单,并在考录专题网站上统一公布。复试可以是一次,也可以是多次,根据岗位需求和岗位重要性而定。比如,联想集团的"Future Leader"项目没有安排初试环节,在投递简历和在线测评之后,分别安排了在美国、中国香港和北京的三次面试,通过后就发放录用通知。

5. 体检和考察

为了选拔高素质的员工,可以根据国家的相关规定要求候选人体检,体检时应该明确具有体检资格的机构。录用考察是员工录用的重要程序,考察结果是确定录用人选的重要依据,因此,可以对候选人的品行和履职素质进行考察,考察结束后考察负责人应当如实写出书面考察报告。考察是员工进入组织的最后检验步骤,才能必须严肃实施,把与招考职位相匹配的合格人才选拔出来。

根据2013年1月6日国家公务员局《国家公务员局关于做好公务员录用考察工作的通知》(国公局发〔2013〕2号)第3条规定,录用考察的重点是了解掌握考察对象在政治思想、道德品质、能力素质、遵纪守法、廉洁自律、职位匹配等方面的情况以及学习工作和报考期间的表现,同时要核实考察对象是否符合规定的报考资格条件,提供的报考信息和相关材料是否真实、准确,是否具有报考回避的情形等方面的情况。

对于候选人的考察重点是政治思想方面和道德品质方面,目的是避免将具有下列情形的候选人招聘进组织:(1)不具备报考资格条件的;(2)未达到组织所需人员基本素质标准,有职业应当禁止的行为的;(3)曾有违法违纪违规行为的,这是公务员录入的禁入条件,对于一般社会组织来说,不必执行得如此严格,对此背景应该了解和掌握;(4)政治品德不良,社会责任感较差的。

6. 公示及审批

拟录用人员由组织按规定的程序和标准从考试成绩、考察情况和体检、考察结果合格的人员中综合考虑择优确定,在一定范围内公示。公示期结束后,有关审批人综合考虑应聘人员的各方面因素进行审批。同意聘用的由人事部门负责通知;不同意的淘汰;建议考虑其他岗位的,由人事部门与推荐岗位所在部门协调,另外安排面试。同意聘用人员的薪资标准等由人力资源部门、用人部门共同确定审核并报组织签批。

7. 报到

同意聘用的应聘者应在规定时间内来组织报到,特殊原因需延迟的须向组织提前申请批准。如在通知规定时间内不能报到又未申请延期者,人事部门与用人部门沟通确认后可取消其录用资格。

(八)人员录用程序

1. 录用

人力资源部门应在审批确认后,及时告知拟录用人员。应聘人员报到后,签订劳动合同,成为公司试用员工。

2. 试用

劳动合同可以约定试用期,试用期一般为1—3个月,最长不得超过6个月。

3. 转正

应聘人员试用期满合格,进行述职报告并履行相关手续后,可办理转正手续,成为组织正式员工,享受相应的福利待遇。

(九)招聘工作评估

每次招聘活动结束后,人力资源部门应对招聘结果进行认真分析,总结经验,对招聘工作进行评估。对招聘工作的评估主要在三个方面:

1. 成本效益评估

对招聘成本、成本效用等进行评价,包括:

(1)单位直接招聘成本=招聘直接成本/录用人数,其中直接成本包括招聘人员差旅费、应聘人员招待费、招募费用、选拔费用等,该指标反映了人力资源获取的成本。

(2)总成本效应=录用人数/招聘总成本,反映了单位招聘成本所产生的效果,可以分解总成本,分析不同费用产生的效果。

2. 录用人员数量评估

主要从录用比、招聘完成比和应聘比三方面进行:

(1)录用比=录用人数/应聘人数*100%,该指标值越小,说明录用者素质可能越高。

(2)招聘完成比=录用人数/计划招聘人数*100%,反映了在数量上完成任务情况。

（3）应聘比＝应聘人数/计划招聘人数＊100％,反映招聘信息的发布效果。

3. 招聘所需时间评估

这是从提出需求到实际到岗所用时间与用人部门期望到岗时间之比。该指标反映招聘满足用人部门需求的能力。

（十）进行定期跟踪

人力资源部门定期跟踪录用人员的流动情况和工作绩效,进行评估,从而不断改进和完善招聘方法。

（十一）招聘资料存档

各部门和人力资源部门在完成每个职位的招聘任务后,将自初试开始形成的所有材料统一归档至人力资源部门,及时进行分类、总结并妥善保存。

第三节　人员甄选技术

一、人员甄选的概念

人员甄选是指在组织战略的指导下,为了满足业务需要,利用一定的工具和手段对求职者进行鉴别和考察,从中挑选出组织需要的人员,以填补组织空缺职位的活动。

对于任何组织来说,人员甄选都是非常重要的一项工作,因为通过人员甄选,组织可以挑选出最适合的人为其工作,使之具有可持续的核心竞争力。

要准确理解人员甄选的含义,需要把握以下三点：

（1）人员甄选工作主要包括两方面的内容：一是对应聘者的知识、技能、经验和个性等进行评价；二是预测应聘者未来在组织中的绩效水平。

（2）人员甄选应该以职位说明书为依据,挑选最需要和最适合组织的人。最优秀的人未必是最适合的人。

（3）人员甄选工作由人力资源部门负责,由人力资源部门和直线部门共同完成,由直线部门做出录用决定。

二、甄选标准的效度与信度

甄选基本上是要找未来执行组织所赋予工作,达成组织使命的员工。员工所必须具备的条件已登载在工作说明书中,甄选的问题则在于如何找到适合该工作说明书中所列条件的员工。因此,甄选可以说是以目前所能搜集到的数据,去判断和预测员工在未来可能的表现,判断的方法大多依赖各种测试。

测试能否真正达到效果,一般多以效度(validity)和信度(reliability)两个指标来加以检验。效度与信度指出了一个测试的结果是否为可以接受的。就甄选测试而言,如果效度与信度皆高,表示甄选测试能够充分地反映出员工未来在组织中的可能表现。以下分别说明这两个指标的内容与含义。

(一)效度

效度指测量工具能正确地测出其欲测量特性的程度,即有效性或精确性,是招聘者真正测试到的品质与想要测量的品质间的符合程度。有效的测验,其结果应该能正确地预计应聘者将来的工作成绩。两者之间的相关系数被称为效度系数,其值越大,说明测验越有效。常用的效度指标如下。

(1)内容效度:测验方法能否真正测出工作绩效的某些重要因素。采用专家判断方法检验。多用于知识测验和实际操作测验,不适用于对能力或潜力的预测。

(2)预测效度:指对所有应聘者都施予某种测验,但并不依结果决定录用与否,待这些被录用人员工作一段时间以后,对其工作绩效加以考核,将考核得分与当初的测验结果加以比较,求两者的相关系数,其值越大,说明此测验的效度越高,可以依此来预测应聘者的潜力。

(3)构建效度:指能够测量到理论上的构想或特质的程度。构建效度关心是否能够正确反映理论构想的特性。

(4)效标关联效度(同测效度):指对现有的员工实施某种测验,然后将所得结果与这些员工的工作表现或工作考核得分加以比较,若两者相关系数很大,说明此测验与某项工作密切相关。

这种检验方法面临一个方法论上的问题:测验和工作绩效是在同一时间发生的,即以员工现在的绩效和现在的测试成绩作比较,亦被称为同测效度。员工现有绩效可能是在进入组织后受到训练或多年经验累积的成果,是否足以反映当初进公司时之优胜劣败,不无疑问。更有可能是绩效不佳的员工都已经离开公司或调到别的职位上,现在留下的都是优秀的员工,在作绩效比较时产生困难。

因此效标关联效度更讲求预测效度,亦即现在的测验应该能反映未来的工作绩效,而不仅是目前的工作绩效。但预测效度的衡量与建立则较为困难,组织在采用甄选测试时须将所有应征者的测试成绩予以记录,然后用一般的准则决定是否要录取员工。在员工工作一段长时间后,将当初测试的成绩和后来的工作绩效比较,方能真正检视出当初的测试在甄选员工上的有效程度。如此做法需要较高的成本与长时间的追踪,而且需要专家的设计与指导,一般的组织较少采用此种检验方式。

(二) 信度

测验的另外一个重要指标是信度。信度又叫可靠性或一致性,一个好的测量工具必须稳定可靠,或者不产生错误,或者产生的是系统误差,每次测试的错误相同。

常用的信度指标有:

(1) 重测信度:稳定性系数,同一方法对同一组应聘者在两个不同时间进行的测试所得结果的一致性。

(2) 复本信度:等值性系数,采用两个测验复本(功能相同但题目内容不同),测验同一群体所得到的两个分数的相关性。

(3) 内容一致性的信度:主要反映同一测试内部不同题目的测试结果是否具有一致性,是检验测验本身好坏的重要指标。

(4) 评分者信度:不同评分者对同样对象评定时的一致性。

信度是效度的必要条件,但不是充分条件;亦即如果没有信度就不会有效度可言,但有了信度仍不一定有效度,两者须分别测量。

信度和效度不佳的最主要原因,来自工具的设计不当,或者不够精确,或者不够周延,测验达不到预期效果。另外受测者本身亦可能是误差的来源,例如有些人在面临测验时会紧张失常,或测试之前经历一些特殊事故影响受测时的心情等。测试的环境也可能造成测验结果的不准确,例如在噪音和高温的环境下测试、施测人员的态度或行为的影响等。总之,甄选测验是一件高度专业化的工作,宜由专业人员来设计与执行,方能确保测试的效果。

三、人员甄选技术

(一) 申请表筛选法

审查申请表是最古老、运用最广的筛选技术。尤其是在求职者众多、面试成本压力大的情况下,用人单位往往将申请表的筛选作为人员选择的第一步。在申请表中,用人单位总是希望获得申请者自己提供的过去的许多信息,包括教育背景、就业历史、工作偏好和个人资料。许多时候,哪个人被筛选出来或筛选出去,在对申请表进行了审阅后,也就能够相应做出初步决定。

为了申请人填写方便,以及便于用人单位对申请人进行比较,申请人填写的申请表一般由用人单位提供格式化的模板,其主要内容一般包括四部分:

(1) 申请人的客观信息;

(2) 申请人的经历与发展情况;

(3) 申请人的稳定性与求职动机;

(4) 评价和预测求职者实际工作绩效的信息。

(二) 笔试法

笔试法可以有效地测量应试者的基本知识、专业知识、管理知识等相关知识和综合分析能力、文字表达能力等素质及能力,目前被广泛应用于我国组织人员中的招聘过程。笔试的形式一般有两种:公共科目笔试和专业科目笔试。

1. 公共科目笔试

公共科目笔试的形式主要有两类,一是测验形式的笔试,二是论文形式的笔试。用人单位可根据自己的需求选择单独一种形式,或者将两者结合起来使用。

测验形式的笔试以公务员能力测试中的行政职业能力测验为代表,用来测试应试者与拟任职位相关的知识、技能和能力,主要测查与公务员职业密切相关的、适合通过客观化纸笔测验方式进行考查的基本素质和能力要素,包括阅读理解与表达、数量关系、判断推理、资料分析和常识判断等部分。

测验形式的笔试的优点包括:(1) 一次测试出题较多,题目较为全面,对知识、技能和能力考查的信度和效度较高,可以大规模地进行评价;(2) 费时少,效率高;(3) 应试者的心理压力小,相对来说更容易发挥正常水平;(4) 成绩评定较为客观。

其缺点是不能全面地考查应试者的工作态度、品德修养以及组织管理能力、口头表达能力和操作技能等。

论文形式的笔试以公务员能力测试中的申论为代表,主要考查应考人员对给定材料的分析、概括、提炼、加工,测查应考人员的阅读理解能力、综合分析能力、提出问题和解决问题能力、文字表达能力等。

论文形式的笔试的优点包括:易于编制试题,能测验书面表达能力,易于观察应聘者的推理能力、创造力及概括能力。

其缺点是评分缺乏客观标准,不能测出应聘者的实际操作能力。

2. 专业科目笔试

在应聘到专业性较强的岗位时,除了通用的公共科目笔试以外,还可以进行专业性较强的专业科目笔试。国家公务员考试对专业科目笔试做了规定,即应聘专业较强的岗位会有相应的"专业知识"科目考试,比如金融类职位的专业科目是财会方面的知识、政法干警类职位的专业科目是文综或者民法。

(三)面试法

1. 面试的定义

面试是最古老的和有效的人员评价技术之一,适用于人力资源管理和开发中的招聘录用、考核、晋升等多个环节。由于其直观、灵活的方式及良好的效度,面试被广泛应用于各类组织机构的人员招聘与录用中。一项研究表明,百分之八十以上的组织机构,其人员招聘与录用工作是借助于面试这一重要技术手段完成的。①

面试是指在一定的场景中,主试者与应试者面对面地交流,以了解和考察其素质特征、个性特征、能力特征、求职动机等是否满足应聘职位要求的一种人员甄选与测评技术。主试者是通过对应试者的外部行为特征的观察与分析及对其过去行为的考察来评价一个人的素质,因此面试具有直观性、全面性、目标性、主观性等特点。由于对应试者的评价主要来自主试者的主观评价,主试者的选择和个人素质就显得非常重要。

面试的主试者可以是一人也可以是多人,在不同的领域也有着不同的称呼,比如,公务员面试的主试者往往被称为面试考官,

面试方法

---

① 吴志明、张厚粲、杨立谦:《结构化面试中的评分一致性问题初探》,《应用心理学》1997年第2期,第8页。

结构化面试中的主试者有时被称为评分员。主试者一般由人力资源部工作人员、用人部门主管、组织高层领导、聘请的外部专家等人员组成。

一个合格的面试官应具备这些条件：(1)良好的个人品格和修养；(2)掌握相关的专业知识；(3)熟练运用各种面试技巧，可准确简捷地对应试者做出判断；(4)公正客观地评价应试者，不能因某些非评价因素影响客观评价；(5)掌握相关的人员测评技术；(6)熟悉组织状况及职位要求；(7)了解组织的各项人事政策。

2. 面试的分类

根据面试目的的不同，面试可分为筛选面试和选拔面试。

筛选面试(screening interview)是工作面试的一种，用于确定特定职位申请人是否具备组织所需资格，通常是招聘过程中的第一次面试，属于初级面试。筛选面试一般由招聘单位的人力资源部门组织进行，主试者的主要任务是凭借经验和规则找出申请人的不良记录、空白记录、虚假记录和矛盾之处，从而对不符合条件的申请人进行淘汰而非选拔。

筛选面试的形式非常灵活，可以通过电话、邮件、现场筛选、递交简历等与申请人的接触机会实现。由于其形式可以是非正式的，因此，应试者不能掉以轻心，必须予以充分的重视，以便获得进一步的面试资格。

选拔面试(selection interview)是面试主试者在预先设定好的面试地点与应试者见面，通过面对面的交流了解应试者的个性特征、心理特征等，并对其能力进行客观评估的一种测量方法。

选拔面试是选拔过程中不可或缺的一部分，通常在招聘单位进行，是现场面试的一种。选拔面试是正式的面试，通常比筛选面试更严格，应试者应该从着装、语言表达、体态语言等方面做充分的准备。

根据面试对象的多少，面试可分为单独面试和集体面试。

单独面试又称个人面试，指主试者与应试者单独面谈，主试者可以是一个人，也可以是多个人。这是一种最普遍、最基本的方式。其优点是能够提供一个面对面的机会，面试双方可较深入地交流；缺点是需要的主试者较多、占用的时间较长。

集体面试是指多位应试者同时面对主试者。在集体面试中，通常要求应试者进行小组讨论、相互协作解决某一问题，或者由应试者轮流担任领导主持会议、发表演说等。其优点是能够观察应试者处于竞争性的集体环境中的实际表现,有利于挑选出更为符合组织需求的人员;缺点是对主试者的要求较高、应试者的机会不均衡等。

根据面试的标准化程度,面试分为结构化面试、半结构化面试和非结构化面试。

结构化面试是主试者根据特定职位的素质要求,遵循固定的程序,采用专门的题库、评价标准和评价方法,与应试者面对面地交流,对其胜任素质进行评价的过程与方法。其优点是可靠性和准确性比较高,通常从相同的问题开始,主试者易于控制局面;缺点是灵活性不够。它适用于校园招聘和中低层职位人员的面试。

半结构化面试没有严格的程序、试题、评价标准等,主试者只对重要问题提前做出准备,并将其记录在标准化的表格中。

非结构化面试没有既定的模式、框架和程序,主试者可以"随意"向应试者提出问题,问题也无固定答题标准。其优点是灵活性强;缺点是主试者不易控制局面,最终的评价意见可能不统一。它适用于中高层职位人员的面试。

评价中心技术中有两种情景模拟测试方法:(1)小组作业(group exercise),应试者处于一种情境,任务的圆满完成需要参与者的密切协作。(2)个人作业(individual exercise),要求应试者独立完成任务。无领导小组讨论(Leaderless Group Discussion)属于前者,是评价中心中常用的一种技术,也是一种对应试者进行集体测试的方法。具体来说,无领导小组讨论是由应试者组成一个临时工作小组,讨论给定的问题,并做出决策。这个小组并不指定谁是负责人,目的在于考察各应试者的表现,尤其看谁会脱颖而出。

3. 面试的程序

根据面试的过程,面试可分为面试前主办方(人力资源部门)的准备过程、面试过程、面试后续过程。

(1) 面试前主办方的准备过程

根据职位要求确定面试测评要素。面试前的首要工作是对拟任的岗位、职位进行分析,有针对性地提出测评的主要要素(内容)。

根据测评要素选择面试方法。每种具体的面试方法都有其自身特点和功能,要根据职位测评要素来选择恰当的面试方法,力戒千篇一律、一个模式。以公务员面试为例,文字综合职位的面试,可采用社会调查、提交调查报告的情景模拟方法；政法职位的面试可利用审讯笔录案例分析的方法；政策法规制定职位的面试可选择对社会热点问题进行无领导小组讨论的方法；信息处理职位可选择上机操作的方法；外语翻译职位可采用笔译、口译、对话等方法；文秘职位可选择"文件筐作业"方法；等等。根据测评要素内容的不同，每个职位可采用一种方法，也可采用几种方法同时进行。

命制面试试题。面试方法不同，试题的形式也各有差异，有的是具体问题，有的是实施方案。无论采用哪种方法，都要围绕测评要素（内容）组织专家进行命题或提出方案，如写调查报告，就要事先确定到哪里去、调查什么、写什么，以及相应的准备工作；无领导小组讨论，就要组织命题人员对问题进行筛选提炼，编制讨论题和评价标准。

选择培训主试者。常见的三种面试主试者组织形式有：人事部门负责组织，由人事部门干部和有关专家组成；人事部门和用人部门联合组成，两家分别按一定比例指派；用人部门自行组织，本部门选派。

根据面试方案具体组织实施。根据面试具体方案或实施意见进行面试前的准备工作。这些工作完成之后，面试便正式开始。

（2）面试过程

现场面试的一般流程如下：按时进考场——收缴通信工具及其他不允许带的物品——抽签——候考——按顺序考试——到教室外等候成绩——通知成绩——结束。

结构化面试流程如下：

抽签入场。应试者根据所抽取的号码按顺序入场面试，每人的时间在8—30分钟。

面试答题。一般情况下，主试者按照顺序宣读试题，应试者思考后一一作答，有时还可以用笔简单罗列提纲。

随机提问。应试者答完规定试题后，主试者有时会进行现场随机提问。

应试者退场。作答完毕后，主试者宣布应试者退场，由专门工作人员带领退场。

计分审核。面试组织者从各主试者手中收回评分表，交记分员计分。

通知下一名应试者入场。上一名应试者退场，专门工作人员通知下一名应试者入场。

无领导小组讨论流程如下：

阅读材料，积极准备。应试者在一个安静的房间自行就座于会议圆桌边，阅读讨论材料，做五分钟发言准备。

正式发言，畅谈见解。每个应试者按顺序先简单（尽可能简短）地自我介绍，接着正式发言。

参与讨论，呈现自我。这是无领导小组讨论的最重要环节。在每个人按顺序发言完毕后，进行小组讨论。面试组织者向各小组成员宣布，在一个小时之内（视具体讨论材料复杂程度定）达成一个一致意见交给组织者，每人在讨论中的发言可以是对自己第一次发言的补充和修正，也可是对他人的某一观点与方案进行分析或提出不同见解，更可是在对大家的各种方案比较基础上提出最有效、最可行的行动方案。之后小组成员各抒己见，自由讨论。面试组织者对小组成员的发言次数进行记录，并根据讨论评价表中的评价维度对各应试者的关键发言进行打分评估。

角色模拟，总结发言。在小组达成一个一致意见后，面试组织者要求每人以组长身份进行三分钟的会议小结，发言顺序与之前正式发言阶段顺序相反。此时一个常见错误是局限于自身对小组意见的看法，而没有对整个小组的表现进行点评。如果条件允许，可以布置一个类似于演讲台的桌子，配之以麦克风，让应试者在演讲台进行总结，这样有利于综合评价其包括仪表风度、领导气质等各方面素质。值得注意的是，在小组讨论前，对于无领导小组讨论的基本流程、评价维度的设置和所包含的意义、评分标准、观察技巧以及其他对评价有负面干扰作用的心理现象（如首因效应、近因效应、晕轮效应等），面试组织者需要与评价专家进行充分沟通，评价者的数量要求最少在三位以上，可包括面试组织者。

讨论结束，考官评分。小组讨论结束后，面试组织者汇总评价专家的评估分数，把每个应试者在无领导小组讨论中的表现得分誊写记录在案。

4. 面试中的 STAR 提问法

面试的目的是考察被试者的现实表现和未来的潜力，这只能通过沟通和交流来实现，于是提问的重要性就凸显了出来。好的问题可以帮助主试者有效率地获得需要的信息，提问的技巧成为决定面试有效性的关键因素。主试者发问的方式有很多，其中一个比较实用和简单易行的是 STAR 提问法。

"STAR" 由四个英文单词的第一个字母组成，分别代表如下的含义：

"S"代表 situation,情景,即处在什么样的情况中?

"T"代表 target,目标,即你想做什么,目的何在?

"A"代表 action,行动,即你采取了哪些行动?

"R"代表 result,结果,即你做了以后,结果如何?

在面试过程中,如果主试者提出的问题能让应试者的回答同时包含以上四项内容,则可以较充分获得有用的信息以做出正确的判断,那么这就是一个好问题。

5. 面试常见偏差及解决的办法

(1) 主要的面试偏差

最初印象倾向,也称为第一印象或首因效应。即主试者根据开始几分钟对应试者所获得的感觉,或仅仅根据应试者的测验分数、个人简历对其面试结果做出判断。

负面印象加重倾向。主试者在面谈开始之前获得的有关应试者的负面信息,更容易引导其提前得出结论。

缺乏职位的相关知识。主试者因缺乏职位相关信息,而将应试者与不正确的框框相匹配,导致错误的决策。

招聘的急迫程度。招聘的急迫程度对招聘面谈的质量存在重要影响。当形势非常急迫时,主试者对应试者的评价比较高。

应试者顺序。面试顺序不同,可能对主试者的判断造成影响。

对比效应。主试者基于前一位应试者的表现来评价目前正在接受面试的应试者的倾向。

非语言行为。应试者的着装、表情、动作等非语言行为都有可能影响主试者的判断。

(2) 严格控制面试程序

主试者应通过工作分析确定工作要求;严格根据工作分析的结果设计面试中的问题;编制包括一系列评价标准的评价表格;面试过程中要注意从应聘者的非言语行为中获取信息;需要训练以能够客观地评价应试者的反应。

(四) 心理测验

心理测验是由测量专业人士开发的,由主试者提供一组标准化的刺激以引起的反应作为个体的行为代表,从而对应试者的人文特征进行评价的客观技术。

1. 心理测验的类型

（1）能力测验

智力测验是对一般智慧能力的测验。

职业能力测验一般是针对某一职业类型的具体需求而设计，测量的不是一个人表现出的能力，而是从事某种职业能够取得成功的潜在能力，即对于某种职业的发展前景或可能具有的能量。

特殊能力测验是针对个体在岗位所要求的特殊才能方面的潜力而设计。

（2）人格测验

自陈量表。按照事先编制好的人格量表，由应试者本人挑选符合自己特征的描写，然后主试者根据量表所得分数，判断应试者的人格类型。

投射法。主试者展示一组未经组织的刺激材料，包括内容模糊的图片等，让应试者在不受限制的条件下发挥想象力，描述自己从中看到的内容，使其不知不觉地将自己的感情、欲望、思想投射其中，从而了解应聘者的人格。主要测试的是成就动机等深层次的个体特质。

2. 实施心理测验需要注意的问题

（1）把心理测验当成补充工具；

（2）对心理测验进行有效化；

（3）保持准确的记录；

（4）聘用专业的心理学人士；

（5）保护测试者的隐私。

（五）评价中心技术

评价中心（assessment center）的起源可以追溯到1929年，德国心理学家建立了一套用于挑选军官的非常先进的多项评价过程方法。在第二次世界大战期间，美国的战略情报局使用小组讨论和情境模拟练习来选拔情报人员，并获得了成功。美国电话电报公司（AT & T）开创了在工业组织中使用评价中心技术的先河。1956年该公司采用这一方法对几百名初级管理人员进行评价，然后封存结果，八年以后即1964年，当时的结果被拆封并与这八年来的人员实际升迁情况进行对比。事实证明：在被提升到中级管理岗位的员工中，80%的考核结果是正确的；在未被提升的员工中，95%在那时就被预测到了。此后，许多大公司如通用电气公司、国际商用机器公司、福特汽车公司、柯达公司等都采用了这项技

第七章 招聘与配置

术,并建立了相应的评价中心机构来评价管理人员。1964年美国学者布雷(D. W. Bray)发表了第一篇关于评价中心的论文①,从此评价中心成为国内外心理学家研究的热点。

评价中心技术是一种综合性的人事测评方法。它应用了现代心理学、管理学、计算机科学等相关学科的研究成果,根据工作岗位要求及组织特性等对应试者进行测评,被广泛地应用于人员选拔和培训等领域。具体来说,评价中心是采用多种测评工具,根据量化考评与主观判断相结合的原则,按照预先设计好的维度,由评价者对被评价者在各个测评情境中的行为表现进行评价的方法。该方法可以根据工作岗位要求及组织特征对人员进行评价,从而实现对被评价者的个性、动机和能力等较为准确的把握,做到人—职匹配,确保达到最佳工作绩效。

评价中心法具有很强的针对性和有效性,相对于心理测量而言,它更强调针对具体的工作岗位,考察人员实际的、全面的工作能力。评价中心常用的评估方法有公文筐作业、小组练习、角色扮演和报告练习等四种。

1. 公文筐作业

公文筐作业(in-basket exercise)是指评价者交给被评价者一个装满各种工作计划、备忘录、电话记录、信函、其他数据等需解决问题清单的"筐子",观察被评价者如何适当地处理这些文件。被评价者应迅速做出判断,排列出先后顺序,区分重要性,分派妥当。评价者通过其回信、撰写备忘录、拟定议程等具体事务的处理来检验和评价被评价者的工作能力。

2. 小组练习

小组练习(group exercises)可以运用的形式很多,其中比较有代表性的是"无领导小组讨论"。该方法是让若干被评价者参加针对某一问题的讨论会,规定好会议时间。评价者要注意观察谁实际上主持或控制了讨论,谁对问题的实质有更快的反应和更准确的判断。

该技术的实际操作一般是:将被评价者按一定人数编成小组(6—8人),按照便于交流讨论的形式坐好(为了便于评价员观察,一般要求组员按照椭圆形就座);评价者先设计准备好背景材料,测评时通过清晰的指导语指示被评价者以小组为单位就指定的主题进行小组内的自由讨论,要求在规定的时间内(一般为1小时)达成解决问题的一致意见。

---

① 王小华、车宏生:《评价中心的评分维度和评分效果》,《心理科学进展》2004年第4期,第601页。

3. 角色扮演

角色扮演(role playing)是一种主要用以测评被评价者人际关系处理能力的情景模拟活动。在这种活动中,评价者设置一系列尖锐的人际矛盾与人际冲突,要求被评价者扮演某一角色并进入角色情境去处理各种问题和矛盾。评价者通过对被评价者在不同角色的情境中表现出来的行为进行观察和记录,测评其相关素质。

在角色扮演中,评价者一般看重以下三个方面。第一,角色适应性。被评价者是否能迅速地判断形势并进入角色情境,按照角色规范的要求采取相应的对策行为。第二,角色扮演的表现。被评价者在角色扮演过程中所表现出来的行为风格、人际交往技巧、对突发事件的应变能力、思维的敏捷性等。第三,其他。被评价者在扮演指定的角色处理问题的过程中所表现出来的决策、问题解决、指挥、控制、协调等管理能力。

4. 报告练习

报告练习(presentation exercises)主要用来测试被评价者的沟通能力。对于相当多的职位来说,报告技巧是很重要的一种能力,因此,安排被评价者做一些报告是非常有效的评价中心技术,以观察被评价者是否能够拿出一个结构合理、条理清晰、充满自信的报告。

通过报告练习可以评估被评价者的如下主要能力:(1)口语沟通能力;(2)组织和计划能力;(3)专业风格;(4)呈现的信息;(5)时间管理。

5. 使用评价中心应当注意的问题

评价者一般要规避现场,以保证标准环境;评价者一般为组织的直线领导或相关专家,对工作比较熟悉,容易被测试者所接受;被评价者要接受严格的训练,时间的长短视评价中心的复杂程度而定;评价者与被评价者不熟悉,采用规范的评估形式,保证评估双方互相信任。

小 结

员工招聘是现代人力资源管理中非常重要的一项工作,是组织人力资源的入口,决定着组织中人力资源的优劣。本章的内容主要有三部分。

第一节是招聘及胜任力模型。首先要了解招聘和职位空缺的含义,其次是胜任力含义和构成要素,再次是麦克里兰的冰山模型,最后是基于胜任力的甄选体系。

第二节是人力资源招聘流程,主要包括招聘管理体系及其内容。

第三节关于人员甄选技术。首先是甄选概念;其次是甄选标准的信度和效度;最后是人员甄选技术,包括申请表筛选法、笔试法、面试法、心理测验和评价中心技术等。

复习思考题

1. 简述招聘的概念。
2. 简述职位空缺的类型和危害。
3. 简述胜任力的定义和构成要素。
4. 简述胜任力冰山模型。
5. 招聘的原则是什么?
6. 内部招聘和外部招聘的优缺点各是什么?
7. 如何进行招聘工作的评估?
8. 简述人员甄选标准的信度和信度。
9. 掌握典型的人员甄选技术及其内容。

推荐阅读

董克用主编:《人力资源管理概论(第四版)》,中国人民大学出版社 2015 年版,第六章。

〔美〕威廉·罗斯维尔:《高效继任规划:如何建设卓越人才梯队》(李家强、陈致中译),江苏人民出版社 2014 年版。

〔美〕韦恩·卡西欧、赫尔曼·阿吉斯:《心理学与人力资源管理(第 7 版)》(孙健敏、穆桂斌、黄小勇译),中国人民大学出版社 2017 年版,第 10—13 章。

孙柏瑛、祁凡骅编著:《公共部门人力资源开发与管理(第四版)》,中国人民大学出版社 2016 年版,第八章。

王丽娟编著:《员工招聘与配置(第二版)》,复旦大学出版社 2012 年版。

杨伟国、唐鑛主编:《人事管理经济学》,复旦大学出版社 2012 年版,第三章。

姚裕群、刘家珉、原喜泽主编:《招聘与配置(第二版)》,东北财经大学出版社 2012 年版。

第八章

培训与开发

学习目标

1. 了解人力资本对于员工培训和开发的意义。
2. 掌握人力资本思想的发展过程、人力资本研究的意义、员工培训与开发的含义和意义、典型的人力资本理论和培训的分类等。
3. 理解人力资本投资理论对于培训与开发的支撑作用。

引 例

员工培训别怕"为他人作嫁衣"*

在竞争激烈的环境下,很多企业越来越重视员工培训。不少企业每年从营业收入中拿出固定的比例,作为培训费用,以加强对员工的培训。

专家们认为,从一定程度上讲,企业的竞争是人才的竞争,而人才的竞争关键是培训的竞争。然而,也有一些企业,特别是民营企业由于思想认识上的一些误区,包括担心员工提高技能后会跳槽等,因而缺乏对员工培训的热情和措施,并最终导致企业发展后劲不足。

有数据显示,我国民营企业目前的平均寿命只有2.9年。民企寿命短的原

---

* 资料来源:朱海滔:《员工培训别怕"为他人作嫁衣"》,《工人日报》2009年11月3日,第007版。

第八章 培训与开发

因有很多,但其中一条,就是和不少民企不重视对员工的培训有关。

这些企业在对员工的培训上存在以下误区。

误区一:培训"无用论"。在一些企业看来,对员工短期培训不会取得立竿见影的效果,培训不仅耗费员工工作时间,而且也耗费企业资金,得不偿失;有的管理者认为培训是可有可无的事情,多年来一直未搞培训,企业一样照常运作。

曾有一家企业与一家培训中心商谈营销员培训事宜时,该企业人力资源部经理提出:"如果员工接受培训后,能使他们的销售业绩在一个月内有大幅增长,那我们就请你讲课,否则员工培训划不来。"该企业老总甚至认为,搞培训不如更新一些机器设备来得实在,一投进去就有回报。

误区二:培训"流失论"。为了加强新招大学生的实际操作技能,一家企业选送了一批大学生外出培训学习。然而,在对他们进行了专业技术培训后不久,好几位大学生跳槽了。老板很气愤地表示:花了那么多的钱培训新员工,结果却跳到竞争对手的企业去了,以后再也不送员工出去培训了。

误区三:培训"万能论"。一些民营企业在重视员工培训的同时,又进入一个误区,就是过分强调培训。员工技能不足了,培训;销售业绩下滑了,培训;服务态度不好了,培训……只要出现什么困难,有了什么危机,就会想到培训,把培训当成是解决管理问题的万能钥匙。殊不知员工成才需要一个过程,仅靠几次培训就想解决企业遇到的问题是远远不够的。

人才是个动态的概念,其知识技能是需要不断更新和补充的。企业不应把人才当作不断燃烧的蜡烛,而应将其视为一个蓄电池,在不断放电的同时,也应不断地给其充电。无数成功企业都有一条相同的经验,那就是着眼未来,着眼发展,大力培养人才。美国一项调查指出:68%的管理者认为由于培训不够而导致的低水平的技能正在破坏企业的竞争力,53%的管理者认为通过培训明显降低了企业的支出。

国外的许多企业都把对雇员和工人的培训看作开发人力资源的主要手段。美国通用电气之所以成为优秀企业,与其一贯重视对人力资源的开发与管理是分不开的。近几年美国通用电气搞全员培训,仅此一项,每年就花费6亿美元。据国外20世纪80年代中期一项研究得出的结论,每1美元培训费可以在3年内实现30美元的生产收益。因此,企业要认识到,培训既不是为他人作嫁衣白忙一场,更不是投了资不收效。

因此,专家们指出,企业应该倡导三种员工培训新观念:

一是培训的投入是最有价值的投入。企业要改变"培训无用论"的错误观点,只要在员工培训的组织与管理上下功夫,提高员工培训质量,员工培训的投入就一定会有高的回报。

二是员工培训不能急功近利。培训转化不是一蹴而就的,而是一个较长的过程,这包括知识的吸收、应用过程,即使一般的培训,转化也常需要5—6个月的时间。那种因为培训不能起到立竿见影的效果就断然否定培训在提高员工素质方面作用的观点,是不符合培训客观规律的。

三是不惧为他人作嫁衣。重视和加强员工培训,将形成一种良性循环,即企业重视员工培训——对员工的吸引力得到提高——企业凝聚力不断增强。实践证明,企业投资于员工培训,是提高员工忠诚度的一个有效措施。因此,一个乐于为员工素质充电的企业领导者,应当倡导不惧为他人作嫁衣的观念。一个员工忠诚度高的企业,其员工及人才是不会流失的。

第一节 人力资本理论

一、人力资本思想的发展

资本是一个经济学概念。当代西方主流经济学把资本细分为物质资本、人力资本、金融资本、技术资本四种形式。正如货币、土地等在一定条件下转化为物质资本一样,以劳动者的知识、技能、体力等为表现形式的人力资源在一定条件下也可以成为资本,即人力资本。① 我们认为,人力资本是指劳动者投入到组织中的知识、技术、创新概念和管理方法等各种资源的总称。

一般认为,以西奥多·舒尔茨(T. W. Schultz)为代表的经济学家对现代人力资本问题进行研究形成了现代人力资本理论。1960年,舒尔茨在美国经济联合会的主席就职典礼上,发表了题为《人力资本投资》的著名演讲,抨击了古典资本理论,最早系统地论述了人力资本理论。学界将此视为人力资本理论正式形成的标志。舒尔茨的贡献在于第一次明确提出了人力资本理论,分析了人力资本形成的形式,并对教育在一国经济增长的贡献以及教育投资的收益率进行

---

① 刘淑波、王伟伟:《人力资本理论的发展及意义》,《前沿》2004年第4期。

第八章 培训与开发

了定量分析,使人力资本理论成为经济学的一个新的门类,他也因此被誉为"人力资本理论之父",并于1979年获得诺贝尔经济学奖。

"人力资本"的概念虽形成于20世纪60年代,但其思想渊源却可以追溯到三个世纪以前。早在古典经济学创立之初,英国经济学家威廉·配第就指出人口的差异是一个国家经济实力差异的主要原因,建议采取某些措施和进行资本投入以提高人口素质。可以说,作为政治经济学创始人的配第已经有了人力资本的思想萌芽。

18世纪中叶欧洲产业革命后,人类进入了大工业时代,生产力发生了三大根本性变革:一是机械生产代替手工生产;二是科学技术代替经验工艺套路,科技与生产互动作用日益加强;三是专业技术培训代替作坊师徒传教,人的知识、技术因素在生产中的作用越来越大。当时兴起的古典经济学开始从劳动者在生产过程中的不同作用来关注教育对促进生产发展、增加财富的意义。亚当·斯密首次对早期的人力资本思想进行了较为系统的分析。他在《国富论》中指出:一国国民后天获得的技艺和才能同机器和工具一样是社会的固定资本,它既是个人财富的一部分,也是社会财富的一部分。掌握这种才能需要受教育、进学校,因而要花费成本,但这种费用可以得到补偿,并能赚取利润。

法国经济学家萨伊创造了"劳动、土地、资本"三位一体公式。他把劳动分为科学家的劳动、企业主的劳动和工人的劳动。企业家要靠自己的信用将劳动、土地、资本三者结合在一起,具有判断力、坚毅和专业知识,这种高级劳动的报酬就高。他还认为公共教育费用有助于财富的增长,随着科学进展带来的是社会幸福的增进。因此国家应维持学术机关和最高学府,同时提高劳工阶级知识水平。

德国经济学家弗里德里希·李斯特具体将资本分为两类:物质资本和精神资本。他认为,一国的最大部分消耗应该是用于后一代的教育,应该用于国家未来生产力的促进和培养。他把人的才智、人的体力称为精神资本,实际上就是现代意义上的人力资本。另一位德国农业经济和农业地理学家约翰·海因利希·冯·屠能(J. H. von Thünen)认为,把资本的概念应用于人,并不是贬低人格或有损于人的尊严和自由;反之,这个概念应用在战争中则是有害的。因为在战争中人们会毫不犹豫地为了保全一门大炮而牺牲一百个青壮年,其理由是购置一门大炮要花费公积金,而人只需颁布征兵法便可以无偿得到。这显示了屠能重视人的价值更甚于物质资本的思想。

相比于早期的古典经济学家,英国著名的经济学家马歇尔更重视知识和教育的作用,把它们列入资本的范畴加以研究。他认为:资本大部分是由知识和组织构成的,知识是我们最有力的生产动力;它使我们能够征服自然,并迫使自然满足我们的欲望。科学知识是整个文明的财产、世界的财产,比有形的东西更为重要。可贵的是,马歇尔认为教育能提高一国的生产力,促进经济发展。"一个伟大的天才的经济价值足以抵偿整个城市的教育费用。"①

此外,一些学者对知识、技术在经济增长中的作用进行了定量分析,为人力资本理论的形成奠定了一定的理论基础。但他们的共同点是都比较零散、不成体系,都把人力单纯看成是自由人,是自然禀赋而且具有同质性。它们只研究人力对经济的影响,未考虑经济活动对人的作用,属于局部均衡分析的方法。直到1906年,欧文·费雪在《资本和收入的性质》一书中明确而令人信服地提出了一个全面包含人力资本在内的完整的资本概念才结束了资本限于实物形态的历史。但真正使人力资本形成理论进而影响了后来经济学发展的还是新自由主义派的代表人物舒尔茨。

舒尔茨从不同的角度对人力资本下过定义。其要点是:(1)人力资本表现为人的能力和素质,即人力资本是内含于人本身的知识和技能的存量,它体现在四个方面:体质、智力、知识和技能、道德。如果说人的体力和智力主要体现了人的一种先天素质,那么知识和技能、道德素质则是通过后天努力获得的,它是先天素质的改善和提高。这四方面的素质越高,人力资本的含量越大,所具有的生产能力也越大。(2)在人的素质既定后,人力资本可表现为从事工作的总人数以及劳动市场上的总的工作时间。(3)人的能力和素质是通过人力投资而获得的,因此人力资本又可理解成是对人的投资而形成的资本。从货币形态看,它表现为提高人力的各项开支,主要有保健支出、学校教育和在职教育支出、劳动力迁徙支出等。(4)既然人力是一种资本,无论是个人还是社会,对其投资必然会有收益。因此人力资本是劳动者时间价值收入提高的最主要源泉。

教育投资

---

① 〔英〕马歇尔:《经济学原理》(朱志泰译),商务印书馆1964年版,第233页。

二、研究人力资本理论的意义

（一）人力资本理论的研究可以深化对人的生产能力的认识

人力资本理论不单纯强调作为生产要素的劳动力的作用，更突出了人力资本的内在质量，即由体质、智力、知识和技能、道德构成的先天与后天相结合的综合素质。作为一种资本，与物质资本相比较，人力资本的投资效率要高于物质资本的投资效率。传统的物质资本可以带来5%—10%的收益率，而人力资本投资的收益率则达20%—80%，这说明资本的效率来自人力资本的内在质量。质量越高，资本效率越高，生产能力就越强，国民收入就越多。同时，人力资源的供给不再像传统历史时期由人口数量决定劳动生产力，稀少的人口数量同样会形成丰富的人力资源供给。决定人类未来的不是空间、能源、耕地等物质资本，而是人类的知识存量；不是由人口数量决定的而是人口质量。由人的内在质量所表现出的特定的、有效的行为称为能力。它们之间不仅是相互交叉、相互作用的，而且这些能力是稀缺的，具有经济价值的，其资本投资收益率极高。由此可见，人的生产能力是由人的内在质量和外在能力所形成的综合体，内在质量越高，外在能力越强，生产能力就越高，投资收益率就越大，国家就越富强。

（二）人力资本理论强调了人的生产能力的后天发展

影响人力发展的因素有先天后天之分。先天的生理、种族、遗传等形成原始的人力，是人力资本形成的基础；后天的环境、教育、培训是人力的完善，是人力资本提高质量的核心。早期学者只考虑到人的先天因素，把劳动看成是一组完全与资本无关的先天能力，把人贬成一种纯粹的物质因素，类似财产的东西，似乎也是人格的贬低。人力资本的提出使我们认识到，人的生产能力主要是由后天经济活动投资塑造的结果，是通过对自身投资便能扩大选择的范围，这正是自由人可以增加自身福利的一个途径。同时，个人福利状况的改善会增加一个国家的整体福利水平和经济实力。没有后天的培训，再好的先天也会退化，所谓用进废退便是这个道理。长远地看，人与经济发展存在着互动关系。

（三）人力资本理论揭开了经济增长之谜

人力资本理论的建立，首先使我们认识到人力资本是推动经济发展与增长的根本因素，教育则是提高人力资本质量的主要途径。其次使我们在资本收入比率的长期变动中发现,人力资本以比非人力资本高得多的速度增长,且人力资本的报酬率大大高于非人力资本的报酬率。再次,在总产出增长率和总投入生产率间越来越大的差异,除了受规模收益的影响外,终于可以用一直被忽视的人的能力的改进来解释。最后,工人实际工资的大幅度上涨,与其用额外的收入、固定劳动量和纯地租的反映来解释,不如说成是工人对自身投资的改进更合理。只有工人平均的人力资本数量的稳定增长使人力资本不断提高才会在竞争中取胜。

（四）人力资本理论促进了知识经济的发展

20世纪80年代中期,罗默(P. Romer)和卢卡斯(R. Lucas)为代表人物的"新增长理论"继承了舒尔茨人力资本是经济增长源泉的思想,把知识积累看作是经济增长的一个独立因素,技术进步不再是外生变量,而是内生变量,知识可以提高投资的效益,知识积累是现代经济增长的源泉。由于知识具有的非磨损性、重复使用性、低成本、可复制、可共享性等特征,并不排斥他人的完整拥有,因此,知识的生产效率取决于知识的生产与开发以及技术转化为产品的效率;制造业和服务业逐步一体化,服务业将占越来越重要的地位,尤其是提供知识和信息服务成为社会主流。

第二节　员工培训与开发

一、员工培训与开发的含义

员工的培训与开发是一个概念,但可以分解为培训和开发两部分来理解。培训就是向新员工或现有员工传授其完成本职工作所必需的相关知识、技能、价值观念、行为规范的过程。开发是增加和提高员工的知识和能力,以满足目前和将来的工作需求。培训更多的是一种具有短期目标的行为,目的是使员工掌握目前所需要的知识和技能;而开发则更多的是一种具有长期目标的行为,目的是使员工掌握将来所需要的知识和技能,以应对将来工作所提出的要求。事实上,培训和开发的本质是一样的,都是着眼于员工的知识掌握和技能提高,以改善员工的工作业绩。

二、员工培训与开发的意义

组织越来越重视员工培训与开发的工作与以下几方面分不开。

（一）培训与开发有助于改善组织的绩效

组织绩效的实现是以员工个人绩效的实现为前提和基础的，有效的培训与开发工作能够使员工提高知识、技能水平，改变态度，增进对组织战略、经营目标、规章制度以及工作标准等的理解，从而有助于改善他们的工作业绩，进而改善企业的绩效，这可以说是培训与开发最为重要的意义，尤其是在员工个人的工作绩效低于需求达标的水平时，这种意义就更为突出。

（二）培训与开发有助于增进组织的竞争优势

当今时代，随着知识经济的迅猛发展和科学技术的突飞猛进，各类组织的经营环境日益复杂多变，通过培训与开发，一方面可以使员工及时掌握新的知识、技能，另一方面可以营造出鼓励学习的良好氛围，这些都有助于提高组织的学习能力，保持和增进组织的竞争优势。

（三）培训与开发有助于提高员工的满意感

应当说，员工的满意感是组织正常运转的必要条件之一，而培训与发展则有助于提高员工的满足感。对员工进行培训与开发，使他们感受到组织对自己的重视与关心，这是满足感的一个重要方面。此外，对员工进行培训与开发，可以提高他们的知识技能水平，进而员工的工作业绩能够得到提升，这有助于提高他们的成就感，这也是满足感的一个方面。

（四）培训与开发有助于培育优秀的组织文化

人类社会进入 21 世纪，管理科学正经历从科学管理到文化管理的第二次飞跃。在激烈的市场竞争中，越来越多的有识之士发现了文化因素的重要作用。优秀的组织文化对员工具有强大的凝聚、规范、导向和激励作用，员工在组织文化的构建过程中逐步达成共同的价值观念和道德准则。培训与开发中的教育和宣传是一种非常有效的手段。

（五）培训与开发有利于增强员工对组织的归属感

组织应该不断地培训（引进的或者自己培养的）员工，向员工宣传组织的价值观,培训良好的行为规范,使员工能够自觉地按惯例工作,形成良好、融洽的工作氛围。培训可以增强员工对组织的认同感,增强员工与员工、员工与管理人员之间的凝聚力及团队精神。组织对员工培训得越充分,对员工越具有吸引力,越能发挥人力资源的高增值性,从而创造更多的效益。培训不仅提高了员工的技能,而且提高了员工对自身价值的认识,使其对工作目标有更好的了解。

三、人力资本投资与培训开发的关系

"人力资本投资"与"培训开发"是两个意思上有着重叠又各自有所强调的概念,在某种意义上可以说"人力资本投资"的概念要比"培训开发"更广、更大。贝克尔对人力资本投资的定义为"通过增加人的资源影响未来货币与心理收入的活动"[①]。贝克尔认为人力资本对人力的投资是多方面的,主要包括教育支出、保健支出、劳动力流动的支出或用于移民入境的支出等。

所谓人力资本投资是指组织管理者为了充分挖掘组织人力资源的潜力,调动组织人力资本生产的积极性,提高人力资本的质量,改变更新人力资本的知识结构,改善管理,发挥人力资本的群体效益,使人力资本与物质资本结合处于最佳状态,从而使组织取得最佳的经济效益而有意识、有计划、有组织地采用各种切实有效的手段,形成人力资本所支出的教育支出直接费用与因受教育所放弃的收入间接费用之和在劳动者身上的有效凝固。简而言之,人力资本投资是指基于组织需求与人才供给考虑进行的对组织人力资本存量、结构进行的投资活动,包括教育、培训等形式。

严格来讲,"培训开发"并不是一个概念,而是"培训"与"开发"两个词的合成,因此,对培训开发的理解要从培训与开发的辨析开始。培训是指组织实施的、有计划的、连续的系统学习行为或过程,其目的是通过成员的知识、技能、态度,乃至行为发生定向改进,从而确保组织成员能够按照预期的标准或水平完成目前所承担或将来要承担的工作认为。培训的终极目标是要实现个人发展与组织永续的和谐统一。开发是指有助于为未来工作做好准备的正规教育、工作实践、人际互动以及人格和能力评价等所有各种活动。由于开发是未来导向的,因此在开发中所学习的东西并不一定与当前所从事的工作有关。也就是说,培训

---

① 〔美〕加里·S. 贝克尔:《人力资本》(梁小民译),北京大学出版社1987年版,第1页。

是根据过去的工作表现和现在的工作需要进行的技能提升,而开发是针对未来的需要,这样的话,"培训开发"的概念就是对组织成员知识、技能、态度等方面进行改进的统称。

因此,虽然人力资本投资和培训开发都是为提高人力资本中的知识和技能水平进行的活动,但是两者具有鲜明的差异。"人力资本投资"的概念比"培训开发"的层次要更高、更宏观,培训开发在很大程度上从属于人力资本投资,是进行人力资本投资的一种手段。此外,人力资本投资概念来源于经济学,更多带有经济学的色彩,而培训开发概念的管理学意义要更浓些,可以说,人力资本投资是指导意义上的知识和技能水平提升理论,而培训开发是在理论指导下的对知识和技能水平提升的具体操作和实施。

四、人力资本理论对职业培训的研究

在舒尔茨等人力资本经典代表人物的著作中都渗透着这样的观点,即在人力资本的形成过程中,普通教育只是人力资本的一种形式,而不是全部形式。普通学校教育和职业培训是两种性质相同的教育,普通教育受教育收益和成本的影响,常常会因收益递减而产生自我限制,职业培训则是一种学习周期较短、学习方式灵活的受教育形式,其就业风险相对于普通教育要小,就业的灵活性大。因此职业培训在就业方面要优于普通教育。

(一)西奥多·舒尔茨对职业培训的研究

舒尔茨将人力资本投资分为五个方面:(1)卫生保健设施和服务。从广义上说它包括影响人的预期寿命、体力和耐力、精力和活动的全部开支,这是形成健康和体力的重要途径,医疗保健的投资增强了人力资本的内在能力和延续长度。(2)在职培训。在职培训是人力资本形成的另一个重要途径,包括由商社组织的旧式学徒制、工作经验的积累、干中学等。(3)正规的初等、中等和高等教育。教育历来被认为是人力资本形成的最主要途径。对人力资本的研究最早就是由研究教育开始的。(4)成人教育计划,特别是农业方面的校外学习计划。(5)个人和家庭进行迁移以适应不断变化的就业机会,包括国内迁移和国外迁移。这种途径严格来说没有形成新的人力资本,却通过人力资本的重新配置使人力资本的利用更有效。

（二）加里·贝克尔对职业培训的研究

贝克尔也对培训问题进行过深入分析。他认为培训包括一般培训和特殊培训两种情况。一般培训是指被培训者所获得的知识和技能具有一般性用途的培训。特殊培训又称专门培训，是一种能更大地提高企业生产率的培训。一般培训由被培训者自己付费，特殊培训主要由企业支付费用。贝克尔在对"人力资本"进行研究时同样提出了职业培训对经济发展的重要作用问题。他认为职业培训是最直接有效的人力资本投资。与其在生产中增加机械设备等方面的投资，不如通过教育培训的投资来提高人的科学技术水平和能力，这是一种在发展生产中能取得最佳效果的最合理的投资。其中，由于职业培训与职业联系得最直接、最紧密、最深入，职业培训的市场化、产业化运作往往能使被培训者以最小的成本获得最大的产出，因此，职业培训有可能成为现代社会最直接有效的人力资本投资。

（三）雅各布·明塞尔对职业培训的研究

美国经济学家雅各布·明塞尔（Mincer）对职业培训在人力资本形成中的作用给予了高度评价。他认为："在生产率增长更快的地方，培训更为普遍：生产率增长背后的生产过程中的技术变化需要对工人进行培训和再培训。"[①]职业培训是人力资本中的重要内容，是技术对职业培训的需求，可以带来社会生产力的提升。他认为，生产过程中的技术变化能否实现，还需要有一个基本前提，就是"如果在培训中获得的技能迅速过时，工人投资于培训的动机就会减少。但是，如果技能过时是渐进的或部分的，而连续的培训或再培训又会增加技能，那么工人投资培训的激励不会受到削弱，特别是由雇主分担培训成本时更是如此"[②]。这一人力资本理论告诉我们，企业的发展必须靠工人之间的技术学习和培训来实现。科学技术和培训之间是一个正相关关系。因此，职业培训是社会经济发展过程中必不可少的社会促进机制和社会保障机制，职业培训也就成了人们关注和研究的焦点。职业培训是开发人力资源的重要手段，是提高人的知识、技能、资历、经验和工作熟练程度的主要方法，也是人力资本投资改革的

---

① Jacob Mincer, "Human Capital Responses to Technological Change in the Labor Market," The National Bureau of Economic Research Working Paper, No.3207, December 1989, p.13.

② Ibid.

主要趋势。

可见,人力资本理论中一直渗透着对职业培训的研究,人力资本理论的学者一致认为,加强基础教育和职业教育培训有着更重要的意义。在知识经济社会,人们必须不断地掌握与未来相关的技能。在多数情况下,扩大学校教育的规模和提高学校教育的质量都不足以满足劳动力市场的需求,重要的是发展成人教育。

五、培训的分类

员工培训与开发的项目和方式种类繁多,可以从不同角度分类概括。

根据学习内容与学习过程的不同特点,可以把培训与开发分为知识、技能和态度等三种类型。

(1)知识培训:组织培训中的第一个层次,也称为认知能力的学习,要求员工学习各种有用知识并运用其进行脑力活动,促进工作改善。

(2)技能培训:组织培训中的第二个层次,通过提升员工某项技能的操作能力来提升企业的效益。

(3)态度培训:组织培训中的第三个层次,又称态度学习,它主要涉及对员工的价值观、职业道德、行为规范、人际关系、工作满意度、组织承诺、不同主体的利益关系处理,以及个人行为方式选择等内容和项目的培训。

根据培训与开发的内容是否具有普遍适用性,可以把培训与开发分为一般培训和特殊培训。

(1)一般培训:指员工通过培训获得业务技术知识、技能,对其所属组织以外的组织同样具有适用性,即接受一般培训的员工可以借此去其他组织谋职,并获得一个与其当前技能相称的较高的工资率。

(2)特殊培训:指员工通过培训获得业务技术知识、技能,只对培训的企业具有适用性,或者能使提供培训的组织的生产率比其他组织提高更多。

一般培训和特殊培训之间的差别在于,员工学到的任何职业技能对员工接受训练的组织以外的组织的是否有用处。如果这种训练对其他组织也同样适用,那么无论这种技能的性质如何都是一般培训。

根据培训与开发同工作的关系,可以把培训与开发分为脱产培训、不脱产培训和半脱产培训。

（1）脱产培训：员工脱离工作岗位，专门去各类培训机构或院校接受培训。其优点是可对大量的员工同时进行培训；员工可在专家指导下专心接受培训并学习高度专业化的知识和技能，还可相互学习增强培训效果，容易培养团队意识；员工没有工作压力，能集中时间和精力，知识和技能水平提高较快。缺点是针对性和实践应用性等方面往往存在缺陷，培训成本一般较高。

（2）不脱产培训：不脱离工作岗位，利用工作之余进行培训和学习。优点是员工不脱离工作岗位，对正常工作和生产没有影响；缺点是培训时间长、效率低。

（3）半脱产培训：脱产培训与不脱产培训的一种结合。优点是较好地兼顾培训的效率、质量和成本等因素；缺点是很难把握两者的结合度。

根据参加培训与开发的员工是否到岗，可以把培训与开发分为岗前培训和在岗培训。

（1）岗前培训：一般由人力资源部门负责，主要是对新员工表示欢迎，介绍组织的远景目标、历史、文化等，介绍组织结构和岗位的工作性质，讲解有关规章制度、员工规则，安排直线领导或者资深员工作为培训的指导老师，解答新员工提出的问题等。

（2）在岗培训：一般由新员工所在部门负责，主要是使新员工认识本部门员工，介绍部门环境和工作内容、部门内的特殊规定，讲解新员工岗位职责要求、工作流程、工作待遇，指定资深员工带教新员工。一个周期（比如一周）结束后，部门负责人与新员工交换意见、指出工作中出现的问题、回答新员工的提问，并对新员工的表现进行评估等。

小　结

人力资源的培训和开发是提升人力资源素质、实现组织目标的有效手段，人力资本理论是培训和开发的理论支撑。

第一节是人力资本理论，主要内容包括两方面。一是人力资本思想的发展历程，二是研究人力资本理论的意义。

第二节是员工培训与开发，主要包括五部分。一是员工培训与开发的含义，二是员工培训与开发的意义，三是人力资本投资与培训开发的关系，四是三种典型的人力资本理论，五是培训的分类。

复习思考题

1. 简述人力资本的定义。
2. 简述研究人力资本理论的意义。
3. 简述员工培训与开发的含义。
4. 简述员工培训与开发的意义。
5. 简述人力资本投资与培训开发的关系。
6. 简述人力资本理论对职业培训的促进作用。
7. 培训的各种分类有哪些?

推荐阅读

董克用主编:《人力资源管理概论(第四版)》,中国人民大学出版社2015年版,第八章。

李宝元:《人力资本论》,北京师范大学出版社2009年版。

刘淑波、王伟伟:《人力资本理论的发展及意义》,《前沿》2004年第4期。

〔美〕加里·贝克尔:《人力资本(原书第3版)》(陈耿宣等译),机械工业出版社2016年版。

〔美〕韦恩·卡西欧、赫尔曼·阿吉斯:《心理学与人力资源管理(第7版)》(孙健敏、穆桂斌、黄小勇译),中国人民大学出版社2017年版,第14—15章。

孙柏瑛、祁凡骅编著:《公共部门人力资源开发与管理(第四版)》,中国人民大学出版社2016年版,第十一章。

杨伟国、唐鑛主编:《人事管理经济学》,复旦大学出版社2012年版,第四章。

第九章

绩效管理

学习目标

1. 了解绩效考核、绩效管理的含义、关系。
2. 掌握绩效管理的主要理论和主要工具。
3. 理解绩效管理对于组织和组织人力资源管理的重要意义。

引 例

吴晓波：绩效主义会毁了小米吗？*

当雷军在 2017 年的年会上，为小米定下千亿"小目标"的时候，我们似乎看到了一位反叛者的皈依。

1

雷军在变，是变好还是变坏，仁者见仁。

2016 年的小米年会上，雷军说："年初，我们定了一个 8000 万台的销售预期，不知不觉我们把预期当成了任务。我们所有的工作，都不自觉地围绕这个任务来展开，每天都在想怎么完成。在这样的压力下，我们的动作变形了，每个人

---

* 资料来源：吴晓波：《绩效主义会毁了小米吗》，2017 年 2 月 8 日，新浪网，http://finance.sina.com.cn/zl/lifestyle/2017-02-08/zl-ifyafenm3020987.shtml，2018 年 7 月 1 日访问。

第九章 绩效管理

脸上都一点一点失去了笑容。"

于是,雷军提出:"所以我们定下了2016年最重要的战略:开心就好。我们决定继续坚持'去KPI'的战略,放下包袱、解掉绳索,开开心心地做事。"

2016年,眨眼即逝。

在2017年的年会上,过得并不太开心的雷军画风大变,他说:"天上不会掉馅饼,撸起袖子加油干。"当一个人撸起袖子的时候,一定不可能面带微笑,更不可能只是"开心就好"。

雷军为小米定了一个小目标,它被定格在一幅如天空般辽阔的大屏幕上:"小米整体收入破千亿元。"

千亿就是KPI,KPI就是绩效。

你在,或不在,它都在这里。

2

"绩效管理"这个概念是在20世纪70年代后期,由美国管理学家奥布里·丹尼尔斯提出的。而早在1954年,彼得·德鲁克就提出了"目标管理",在他看来,"绩效管理是20世纪最伟大的发现之一"。

在德鲁克和丹尼尔斯的理论框架中,绩效管理是一个完整的系统,它把员工绩效和组织绩效相结合,将绩效管理提升到战略管理层面。KPI衡量重点经营活动,不反映所有操作过程,有利于公司战略目标实现。

也就是说,绩效管理是一个只重结果,而开放执行过程的目标治理模式。

整个20世纪的下半叶,是绩效主义的繁荣时期,所有企业英雄都是绩效达人。曾被公认为"世界第一经理人"的通用电气前CEO杰克·韦尔奇,在自传中就清晰地写道:"如果说,在我奉行的价值观里,要找出一个真正对企业经营成功有推动力的,那就是有鉴别力的考评,也就是绩效考核。"

对绩效主义的反动,是从一个绩效的失败者开始的。

2006年,索尼前常务董事天外伺郎发表了一篇文章《绩效主义毁了索尼》,在他看来,索尼引入美国式的绩效主义,扼杀了企业的创新精神,最终导致索尼在数字时代的失败。

在20世纪80—90年代,索尼因半导体收音机和录音机的普及,实现了奇迹般的发展。但是到了2006年,索尼已经连续4年亏损,2005年更亏损63亿美元。

天外伺郎将失败的根源归结于绩效主义。

——绩效改革使索尼子公司总经理要"对投资承担责任",这就使得他们不愿意投资风险大但是对未来很重要的技术和产品,而更愿意做那些能够立竿见影又没有多大风险的事情。

——绩效制度的引进让每个业务单元都变成独立核算经营公司,当需要为其他业务单元提供协助而对自己短期又没有好处的时候,大家都没有积极性提供协作。为了业绩,员工逐渐失去工作热情,在真正的工作上敷衍了事,出现了本末倒置的倾向,索尼就慢慢退化了。

天外伺郎的观点,如同在全球管理界投放了一枚震撼弹,它几乎摧毁了制造业者的价值观基石。

3

任何名词一旦被缀之以"主义",便镶嵌上了意识形态的意味,从而具备了强烈的排他性。

20世纪的一百年,无疑是管理学的一百年,从福特工作法到美国式公司治理制度,从德国车间到丰田生产线,种种管理理念及模式上的变革,推动了工业文明的繁荣。

然而,进入21世纪之后,随着互联网经济和新的风险投资模式的兴起,韦尔奇所谓的"企业经营的成功推动力"发生了变化,相比于内部管理,商业模式的创新、新技术应用以及资本经营,显然起到了更为显赫的作用。

在中国企业界,对绩效管理的扬弃便是由互联网人发动的,进而蔓延到整个实体经济领域,而这个过程又呼应于数字化转型的大潮流。如同人在遭遇挫折时会怀疑自我价值一样,一家企业在面对重大的生态型变化时,会否定既有的制度安排,在极端状态下,会否定存在的一切。

在十年后的今天,重新回望天外伺郎的观点,有三个角度可以进行认真的商榷:

其一,索尼的衰落,是绩效管理导致的结果,还是决策层战略安排的失误?

过去十年,韩国三星的崛起与索尼恰成反例,它同样执行的是美国式的绩效薪酬制度。李健熙将经营权和责任全部分配给具有专业资质的各子公司社长,只对各子公司经营层实行"明确经营的完全责任、赋予履职的足够权限、按照绩效奖励团队"的管理模式。在三星经验中,绩效薪酬有力地扭转了原有的僵化体制、激活子公司经营团队,助推三星新经营转型。

第九章 绩效管理

在亚洲地区,中国的华为和(台湾地区的)富士康,无一不是绩效主义的忠实执行者,甚至,它们引入了更为严格的军事化管理模式,将绩效目标的实现推向极致。

其二,互联网公司的成功,是去 KPI 的胜利,还是新的绩效目标管理的结果?

无论是 Facebook、亚马逊还是中国的 BAT,无一不是强绩效型企业,所不同的是,它们的绩效目标并不只是利润,更是用户——用户的数量、留存率、活跃度、获客成本及客单价。

也就是说,互联网公司的绩效模型是以用户为核心而展开的,而索尼、GE 等制造企业的绩效模型是以商品为核心的。

关键不是没有 KPI,而是 KPI 的指向体发生了微妙的改变。而无论如何变化,绩效以及与绩效相关的数目字管理,仍然是企业治理的基础性工作。

其三,索尼的总经理们"不愿意投资风险大但是对未来很重要的技术和产品",是绩效目标造成的,还是组织模式落后造成的?

互联网改变了信息流动的方式,进而改变了企业运营的模式和对效率的定义,这个变化对企业的组织架构提出了严峻的挑战,越是大型的企业,遭遇的困难越大。

企业内部创新能力的激发,并不以放弃管理特别是放弃绩效管理为代价,而是应该在组织模式上进行自我革命,形成目标高度一致、功能耗散协同、管理空前扁平、自我驱动的特种兵机制。

组织架构的变革意味着权力的放弃和重组,在进化的意义上,这是最为致命的,甚至,失败是大概率事件。这也是诺基亚、西门子、GE 等优秀公司陷入困境的原因。

4

当雷军在 2017 年的年会上为小米定下千亿"小目标"的时候,我们似乎看到了一位反叛者的皈依。

绩效主义的回归以及对绩效的重新解读,意味着互联网思维与新工业革命的融合,前者成为后者的基础设施。

雷军式的皈依不是回到从前,而是可能带来新的绩效管理的尝试。在管理学创新停滞了十多年之后,新的范式变革已经悄然发生,有意义的是,这一次,中国企业有可能成为最激进的实验者。

第一节 绩效考核与绩效管理

一、绩效考核

(一) 绩效的内涵

绩效(performance)是指工作的执行、履行、表现、成绩等。最初发源于工商企业界的管理活动,强调经济活动的有效性,即强调投入资源和所获得的产出的比例关系及效果,这种效果体现为由一系列的经济指标包括成本、资本、收入、净利等描述的经济组织的效率状态。后来,"绩效"的概念被引入到公共部门和第三部门中的经营和管理中。

关于"绩效"概念的研究,贝茨和霍尔顿指出:"绩效是一个多维建构,测量的因素不同,其结果也会不同。"①关于绩效的定义,存在两种观点:一种观点认为绩效是结果,另一种观点认为绩效是行为。持"绩效是结果"观点的学者认为:绩效应该定义为工作的结果,因为这些结果与组织的战略目标、顾客满意感及所投资金的关系最为密切,这种绩效是一个人在工作上留下的东西,这种东西与目的相对独立存在。持"绩效是行为"观点的学者认为:绩效是行为,应该与结果区分开,因为结果会受系统因素的影响,是与一个人在其中工作的组织或组织单元的目标有关的一组行为。

(二) 绩效考核的定义

绩效考核(performance appraisal)又称绩效评价、绩效评估或绩效考评,是指考核主体对照工作目标和绩效标准,采用科学的考核方式,评定员工的工作任务完成情况、员工的工作职责履行程度和员工的发展情况,并且将评定结果反馈给员工的过程。绩效评价在实践中已存在几个世纪。我国至少在3世纪已开始应用绩效评价。西方的绩效评价可追溯到16—17世纪。在19世纪早期的欧洲,罗伯特·欧文最先将绩效评价引入苏格兰。美国正式的绩效评价始于美国军方,1842年,美国联邦政府开始对政府公务员进行绩效评估。而绩效评价过程的科学研究则可以追溯到美国的卡耐基·梅隆大学的组织心理学家的研究。近

---

① Reid A. Bates and Elwood F. Holton, "Computerized Performance Monitoring: A Review of Human Resource Issues," *Human Resource Management Review*, Vol.5, Iss.4, 1995, p.279.

十年来,绩效评价成为管理心理学家研究的重要领域。

二、绩效管理

(一)绩效管理的认识论

绩效管理始于绩效评价,绩效评价是绩效管理最早的体现形式。绩效管理最早发展自员工绩效考核,在资源管理职能构成中由来已久。在市场经济不断发展的背景下,组织越来越重视管理水平的提高,管理学专家逐渐意识到绩效管理还停留在绩效评价的环节上,存在不少的弊端,为此,学者们开始对传统的绩效评价进行改善,逐渐形成绩效管理并推动其走向成熟。从时间角度看,20世纪70年代后期,奥布里·丹尼尔斯(Aubrey Daniels)提出"绩效管理"的概念,用来简单地描述一种让人们做你想做的事情并喜欢那样做的方法,后于1982年出版了开创性的著作《绩效管理》,到80年代后期和90年代前期,绩效管理逐渐成为被广泛认可的一个人力资源管理过程。

在绩效管理思想发展过程中,对绩效管理的认识主要有三种观点。第一种观点认为绩效管理是管理组织绩效的系统,代表人物是英国学者罗杰斯和布瑞得鲁普。这种观点将20世纪80年代和90年代出现的许多管理思想、观念和实践等结合在一起,核心在于决定组织战略以及通过组织结构、技术事业系统和程序等来实施。第二种观点认为绩效管理是管理员工绩效的系统,代表人物是艾恩斯沃斯、奎因、斯坎奈尔等。这种观点将绩效管理看作组织对一个人关于其工作成绩以及他的发展潜力的评估与奖惩,通常将绩效管理视为一个周期。第三种观点认为绩效管理是管理组织和员工绩效的综合系统,代表人物是考斯泰勒等。这种观点将绩效管理看作管理组织和雇员绩效的综合体系。

(二)绩效管理的含义

国内外学者主要根据研究对象的不同来界定绩效评价的含义,一般包括两个层次:一是对组织绩效的评价,二是对员工绩效的评价。主要的观点如下:绩效评估是涉及对员工决定和表达如何执行其工作,以及如何建立改善计划的过程[1];绩效评估就是对一项有意义的实践活动或对某单位、某部门、某行业、某地

---

[1] Diana L. Deadrick and Donald G. Gardner, "Performance Distributions: Measuring Employee Performance Using Total Quality Management Principles," *Journal of Quality Management*, Vol.4, No.2, 1999, p.233.

区的某个时间工作和建设事业所取得的结果,从成绩和效益方面进行客观评价①;绩效评估是指,在目标执行期限结束的时候,根据事前已达成共识的测定指标对绩效目标的完成程度进行测定的过程②。

绩效管理是一项系统工程,不仅包括作为重要一环、最直观反映的考核评估过程,还包括为达到目标而采取的一切管理手段和方法。绩效管理是一个完整的系统,它通过组织管理者和员工的持续沟通,将组织的战略和目标、员工的工作绩效目的等信息传递给员工,并帮助员工一起完成绩效目标,从而实现组织的战略目标。

结合上述内容,本书认为,绩效管理是指为达到组织或个人目标,通过制订绩效计划,加强绩效沟通和考核评价,在员工的综合能力和素质得到提升的同时,组织目标也得以顺利达成,最终实现组织和员工双赢的过程。

三、绩效考核与绩效管理的关系

绩效管理不是一个什么特别的事物,更不是人力资源部的专利,它首先是管理,涵盖管理的所有职能:计划、组织、领导、协调、控制。因此,绩效管理本身就是管理者日常管理的一部分,想躲都躲不开。难怪有不少管理者在接受绩效管理的培训后发出感慨:"管理者不做绩效管理,还能做什么!"

绩效管理是一个持续不断的交流过程,该过程是由员工和他的直接主管之间达成的协议来保证完成。在这个过程中,它不仅强调达成绩效结果,更通过目标、辅导、评价、反馈,重视达成结果的过程。

绩效管理是一个具有循环性的系统,其导向为组织战略,管理的整个过程应该是完整的。绩效管理的循环链可分为四个阶段:绩效计划、绩效执行(辅导)、绩效考核(检查)、绩效反馈(结果改进)。绩效考核只是这四个环节中的一环。

(一) 绩效考核与绩效管理的区别

1. 目的不同

绩效管理是为了达到一定的绩效目标,是以"做事"为中心的;绩效考核的

---

① 吴俊卿、郑慕琦、张志兴等:《绩效评价的理论与方法——在科研机构的实践》,科学技术文献出版社 1992 年版,第 1 页。

② 参见〔韩〕刘朗道:《综合绩效管理革命》(卢珍译),新华出版社 2005 年版。

目的则是为了给一些综合的人事决策提供依据,如薪酬级别的晋升、职位调整等,因此,绩效考核是以"人"为中心的。当然,绩效管理中也会包含一些涉及人的措施,如发放绩效薪酬、进行人员培训等,但是这些都是围绕更好地达成结果目标和行为标准而进行的;绩效考核的结果则用于那些与具体的工作结果和行为标准没有直接关系的人事决策,如人员晋升、薪酬等级的提升等。也有组织利用绩效考核的结果进行绩效薪酬发放、安排人员培训等,甚至很多从事管理研究的人也支持这种做法,但我们认为,这属于对绩效考核结果的误用,其管理效果往往并不好。

2. 对象不同

绩效管理对象是单项绩效,包括单项结果绩效和单项行为绩效;而绩效考核的对象则是整体绩效,或者说是创造这些绩效的人。

3. 内容不同

绩效管理包括目标和标准设定、监督和控制等活动;而绩效考核则主要包括绩效评价标准设计、绩效评估等活动。

4. 重点不同

绩效管理重未来,绩效评价重过去。绩效管理是基于绩效评价,通过沟通等机制帮助员工提高绩效,从而对组织发展进行管理。绩效评价重在对员工过去的业绩进行考核,是总结和分析过去的一种方法,而绩效管理是从长远进行考虑,具有战略性地位。

5. 周期不同

绩效管理的周期不固定,一般会随着绩效项目的差异而非常灵活。例如,对于生产工人质量的绩效管理,有时必须以小时为单位来进行。对于科研项目这样本身周期较长的工作,则一般要划分为若干较短的周期进行绩效管理。绩效考核的周期较长且相对固定。

6. 责任人不同

绩效管理涉及管理者,需要管理者和员工一起参与进行,责任人众多;而绩效评价一般由人力资源部组织进行,责任人比较单一。

(二)绩效管理与绩效考核的联系

在进行绩效考核时,一种简便易行的方法是根据考核者的总体印象对员工进行考核。如果采用这种方法的话,绩效考核与绩效管理在形式上则没有直接的关系。但是,在那些具有较好的绩效管理基础的组织中,绩效考核经常是根据绩效管理过程中设置的绩效目标和标准进行的。也就是说,在这些组织中,绩效管理中的目标设定过程和绩效考核标准的设定已融合为一个过程。

四、中国古代官员的绩效考核

官吏考核是官吏职位升降、奖优罚劣的基础,是我国历代官吏管理制度的一项重要内容。学者们通过纵向比较自原始社会末期到清代前期的官吏考核制度,从中发现了我国古代官吏考核制度的发展规律。[1]

(一)我国古代对官吏考核的实践

官吏考核在历史上又称作考课、考察。我国对官吏进行考核的实践由来已久。据《尚书·舜典》记载,帝舜"三载考绩,三考,黜陟幽明,庶绩咸熙"[2]。也就是说,早在原始社会末期,舜当部落联盟首领时就已经有了考绩的做法,即每三年考核一次部落首领的能力与业绩,每考核三次即以九年作为一个周期对被考核者进行赏罚劝惩。

西周实行宗法分封下的采邑制,即天子按血缘关系分封诸侯,诸侯分封大夫,拥有自己的领地,形成一层一层的臣属关系。大夫对诸侯、诸侯对天子的义务主要是祭祀、军事,财政权则是相对独立的。在官吏考核方面,实行天子巡狩、诸侯述职和大比三项制度。巡狩是天子定期视察诸侯的封地。诸侯"述职者,述所职也",与现在的官员向上级汇报工作相似,史书中几乎没有记载具体做法,因此很难认定其为一项经常的考核制度。《周礼》记载的大比制度,其具体内容主要是调查诸侯、大夫领地的人口和考察其德行道义,借此选贤举能,而不涉及土地和收入。公田和其他收入的计簿要送于主管的司徒或家务总管。虽然西周对诸侯等官吏的考核很难称得上科学化和制度化,但可看作是我国古代官吏考核的开始。

春秋战国以后,全国的土地都归国家,实际为国君所有,农业和其他收入都要上缴中央,封地的租税也要缴纳一部分给国家。当时对官吏的年终考核制度已经形成,最主要的考核方法叫作"上计"。上,即向上级汇报;计,是指计算、计

---

[1] 岳海鹰、杨瑞梅:《比较与借鉴:我国历代官吏考核制度》,《行政与法》2005 年第 10 期。
[2] 慕平译注:《尚书》,中华书局 2009 年版,第 32 页。

账、计簿。其大致做法为：各级地方官年终须将自己辖区内的税赋收入、户口数目以及农作物的生长情况记录，以计簿形式送交中央呈请国君考核。国君根据官吏上报的土地、人口数字的增减和赋税的多寡，来评定官吏政绩的优劣，决定奖惩、升迁。到战国时，上计制已在各国普遍实行，如西门豹为邺守时，"居期年上计"。当时考绩实施得比较好的是秦国。秦在地方各郡县设置"计官"，负责地方的上计。此外，还有"尉计""苑计"等其他计官，分工主管不同部门的上计。《仓律》规定，各县向大仓上报禀食者名册的同时应上缴计簿，都官按照计簿来核实禀食者名册，主管各经济部门的官吏再向"大内"上报。

公元前221年，秦灭六国，统一中国。秦朝建立后继承了秦国的上计制度，构成了中央到地方的县上计于郡、郡上计于中央的系统。在内容上，以"五善五失"作为考核标准。睡虎地秦墓竹简中的《为吏之道》列明："吏有五善：一曰忠信敬上，二曰清廉毋谤，三曰举事审当，四曰喜为善行，五曰恭敬多让。五者毕至，必有大赏。"① "吏有五失"共有三组、十五种情形，分别是："一曰夸以迣，二曰贵以泰，三曰擅裚割，四曰犯上弗知害，五曰贱士而贵货贝。"或者"一曰见民倨傲，二曰不安其朝，三曰居官善取，四曰受令不偻，五曰安家室忘官府。"或者"一曰不察所亲，不察所亲则怨数至；二曰不知所使，不知所使则以权衡求利；三曰兴事不当，兴事不当则民伤指；四曰善言惰行，则士毋比；五曰非上，身及于死。"②

汉承秦制，两汉时的官吏考核制度主要是课计制，即考课和上计。考课是指上级有关机构根据上计的政绩对下级官吏进行考核，上计是指地方各州、郡长官向中央汇报自己的政绩。考课与上计是考核系统中同时进行的方向相反的两个流程。

汉代继续完善了上计制。郡、县平时都有工作记录，县为集簿，郡为计簿。秋冬岁尽，各县将户数增减、农田垦殖、社会安定状况等，上计于郡，郡再加以汇编，（武帝以前）上报丞相、御史两府。丞相府分管中央机构和地方郡国首相的考核，御史府负责核实被考核官吏的政绩的虚实。一般是每年一小考，叫常课，仅作为对官吏的评判；三年一大考，叫大课，常作为升迁的依据。西汉初年是由郡守考课县吏，丞相、御史考课九卿及郡国守相，各州、郡对其所属县的考核结束

---

① 睡虎地秦墓竹简整理小组编：《睡虎地秦墓竹简》，文物出版社1990年版，第168页。
② 同上书，第169页。

后,汇集各县情况编制计簿,由上计吏送达中央。《后汉书·百官五》记载:"秋冬岁尽,各计县户口垦田,钱谷入出,盗贼多少,上其集簿。丞尉以下,岁诣郡,课校其功。"① 西汉末年及东汉,尚书台逐步发展起来,位高权重。此时的考课虽名义上由三公负责,但实际由尚书台下设的三公曹掌握了上计考课的实权。

两汉时期的考核在程序化、规范化等方面较秦朝都有所发展,并形成了一定的规模,考核的内容和组织机构也更加严密,成为一项重要的官吏管理制度。我国古代官吏的考核制度在此时基本确立。

三国两晋南北朝时期,魏国大臣刘劭受明帝曹叡之命制定官吏考课法七十二条,但是受当时条件所限未能全部实施。晋武帝颁布五条诏书作为管理和考核属国官吏的标准:"一曰正身,二曰勤百姓,三曰抚孤寡,四曰敦本息末,五曰去人事。"② 北魏实行九品中正制,侧重根据考核结果对官吏分级分等使用。北周则以"先修心、敦教化、尽地利、擢贤民、恤狱讼、均赋役"③ 六条为考核内容。这一时期已开始对官吏进行多角度的考核。

唐朝的经济、社会发展达到了我国封建社会的第一个高峰,政治制度也较前朝日臻完善。唐制规定,官吏不论职位高低、出身门第都要经过考核。每年一小考,仅评定被考核者的等级;三年至五年一大考,综合考评这几年的政绩以决定升降与奖惩。官吏考核由专门的机构——下属于尚书省的吏部考功司负责,这是历史上首次出现专门的考核管理机构。年终集中考核的时候,另从京官中选派威望高者二人分别为京官考和外官考。又设给事中、中书舍人各一,分别监督京官考、外官考,号监中外官考使。考功郎中判京官考,员外郎判外官考。以品等定官阶的流内之官,根据品德和才能两方面,以"四善""二十七最"为标准,评定等第。四善一曰德义有闻,二曰清慎明著,三曰公平可称,四曰恪勤匪懈。二十七最则是根据各部门工作的不同性质和要求对官吏的能力提出不同的要求,如对州县官要考查户口、赋役增减和盗贼多少,博士、助教要统计讲授的时间。考核的具体做法是:各州县、部门长官统集所属成员全年的功过表现,根据"善""最"的多少定为九等(一最以上,有四善,为上上;一最以上,有三善,为上中;等

---

① 〔南朝宋〕范晔撰,〔唐〕李贤注:《后汉书(简体字本)》第三册,中华书局 2000 年版,第 2474 页。
② 《晋书·武帝纪》。〔唐〕房玄龄等:《晋书(简体字本)》第一册,中华书局 2000 年版,第 39 页。
③ 《北史·苏绰传》。〔唐〕李延寿:《北史(简体字本)》第二册,中华书局 2000 年版,第 1475—1481 页。

第九章 绩效管理

等)。考核结果当众宣读,公开议其优劣,"凡百司之长,岁较其属功过,差以九等,大合众而读之"①,"悬于本司、本州之门三日"②,最后汇总于尚书省。对于九品之外的流外官分为四等:"清谨勤公,勘当明审为上;居官不怠,执事无私为中;不勤其职,数有愆犯为下;背公向私,贪浊有状为下下。"③

宋代很重视考核官吏,基本上沿袭了唐代的考课制度,但在机构设置和权力分配上都有所变化。宋初,设审官院、考课院分别负责京朝官和地方官的考课事宜。对于考核的时间,不仅继续保留每年一小考、三年一大考的做法,而且还规定文官三年一任、武官五年一任。

值得一提的是,宋代对不同类别的官吏采用了不同的考核指标体系。(1)京官的三等考核法。宋代考核称为磨勘,意为检查复核,以防止申报不实或奖惩升降不妥。南宋度宗参酌旧制规定:"凡文武官员一是以公勤、廉恪为主,而又职事修举,斯为上等;公勤、廉恪各有一长为中等;既无廉声又多缪政者考下等。……中者无所赏罚,上者或转官、或减磨勘,下者降官、展磨勘,各有等差。"④(2)县令四善三最法。这是由唐代的"四善""二十七最"演变而来。《宋史·职官三》规定:"德义有闻、清谨明著、公平可称、恪勤匪懈为四善;狱讼无冤、催科不扰为治事之最,农桑垦殖、水利兴修为劝课之最,屏除奸盗、人获安处、振恤困穷、不致流移为抚养之最。"⑤根据善、最的多少划分等次。(3)路、州"七事考"。宋代由监司负责路一级的转运使、提点刑狱使以及知州官员的考核。考核以"七事"为标准:"一曰举官当否,二曰劝课农桑、增垦田畴,三曰户口增损,四曰兴利除害,五曰事失案察,六曰较正刑狱,七曰盗贼多寡。"⑥

宋代的考核制度——磨勘制以年资为重要依据,"凡内外官计在官之日,满一岁为一考,三考为一任"。考核记录积累起来成为官吏的资历,任职期满后,根据对资历的审核决定其日后是否升迁。这种完全凭资历而非政绩的升迁,"不问其功而问其久",以至于"官以资则庸人并进"。这样,宋代的官吏考核制

---

① 《新唐书·百官一》。〔宋〕欧阳修、宋祁:《新唐书》,中华书局1975年版,第1190页。
② 〔宋〕王溥:《唐会要》,中华书局1955年版,第1509页。
③ 《唐六典·尚书吏部》。〔唐〕张九龄等原著,袁文兴、潘寅生主编:《唐六典全译》,甘肃人民出版社1997年版,第66页。
④ 《宋史·选举六》。〔元〕脱脱等:《宋史》,中华书局1977年版,第3765页。
⑤ 〔元〕脱脱等:《宋史》,中华书局1977年版,第3839页。
⑥ 《宋史·职官三》。参考同上。

度基本上论资排辈晋升,使得官员大多因循守旧,不求有功但求无过。宋代的人事制度由此开始走向保守。

明代对官吏的考核分考满、考察两种,二者相辅相成,由吏部尚书和御史台都御史主持。(1)考满。"满"是时间的规定,考满就是对官吏任期内功过表现的一种常规性考核,依此决定官员的升降。《明史·选举三》记载:"考满之法,三年给由,曰初考,六年曰再考,九年曰通考。依《职掌》事例考核升降。"①(2)考察。考察的对象是所有官吏,重点在监察其过失,并给予相应的处分。考察又分京察和外察。京察是对在京官吏的考察,一般为每六年一次。四品以上官员自陈政绩,由皇帝裁决,五品以下由吏部考察。外察的对象是地方官吏,由吏部会同都察院和地方布政使、按察使负责。《明史·选举三》中将官员的考核结果分为上中下三等:称职、平常、不称职。不称职的情形共罗列了八种,分别是"贪、酷、浮躁、不及、老、病、罢、不谨"。② 通过考察,对称职官吏的奖励分三种情况:①赐宴,"称职而无过者为上,赐坐而宴。有过而称职者为中,宴而不坐。有过而不称职者为下,不预宴,序立于门,宴者出,然后退"③。②赐物,即以皇帝的名义对考察优秀的官吏进行物质奖励。③赐敕,即以皇帝的名义对考察合格的官吏颁发奖状。对不称职的官吏,责令致仕、冠带闲住、罢为民或降调。

明朝中后期,官场贪污腐败之风日甚,不可避免地侵蚀了考核制度。例如,每有地方官进京朝觐,都要带许多金银绸缎分送京官;朋党之争愈演愈烈,各党派疯狂抢夺典察大权,以此作为争权夺势、排除异己的手段。考课拘于成规,不能实事求是。

清代基本沿袭明制,不仅有定期的考核——京察、大计,还有对翰林、詹事及科道官的临时考核。京察是对在京官员的考核,每六年进行一次。凡三品以上京官,自陈政事得失,最后由皇帝裁决;三品以下官员由各主管长官出具考语,注明称职或不称职,由吏部、都察院考核。京察以"四格八法"为考核内容。所谓四格,即守、政、才、年。其中,守又分廉、平、贪;政又分勤、平、怠;才又分长、平、段;年又分青、中、老。所谓八法,与明制相同。考核结果亦分若干等次,据此对官吏进行奖惩、升降。大计是对地方总督、巡抚及其下属官吏的考绩,规定三年

---

① 〔清〕张廷玉等:《明史》,中华书局1974年版,第1721页。
② 同上。
③ 同上。

进行一次。考核程序与京察相似,各地总督、巡抚亦可自陈政事得失,其下属官吏由总督、巡抚出具考语,以称职或不称职注明,最后汇总至吏部考课。大计的考核内容是"二等八法",二等即卓异与供职。卓异,即官吏的政绩突出、优于他人,可以升迁;供职,即作为平庸,无所建树,不能升迁。

作为封建社会末朝的清代,官场上的腐败形势已积重难返,无论考核制度如何完善严密,也不能挽救清王朝走向衰败。正如《清朝文献通考》所说:"至堂官考核司属,朝夕同事,孰肯破情面,秉至公? 其中钻营奔竞,弊不胜言。"①

（二）对我国古代官吏考核制度的评价

我国官吏考核制度自尧舜开始,延续数千年历史。虽然受阶级性和当时社会发展水平的限制,考核的体制和内容在今天看来很难称得上完美,但从中我们仍能发现先贤智慧的火花,从而为我们现在设计适应时代新发展的公务员绩效考核指标体系提供借鉴。

（1）考核内容全面。既考察显性的经济和社会指标,也注重对官吏道德才能的评判。自我国官吏考核制度萌芽伊始,历代统治者都把农林开垦、赋役征收、人口增加、社会治安等作为主要的考核指标,以此为导向,督促官吏励精图治,推动社会进步和生产力发展。而且官吏的"善"——道德、品行、才干、能力、潜质也都得到了足够的重视。例如,西周的大比制就已经把德行道义作为考核内容之一。此外,还有秦朝的"五善五失"、唐宋的"四善"等。

（2）考核对象分类进行。不仅中央朝廷的官吏要接受考核,而且对地方官和京官采用了不同的考核体系。隋唐以前,官吏考核的对象主要是地方诸侯和郡县长官。而自唐朝开始,中央和地方官吏不论职位高低、出身门第都要经过考核,又设京官考和外官考、给事中和中书舍人,分别执行、监督对京官和地方官的考核。对于考核指标,唐制规定以"四善""二十七最"为标准,"二十七最"就是根据各个部门工作的不同性质和要求对官吏的能力提出的不同要求。宋代更是对京官、县令和转运使、知州等三类官吏采用了考核程序、指标等都不相同的考核制度。

（3）考核机构专业化。在我国封建社会初期,行政职能没有充分分化,对官吏的考核一直混杂在普通的行政活动中。从某种意义上说,它只是自上而下的

---

① 〔清〕清高宗敕撰:《清朝文献通考》第一册,商务印书馆1936年版,第5408页。

行政监督的派生性工作。因此,当时的官吏考核一般由行政首脑兼行其职。到了唐代,最早的专门考核机构——吏部考功司出现了,标志着官吏考核机构专业化的开始。宋代设审官院、考课院和监司负责不同类别官吏的考核,明代由吏部尚书和御史台都御史会同有关部门行使京察和外察之职。

(4)考核过程公开公正。西周的大比制、秦汉时的上计制度都是根据下属被考核者的自陈来考核其政绩,而在如何保证上计之政绩的真实性,防止在考核过程中徇私舞弊、排挤异己等环节缺乏相应的制度保障。唐代开始设给事中、中书舍人,分别监督京官考、外官考,号监中外官考使。考核结果当众宣读,公开议其优劣。宋代对京官的考核称为磨勘,意为检查复核,以防止申报不实或奖惩升降不妥。

同时,古代官吏考核实践中所暴露出的缺陷也值得我们警醒。

(1)只唯上、不唯实,导致官僚作风。春秋战国、秦汉等时代的上计制度规定,负责考课的官吏"取自上裁"。部分官吏为了能够在考核中得到一个满意的结果,获得升迁的机会,不仅上报的计簿、账本内容严重失实,而且形成了一种察言观色、阿谀奉承、溜须拍马的官僚作风。相反,刚正不阿、直言善谏者往往遭到排挤、贬职。这是因为考核大权只由上级的少数人行使,上级考核者在很大程度上决定着下级的升降奖惩,官吏的仕途掌握在考课官手中。

(2)考核指标虽然全面但比重不合理。特别是自宋代以后年资逐渐取代贤能成为官吏考核的主要标准。考核不看其实际工作绩效和能力,而重视为官年限和资历的长短,而且官吏的升迁、奖惩也遵循论资排辈的做法。这势必使众官吏形成一种"不求有功但求无过"的消极思想,挫伤了那些实干型官吏的积极性。其结果是,原本具有积极意义的考核制度逐步蜕变为循规蹈矩、因循守旧、抑制人才的消极腐朽的制度,从而在一定程度上成为我国封建社会后期继续发展的桎梏。

第二节 绩效管理的理论和工具

一、目标管理法

(一)目标管理法的含义

目标管理(management by objectives,MBO)是管理大师彼得·德鲁克于

第九章 绩效管理

1954年出版的《管理的实践》一书中提出的概念。他指出:"目标是工作和工作安排的基础。"目标决定着组织的结构,以及必须从事的主要活动。特别重要的是,目标还决定了人员的安排,以便各司其职。可以说,目标既是设计组织结构的基础,又是设计各个单位和各个管理人员的工作基础。

德鲁克对目标有五个要求,总结为:(1)各项目标不是抽象的,是行动的承诺,用以衡量工作绩效的标准;(2)目标必须具有可操作性,即必须能够转化为具体的小目标和具体的工作安排;(3)目标必须使各种资源和努力能够集中起来;(4)必须有多种目标而不是唯一的目标;(5)在影响组织生存的各个关键领域都需要目标。[1]

(二)目标管理法中的SMART原则

绩效管理是通过识别、衡量和传达有关员工工作绩效水平的信息,从而使组织目标得以实现的一种逐步定位的方法。绩效管理中的"SMART原则"被称为"黄金准则",由此可见此原则在绩效管理中的重要地位。

(1) S原则——目标必须具体(specific)。这是指绩效考核要切中特定的工作指标,不能笼统。明确的目标几乎是所有成功团队的一致特点。所谓明确,就是要用具体的语言清楚地说明要达成的行为标准。很多团队不成功的重要原因之一就是目标定的模棱两可,或没有将目标有效地传达给相关成员。

(2) M原则——目标必须可衡量(measurable)。这是指绩效指标是数量化或者行为化的,验证这些绩效指标的数据或者信息必须是可以获得的。它应该有一组明确的数据,作为衡量是否达成目标的依据。如果制定的目标没有办法衡量,就无法判断这个目标是否实现。但并不是所有的目标都可以衡量,有时也会有例外,比如说大方向性质的目标就难以衡量。

(3) A原则——目标必须可达成(attainable)。这是指绩效指标在付出努力的情况下可以实现,避免设立过高或过低的目标。目标是可以让执行人实现、达到的,如果管理者利用一些行政手段,利用权力性的影响力一厢情愿地把自己所制定的目标强压给下属,下属典型的反应是一种心理和行为上的抗拒。

(4) R原则——目标必须与其他目标相关(relevant)。目标的相关性是指

---

[1] 〔美〕彼得·德鲁克:《管理:使命、责任、实务(使命篇)(珍藏版)》(王永贵译),机械工业出版社2009年版,第104—105页。

实现此目标与其他目标的关联情况。如果实现了这个目标,但与其他目标完全不相关,或者相关度很低,那这个目标即使达到,意义也不是很大。

(5) T 原则——目标必须有明确的期限(time-based)。目标特性的时限性是指目标是有时间限制的。没有明确的时间限定的方式也会带来考核的不公正,损害下属的工作热情。

虽然 SMART 原则在绩效考核中有"黄金准则"之称,但这并不说明 SMART 原则就没有缺陷。SMART 原则毕竟是一个定性的准则,这就决定了在使用此准则时,应该尽量做到客观、公正,有充分的事实作为依据,也可以和其他定量化的工具一起使用,这样会取得更好的效果。

(三) 目标管理法的实施步骤

利用目标管理法进行绩效管理,可以通过如下步骤来实现:
(1) 依据组织战略确定某一阶段的具体目标;
(2) 根据组织总体目标,部门主管与上级共同确定部门目标;
(3) 部门主管与成员一起商讨分解部门目标,共同确定成员个人绩效目标;
(4) 依据绩效目标对员工进行考核;
(5) 把绩效考核的最终得分情况反馈给员工,进行讨论、总结、提高。

目标管理法属于一种结果导向的绩效考核方法,其核心优势在于组织目标、部门目标与岗位个体目标是在上下级之间充分沟通的基础上确定的,目标能够被员工理解和认同,并具有激励功能。但这种方法只对一些难以对工作进行量化的部门或个人较为有效,缺乏对员工行为的了解和控制,不利于员工的成长和学习,也难以为晋升决策提供依据。因此,从广义的目标管理的视角出发,它适合作为一种绩效管理方法而不是具体的绩效考核工具。

在实施的过程中应该注意,如果考核指标的随意性很大,往往会沦为一种人际关系的考核,因此应多与其他考核方法结合使用。

二、关键绩效指标法

(一) KPI 概念及内涵

关键绩效指标法(key performance indication, KPI)是基于目标管理理论发展而来的一种绩效考核体系,是以某种方式为依托把组织战略目标向可操作的工作目标进行转化的方法,在绩效管理中起到了基础性作用。KPI 主要是衡量员工的工作绩效表现指标,其实质是一种过程,即把组织战略向具体内部过程和活动进行转化的过程。

关键绩效指标法最初由成功因素分析法(critical success factor,CSF)发展而来,最早在英国建筑行业提出和应用,基本思想是以二八法则为依据,通过分析企业获得成功的关键领域而获取关键成功要素,再对其进行细分从而提取出关键绩效指标。在对组织关键指标进行制定时,需紧密围绕具体管理控制措施和指标,严格遵循 SMART 原则。

(二) KPI 设定原则

通常关键绩效指标的选择有如下要求:

(1) KPI 指标是通过对组织战略目标分解而来;

(2) KPI 指标具有可操作性,便于计算,资料便于收集;

(3) KPI 指标必须是能够对组织绩效影响很大的关键性经营活动,而不是组织普通经营活动的反映;

(4) KPI 指标是系统性的,KPI 绩效管理系统是企业各层级管理者和员工相互沟通、共同参与制定,从而能促进互相支持、互相帮助,有助于实现组织战略目标;

(5) KPI 是组织上下认同的。

三、360 度考核法

360 度考核法(360° Feedback)是常见的绩效考核方法之一,又称为 360 度绩效评估法、360 度反馈法、全方位考核法,最早由英特尔公司提出并加以实施运用,是一种全方位、多角度的胜任能力评价方法。全方位是指评价主体包括被考核者的直接主管、其下级和同事以及内部业务关联部门的员工和顾客;多角度是指评价指标的多元性,既包括业绩指标,也包括沟通及协调等人际关系指标,还包括能力及行为指标。360 度考核法虽然也作为行政管理的一种手段,但主要目的是帮助员工明确认识到自身与指标的差距并确定未来努力方向。具体来说,员工可以通过上司、同事、下属、顾客等不同主体来了解自己的工作绩效,知晓各方面的意见,清楚自己的长处和短处,达到提高自己的目的。该方法的特点是评价维度多元化(通常是 4 个或以上),适用于对中层以上或者骨干等人员进行考核。

360度考核法的优点是显而易见的。首先,这种考核方式的评价结果来自上下级、同事及组织内相关部门或客户,而不是单纯来自直接领导,因此更容易被接受;其次,考核者来自被考核者的周围,因此能够较多地了解其工作能力、态度及行为、绩效等,得出的评价结果也更为客观,因此被考核者可以根据评价内容,对个人的职业发展规划做出调整;最后,360度考核法需要动员全员参与考核,在这个过程中,团队成员之间沟通互动增多,能促进部门之间、上下级之间的相互理解,有助于工作团队氛围和凝聚力的提升。

通过360度的全方位测评,评价结果更加具有真实性、全面性和可靠性,结果的反馈有利于促进被考核者行为改变,因而绩效管理更具有效性。360度考核法对在组织中营造相互协作和积极向上的氛围有很大帮助,也是一个组织的核心价值观合理建立的有力助手,在上下级双向沟通反馈中,员工的参与度能够有效提升。同时,员工工作关系和谐度会在不同程度上提高,最终达到增强组织竞争力的目的,有利于及时发现、解决其中存在的问题,这为组织绩效的提高奠定了基础。

需要注意的是,在应用该方法时,原则上考核者必须了解熟悉被考核者的工作,应杜绝与被考核者无任何业务往来的不相关者成为考核者。

四、平衡计分卡法

哈佛商学院教授、美国著名管理大师罗伯特·卡普兰和复兴国际咨询企业首席执行官戴维·诺顿在1992年总结了12家大型企业业绩评价体系的成功经验基础上,首次提出平衡计分卡法(balanced score card,BSC)。该方法是一种评价战略管理业绩工具,具有划时代意义,自提出之日就备受关注。

BSC从四个维度对组织目标进行分解和考核,分别为客户、内部运营、学习与成长、财务,从而使组织目标得以量化,便于测定和评估。

(1) 客户维度:要实现设想,我们应该把什么展示给客户?把客户满意的产品和服务创造出来,提供给客户,组织财务业绩才可能走向长远。BSC设定的绩效目标包括客户满意的产品和服务,再将评价目标的具体指标选取出来。

(2) 内部运营维度:要满足客户需求,我们需要完善哪些业务流程?这是运用BSC进行绩效管理的关键环节,是对传统考核方式的一种突破,在分析内部业务流程基础上,归纳整理质量、效率、成本、时间等指标,并进行绩效评价和反馈,从而使组织不断形成竞争优势。

(3)学习与成长维度:要达到组织的战略目标,我们应该怎么提高员工的能力?这个维度以对未来的投资为重点,以期不断提高职工的综合技能和素质。

(4)财务维度:我们将怎样满足组织的所有者?组织存在和发展的最终目标就是营利。

在 BSC 的四个维度的指标中,财务是组织追求的最终目标,是支撑组织战略的根本;客户是实现财务指标的基础;良好的内部运营必须靠组织员工的学习与成长来实现。四个维度的指标具有一定的先后顺序,构成逐级支撑关系。研究者还发现,BSC 有助于组织实现财务指标,同时也有助于促进各战略指标的沟通。

BSC 之所以受到了企业界的追捧,主要原因是较好地解决了企业在运营过程中的指标协调问题。其一是协调了财务指标与经营和管理指标的关系。以往以财务指标为主的考核是基于历史数据,对战略支撑有限,在增加其他三个维度指标之后,兼顾了企业内部资源与外部环境因素,使绩效考核成了一个有力的战略支持工具。其二是平衡了企业内外群体之间的关系,即使内部群体中的员工与外部群体中的股东和顾客的利益统一起来。其三是平衡了业绩指标与过程指标之间的关系,业绩指标具有量化、直观的优点,但由于其滞后性而不利于绩效控制,通过增加过程性指标实现了长期目标与短期改善的均衡。

五、绩效考核方法比较与选择

(一)四种考核方法的优缺点比较

1. 基于目标的绩效考核

基于目标的绩效考核方法通常是对那些工作过程和工作行为难以量化的工作进行考核,它主要通过设定绩效目标,到确定完成绩效目标的时间框架,再到比较实际绩效和绩效目标之间存在的差距,弥补差距后重新设计绩效目标这样一个过程来形成一个目标管理循环。

这种方法的优点有:(1)目标管理中的绩效目标易于度量和分解;(2)考核的公开性比较好,目标和个人是否达到目标一目了然,主观因素少;(3)目标的达成需要上下级和部门内部沟通,促进了公司内的人际交往。

OKR 与谷歌

这种方法的缺点是:(1)指导性的行为不够充分,工作过程中的一些问题会被忽略;(2)目标未必合理,不同部门的目标设定可能不够科学;(3)长期目标比较笼统,不易分解和考核,容易被忽略。

2. 基于 BSC 的绩效考核

BSC 是大型公司通常所采用的方法。这种方法的优点是:(1)分解战略目标,形成具体可测的指标。(2)兼顾了长期目标与短期目标的结合、内外部以及公司的成长性因素。

这种方法的缺点是:(1)BSC 实施难度大,工作量大,实施专业程度要求高;(2)主要以部门和岗位考核为主,对个人的考核方面欠缺;(3)BSC 看似规范系统,但过于庞大会造成运行周期较长以及公司资源的浪费,形成为考核而考核的问题。

3. 360 度考核法

这种方法的优点是:(1)考核者的多维度使考核误差相对较小;(2)多个考核主体使员工感觉到企业对绩效管理的重视。

这种方法的缺点是:(1)考核主体的多维性使得工作量增多,成本较高;(2)定性成分多,定量成分少;(3)因部门岗位数量和岗位性质不同,会产生一定的不公平性。

4. 基于 KPI 的绩效考核

这种方法的优点是:(1)目标明确,有利于公司战略目标的实现。关键指标是由企业战略目标的层层分解而来,KPI 指标的整合和控制使员工绩效行为与企业目标要求的行为相吻合,不容易出现偏差,有力地保证了公司战略目标的实现。(2)提出了客户价值理念,有助于企业形成以市场为导向的经营思想。(3)易于促成组织与个人利益的一致性。

这种方法的缺点是:(1)要排除一些对业绩影响不大的指标,关键指标界定难度较大;(2)容易造成机械考核现象,过分依赖指标而忽略人的定性因素;(3)对于一些职能型岗位不是很适合,这些岗位的绩效外显性行为较少,其绩效周期也较长,定量指标往往不合适。

(二) 绩效考核方法选择

在绩效考核经常用到的各种考核方法中,不管是目标管理法、关键绩效指标法、360 度考核法,还是平衡计分卡法,以及由此衍生出的其他方法,都有其独特性和适用性,条件不成熟不要轻易地推行一种绩效考核,即使推行,也没有必要刻意去追求或模仿那些世界先进企业的绩效方法,关键是清楚考核的目的和重点。另外,在实际运用中,一个组织也不可能只用单一方法来进行绩效考核,而采用多种方法有机结合。现实中很多企业虽然建立和实施了绩效考核制度,但很难将其归类为哪种具体的方法。

根据一些组织的经验和实践,在目标建立和分解的过程中,采用目标管理法的一些基本原则;在部门绩效考核指标的建立过程中,则以 BSC 为框架设立考核维度,以关键绩效指标法确定具体指标;在考核维度上,则借鉴了 360 度考核法。

综上所述,不同的考核方法具有不同的特点,具体到某一组织应该根据自身的管理实际,选择最适合自己的方法才是最有效的。一般来说,360 度考核法和 BSC 适用于组织规范化阶段或成熟阶段,MBO 通常适用于组织的初创期,KPI 则可适用于组织发展的所有阶段。

(三)绩效管理工作注意事项

从人力资源的角度来讲,绩效管理是一项必需的工作,没有绩效就谈不上管理,但如何能够确保考核工作的公平性和实效性、如何能够达到绩效管理的真正目的,是组织要花大量精力来权衡的。在具体的考核工作中,应该注意以下几点:

(1) KPI 和 MBO 相结合。KPI 是自上而下展开,逐级分解;MBO 是由下而上,员工自己写好目标任务,交上级修正调整。由上而下落实公司战略,由下而上执行工作目标。

(2) 分层。高管层主要是 KPI;中层的 KPI 占 80%,MBO 占 20%;主管层的 KPI 占 60%,MBO 占 40%;基层主要以例行 MBO 为主。因涉及的部门层面性质不一,具体的比例可以进行调整。

(3) 沟通。制订计划前一定不能闭门造车,要多与计划部门进行沟通,了解实际的情况,多方面进行评价,制定最为合理的评价体系。

(4) 培训。对于绩效管理参与者要做好培训,使其理解考核目的、方式方法、关键环节,达到基本认同。

(5) 反馈。重视面谈,重视改进,要让双方认可,反馈是重要的环节,一方面肯定被考核者的成绩,另一方面发现不足,及时指导帮助改进和改善后续工作。

(6) 申述。给员工申诉的机会,尽量客观公正。

(7) 预计对策。对绩效考核系统进行实验、典型流程与事件示范、全员参与绩效管理等。

（8）结合。绩效考核的各项信息如何与员工薪酬、晋升、培训、发展等更好地结合，是人力资源部门要认真思考的问题。

小　结

绩效考核和绩效管理是人力资源管理领域相关又不同的两个重要内容，对于人力资源的开发、使用和流动有着很大的影响。本章在讨论两者关系的基础上，介绍了主要的绩效管理理论和工具。

第一节是绩效考核和绩效管理。首先介绍了绩效考核和绩效管理的含义，然后梳理了两者的关系，最后介绍了我国古代官员的绩效考核实践。

第二节是绩效管理的理论和工具。首先介绍了四种主要的工具，即目标管理法、关键绩效指标法、360度考核法和平衡计分卡法，然后对四种考核方法进行了优缺点比较，在此基础上提示了选择时的注意事项。

复习思考题

1. 简述绩效考核的定义。
2. 简述绩效管理的定义。
3. 如何认识绩效管理？
4. 简述绩效考核与绩效管理的关系。
5. 简述我国古代官吏考核制度的优缺点。
6. 简述绩效管理的目标管理法、关键绩效指标法、360度考核法和平衡计分卡法。
7. 目标管理法、关键绩效指标法、360度考核法和平衡计分卡法的优缺点各是什么？
8. 如何选择恰当的绩效考核工具？

推荐阅读

包国宪、文宏、王学军：《基于公共价值的政府绩效管理学科体系构建》，《中国行政管理》2012年第5期。

董克用主编：《人力资源管理概论（第四版）》，中国人民大学出版社2015年版，第九章。

第九章 绩效管理

付亚和、许玉林主编:《绩效管理(第三版)》,复旦大学出版社2014年版。

〔美〕彼得·德鲁克:《管理:使命、责任、实务(使命篇)》(王永贵译),机械工业出版社2006年版。

〔美〕赫尔曼·阿吉斯:《绩效管理(第3版)》(刘昕、柴茂昌、孙瑶译),中国人民大学出版社2013年。

〔美〕韦恩·卡西欧、赫尔曼·阿吉斯:《心理学与人力资源管理(第7版)》(孙健敏、穆桂斌、黄小勇译),中国人民大学出版社2017年版,第4章。

盛明科:《中国政府绩效管理的研究热点与前沿解析——基于科学知识图谱的方法》,《行政论坛》2017年第2期。

孙柏瑛、祁凡骅编著:《公共部门人力资源开发与管理(第四版)》,中国人民大学出版社2016年版,第九章。

杨伟国、唐鑛主编:《人事管理经济学》,复旦大学出版社2012年版,第七章。

周志忍:《我国政府绩效管理研究的回顾与反思》,《公共行政评论》2009年第1期。

卓越、赵蕾:《公共部门绩效管理:工具理性与价值理性的双导效应》,《兰州大学学报(社会科学版)》2006年第5期。

第十章

薪酬管理

学习目标

1. 了解薪酬的基本内容和影响因素,以及福利的基本内容。
2. 掌握薪酬的分类及薪酬管理的原则、要素及影响因素、福利的概念和种类等。
3. 能够理解薪酬和福利对于组织的意义,以及两者之间的权衡。

引 例

四大上市险企薪酬前十高管去年人均 755 万元*

险企高管、员工的薪酬一直是业界热点话题,而高管与员工的薪酬差距也一直是业界关注的焦点。根据上市险企年报,《证券日报》记者统计发现,四大上市险企中,高管平均年薪与员工平均年薪差距最大的为中国平安,其高管年薪是员工年薪的 19.53 倍,也就是说,高管一年的薪酬相当于员工 19 年多的薪酬;差距最小的是中国人寿,高管平均年薪是员工平均年薪的 4.43 倍。

---

* 资料来源:苏向杲:《四大上市险企薪酬前十高管去年人均 755 万元》,《证券日报》2015 年 4 月 9 日,第 B01 版。

第十章 薪酬管理

中国平安高管及员工平均年薪均最高

A股市场四大上市险企已全部披露2014年年报,《证券日报》记者根据年报数据对上市险企高管(含董事、监事以及高级管理人员,下同)的平均年薪统计显示,中国平安高管以平均年薪344万元居首位,新华保险高管以平均薪酬为244.59万元居于第二位,中国太平洋保险高管以平均年薪156万元位于第三,中国人寿高管的年薪平均为60.46万元。

从险企员工薪酬来看,2014年中国平安员工平均年薪以17.61万元位列第一,中国人寿以13.64万元排名第二,中国太保以13.27万元居于第三位,新华保险以13.2万元垫底。

从高管与员工的薪酬差距来看,中国平安高管平均年薪是员工的19.53倍,新华保险为18.5倍,中国太保为11.76倍,中国人寿为4.43倍。

事实上,在四大上市险企高管薪酬排行榜前十中,除新华保险董事长康典、副总裁黄萍外,其余8个均来自中国平安。这10位薪酬最高的高管2014年的人均税前薪酬为754.71万元,与2013年的759.20万元基本持平。

其中,薪酬最高的依然是中国平安首席投资官陈德贤,其2014年的税前薪酬高达1285.92万元,在缴纳555.11万元个税之后,领取的应付报酬总额为730.81万元。陈德贤2013年税前薪酬为1268.43万元。

尽管部分险企高管不断刷新最高薪酬纪录,但保险行业从业人员薪酬近年来却处于金融行业末位。据统计,2013年,金融业员工平均薪酬为23.4万元。其中,信托行业以59.8万元的平均薪酬成为金融领域里最赚钱的行业,证券业平均薪酬仅是信托业的一半,为27.4万元,其后是平均25.3万元的银行业,保险业以13.8万元垫底。

去年,由中国经济研究院联合Wind资讯等机构推出的央企上市公司董事长薪酬排行榜显示,在金融业中,虽然保险的利润率不及银行,但保险业高管的薪酬却拉近了与银行的距离。不过统计显示,保险业普通员工平均薪酬与高管薪酬差距仍未缩小。

部分险企年报披露薪酬并非最终薪酬

部分险企高管薪酬看似较低,但其实,其年报公布的高管薪酬并非最终薪酬。

比如,年报显示,和其他保险业高管相比,中国人寿董事长杨明生2014年的税前薪酬仅为84.84万元,总裁林岱仁(任期从2014年4月开始)2014年的税前薪酬仅为77.08万元。

但值得注意的是,中国人寿发布的2013年年度报告补充公告显示,董事长杨明生在2013年度最终全部薪酬为131.21万元,而此前在2013年年报中披露的部分薪酬为83.27万元。上述补充公告还披露了中国人寿时任总裁万峰2013年的税前薪酬,为118.9万元。

中国平安也在其年报中称:"根据(原)中国保监会《保险公司薪酬管理规范指引试行》相关规定,本公司高级管理人员的部分绩效薪酬将进行延期支付,延期支付期限为3年。本公司高级管理人员应付报酬总额中,包括了进行延期且尚未支付的部分。""根据有关制度规定,本公司全薪履职的董事、监事和高级管理人员的最终薪酬正在确认过程中,其余部分待审核确认后再行披露。"

事实上,为规范险企高管薪酬,2012年保监会公布了《保险公司薪酬管理规范指引(试行)》(以下简称《指引》)对高管薪酬进行规范和限制,通过限薪、绩效工资延期支付等形式,将险企高管薪酬与保险公司的风险控制水平挂钩。保监会方面表示,虽然并不直接干预保险公司薪酬水平,但要求保险公司根据财务状况、经营结果、风险控制等因素合理确定薪酬,同时规定保险公司不得脱离国情、行业发展阶段和公司实际发放过高薪酬。

《指引》将保险公司薪酬分为基本薪酬、绩效薪酬、福利性收入和津补贴、中长期激励四个部分。《指引》规定保险公司高管人员目标绩效薪酬不得低于基本薪酬,绩效薪酬不得超过基本薪酬的3倍,即绩效薪酬控制在基本薪酬的1—3倍之间。还规定保险公司每年支付给高管人员的现金福利和津补贴不得超过基本薪酬的10%。保险公司董事、监事和高管人员及关键岗位人员绩效薪酬应当实行延期支付,延期支付比例不低于40%,其中董事长和总经理不低于50%。

第一节 薪酬管理概述

薪酬是人力资源管理中最大的一个问题,关系到每一个员工的利益。

一、薪酬及其功能

(一) 薪酬的定义

薪酬是指用人单位以现金或现金等值品的任何方式付出的报酬,包括员工从事劳动所得的工资、奖金、提成、津贴以及其他形式的各项利益回报的总和。薪酬的英文是"compensation",原意是某种补偿,现在引申为雇员的一揽子整体性薪资,除了包括工资(salary)之外,还包括各种奖励、红利、福利以及其他收入等,一般被译为"薪酬"。"工资"(salary)是经济学家更习惯使用的一个概念,以体现劳动力价格的含义,有时候被译为"薪水"。

但是,汉语中的"薪酬"与英文的原意不同,是由"薪"和"酬"两部分组成。在现实的管理实践中,往往将两者融合在一起运用。其中,薪是指薪水,又称薪金、薪资,所有可以用现金、物质来衡量的个人回报都可以称为薪,也就是说薪是可以数据化的,组织发放给员工的工资、保险、实物福利、奖金、提成等都是薪。酬是指报酬、报答、酬谢,是一种着眼于精神层面的酬劳。"薪"和"酬"的合计,是员工通过提供劳动从组织获得的全部补偿。

对于薪酬概念,不同的使用者往往会做出不同的界定,但通常来说划分为三类:第一种是窄口径的界定,薪酬仅指货币性工资,而不包括福利。第二种是中等口径的界定,薪酬指员工获得的经济报酬,包含货币性工资和福利。第三种宽口径的界定,将薪酬等同于总报酬,包含经济报酬和非经济报酬,经济报酬包括薪资和福利,非经济报酬包括工作环境、发展机会等。

一个多世纪以来,企业薪酬问题一直是经济学界和管理学界关注的热点问题。从古典经济学到现代经济学,经济学领域对工资问题的研究已相当系统。综观经济学的研究可以发现,薪酬理论的基本前提假设是:接受工资的主体是"理性"的"经济人",由此演绎出来的各种观点都已经渗透到管理活动中,对管理行为产生极为广泛的影响。但是,从管理学角度出发,现实中的个体并非完全是"理性"的"经济人",管理现实中的环境因素也是复杂多变的,工资制度并不都能得到理性的执行。

基于管理实务的要求,组织的薪酬管理理论随着管理实践的发展而不断发展。这些理论虽然散见于各种管理学理论之中,却影响着组织薪酬管理基本理念和基本风格的变迁;同时,现实中丰富多彩的管理方法和管理技术又折射出这些理论的精髓。从工业革命给早期工厂制度带来冲击开始,发展到今天网络经济对管理变革的全面渗透,指导企业薪酬管理实践的薪酬理论也在不断发展。无疑,对这些薪酬管理理论的发展脉络进行分析,领会其演变的逻辑过程,对组织的薪酬管理实践具有十分重要的意义。

(二)薪酬的功能

一般来说,完整的薪酬具有如下四个功能:

(1)薪酬具有补偿功能。薪酬是对员工所提供服务的交换或者是对圆满完成工作的回报。

(2)薪酬具有激励功能。组织的薪酬决策和员工得到薪酬的方式将影响员工的工作质量,对客户需求的关注程度及学习新技能的积极性。

(3)薪酬具有调解功能。主要表现在两个方面,即劳动力的合理配置和劳动力素质结构的合理调整。

(4)薪酬具有效益功能。薪酬的投入可以为组织带来大于成本的预期收益。

二、外在薪酬和内在薪酬

根据行为动机的激发方式不同,薪酬可分为外在薪酬和内在薪酬两类。

(一)外在薪酬

外在薪酬(extrinsic compensation)是指单位针对员工所做的贡献而支付给员工的各种形式的收入,包括工资(薪水)、奖金、福利、津贴、股票期权以及各种间接货币形式支付的福利等。外在薪酬是管理者了解得最清楚、使用得最为普遍的一种激励方式,对员工行为有直接的影响。具体来说,外在薪酬通常可进一步划分为:直接薪酬(或称为货币性薪酬)、间接薪酬(或称为福利性薪酬)和非货币性薪酬(或称为非财务性薪酬)。

1. 直接薪酬

直接薪酬通常是指直接以现金形式支付的薪酬,包括基本工资、加班及假日补贴、绩效奖金、长期激励(如利润分红、公司股票购买权或股票期权)等。一般来说,直接薪酬与员工的工作或技能价值及绩效紧密相关。

2. 间接薪酬

间接薪酬通常是指组织为员工提供的福利性薪酬,它往往不以货币形式直接支付,而多以实物或服务的形式支付,如养老金、医疗保险、带薪休假、各种服务(如员工餐厅)、额外津贴(如住房津贴、交通津贴)等。一般来说,福利性薪酬与员工的职位等级有关,而与绩效无关,因此它不是激励性报酬;但如果福利性薪酬是由管理人员来控制的,并用来奖励绩效,则它将转化为激励性报酬。

3. 非货币性薪酬

非货币性薪酬通常是员工所渴望的"东西"的总称,一般由组织控制,如满意的工作设备、引人注目的头衔、较高的生活质量等。

(二) 内在薪酬

内在报酬(intrinsic compensation)的运用远不如外在报酬普遍。但它是与人类从事的活动分不开的一种报酬。内在薪酬是员工由工作本身而获得的精神满足感,是精神形态的报酬。相对于外在薪酬而言,内在薪酬是指由于自己努力工作而受到晋升、学习新知识和技能、表扬或受到重视等,从而产生的工作的荣誉感、成就感、责任感。除此之外,一些"利他行为"例如爱护他人、帮助他人等,也属于内在薪酬。

组织可以通过工作设计、制度、人力资本流动政策等来执行内在薪酬,让员工从工作本身得到最大的满足。

内在薪酬有以下特点:

(1) 管理者无法直接控制内在薪酬,但外部环境的特性对内在薪酬的影响具有限制作用。

(2) 在内在薪酬与员工工作绩效之间看不出直接的关系。例如,用钱来奖励、鼓励员工提高绩效,其因果关系非常明显;但是,当我们面对一个非常重要和困难的问题时,要鼓励员工说是"解决问题本身便是一种奖励,你好好干吧",则不会看到明显的结果。

(3) 内在薪酬不易直接控制,但要剥夺一个人的内在薪酬却是轻而易举的事。例如,管理者只要加强监督,不许员工有自己解决问题的机会,便剥夺员工的内在薪酬了。即使在这样的情况下,员工有时也会逃过管理的控制系统,自己私下设法解决问题,以得到这种内在薪酬。

(4) 内在薪酬可来自员工的"自我激励"。人并不是只在受到外力的作用下才肯工作,也会受到自己的激励;但是,人的内力激励的结果大多数都会产生破坏性的行为。正因为如此,一方面需要外在的奖励来促使人从事生产性的努力;另一方面又需要外在的惩罚来克制人的不利于生产性活动的"自我激励"。

三、薪酬的构成

(一) 薪酬体系

薪酬体系一般理解为员工从组织获取的薪酬组合,是指薪酬的构成和分配方式,即一个人的工作报酬由哪几部分构成。薪酬体系是组织整体人力资源管理体系的重要组成部分。对薪酬体系的争议主要集中于薪酬包含了哪些形式。一般认为薪酬体系包括基本薪酬、业绩薪酬、加班薪酬、长期薪酬、福利、各类津贴等外在薪酬,实际上,还包括那些难以用货币来衡量的形式,如人际关系、决策机会、工作的挑战性等内在薪酬。

工资与薪酬

借用数学中的等式,薪酬体系可以做如下的表达:

薪酬体系

=外在薪酬+内在薪酬

=(货币性薪酬+非货币性外在薪酬)+内在薪酬

=[(直接薪酬+间接薪酬)+非货币性外在薪酬]+内在薪酬

={[(基本工资+可变薪酬)+(法定福利+非固定福利)]+非货币性外在薪酬}+内在薪酬

(二) 薪酬体系的组成部分

全面的薪酬管理体系不仅能够提高薪酬的质量,而且由于它扩大了薪酬的内容,通过经济和非经济的手段帮助企业和员工之间建立起伙伴关系,使员工前所未有地享受到了个性化薪酬制度带来的愉悦。

一般而言,员工的薪酬包括以下四大主要部分:基本薪酬(本薪)、奖金、津贴和福利。

1. 基本薪酬

基本薪酬也称固定薪酬,是指组织根据员工所在的岗位或具备的技能或能力而向员工支付的相对稳定的报酬。固定薪酬是相对固定不变,也根据具体情况的变化作相应的调整。其变动的主要依据有消费价格指数的变动、市场基准薪酬水平的变动、确定薪酬的基础的变动。因为固定薪酬还会受组织的经营状况及经营哲学的影响、地区经济发展和居民消费水平的影响等,所以,并非同质员工在任何企业或同一组织的不同地域都会获得完全相等的固定薪酬。

2. 奖金

薪酬反映员工的工作业绩的部分为绩效奖金,反映组织的经济效益部分为效益奖金。绩效奖金和效益奖金的缺少会导致薪酬与工作业绩、经济效益脱节。

3. 津贴

津贴是指补偿职工在特殊条件下的劳动消耗及生活费额外支出的工资补充形式。常见的包括矿山井下津贴、高温津贴、野外矿工津贴、林区津贴、山区津贴、驻岛津贴、艰苦气象台站津贴、保健津贴、医疗卫生津贴等。此外,生活费补贴、价格补贴也属于津贴。津贴设置不合理将对一些特殊的工作岗位缺少补偿,也使薪酬失去了其灵活性。

4. 福利

福利是指除了工资、奖金以外,根据国家和地方的有关规定,员工所应享受的待遇以及组织为保障与提高员工生活水平而提供的帮助和补偿。福利应是人人都能享受的利益,它能给员工以归属感。福利特别强调其长期性、整体性和计划性。福利制度如果不完善、缺少整体规划,经常是浪费了资金却没有效果。

法定福利包括保险(养老保险、失业保险、医疗保险、工伤保险、生育保险和各种商业保险等)、企业年金和住房公积金等。

四、薪酬管理及其原则

(一) 薪酬管理的定义

作为人力资源管理体系的重要组成部分,薪酬管理是组织高层管理者和所有员工最为关注的内容,它直接关系到组织人力资源管理的成效和组织的整体绩效。灵活有效的薪酬制度对激励员工和保持员工的稳定性具有重要作用。

所谓薪酬管理,是指在组织发展战略指导下,对员工薪酬支付原则、薪酬策略、薪酬水平、薪酬结构进行确定、分配和调整的动态管理过程。在这个过程中,组织就薪酬水平、薪酬体系、薪酬结构和特殊员工群体的薪酬做出决策。同时,作为一种持续的组织过程,组织还要持续不断地制定薪酬计划、拟定薪酬预算、就薪酬管理问题与员工进行沟通,同时对薪酬系统的有效性做出评价后不断予以完善。

薪酬管理可以针对一个员工为组织提供的服务,来确定他应当得到的报酬总额和报酬结构以及报酬形式。

(二) 薪酬管理的原则

1. 合法原则

合法是所有组织经营的基本底线,薪酬管理必须符合相关的法律规定。虽然不同国家法律条款不同,但许多法律都规定了员工必须享受的最低工资、加班工资和福利。我国先后颁布和实施了包括《中华人民共和国劳动法》《中华人民共和国劳动合同法》《最低工资规定》等有关员工薪酬的法律制度和规定,规定了关于员工福利的法律制度、劳动保护的法律制度、法律休假的法律制度等。

2. 公平原则

公平是薪酬体系的基础,只有在员工认为薪酬体系是公平的前提下,才可能产生认同感和满意度,发挥薪酬的激励作用。在薪酬设计时,要站在公平的角度,运用科学的方法和正确的指导思想来处理不同职位之间、不同技能之间、不同能力之间的员工薪酬水平和薪酬构成,才有利于员工在公平的环境中创造价值。如果员工认为自己获得的报酬不公平,会严重挫伤员工的工作积极性,重者会采取对组织发展不利的行为。因此,薪酬管理应尽可能做到公平。

3. 激励原则

激励原则强调组织在设计薪酬时必须充分考虑薪酬的激励作用,即薪酬的激励效果。激励原则是指在内部各类、各级职务的薪酬水准上,适当拉开差距,起到薪酬的激励效果,从而提高员工的工作热情,为组织发展做出更大贡献。薪酬的设计一定要根据不同的组织战略、不同员工的需要层次来设计,满足不同员工的激励需求,真正起到激励作用。这需处理好努力与成绩的关系、成绩与薪酬的关系、薪酬与满足个人需要的关系。

4. 效益原则

效益原则强调组织的薪酬体系必须注重工资费用的收益率,即通过人工费用的合理使用,提高组织经营的整体效益,使组织和员工共同受益。科学管理认为,员工薪酬最大化能促进员工生产效率最大化,员工生产效率最大化能促进企业利润最大化。这就是薪酬管理的效益原则。

第二节 薪酬管理要素

一、薪酬管理基本要素研究

从国内外的研究来看,构成薪酬的基本要素主要包括薪酬支付基础、薪酬支付对象、薪酬支付规模、薪酬支付水平、薪酬支付结构、薪酬支付方式等,研究重点是薪酬水平、薪酬结构和薪酬战略。

(一) 薪酬水平

通过文献分析发现,国内在薪酬水平方面的研究主要集中在:(1)薪酬水平差异的类别;(2)薪酬水平差异的理论研究;(3)特定工作之间薪酬水平差异的研究;(4)薪酬水平效能研究。关于薪酬水平效能的研究,我们将在稍后章节中重点阐述。

1. 薪酬水平差异的类别

从目前的研究和实践来看,组织间的薪酬水平主要存在五种差异:地区差异、城乡差异、性别差异、行业差异和所有制差异。

(1) 薪酬水平的地区差异。引发地区间薪酬水平差异的主要原因是地区间经济增长率的差异,这直接导致了地区间工资差异,比如中国的东南沿海地区相对于西北地区来说经济发达,总体的薪酬水平也较高。外商直接投资也对地区工资差异有一定的影响。

(2) 薪酬水平的城乡差异。我国的劳动力市场有两大突出现象:一是城市和农村的劳动力由于职业和劳动生产率的差别,两者在工资上的差别比较大,尤其是大城市和偏远农村的工资水平相差巨大;二是外来劳动力与本地劳动力存在职业与工资上的差别。

(3) 薪酬水平的性别差异。虽然我国女性的劳动参与率超过了70%,在世界范围内也属于比较高的水准,但男性与女性的工资报酬仍存在较大的差异,54.4%归结于个体特征差异的影响,45.6%归结于歧视的影响。

(4) 薪酬水平的行业差异。行业的员工平均工资水平由本行业的经济技术特征、进入该行业就业所需付出的先期成本和专业的可进入程度而定。

(5) 薪酬水平的所有制差异。虽然薪酬水平的差异与效率有关,但所有制垄断是造成行业之间工资差距过大的主要原因。

2. 薪酬水平差异的理论研究

为什么有些组织支付的薪酬水平低,而有些支付的水平高呢?为什么组织付出更高的薪酬水平是合算的呢?关于这些疑问的研究就构成了薪酬水平差异的理论研究。薪酬水平差异的理论目前主要有三种:效率工资理论、租金分享理论和经营战略理论。

效率工资理论认为,组织支付高于市场工资率可能有助于组织实现更高的效率。这一效应可能通过两种方式起作用:在目前的员工中激发更高的努力水平(激励效应),或在一开始就吸引更高素质或更尽职的员工(分选效应)。

租金分享理论认为,那些拥有高于正常利润水平的厂商(可能源自垄断能力或有效的经营战略)以支付较高薪酬的方式与员工分享这些租金,排除了支付较高薪酬以谋求效率目标的其他可能性。[1]

经营战略认为,某些雇主出于经营战略的考虑可能发现,那些高能力的或高激励的员工具有更大的价值。

3. 特定工作之间薪酬水平差异的研究

在薪酬水平的研究中,许多学者注意到尽管薪酬水平差异在所有种类的工作中都会存在,但是经常存在某种工作给予的工资待遇优厚。关于特定工作之间薪酬水平的研究就是为了解答这个问题,研究发现存在以下三种原因:工资结构的差异、经营战略和薪酬水平度量上的差异。

关于工资结构的差异产生薪酬水平的差异。一般来说,组织可能对所有工作支付与其他雇主大致相同的工资,但在这一总体水平内部,雇主可能选择不同的工资结构。那些高级管理人员所得的工资远高于入门级的员工的组织拥有陡峭曲线的工资结构。有些收入分配更为平均化的组织拥有扁平曲线的工资结构。

关于经营战略产生薪酬水平的差异。在总体工资总额一定的情况下,组织会将总体工资水平以不同的方式在各职务层级或工作类之间进行分配,原因是这些工作可能在执行组织战略上比其他工作更重要。

关于薪酬水平度量产生薪酬水平的差异。如果对工资水平的定义或度量不

---

[1] 雷万里:《薪酬支付的心理效应》,《中国人力资源开发》2001年第12期。

完备,则工资水平相同的组织可能看上去是有差异的。关于特定工作之间薪酬水平差异研究的文献多数集中于寻找产生此类现象的原因,而忽视了研究这些现象为企业带来的效能、这类现象在企业中使用的范围等;在寻找原因时过多关注工资对这一现象的影响,忽视了薪酬中其他成分的作用。

(二) 薪酬结构

关于薪酬结构的研究主要集中于薪酬结构的形式、薪酬结构差异的理论和如何设计薪酬结构三点上。

1. 薪酬结构的形式

国内外的研究认为薪酬结构主要有以下三种形式:赢者全得型、资源依赖型和公正型。

赢者全得型薪酬结构认为,绩效最优者和次优者之间的绩效差异看似很小,但其工资差异往往很大,并且这一差距在持续扩大。最重要的原因是,对雇主或产品赞助商而言,能力的微小差异却值一大笔钱。这些微小差异的价值很大,并且竞争性能高的市场力量对这些微小差异给予相应高额回报。

资源依赖型的薪酬结构是指经营战略和独特的内部工作价值间可能存在联系。比如,私立和公立大学的学生辅导员的工资存在很大不同。

公正型的薪酬结构是从组织内部的角度来审视工资水平,组织不断缩小工资差异行动的出发点是组织内部的公正性。

公务员定级

2. 薪酬结构差异的理论

这方面的研究有三种典型理论:内部劳动力市场、交易成本和锦标赛理论。

内部劳动力市场角度分析认为,劳动力的定价和配置受到一整套日常管理规则和程序的控制,不同企业之间的培训成本、技术要求、工作习惯等都会成为影响薪酬结构不同的因素。

交易成本的角度出发认为,厂商的存在是因为市场机制对应于多种不同的交易成本,发现最佳价格和产品属性的交易、合同谈判,以及确保合同是最终条款得以履行的成本,薪酬结构是各方权衡的结果。

锦标赛角度认为,随着时间的推移而出现的工资增长不是平滑的,相反,晋升对工资的影响效应存在拐点,锦标赛的奖励效应直接与各等级、层级之间的奖金差异的规模大小相联系。

3. 如何设计薪酬结构

不管是运用洛伦茨曲线(Lorenz Curve)来设计薪酬结构,还是进行基于宽带结构的薪酬体系设计,首先都要考察岗位,定制员工系列;其次进行薪酬结构设计;最后进行薪酬水平设计。

(三) 薪酬战略

1. 薪酬战略的维度研究

关于薪酬战略的研究主要集中在报酬水平、报酬一揽子计划的设计和组织绩效的关系上,同时还包括公司战略和中层管理人员的薪酬关系。在对薪酬战略进行界定的基础上,薪酬战略操作维度主要包括报酬一揽子计划的设计、市场定位和报酬策略的选择。报酬一揽子计划的设计指报酬方案中薪水、福利和激励报酬等成分的比重安排;市场定位是指组织将报酬水平定位在低于、高于或跟随其竞争者水平的范围,报酬策略的选择则由组织的管理体制、效标和酬劳员工程序上的方法组成。

薪酬战略是管理人员根据具体的经营环境,可以选择的全部支付方式,这些支付方式对组织绩效和有效使用人力资源产生很大的影响。薪酬战略包括薪酬哲学、薪酬评估、薪酬结构、薪酬支付和薪酬管理等在内的五个维度:(1)薪酬哲学,指组织发放薪酬的目的;(2)薪酬评估,指制定薪酬战略时要考虑组织的承受能力和竞争者的薪酬策略;(3)薪酬结构,指薪酬中各部分的比重;(4)薪酬支付,指组织发放薪酬的方式和手段;(5)薪酬管理,是指薪酬体系评价和监控的工具。

2. 薪酬战略与组织战略之间的关系

斯科特·A. 斯奈尔(Snell)教授认为,应该根据不同人力资源类型确定不同薪酬战略,这是一条企业战略和薪酬战略紧密结合的很好例子。

人力资源管理战略要适应组织的不同发展阶段,即组织发展阶段和薪酬战略之间联系得越紧密或彼此越适应,组织的效率就会越高。人力资源管理战略如此,作为人力资源管理一部分的薪酬战略也是如此。薪酬战略应遵循理解组织战略,区分人力资源的类型,确定不同类型人才的管理特征,确定薪酬战略的创建路径。

设计成功的薪酬体系可以支持组织的经营战略,能承受周围环境中来自社会、竞争以及法律法规等各方面的压力。基于战略的薪酬体系设计的内容应该包括组织目标战略方案、业务部门战略、人力资源战略、薪酬战略、薪酬管理体系、理想的雇员态度和行为,最后赢得竞争优势。

二、薪酬管理影响因素研究

影响组织薪酬的因素很多,既有组织自身的因素,也有组织之外的因素。具体来说,关于薪酬管理的影响因素主要包括以下四个层次:宏观环境、组织因素、工作特征和个人特征等。

(一) 宏观环境

宏观环境对薪酬的影响主要集中在以下几点:法规政策环境、行业环境和社会经济环境。

1. 法规政策环境对薪酬的影响

政府的许多法规政策都在影响薪酬,例如对员工最低工资的规定,员工的所得税比例,工厂安全卫生规定,女职工的特殊保护,员工的退休、养老、医疗保险等。对于政府机关和事业单位的工作人员来说更是如此,不管是工资标准、津补贴和福利收入等的确定和发放,都有着严格的法律规定,不得违反。

2. 行业环境对薪酬的影响

由于历史原因和现实需要,各行业的员工对薪酬的期望是不同的。对于企业来说,企业面对的竞争环境对国有企业经济效益影响重大,行业垄断可能使该行业的某些企业获得超额利润,政府行政垄断也可能使某些企业处于良好的经营状况,这些都会影响企业的薪酬系统。例如:金融、IT等行业员工对薪酬的期望较高;纺织、环卫等行业员工对薪酬的期望较低。

3. 社会经济环境对薪酬的影响

一般来说,当地的经济发展处在一个较高水平时,企业员工的薪酬会较高;反之,企业员工的薪酬会较低。目前我国的各地区经济发展不平衡,沿海地区经济发展水平较高,大城市经济发展水平较高,因此,这些地区企业员工的薪酬较高。一般来说,劳动力市场供求情况和企业的薪酬关系密切,当劳动力充沛或某一层次的人才供大于求时,企业的薪酬相应会降低;当劳动力匮乏时或某一层次的人才求大于供时,企业的薪酬相应会提高。同时,当地的生活指数对薪酬也产生影响。由于薪酬与员工生活息息相关,因此,当地的生活指数较高时,企业内员工的薪酬会相应提高;反之,当地的生活指数较低时,企业内员工的薪酬会相应降低。

（二）组织因素

在组织确定薪酬的时候，组织结构、组织战略、组织运营模式、组织文化、组织规模、组织发展阶段等都对薪酬产生影响。

1. 组织结构对薪酬的影响

现代社会形成了一个高度竞争的环境，组织结构在向扁平化、工作单元团队化和无边界化发展，变得更加柔性化，这种柔性化的组织结构对薪酬产生了新的影响。首先，以职位为基础的薪酬体系向以人的技能为基础的薪酬体系转变，传统薪酬结构向宽带薪酬结构转变；其次，薪酬激励的侧重点由个人向群体转移；再次，更加注重外在薪酬管理和内在薪酬管理的结合；最后，更加注重弹性员工的薪酬管理。

2. 组织战略对薪酬的影响

有关组织战略和薪酬战略的关系问题一直是学术界争论的焦点之一。对于到底是组织战略影响人力资源管理战略，进而对薪酬战略产生间接影响，还是人力资源战略和薪酬战略属于同一层级，组织战略直接决定薪酬战略，学者观点存在较大分歧。但组织战略驱动薪酬战略，薪酬战略属于从属层次，这一观点已经基本成为共识。薪酬战略包括了许多关键要素，但那些是孤立的，应该将这些关键要素与组织战略从三个方面进行整合或匹配：与组织战略进行纵向整合；薪酬战略与人力资源管理的其他维度之间进行横向整合；薪酬战略的各不同维度（工资水平和工资基础）之间的内部整合。

3. 组织运营模式对薪酬的影响

不同的组织运营模式赋予组织不同的管理自主权，而不同的管理自主权对薪酬产生不同的影响。比如，就薪酬的决定来看，美国绝大部分公司比欧洲公司的管理者拥有较大的自主权，倾向于鼓励公司推行绩效工资；有些欧洲国家则认定绩效工资是非法的。另外，全国性工会组织、企业工会组织、雇主组织等的力量大小，都对组织的管理自主权产生一定的影响，从而影响薪酬水平的确定。

4. 组织文化对薪酬的影响

薪酬设计与组织文化也是紧密相连的。组织关注什么，价值观是什么，在绩效考核、岗位测评等制度上都会得到突出体现。如果组织推崇和谐、平均、稳妥，则薪酬就侧重保障，差距就不会很大；如果组织文化倡导绩效、创新、激进，薪酬就侧重激励以充分拉开差距。另外,工作文化模式可以决定薪酬模式的某些特征,薪酬模式也会强化与之相适应的工作文化模式要素。

5. 组织规模对薪酬的影响

组织本身的特点如规模大小、行业性质、组织在行业中的地位、组织及行业的总体盈利水平等,决定了经营者的薪酬水平。一般来说,组织规模越大、在行业中的地位越靠前,则经营者的收入水平越高。

6. 组织发展阶段对薪酬的影响

组织的发展阶段不同,战略和营利能力也不同,组织的薪酬也会受到影响。例如企业在成长期,往往采取低工资、高奖金、低福利的薪酬政策;在成熟稳定阶段,企业往往采用高工资、低奖励、高福利的薪酬政策。

(三) 工作特征

组织在进行薪酬设计时需强调两个公平原则,一是内部公平,二是外部公平。其中最重要的是要确保内部公平,也就是内部一致性。确保内部公平的一般流行的做法是进行岗位评价,来判断一个岗位的价值。岗位价值分析为解决组织薪酬管理中的内部公平性问题提供了思路和工具。组织内职位的薪酬水平应能反映职位之间的差异,如技能、贡献、工作环境等。工作特征对薪酬的影响主要体现在对薪酬内部公平性的影响上,工作类别、团队规模、团队管理方式等都对薪酬有重要影响。

(四) 个人特征

个人的行为、经验和个人特征等对薪酬也有很大影响。行为因素分析员工的加班、旷工、抽烟、说谎、助人等行为对薪酬的影响。经验因素探讨承受压力的经历、经验的丰富程度、教育和培训等对薪酬的影响。个人特征因素包括思维特征、是否有长期缺陷、年龄、性别和民族等。

三、薪酬模式

薪酬管理作为组织人力资源管理的基本职能和关键性工作,薪酬制度的设计好坏直接关系到企业薪酬管理乃至人力资源管理整个环节是否顺利运行。薪酬有五种主要依据,相应地形成五种基本薪酬模式:基于岗位的薪酬模式、基于绩效的薪酬模式、基于技能的薪酬模式、基于市场的薪酬模式和基于年功的薪酬模式。

(一) 基于岗位的薪酬模式

基于岗位的薪酬模式,顾名思义,是以岗位的价值作为支付工资的基础和依据,在岗位价值基础上构建的支付薪酬的方法和依据,即在确定员工的基本工资时,首先对岗位本身的价值做出客观的评价,然后再根据评价结果赋予承担这一岗位工作的人与该岗位价值相当的基本工资。通俗地讲,就是在什么岗拿什么钱;对岗不对人。对于员工而言,岗位更为客观、稳定。

优点:和传统按资历和行政级别的付酬模式相比,真正实现了同岗同酬,内部公平性比较强。职位晋升,薪级也晋级,调动了员工努力工作以争取晋升机会的积极性。

不足:如果一个员工长期得不到晋升,尽管本岗工作越来越出色,但其收入水平很难有较大的提高,就影响了其工作的积极性。岗位导向的薪酬制度更看重内部岗位价值的公平性,在从市场上选聘比较稀缺的人才时,很可能由于企业内部薪酬体系的内向性而满足不了稀缺人才的薪酬要求,吸引不到急需的人才。

(二) 基于绩效的薪酬模式

基于绩效的薪酬模式是以员工的工作业绩为基础支付工资,支付的唯一根据或主要根据是工作成绩或劳动效率。将员工的绩效同制定的标准相比较以确定其绩效工资的额度,形式有计件(工时)工资制、佣金制、年薪制等。绩效工资制适用于生产工人、管理人员、销售人员等。

优点:员工的收入和工作目标的完成情况直接挂钩,让员工感觉很公平,"干多干少干好干坏不一样",激励效果明显。员工的工作目标明确,通过层层目标分解,组织战略容易实现。企业不用事先支付过高的人工成本,在整体绩效不好时能够节省人工成本。

不足:员工收入考虑个人绩效会造成部门或者团队内部成员的不良竞争,员工为取得好的个人绩效,可能会减少合作。绩效评估往往很难做到客观准确。因此,在需要团队协作制胜时,不应过分强调个人绩效对收入的作用。

(三) 基于技能的薪酬模式

基于技能的薪酬模式是以员工所具备的能力/技能作为工资支付的根本基础,即以人的能力要素作为工资支付的直接对象。这种模式认为,员工获得报酬的差异主要来自人本身能力水平的差异,而非职位等级的高低、职位价值的高低。通俗的说法就是,有好的能力就有好的结果,这种薪酬模式适用于企业中的技术工人、技师、科技研发人员、专业管理者等。

优点:员工注重能力的提升,就容易转换岗位,增加了发展机会,将来即使不在这个企业也会有竞争力。不愿意在行政管理岗位上发展的员工可以在专业领域深入下去,同样获得好的待遇,对企业来说留住了专业技术人才。员工能力的不断提升使企业能够适应环境的多变,企业的灵活性增强。

不足:两个人做同样的工作,因技能不同而收入不同容易造成不公平感。高技能的员工未必有高的产出,即技能工资的假设未必成立,要看员工是否投入工作。界定和评价技能不是一件容易的事情,管理成本高。员工着眼于提高自身技能,可能会忽视组织的整体需要和当前工作目标的完成。对于已达技能顶端的人才如何进一步的激励,也是其弱点之一。

(四)基于市场的薪酬模式

基于市场的薪酬模式是根据市场价格确定企业薪酬水平,根据地区及行业人才市场的薪酬调查结果来确定岗位的具体薪酬水平。至于采取高于、等于或是低于市场水平,要考虑企业的盈利状况及人力资源策略。市场经济供求关系决定价格的基本规律也适用于员工的工资模式,人才资源的稀缺程度在很大程度上决定了薪酬的水平。一般适用于企业的核心人员。

优点:企业可以通过薪酬策略吸引和留住关键人才;可以通过调整那些替代性强的人才的薪酬水平,从而节省人工成本,提高企业竞争力。参照市场定工资,长期容易让员工接受,降低员工之间在企业内部的矛盾。

不足:市场导向的工资制度要求企业良好的发展能力和盈利水平,否则难以支付和市场接轨的工资水平。员工要非常了解市场薪酬水平,才能认同市场工资体系,因此,这种薪酬模式对薪酬市场数据的客观性提出了很高的要求,对员工的职业化素质也提出了要求。完全按市场付酬,企业内部薪酬差距会很大,影响组织内部的公平性。

(五)基于年功的薪酬模式

基于年功的薪酬模式是一种简单而传统的薪酬制度,是按照员工为组织服务期的长短而支付或增加薪酬的一种管理制度,往往与终生雇佣制相关联。其基本特点是员工的企业工龄越长,工资越高。

优点:培养员工的忠诚度,员工的安全感强。

不足:工资刚性太强,弹性太弱,不容易调整。容易形成论资排辈的氛围,不利于有才能的人才成长。不利于吸引年轻人,即使进入企业也会因漫长的等待而失去信心。

当前主流的五种薪酬模式各有其优点和不足。岗位工资制、绩效工资制、技能工资制和市场工资制,仅仅是从单一的角度考虑薪酬的付酬因素,年功工资制在中国一直以来仅作为辅助单元使用,因此任何一个单一的薪酬模式都不可构成一个系统的薪酬体系,只有将这五种薪酬模式结合成一个完整的薪酬体系,才能更好地发挥薪酬的战略作用。

四、薪酬体系设计的程序

关于薪酬体系设计程序和方法的理论和实践较多,由于薪酬体系模式本就多样,组织薪酬会受到多方面因素制约,且组织间的差异很多,因此薪酬设计必然有多种模式,但薪酬体系设计有一般性的程序和方法。

尽管组织所处环境不同,采用的技术不同,在设计薪酬体系时采取的步骤也会有所不同,但大多数研究表明薪酬体系设计方法大同小异。一般来说,薪酬体系设计过程可分为以下几个步骤:弄清问题,明确需求,确定方向和目标;市场调查,确定企业薪酬水平;建立健全薪酬制度的支撑体系;拟定薪酬设计方案。

(一)弄清问题,明确需求,确定方向和目标

发现组织现实的薪酬制度存在的问题,弄清楚问题产生的原因、背景和条件,明确改革需求,确定改革方向,是薪酬制度设计的第一步,是保证做出正确设计的基础。

首先要对组织进行现状调查,发现问题,其中包括企业现行组织结构、工作职位分布、各职位工作内容和作用;各类人员的构成、薪酬水平、各类人员的薪酬在企业薪酬总额中的比例等。其次明确需求,确定改革方向和目标。重点要明确企业所处的发展阶段、企业组织结构和各类人员组成分布是否适应企业发展战略等。

(二)市场调查,确定企业薪酬水平

明确市场调查内容,薪酬市场调查是对组织所支付的薪酬情况做系统的收集和分析判断过程。一个好的薪酬市场调查,可以帮助组织了解薪酬水平在产品市场和劳动力市场上的位置,将有利于控制劳动力成本。

进行市场调查的方法有两种。第一种方法是充分利用社会上的信息资源，广泛收集各种相关的技术、经济数据，如劳动力市场上的各类人员的指导价；统计部门公布的各行业、各类人员的薪酬水平；产品市场上的产品价格和各企业产品在市场上的占有率等。第二种方法是由企业自己或请社会上专业中介机构进行产品和劳动力市场调查。

（三）建立健全薪酬制度的支撑体系

一个组织的薪酬制度不是孤立的，需要其他管理体系的支撑，才能做出正确决策和发挥作用。它需要以下企业条件的支持：企业组织结构再造；完善职位（岗位）说明书（工作描述和工作规范）；制定各类员工知识、技能等级标准，评定员工能力等级；编制工作职位（岗位）绩效考核评价标准。

（四）拟定薪酬设计方案

这是指企业薪酬组成和支付方式的决策，包括薪酬总额是由哪几项构成的，各项占总额的比例，弹性范围和幅度，何时支持等内容。重点从以下几点开始设计：首先薪酬结构设计。确定企业所有工作（或职位、岗位）的平均工资水平；建立工作结构确定企业内部各种不同工作之间的相对价值即相对工资水平。其次确定个人工资水平。确定个人工资水平应根据企业薪酬支付方式，分别计算个人各部分工资，然后相加就是本人工资水平。再次是业绩评价与奖金计算。奖励工资是员工的弹性工资，它的浮动依据企业绩效水平、员工所在单位绩效水平和员工个人绩效水平等。最后是确定薪酬支付方式。各种支付方式中显性薪酬作用很大，尤其对企业中大多数劳动者更是如此。薪酬支付方式设计的重点是确定显性薪酬水平和各种方式所占的比例。

第三节　福　利

一、福利的基本概念和内容

为了保障员工的利益，吸引和留住优秀人才，很多组织愿意为员工提供工资之外的报酬，这就是常说的福利。

（一）福利的概念

所谓福利，就是组织除工资之外提供给员工的补充性报酬，是组织薪酬体系的重要组成部分。

(二) 福利的特点

与其他形式的报酬相比,员工福利有四个主要特点。

(1) 补偿性。员工福利是对劳动者为组织提供劳动的一种物质性补偿,也是员工工资收入的一种补充形式。

(2) 均等性。组织内履行了劳动义务的员工,都可以平等地享受组织的各种福利。

(3) 集体性。组织兴办各种集体福利事业、员工集体消费或共同使用共同物品等是员工福利的主体形式,也是员工福利的一个重要特征。

(4) 多样性。员工福利多样性,包括现金、实物、带薪休假以及各种服务,而且可以采用多种组合方式,要比其他形式的报酬更为复杂,更加难以计算和衡量,最常用的方式是实物给付形式,并且具有延期支付的特点。这与基本薪酬差异较大。

(三) 福利的设立原则

(1) 建立规范合理的福利制度体系。

(2) 福利不意味着平均主义和大锅饭。应根据绩效不同、服务年限不同而有所区别。

(3) 福利对象应该包括全部员工。虽然在享受福利项目可以有所差异,但在范围上至少应该包括正式在职员工和试用期员工,也可以扩大范围至离退休人员。

二、福利的分类

(一) 物质激励型福利和精神激励型福利

根据激励的内容,福利可以划分为物质激励型福利和精神激励型福利。

1. 物质激励型福利

指为增强人力资源管理激励性而建立的以物质激励为主要内容的福利项目,主要包括如下种类:

(1) 时间奖励,包括带薪和不带薪休假、病假等;

(2) 现金奖励,包括午餐补贴、节日补贴等;

第十章 薪酬管理

(3) 服务奖励,如自助计划资助、娱乐项目、旅游项目、健康项目、财务和法律咨询等。

2. 精神激励型福利

指为增强人力资源管理激励性而建立的以精神激励为主要内容的福利项目。相对于物质激励型福利来说,精神激励型福利的项目较少,比如设立年度团队精神奖、员工具有评优和评先的资格等。

(二) 现金型福利和非现金型福利

根据激励的给付形式,福利可以划分为现金型福利和非现金型福利。前者指以货币的形式给付的福利;后者指以非货币形式给付的福利。

(三) 即期性福利和延期性福利

根据激励的给付时间,福利可以划分为即期性福利和延期性福利。前者一般是在职期间可以获得的福利;后者一般是一定时间期限或者退休后可以获得的福利。

(四) 固定福利和弹性福利

根据员工对于激励内容是否有选择权,福利可以划分为固定福利和弹性福利。固定福利是由组织决定并提供,员工本人不能选择和调整的福利项目;弹性福利是组织提供的,允许员工在规定的时间和现金范围内根据自己的需要自愿选择和调整的福利项目。

(五) 法定福利和组织福利

根据组织提供福利的依据,福利可以划分为法定福利和组织福利。

1. 法定福利

中央政府或者地方政府通过立法要求组织必须提供的福利。法定福利主要包括两方面,一是各类社会保险,二是各类法定休假。

(1) 组织依法为员工办理的社会保险,包括社会养老保险、社会失业保险、社会医疗保险、工伤保险、生育保险等。

(2) 组织依法可享受的各类假期,包括国家法定假、带薪年休假、探亲假、婚假、丧假、三期假(孕期、产期、哺乳期)、病假等。

2. 组织福利

用人单位为了吸引人才或稳定员工而自行为员工采取的福利措施。比如工作餐、工作服、通勤车等。

（1）补贴福利，组织为员工提供的各种货币性补贴。具体包括住房补贴、伙食补贴、岗位补贴、交通补贴、工龄补贴、通信补贴等。

（2）教育培训福利，组织积极为每位员工提供受培训和继续教育的机会，根据组织各个层面员工的特点组织不同的培训。具体包括员工在职培训、公司出资外出培训、公费进修等。

（3）健康福利，组织每年组织员工到医疗机构进行体检，包括常规身体检查、专项检查等。

（4）设施福利，组织为丰富员工的文化生活，培养员工积极向上的道德情操设立的福利项目。具体包括组织出资组织员工旅游、各种文体活动、联欢会、茶话会等。

（5）婚丧庆贺福利，组织专门为庆祝传统节日和特殊节日，以及祝贺员工重大喜事而设立。具体包括过节费、结婚礼金、丧事礼金等。

（6）特别福利，公司为核心骨干员工和连续在本组织工作多年、具有一定忠诚度的员工提供的参与组织管理与决策的渠道，如加入持股会、实行员工持股等。

三、福利待遇的给付

因为福利的种类不同，组织给付的方式不同。对于法定的社会保险类福利，由组织的财务部门将社会保险费用统一向政府相关部门缴纳；对于员工享受的各类法定假期，组织视同员工出勤，不做经济上的处罚；对于各种组织福利，按照规定由组织以货币或非货币的形式给付。

四、工资与个人福利的关系

（一）工资和福利的相同点

工资和福利同属于薪酬的范畴。工资是在员工向组织提供了正常劳动后，由组织向员工给付的货币形式的报酬；福利也是组织向员工给付的报酬，但形式可以是货币形式的，也可以是实物形式的，还可以是精神形式的。由于个人福利中的一部分和工资一样，都是以货币形式向员工个人给付，在支付形式这一点上，两者是有相似之处的。

第十章 薪酬管理

（二）工资和福利的不同点

由于工资与员工个人福利有着紧密的联系，所以很容易被混为一谈，往往误将福利视为工资的构成部分。两者的区别主要表现在以下三个方面：

1. 与员工付出劳动的关系不同

工资是与员工的工作岗位，付出劳动的质量、数量、强度等紧密挂钩的，是员工付出劳动必须得到的报酬。个人福利则与职工的工作岗位，付出劳动的质量等联系不那么紧密，用人单位可以支付有些项目，也可以不支付。

2. 向员工支付的周期与方式不同

用人单位一般须按月直接向职工支付工资；职工个人福利则未必按月支付，且可采用报销等方式支付。

3. 向员工支付的形式不同

工资只能采用货币形式支付，不得以实物形式支付；员工个人福利则可采用实物等形式支付。

由于工资与福利有着本质的区别，所以国家统计局明确规定，用人单位支付给职工的福利费用不属于工资范围。因此，在为员工计发解除合同经济补偿金时，不应将福利性费用计入工资之中。另外，相对计划经济体制下国家对企业的管理，目前国家规定企业须为职工提供的福利待遇很少，而由用人单位自行决定向职工提供的企业内部福利待遇更多。

小 结

待遇是人力资源管理中最大的一个问题，关系到每一个员工的切身利益，主要包括薪酬和福利两部分。本章内容共分三节。

第一节是薪酬管理概述。首先介绍了薪酬的定义、功能和分类，其次是薪酬体系及其组成部分，最后是薪酬管理及其原则。

第二节是薪酬管理要素。首先介绍了薪酬管理的基本要素，包括薪酬水平、薪酬结构和薪酬战略；其次介绍了薪酬管理的影响因素，包括宏观环境、组织因素、工作特征和个人特征等；再次介绍了五种典型的薪酬模式；最后是薪酬体系的设计。

第三节是福利。首先介绍福利的概念、特点和设立原则；其次是福利的分类，按照不同的标准可有不同的分类；再次是福利待遇的给付；最后探讨了工资与个人福利的关系。

复习思考题

1. 简述薪酬定义及功能。
2. 简述外在薪酬和内在薪酬的区别。
3. 简述薪酬体系的内容。
4. 简述薪酬管理的定义及原则。
5. 薪酬管理的基本要素有哪些?
6. 薪酬管理的影响因素有哪些?
7. 简述五种典型的薪酬模式内容。
8. 简述福利的特点。
9. 福利的设立原则有哪些?
10. 简述福利的分类。
11. 如何理解工资与福利的关系?

推荐阅读

仇雨临主编:《员工福利管理(第二版)》,复旦大学出版社 2010 年版。

董克用主编:《人力资源管理概论(第四版)》,中国人民大学出版社 2015 年版,第十章。

刘昕编著:《薪酬管理(第 5 版)》,中国人民大学出版社 2017 年版。

〔美〕乔治·米尔科维奇、杰里·纽曼、巴里·格哈特:《薪酬管理(第 11 版)》(成得礼译),中国人民大学出版社 2014 年版。

孙柏瑛、祁凡骅编著:《公共部门人力资源开发与管理(第四版)》,中国人民大学出版社 2016 年版,第 12—13 章。

文跃然主编:《薪酬管理原理(第二版)》,复旦大学出版社 2013 年版。

杨伟国、唐鑛主编:《人事管理经济学》,复旦大学出版社 2012 年版,第六章。

赵国军:《薪酬设计与绩效考核全案(修订版)》,化学工业出版社 2016 年版。

第三编　人力资源的保护

第十一章

劳动保障和社会保障

学习目标

1. 了解劳动保障、社会保障和社会保险的基本内容。
2. 掌握劳动保障的含义和内容,社会保障的含义和内容,社会保险的含义、特征和类型。
3. 理解劳动保障、社会保障和社会保险之间的关系,以及支撑社会保险的各种理论。

引 例

重大劳动保障违法行为上"黑榜"只是第一步*

2017年1月1日,《重大劳动保障违法行为社会公布办法》开始施行。该办法明确,七类重大劳动保障违法行为应当进行社会公布,包括克扣、无故拖欠劳动者劳动报酬,数额较大的;拒不支付劳动报酬,依法移送司法机关追究刑事责任的;不依法参加社会保险或者不依法缴纳社会保险费,情节严重的;违反工作时间和休息休假规定,情节严重的;违反女职工和未成年工特殊劳动保护规定,

---

* 资料来源:林琳:《重大劳动保障违法行为上"黑榜"只是第一步》,《工人日报》2017年1月4日,第003版。

情节严重的；违反禁止使用童工规定的；因劳动保障违法行为造成严重不良社会影响的；其他重大劳动保障违法行为。

拖欠工资、使用童工、不给职工缴社保，这些现象近年来在一些地方不时发生，个别案件还曾引发舆论广泛关注。

"家丑不可外扬"，但对有些企业来说，不"外扬"，就不解决问题、不把职工权益当回事。

向社会公布重大劳动保障违法行为，对企业来说，无疑是一种震慑。一家企业口碑怎么样，对员工好不好，是否自觉守法，说白了，都是一种无形资产。企业一旦上了人社部门的"黑名单"，被公之于众，意味着"地球人都知道"。一个被贴上不诚信、不守法、拖欠工资等标签的企业，无论在业界还是当地，今后的日子可能都不太好过。这中间的输赢得失，不难计算。

规范、约束企业的行为，就是在保护员工利益。时下，能自觉守法、善待员工的企业还不是很多，所以还须依赖各种制度、规定和法律。类似的公布企业重大劳动保障违法行为的做法，此前不少地方的工会组织和相关部门曾有所尝试。这些实践有的尚在起步探索、"搭台子"的阶段；有的已经形成了相对稳定、固定的发布机制和制度，每月或者每季度在相关政府部门网站上公布一次；有的则不仅有批评企业的"黑榜"，还有表扬企业落实劳动法律法规、维护职工权益的"红榜"，等等。

从各地实践看，仅有榜单发布还不够，如果只是短暂的脸上无光、不触及切身利益，有的企业很可能厚着脸皮、继续我行我素。因此，正如上述办法中提到的，在公布之余应将相关情况"记入用人单位劳动保障守法诚信档案，纳入人力资源社会保障信用体系，并与其他部门和社会组织依法依规实施信息共享和联合惩戒"。这就像大学里老师上课点名一样，如果说旷课会影响期末综合成绩、评优评先甚至毕业证发放，一些学生通常不敢动不动就不来上课。

如果克扣拖欠工资、强令职工超时加班、使用童工等，与企业今后参与招投标项目、申请贷款、税收优惠、荣誉取得等挂钩，如果人社部门的名单与工商、税务、法院等多部门的相关名单对接、共享，对企业的震慑力度就会大不同。说白了，就是用更大的违法成本，促使企业充分意识到，欺负员工、违反劳动法律法规，后果很严重，除了相应的法律制裁，今后生存发展还可能面临诸多限制，从而不敢违法、自觉守法。

第十一章 劳动保障和社会保障

此外,还有一些配套的、辅助的措施制度需要一并构建。比如,畅通劳动者举报违法行为的渠道,并给予举报人相应的保护;拓宽公布违法企业及其行为的平台;加强信息互通,在不同省份、地区之间,企业一处违法处处受限。

保障劳动者合法权益,不是某项制度、某个部门可以一力承担的,不管是法律制度的制定、出台、修改,还是相应的执法、落实、惩处,需要的都是通力协作,环环相扣。新的一年,希望保护劳动者权益的网越织越密、伞越撑越大。

第一节 劳动保障

一、劳动保障概述

(一)劳动保障的含义

劳动保障是指以保护劳动者的基本权益所采取的一切措施和行为的总和。劳动保障制度以保障劳动者的合法权益为目的,这是区别于其他对劳动关系调整的法律制度。

劳动保障的内容是主体的独立人格、法律地位和物质利益。主体的独立人格是获得法律地位的前提,独立的法律地位又是实现物质利益的前提。劳动保障首先要确立和维护劳动者和用人单位的独立人格和法律地位。劳动者要独立于国家、独立于资本、独立于其他任何人,成为能够自由支配自己劳动力、享有自主择业权的主人;用人单位要独立于国家、独立于其他单位,成为能够自主经营,拥有用工自主权的市场主体。劳动保障其次是要保障主体的物质利益。维护主体人格和法律地位的目的是为了实现和保障主体的物质利益。

(二)劳动关系的建立

1. 劳动关系的含义

根据《中华人民共和国劳动合同法》(以下简称《劳动合同法》)的规定,劳动关系是指用人单位招用劳动者为其成员,劳动者在用人单位的管理下提供有报酬的劳动而产生的权利义务关系,是劳动者与用人单位在实现劳动过程中建立的社会经济关系。从广义上讲,生活在城市和农村的任何劳动者与任何性质的用人单位之间因从事劳动而结成的社会关系都属于劳动关系的范畴。

自用人单位招用劳动者从事劳动合同约定的工作之日起,劳动关系即确立。

双方可以就按照约定享受权利和履行义务,接受劳动法律、法规的约束。

2. 用人单位

劳动关系的一方(劳动者)必须加入某一个用人单位,成为该单位的一员,并参加单位的生产劳动,遵守单位内部的劳动规则;另一方(用人单位)则必须按照劳动者的劳动数量或质量给付其报酬,提供工作条件,并不断改进劳动者的物质文化生活。

用人单位是指依法招用和管理劳动者,与之形成劳动关系,支付其劳动报酬的劳动组织。

根据《劳动合同法》的规定,用人单位包括中华人民共和国境内的企业、个体经济组织、民办非企业单位等组织;国家机关、事业单位、社会团体以及劳务派遣单位。根据《劳动保障监察条例》第2条规定,用人单位主要包括企业和个体工商户两类群体。

(1) 企业。所谓企业,泛指一切从事生产、流通或者服务活动,以谋取经济利益的经济组织。企业是组织众多个人开展经济活动的一种方式。按照企业财产组织方式的不同,企业在法律上又可以分为三种类型:

第一种是独资企业,即由单个主体出资兴办、经营、管理、收益和承担风险的企业;第二种是合伙企业,即由两个或者两个以上的出资人共同出资兴办、经营、管理、收益和承担风险的企业;第三种是公司企业,即依照《中华人民共和国公司法》设立的企业。

公司是企业的主要组织形式之一。公司一般是指由股东共同出资,依照公司法设立的以盈利为目的,从事商品生产经营活动或其他商业经营活动的经济组织和企业法人。按照企业所有制形式划分,有全民所有制企业、集体所有制企业、外商投资企业(包括中外合资经营企业、中外合作经营企业和外商独资企业)及私营企业。

(2) 个体工商户。按照《个体工商户条例(2016年修正)》第2条的规定,个体工商户是指"有经营能力的公民,依照本条例规定经工商行政管理部门登记,从事工商业经营的,为个体工商户"。个体工商户可以个人经营,也可以家庭经营。

3. 劳动者

劳动者是指达到法定年龄,具有劳动能力,并实际参加社会劳动,以自己的

第十一章 劳动保障和社会保障

劳动收入为生活资料主要来源的自然人。

(三) 劳动保障的内容

劳动关系的基本内容包括劳动者与用人单位之间的工作时间和休息时间、劳动报酬、劳动安全卫生、规章制度、劳动保险、职业培训等。此外,与劳动关系密切联系的关系还包括劳动行政部门与用人单位、劳动者在劳动就业、劳动争议和社会保险等方面的关系,工会与用人单位、职工之间因履行工会的职责和职权,代表和维护职工合法权益而发生的关系等。

劳动保障监察

由国务院常务会议通过并公布、自2004年12月1日起施行的《劳动保障监察条例》第11条,详细规定了劳动保障行政部门可以实施劳动保障监察的九个具体事项,其中有七方面的内容是用人单位对劳动者提供劳动保障的事项。

1. 用人单位应该制定内部劳动保障规章制度

根据劳动法及相关法律、法规的规定,用人单位应该制定自己的劳动管理规章制度或者称劳动纪律,它是由企业有关部门制定的,以书面形式表达的,并以一定方式公示的,关于企业内部劳动用工管理、明确企业和职工劳动权利和义务的规范总称。在用人单位的劳动管理规章制度中,其核心部分是劳动保障规章制度,即对于员工享有的取得劳动报酬、休息休假、获得劳动安全卫生保护、享受社会保险和福利等劳动权利,以及应当履行完成劳动任务、遵守规章制度和职业道德等劳动义务进行详细的规定。劳动保障制度是除劳动法之外,对于劳动者的权利和义务进行保障的最主要依据。在用人单位制定内部劳动保障制度时,不得与《中华人民共和国劳动法》(以下简称《劳动法》)及相关法律、法规抵触。

2. 用人单位与劳动者订立劳动合同

《劳动合同法》第3条规定:订立劳动合同,应当遵循合法、公平、平等自愿、协商一致、诚实信用的原则。依法订立的劳动合同具有约束力,用人单位与劳动者应当履行劳动合同约定的义务。

具体而言,用人单位在和劳动者订立劳动合同时,应当遵循以下原则:

(1) 合法原则。合法原则是劳动合同有效的基本前提,该原则要求劳动合同的订立过程和劳动合同本身的形式、内容都必须符合法律、法规的规定,否则劳动合同可能被认定为无效或者部分无效。

第一,劳动合同在订立过程中的任何一方的违法行为可能会导致劳动合同的无效或者部分无效。比如,一方以欺诈、胁迫的手段或者乘人之危,使对方在违背真实意思的情况下订立劳动合同,该劳动合同可能被认定为无效或部分无效。

第二,劳动合同在形式上(除非全日制用工外),一律要求以书面形式订立。

第三,劳动合同内容的合法性也是基本要求,内容违反法律、行政法规强制性规定的,或内容具有其他违法情形的,都可能导致劳动合同的无效或者部分无效。

(2) 公平原则。公平原则是合法原则向合理性原则的递进。该原则要求劳动合同内容公平合理,用人单位不得以强势地位压制劳动者而制定显失公平的合同条款。比如,不允许用人单位免除自己的法定责任、排除劳动者权利的内容。

(3) 平等原则。平等原则是指劳动者和用人单位在订立劳动合同时法律地位平等,没有高低贵贱之分,但是,劳动合同订立时的平等并不排除劳动关系履行过程中用人单位和劳动者之间的管理与被管理关系,劳动者与用人单位之间法律地位的平等性和劳动者对用人单位具有的从属性是并存的,这也正是由劳动关系的特殊性所决定的。

(4) 自愿原则。自愿原则是指订立劳动合同完全是出于劳动者和用人单位双方的真实意思的表示,出于自愿而签订,用人单位和劳动者都不得强迫对方和自己订立劳动合同。当然,自愿原则并不能超越合法原则。比如,劳动者和用人单位依据双方真实意思约定不依法缴纳社会保险的条款,虽符合自愿原则,但是违背合法原则,因而这肯定是无效的劳动合同条款。

(5) 协商一致原则。协商一致原则是指劳动合同条款是经双方协商一致达成的,任何一方不得把自己的意志强加给另一方,不得强迫订立劳动合同,也不能命令、胁迫对方订立劳动合同。协商一致原则同样不能违背合法性原则。

(6) 诚实信用原则。诚信原则是民事法律中的基本原则,也是劳动法中的基本原则。

3. 用人单位严禁使用童工

保护未成年人,不仅是国家的责任,用人单位也有责任。用人单位严禁使用童工的规定有利于保护未成年人的生命健康;有利于保护未成年人受教育权,促进义务教育的实施;有利于未成年人素质的提高,为组织和社会发展做贡献。

第十一章 劳动保障和社会保障

为了保护未成年人的身心健康,中华人民共和国国务院令第364号文件《禁止使用童工规定》自2002年12月1日起施行。其中规定:禁止用人单位招用不满16周岁的未成年人。根据规定,包括国家机关、社会团体、企业事业单位、民办非企业单位、个体工商户在内的用人单位,均不得招用不满16周岁的未成年人,也就是童工;同时禁止任何单位或个人为不满16周岁的未成年人介绍就业,禁止不满16周岁的未成年人开业从事个体经营活动。不满16周岁的未成年人的父母或其他监护人有义务保障其不被用人单位非法招用。

文艺、体育单位经未成年人的父母或者其他监护人同意,可以招用不满16周岁的专业文艺工作者、运动员。学校、其他教育机构以及职业培训机构按照国家有关规定组织不满16周岁的未成年人进行不影响其人身安全和身心健康的教育实践劳动、职业技能培训劳动除外。

4. 用人单位遵守女职工和未成年工特殊劳动保护规定

相对于成年男性劳动者来说,女职工和未成年工属于弱势群体,在劳动场所应该受到特殊劳动保护,其重要意义在于:

(1) 体现了社会的进步和发展。社会进步与发展,以社会公平、人的权利充分得以实现为重要标志。女职工和未成年工特殊保护法律制度正是基于这一社会目标而建立并为这一目标发挥作用的。

(2) 有利于提高劳动生产率。无论对女职工的特殊保护,还是对未成年工的特殊保护,都有利于提高人口的质量。人口的质量和劳动者的基本素质的提高又成为提高劳动生产率的基本条件。

(3) 有利于促进民族的兴旺发达。一个民族的兴旺发达首先取决于该民族人口的兴旺发达。女职工担负的孕育下一代的特殊的社会使命,未成年工是劳动力的后备力量,对他们给予健康、安全以及生活等方面的特殊保护,必然有利于促进民族的兴旺发达、民族优秀体质的延续。

我国的法律法规对于女职工和未成年人的特殊保护进行了严格规定。

《劳动法》第58条规定:国家对女职工和未成年工实行特殊劳动保护。未成年工是指年满16周岁未满18周岁的劳动者。第59条规定:禁止安排女职工从事矿山井下、国家规定的第四级体力劳动强度的劳动和其他禁忌从事的劳动。第60条规定:不得安排女职工在经期从事高处、低温、冷水作业和国家规定的第三级体力劳动强度的劳动。第61条规定:不得安排女职工在怀孕期间从事国家规定的第三级体力劳动强度的劳动和孕期禁忌从事的劳动。对怀孕7个月以上的女职工,不得安排其延长工作时间和夜班劳动。第62条规定:女职工生育享受不少于90天的产假。第63条规定:不得安排女职工在哺乳未满1周岁的婴儿期间从事国家规定的第三级体力劳动强度的劳动和哺乳期禁忌从事的其他劳动,不得安排其延长工作时间和夜班劳动。《女职工劳动保护规定》第4条规定,不得在女职工怀孕期、产期、哺乳期降低其基本工资,或者解除劳动合同。

未成年工是指年满十六周岁未满十八周岁的劳动者。《劳动法》第64条规定:不得安排未成年工从事矿山井下、有毒有害、国家规定的第四级体力劳动强度的劳动和其他禁忌从事的劳动。第65条规定:用人单位应当对未成年工定期进行健康检查。

《劳动法》中提及了体力劳动强度分级,这是中国制定的劳动保护工作科学管理的一项基础标准,是确定体力劳动强度大小的根据。这一标准可以明确工人体力劳动强度的重点工种或工序,以便有重点、有计划地减轻工人的体力劳动强度,提高劳动生产率。

《中华人民共和国国家标准:体力劳动强度分级(GB 3869-1997)》将体力劳动分为四级,其中:

Ⅰ级体力劳动,8小时工作日平均耗能值为3558.8千焦耳/人,劳动时间率为61%,即净劳动时间为293分钟,相当于轻劳动。

Ⅱ级体力劳动,8小时工作日平均耗能值为5560.1千焦耳/人,劳动时间率为67%,即净劳动时间为320分钟,相当于中等强度劳动。

Ⅲ级体力劳动,8小时工作日平均耗能值为7310.2千焦耳/人,劳动时间率为73%,即净劳动时间为350分钟,相当于重强度劳动。

Ⅳ级体力劳动,8小时工作日平均耗能值为11304.4千焦耳/人,劳动时间率为77%,即净劳动时间为370分钟,相当于"很重"强度劳动。

《劳动法》第95条规定:用人单位违反本法对女职工和未成年工的保护规定,侵害其合法权益的,由劳动行政部门责令改正,处以罚款;对女职工或者未成年工造成损害的,应当承担赔偿责任。对于用人单位的上述违法行为,《劳动保障监察条例》第23条规定:由劳动和社会保障行政部门责令限期改正,逾期不改正的,给予警告,并可处以1000元以上5000元以下的罚款。

第十一章 劳动保障和社会保障

5. 用人单位遵守工作时间和休息休假规定

《劳动法》第四章专门明确了劳动者日常工作时间和休息休假权,其中第36条规定:国家实行劳动者每日工作时间不超过8小时,平均每周工作时间不超过四十四小时的工作制度。《国务院关于修改〈国务院关于职工工作时间的规定〉的决定》(国务院令第174号)要求,从1997年5月1日起用人单位一律实行职工每日工作8小时,每周工作40小时,强调"任何单位和个人不得擅自延长职工工作时间"。《劳动法》第38条规定:用人单位应当保证劳动者每周至少休息一日。

对于工作中不可避免的加班,相关法律也有明确的规定。比如,《劳动法》第41条规定:用人单位由于生产经营需要,经与工会和劳动者协商后可以延长工作时间,一般每日不得超过一小时;因特殊原因需要延长工作时间的,在保障劳动者身体健康的条件下延长工作时间每日不得超过3小时,但是每月不得超过36小时。

《劳动法》就劳动者的休假做了规定。第40条规定:用人单位在元旦、春节、国际劳动节、国庆节、法律法规规定的其他休假节日,应当依法安排劳动者休假。

6. 用人单位支付劳动者工资和执行最低工资标准

(1) 工资的支付。我国工资支付的法律规章明确规定,工资应当以货币形式按月支付给劳动者本人,不得克扣或者无故拖欠劳动者工资。劳动者在法定休假日和婚丧假期间以及依法参加社会活动期间,用人单位应当依法支付工资。工资应当按月支付是指按照用人单位与劳动者约定的日期支付工资。

用人单位不得克扣和无故拖欠劳动者工资。克扣劳动者工资是在正常条件下,劳动者履行了劳动的义务,并按规定的质量和数量完成了生产和工作任务,应当得到的劳动报酬被用人单位无故不予支付的行为。

根据1995年劳动部印发的《关于贯彻执行〈中华人民共和国劳动法〉若干问题的意见》(劳部发〔1995〕309号)第53条规定:劳动法中的"工资"是指用人单位依据国家有关规定或劳动合同的约定,以货币形式直接支付给本单位劳动者的劳动报酬,一般包括计时工资、计件工资、奖金、津贴和补贴、延长工作时间的工资报酬以及特殊情况下支付的工资等。工资是劳动者劳动收入的主要组成部分。劳动者的以下劳动收入不属于工资范围:①单位支付给劳动者个人的社会保险福利费用,如丧葬抚恤救济费、生活困难补助费、计划生育补贴等;②劳动保护方面的费用,如用人单位支付给劳动者的工作服、解毒剂、清凉饮料费用等;③按规定未计入工资总额的各种劳动报酬及其他劳动收入,如国家根据规定发放的创造发明奖、国家星火奖、自然科学奖、科学技术进步奖、合理化建议和技术改进奖、中华技能大奖等,以及稿费、讲课费、翻译费等。

(2)最低工资。最低工资指劳动者在法定工作时间提供了正常劳动的前提下,其雇主(或用人单位)支付的最低金额的劳动报酬。月最低工资标准适用于全日制就业的劳动者,在法定工作时间内提供了正常劳动的,用人单位支付的月工资不能低于月最低工资标准。《劳动法》第48条中的"最低工资"是指劳动者在法定工作时间内履行了正常劳动义务的前提下,由其所在单位支付的最低劳动报酬。

工资标准一般采取月最低工资标准和小时最低工资标准两种形式,月最低工资标准适用于全日制就业劳动者,小时最低工资标准适用于非全日制就业劳动者,一般包括奖金和一些补贴,应以法定货币按时支付。最低工资不包括加班工资;不包括国家法律、法规、规章规定的社会保险福利待遇和各种非货币的收入;不包括延长工作时间的工资报酬,以货币形式支付的住房补贴和用人单位支付的伙食补贴,中班、夜班、高温、低温、井下、有毒、有害等特殊工作环境和劳动条件下的津贴。

最低工资标准的政策是全国统一执行的,但最低工资标准并不是全国统一的。省级政府根据各地的经济社会发展和职工工资水平增长等情况,至少每两年调整一次月最低工资标准和小时最低工资标准。了解一个地方最低工资标准的渠道主要有两个,一是阅读当地政府公布的关于最低工资标准的文件;二是咨询当地人力资源和社会保障部门。

7. 用人单位参加各项社会保险和缴纳社会保险费

《中华人民共和国社会保险法》(以下简称《社会保险法》)第4条和第10条分别规定:中华人民共和国境内的用人单位和个人依法缴纳社会保险费;职工应当参加基本养老保险、医疗保险、工伤保险、生育保险、失业保险;无雇工的个体工商户、未在用人单位参加基本养老保险的非全日制从业人员以及其他灵活就业人员可以参加基本养老保险,由个人缴纳基本养老保险费。第95条规定:进城务工的农村居民依照《社会保险法》规定参加社会保险。第97条规定:外国人在中国境内就业的,参照《社会保险法》规定参加社会保险。

二、劳动保障和社会保险的关系

从劳动保障和社会保险的关系来看,前者以针对劳动者的弱势地位而设立,后者针对生活风险而建立,不考虑主体的差异。社会保险是劳动保障的内容之一。当社会保险的关系主体是劳动者和用人者的时候才属于劳动保障的内容,两者有区别又有交叉。劳动保障属于社会保障的一部分,二者属于从属关系。

社会保险简称为"社保",指一种社会保险或保障机制,它帮助公民面对某些社会风险如失业、疾病、事故、衰老、死亡等,或是保障基本的生存资源如教育、医疗等。社保即通常说的"五险",即养老保险、医疗保险、失业保险、工伤保险和生育保险,不包括住房公积金。

劳动保护简称"劳保",其基本内容是:(1)劳动保护的立法和监察。主要包括两大方面的内容,一是属于生产行政管理的制度,如安全生产责任制度、加班加点审批制度、卫生保健制度、劳保用品发放制度及特殊保护制度;二是属于生产技术管理的制度,如设备维修制度、安全操作规程等。(2)劳动保护的管理与宣传。企业劳动保护工作由安全技术部门负责组织、实施。(3)安全技术。为了消除生产中引起伤亡事故的潜在因素,保证工人在生产中的安全,在技术上采取的各种措施,主要解决和消除突然事故对于职工安全的威胁问题。(4)工业卫生。为了改善劳动条件,避免有毒有害物质危害职工健康,防止职业中毒和职业病,在生产中所采取的技术组织措施的总和。它主要解决威胁职工健康的问题,实现文明生产。(5)工作时间与休假制度。(6)女职工与未成年工的特殊保护。不包括劳动权利和劳动报酬等方面内容。

第二节 社会保障

一、社会保障的含义和作用

(一)社会保障的含义

社会保障源于实践的需要而产生,随着实践的发展而发展。也就是说,社会保障是实践的产物。确切地说,社会保障最早产生于19世纪中后期的德国。当时德国战乱不断,社会经济发展处于落后而且非常不稳定状态,大规模的劳资纠纷频繁发生,基于此种状况,德国学者提议,政府可以实行社会保险政策,以改善劳动者的社会福利,从而增强劳动者的社会安全感和维护劳动者的生存状态,为劳动者解除后顾之忧,进而缓解劳资双方的矛盾和冲突,促进劳动者劳动的积极性。俾斯麦首相采纳了此建议,随即推出了"胡萝卜加大棒"的政策,即对于安分劳动、温顺服从的劳动者提供社会保险,对于不服管理、罢工挑衅者采取暴力镇压措施。该做法对平抑社会动荡起到了很大的作用,也产生了世界性影响。在整个19世纪末期乃至20世纪初期,很多国家纷纷效仿,相继建立了适应本国实际的社会保险政策。

  截至2014年,在全球225个国家和地区中,有172个建立了社会保障制度。① "社会保障"一词,源自英语的"social security",意为社会安全。作为一个专用术语,它最初出现于1935年美国国会通过的《社会保障法》,据此,美国建立起了一套较完整的社会保障制度。1941年,第二次世界大战硝烟正浓,美英两国首脑在大西洋的一艘军舰上会晤,并发表了著名的《大西洋宪章》,这个文件在论及社会问题时两次使用了"社会保障"概念,"社会保障"一词引起全世界的关注。1944年国际劳工组织举行第26届国际劳工大会,会议发表了《费城宣言》,宣言中接受并使用了"社会保障"概念。战后,1952年国际劳工组织在日内瓦举行第35届国际劳工大会,会议于6月28日通过了著名的"第102号公约",即《社会保障最低标准公约》,社会保障开始被国际社会广泛运用。

  国际劳工组织综合各国情况,将社会保障概括为:社会通过采取一系列公共措施,以保护其成员免受因疾病、生育、工伤、失业、伤残、年老和死亡等原因造成的停薪或收入大幅度减少而出现的经济损失及社会贫困,并对其社会成员提供医疗照顾和对有子女的家庭提供津贴。

  这一定义显示了社会保障的三大基本特征:第一,社会保障是由社会提供的援助,不同于家庭成员之间的相互帮助;第二,社会保障援助来自公共措施,一般由政府主导,不同于私人的慈善行为;第三,社会保障提供的是经济援助,一般不包括精神抚慰等社会援助。

---

① 杨翠迎:《社会保障学》,复旦大学出版社2015年版,第19页。

第十一章 劳动保障和社会保障

（二）社会保障的作用

1. 社会保障是劳动力再生产的保护器

社会保障的功能之一就是在劳动力再生产遇到障碍时给予劳动者及其家属以基本生活、生命的必要保障，以维系劳动力再生产的需要，从而保证社会再生产的正常进行。

2. 社会保障是社会发展的稳定器

国家通过社会保障对社会财富进行再分配，适当缩小各阶层社会成员之间的收入差距，避免贫富悬殊，使社会成员的基本生活得到保障，这能协调社会关系，维护社会稳定。

3. 社会保障是经济发展的调节器

社会保障对经济发展的调节作用主要体现在对社会总需求的自动调节作用。在经济萧条时期，一方面由于失业增加、收入减少，用于社会保障的货币积累相应减少；另一方面，因失业或收入减少而需要社会救济的人数增加，社会用于失业救济和其他社会福利方面的社会保障支出也相应增加。这使社会保障的同期支出大于收入，从而刺激了消费需求和社会总需求。在经济繁荣时期，其作用则正好相反。此外，社会保障可以解除劳动力流动的后顾之忧，使劳动力流动渠道通畅，有利于调节和实现人力资源的高效配置。

二、社会保障制度的发展

社会保障从无到有，经过了四百多年的发展，大体可分为五个阶段：

（一）社会保障的起源阶段

社会保障的起源最早可追溯到欧洲中世纪世俗和宗教的慈善事业。但实际上，早在古代社会，就已出现各种形式的社会救济、救助活动。如在中国一些宗族对其家族成员及家族成员之间的救助活动，在西方一些宗教组织以慈善名义展开各种救助活动。但该阶段的社会保障不是由国家组织、通过立法的形式来实施的。

（二）社会保障制度的萌芽阶段

14、15世纪，在农奴制解体的过程中，英国新兴的资产阶级和新贵族通过暴力把农民从土地上赶走，强占农民份地及公有地，剥夺农民的土地使用权和所有权,限制或取消原有的共同耕地权和畜牧权,把强占的土地圈占起来,变成私有的大牧场、大农场。这就是英国历史上的"圈地运动"。圈地运动以后,英国偷盗者、流氓、乞讨者增多,社会不安因素急剧增加。1601年英王室通过了一个新法案《伊丽莎白济贫法》。作为英国第一个重要的济贫法,它不仅是这一法律制度的发端,而且为这一法律制度的发展确定了基本原则,因此也被称为世界上最早的社会保障法。

(三)社会保障的建立阶段

19世纪末,随着垄断资本主义的发展,失业人数增加,贫富差距扩大,各种社会矛盾激化。许多与社会福利相关的社会服务运动出现了。为使每个社会成员能够依法得到基本的生活资源,欧洲首先诞生社会保障制度。德国的俾斯麦政府颁布了一系列法令,包括1883年颁布的《疾病保险法》,1884年颁布的《工伤事故保险法》,1889年颁布的《退休金保险法》,开创了社会保障制度的历史。在此后的二十余年间,英国、法国、挪威、丹麦、荷兰和瑞典等国也先后建立起了社会保障制度。这些法令的颁布标志着社会保障制度的建立。

(四)社会保障的形成阶段

作为"新政"的一部分,1935年罗斯福政府通过了美国历史上第一部《社会保障法》,建立起了两个社会保险项目:"联邦—州政府失业救济计划"和"联邦政府养老保险计划"。另外规定,联邦政府还帮助各州制定各自的残疾人、老年人、儿童福利服务、公共卫生服务和职业康复计划。美国形成了由国家、地方政府出资和个人缴费相结合的社会保障体系。政府加强了对社会保障制度的干预,社会保障逐渐走向法制化和社会化的发展途径,大批从事社会保障工作的社会工作者应运而生。

(五)社会保障的全面发展阶段

第二次世界大战后,社会保障制度才日臻完善。1945年,英国在著名的《贝弗里奇报告》的基础上,率先建成了一套"从摇篮到坟墓"的社会保障制度。同年,法国颁布了《社会保障法》,奠定了其现代社会保障制度的基础。美国战后也多次修改和扩充了1935年的《社会保障法》,逐步扩大了保障范围。瑞典在20世纪40—50年代实行了劳动市场政策和国民义务伤残保险。日本在1947年颁布了《失业保险法》,随后于1954年全面修订了《厚生年金保险法》、于1959年

第十一章 劳动保障和社会保障

制定了《国民年金法》等。至 20 世纪 50 年代末,几乎所有的西方发达国家都基本完成了有关社会保障制度的立法,设立了相应的管理机构,实行了一套完整的以高福利为主要内涵的社会保障体系。近年来,为实施社会保障筹措资金的社会保障税已成为这些国家仅次于所得税的第二大税类;社会保障支出则成为最大的财政支出项目。至于发展中国家的社会保障制度,则大多是在第二次世界大战后建立起来的。

三、社会保障的内容

社会保障主要包括社会保险、社会救济、社会福利、社会优抚和社会互助等内容。其中,社会保险是社会保障的核心内容。

(一) 社会保险

社会保险是指国家通过立法,多渠道筹集资金,对劳动者在因年老、失业、患病、工伤、生育而减少劳动收入时给予经济补偿,使他们能够享有基本生活保障的一项社会保障制度。社会保险具有强制性、共济性和普遍性等特征,主要包括养老保险、失业保险、医疗保险、工伤保险和生育保险等项目。社会保险的保障对象主要是全体劳动者,目的是保障基本生活,具有补偿收入减少的性质。社会保险的资金来源主要是用人单位和劳动者本人,政府给予资助并承担最终责任。社会保险实行权利和义务相对应原则,劳动者只有履行了缴费义务,才能获得相应的收入补偿权利。

社会保险与商业保险

(二) 社会救济

社会救济是指国家和社会对因各种原因无法维持最低生活水平的公民给予无偿救助的一项社会保障制度。救助的对象有三类:一是无依无靠、没有劳动能力、没有生活来源的人,主要包括孤儿、残疾人以及没有参加社会保险且无子女的老人;二是有收入来源,但生活水平低于法定最低标准的人;三是有劳动能力、有收入来源,但由于意外的自然灾害或社会灾害而使生活一时无法维持的人。社会救济是基础的、最低层次的社会保障,其目的是保障公民享有最低生活水平,给付标准低于社会保险。社会救济的经费来源主要是政府财政支出和社会捐赠。

（三）社会福利

广义的社会福利是指政府为全体社会成员创建有助于提高生活质量的物质和文化环境，提供各种社会性津贴、公共基础设施和社会服务，以不断增进国民整体福利水平。主要包括各种文化教育、公共卫生、公共娱乐、市政建设、家庭补充津贴、教育津贴、住宅津贴等。

（四）社会优抚

社会优抚是指政府和社会对军人等从事特殊工作的人员及其家属予以优待、抚恤和妥善安置。主要包括向烈属、军属、复员退伍军人、残废军人提供抚恤金、优待金、补助金；举办荣誉军人疗养院、光荣院；安置复员退伍军人；为军队离退休干部提供服务等。社会优抚是一种特殊的社会保障，其目的在于安定军心，维护国家安全，促进社会稳定。

（五）社会互助

社会互助是指在政府鼓励和支持下，社会团体和社会成员自愿组织和参与的扶弱济困活动。社会互助具有自愿和非营利的特征，其资金主要来源于社会捐赠和成员自愿交费，政府往往从税收等方面给予支持。社会互助主要形式包括：工会、妇联等群众团体组织的群众性互助互济；民间公益事业团体组织的慈善救助；城乡居民自发组成的各种形式的互助组织等。

四、社会保障面临的危机和发展趋势

（一）社会保障面临的危机

西方各国的社会保障制度虽然在缓解劳资矛盾、维护资本主义生产方式、保持经济和社会稳定等方面发挥了相当大的作用，但也由于失业、通货膨胀、人口老化等因素的长期困扰而面临危机。

过度保障使社会保障支出日益膨胀，财政不堪重负；福利的平均化和救济过度造成受益不公，使效率受损，社会福利致使人们的工作欲望减弱，对政府和社会的依赖心理加重；社会保障管理机构膨胀，管理费用增加，这也造成了社会保障资金流失。

（二）社会保障的发展趋势

为改变这一被动局面，西方各国普遍对社会保障制度进行了调整和改革，使之出现了新的发展趋势。

第一,提高社会保障费率,广辟资金来源渠道,增加社会保障收入。

第二,降低过高的社会保障标准,减少社会保障支出。

第三,强化市场机制对社会保障的调节作用,减少国家干预,使社会保障制度从"国有化"向"私有化"转变,让私有企业在社会保障体系中发挥更重要的作用。

第四,鼓励发展商业性保险,作为社会保障体系的有益补充。

第五,改变社会保障基金的收费模式。将社会保障基金的现收现付制改为现收现付和个人资本积累相结合的混合制,以增强个人的自我保障意识和责任。

第三节　社会保险

一、社会保险含义和作用

(一) 社会保险的含义

社会保险是社会保障制度的核心内容。社会保险是国家通过立法建立的,用于保障劳动者在因年老、患病、伤残、死亡、失业等原因,丧失劳动能力或中断就业时,能够从社会(国家)获得物质帮助的一种社会保障制度。

(二) 社会保险的特征

1. 强制性

强制性是指社会保险是通过立法强制实施的,社会保障的内容和实施都是依据法律进行的,凡属于法律规定范围内的成员都必须无条件地参加社会保险。简言之就是国家立法,强制实施。保险待遇的享受者及其所在单位,双方都必须按照规定参加并依法缴纳社会保险基金,不能自愿。

2. 普遍性

社会保险实施范围广,一般在所有职工及其供养的直系亲属中实行。凡是符合法律规定的所有企业和社会成员都必须参加。

3. 福利性

福利性是指社会保险以营利为目的,实施社会保险完全是为了保障社会成员的基本生活,也就是以最少的花费,解决最大的社会保障问题。

4. 公平性

公平分配是宏观经济政策的目标之一,社会保险作为一种分配形式具有明显的公平特征。

5. 互济性

社会保险是按照社会共担风险原则进行组织的。法律规定社会保险费由国家、企业、个人三方负担,建立社会保险基金。社会保险机构要用互助互济的办法统一调剂基金,支付保险金和提供服务,实行收入再分配,使参加社会保险的劳动者生活得到保障。

(三)社会保险制度应遵循的原则

1. 保险水平与生产力相适应的原则

保险水平与我国社会生产力发展水平相适应。国家举办的社会保险只能满足职工的基本保障。这就要求制定各项社会保险的筹资比例、待遇标准、保险的范围等时,要综合考虑初级阶段的基本国情、财政和企业的实际承受能力和社会保险的管理能力。

2. 公平与效率相结合的原则

"效率优先、兼顾公平"是建立社会主义市场经济体制的客观要求。社会保险属于国民收入的再分配,其待遇既要同个人对社会的贡献挂钩,以激励职工的劳动积极性,提高生产效率,又要保障职工的基本生活,维护社会公平。

3. 权利与义务相对等的原则

社会保险不同于完全由政府提供资金的社会救助、社会优抚等制度。要享受社会保险的待遇,必须履行相应的义务,也就是说只有按时足额缴纳规定的社会保险费,才能享受规定的社会保险待遇。

(四)社会保险的功能

1. 有利于防范各种风险

风险主要分为两大类:一是人身风险,包括年老、疾病、工伤、生育风险。二是工作风险,包括失业风险。这些风险具有不可避免的特性,当风险来临时,个人往往难以凭自力救济的方式应对风险,因而对生活造成重大损失。以前是通过个体模式,如个人储蓄、家庭责任、雇主责任等来规避风险,但个体的能力终究有限,对有较大支出的风险往往是力不从心,"看不起病""养不起老"是这些模式的弊端。社会保险制度的最基本作用,是在风险发生时对个人提供收入损失补偿,保证个人在暂时或者永久失去劳动能力和暂时失去工作岗位从而造成收入中断或者减少时,仍然能够继续享有基本生活保障。其途径就是将个人风险转化为社会风险,让社会为个人风险买单,避免个人因独木难支而陷入困境,使其在风险来临时仍能维护家庭及个人的生存尊严,从而保障基本生活,免除后顾之忧。

2. 有利于维护社会稳定

社会稳定是一个国家发展的前提。社会保险是社会稳定的"调节器"。一方面,能使社会成员产生安全感,对未来生活有良好的心理预期,安居乐业;另一方面,能缓解社会矛盾,构建和谐的社会环境来实现整个社会的稳定。

3. 有利于实现社会公平

由于人们在文化水平、劳动能力、资本积累等方面的差异,形成收入上的差距,差距过大,就会造成贫富悬殊的社会问题。社会保险可以通过强制征收保险费,聚集成保险基金,对收入较低或失去收入来源的劳动者给予补助,提高其生活水平,在一定程度上实现社会的公平分配。

4. 有利于保证社会劳动力再生产

市场经济需要劳动力的正常再生产,而市场竞争所形成的优胜劣汰,必然会造成部分劳动者暂时退出劳动岗位,这就有可能使部分劳动者及其家庭失去收入而陷入生存危机,社会保险则确保了这部分成员的基本生活需要,使劳动力的供给和正常再生产成为可能,为维持市场经济正常运行提供劳动力后备军。

5. 有利于适当调节劳动分配

通过收入再分配,社会可以较完善地保障低收入者的基本生活。

二、社会保险产生的理论基础

从抽象的意义上讲,社会保险产生的理论基础就是人的自然本性与人的基本权利。但由于各种自然和社会风险的存在,加之个人能力、家庭境况不同和社会制度安排上的缺陷,任何制度、任何国家、任何时期,都有相当部分人的基本生存权无法获得保障。因此,学界和实践部门就从人的需求本质和人的基本生存权出发,多角度地阐述了保障人们基本生活条件的重要性和必要性,从而形成了影响和指导各个时代实施社会救助和社会保障的基本理论。影响社会保险制度的形成与发展的主要理论如下。

(一) 福利国家理论

以古斯塔夫·施穆勒(G. von Schmoller)、威尔纳·桑巴特(W. Sombart)、阿多夫·瓦格纳(A. Wagner)等人为代表的德国新历史派提出了福利国家理论,该理论是国家干预社会生活的理论政策思想,为社会保险的产生奠定了重要的理论基础。德国新历史学派强调国家的经济作用,认为国家除了维护社会秩序和国家安全外,还具有文化和福利的目的,应该由国家兴办一部分公共事业来改善国民的生活,强调国家对社会生活直接干预,强调国家应通过立法,实行包括社会保险、孤寡救济等一系列社会措施,自上而下实行经济和社会改革。

新历史学派以国家干预为主线的社会政策主张,为德国最早实施社会保险制度奠立了重要的思想基础、理论基础和政策基础。

(二) 福利经济学

西方福利经济学是制定经济政策的理论基础。主要论证在现存的制度下,生产资源的最适度配置与国民收入的最适度分配可达到社会福利最大化。1920年,英国经济学家庇古(A. C. Pigou)出版了《福利经济学》一书,系统地论述了福利经济学理论。庇古直接承袭了剑桥学派宗师马歇尔(A. Marshall)的福利观点,受到"消费者剩余""生产者剩余"等新观念的启发,提出了"公民收益"的概念,构成了自己的理论体系。庇古认为,社会经济福利的标志有二:(1)国民收入总量越大,福利越大;(2)收入分配越平均,福利越大。他认为社会福利将随着国民收入的增加而增大,也将因收入分配均等化而增大。他主张应通过国民收入的增加和国民收入再分配两种方式来增加社会的福利,国家可以通过向高收入阶层征收累进所得税和遗产税,对低收入阶层进行补助和救济,实现国民收入的再分配。这样,一方面可以实现全社会收入均等化,另一方面有助于提高整个社会的福利。

福利经济学的产生和发展为福利国家和社会保障的发展提供了重要的理论依据。

(三) 新福利经济学

新福利经济学的代表人物由勒纳(A. P. Lerner)、卡尔多(N. Kaldor)、希克斯(Hicks)、伯格森(A. Bergson)、萨缪尔森(P. A. Samuelson)等。新福利经济学的学者们援引洛桑学派人物帕累托(V. Pareto)的理论,力图从生产资源配置方面找出发展福利的"最适度条件"。帕累托利用他的全面均衡论与无差别曲线，围绕着最适度条件说明经济福利。他提出的福利标准是：任何变革只要能使部分人受益而无人受损，就是福利增大。美国学者柏格森和萨缪尔森将福利极大化寄托在最适度的选择上，认为生产与交换固然应符合最适度条件，但是仅此还不够，还应当把其他支配福利的因素一并列入，编制一种"社会福利函数"，当这个函数值最大时，福利最大化。

(四)凯恩斯的国家干预学说

20世纪30年代，席卷资本主义世界的经济危机爆发。西方主要资本主义国家工业凋敝，失业剧增，大批贫民流落街头，社会矛盾非常尖锐。在这种形势下，一些政治家和学者把摆脱经济、政治危机的措施和"福利国家"联系在一起。英国经济学家凯恩斯于1936年发表了《就业、利息和货币通论》，提出通过国家干预、扩大公共福利支出和公共基础设施建设等措施刺激需求增长，实现充分就业；还提出了建立累进税制和最低工资制等观点。凯恩斯主义成为战后西方国家制定经济政策和重建社会保障制度的理论依据。

(五)《贝弗里奇报告》

1942年11月，伦敦经济学院院长贝弗里奇勋爵受英国政府委托，研究战后重建社会保障制度的重大理论与政策问题，正式提交了《社会保险和相关服务》的研究报告，史称《贝弗里奇报告》(Social Insurance and Allied Services)。《贝弗里奇报告》主张社会保障制度框架应包括三个项目：社会保险计划、社会救助制度及自愿保险项目，对全体公民实行失业、残疾、养老、寡居、生育、死亡等项目的社会保险计划，满足其基本生活需要，对于最需要帮助的社会群体建立社会救助制度，对较高收入者的其他各种保障需要则实行自愿保险的制度形式。

(六)社会民主主义福利思想

直至20世纪50、60年代，一批受社会民主主义思想影响较大的政治家，仍倾向于从社会公平、社会正义的角度出发，分析国家福利制度产生的原因和社会绩效。社会民主主义者对"中央计划经济"持赞赏态度，强调收入和财富的均等性，强调国家福利措施，希望通过政府的政策实施，把资本主义社会和平地转变为"自由社会民主主义"的社会。他们认为，一个理想的社会应当把福利普遍给予社会的所有成员，使人人得到幸福。为此，国家应当负起责任。社会民主党人设计的经济目标是：国有化（主要经济部门）、福利化（收入再分配、提供社会化服务、政府稳定经济和社会）、市场化（企业分权、平等竞争、反对垄断）三者结合的混合经济。

三、我国社会保险的类型

根据我国《劳动法》相关规定，社会保险包括养老保险、医疗保险、工伤保险、失业保险、生育保险等项目。

（一）养老保险

养老保险（Endowment Insurance）是国家和社会根据一定的法律和法规，为解决劳动者在达到国家规定的解除劳动义务的劳动年龄界限，或因年老丧失劳动能力退出劳动岗位后的基本生活而建立的一种社会保险制度。在这一制度下，用人单位和劳动者个人必须依法缴纳养老保险费，在劳动者达到国家规定的退休年龄或因其他原因而退出劳动岗位后，社会保险经办机构依法向其支付养老金等，从而保障其基本生活。

1. 我国养老保险制度的发展历程

基本养老保险、企业补充养老保险以及个人储蓄养老保险共同构成了我国的养老保险体系。其中，基本养老保险居于基础地位并起着重要作用。我国基本养老保险法律制度的发展历程可分为起步、恢复、改革与统一四个阶段。

（1）起步阶段

1951年，我国政务院出台了《劳动保险条例（草案）》，标志着我国城镇职工养老保险制度的起步。该制度大体上借鉴了苏联的养老保险模式，将养老保险的适用范围仅仅局限在大型工厂、矿场和特殊行业，绝大多数小微企业以及农民没有纳入劳动保险范围，实际上劳动保险的覆盖面非常小。劳动者不用缴纳劳动保险费，由企业承担3%的缴费义务，资金存放于中国人民银行，其中30%入中华全国总工会账户，70%计入工会基层委员会账户。为了保障该条例有效实施，劳动部紧随其后制定颁布了《劳动保险条例实施细则》。《劳动保险条例》在1953年又进行了修订。随后，政务院又于1955年颁布了《国家机关工作人员退休退职处理暂行办法》，规定机关事业单位工作人员的劳动保险费由国家全额负担；于1958年颁布了《退休暂行条例》，对退休养老与医疗待遇和死亡补贴进行了规定。《劳动保险条例》是我国基本养老保险立法史上的一座里程碑,其内容具有综合性与全面性,后来相关法律制度都有沿用。

(2) 恢复阶段

"文化大革命"中断了劳动保险制度,之后我国基本养老保险法律制度才逐渐恢复。国务院在《劳动保险条例》的基础之上,于1978年颁布了《国务院关于工人退休退职的暂行办法》,由原来的工作25年方可退休改为连续工作满十年,没有单位缴费比例的要求,也取消工会管理养老保险金的职能,但是养老保险待遇得到了提高,同时也规定了25元的最低养老保险金标准。我国关于职工和干部的基本养老保险法律制度与国际通行做法存在很大差异,主要表现在养老保险金的缴费负担上,我国职工养老保险的缴费由企业全额负担,干部养老保险的缴费由国家全额负担,企业与国家的经济压力较大。

(3) 改革阶段

1986年,国务院出台了《国有企业实行劳动合同制暂行规定》,我国的养老保险制度进入了改革阶段,该规定的要点包括:企业按照工人工资总额的13%缴纳养老保险费,并按照工人工资总额的3%代扣代缴养老保险费,企业与个人的缴费都可以在所得税前扣除。养老保险筹集资金全部存入银行并按定期存款计提利息,养老保险账户出现亏空时由国家承担兜底责任。1991年出台的《国务院关于企业职工养老保险制度改革的决定》提出,要建立基本养老保险制度、企业补充养老保险制度以及个人储蓄养老保险制度相结合的养老保险体系。该决定的适用范围仅限于全民所有制企业,而城镇集体所有制企业可以参考适用,外商投资企业中方职工、城镇私营企业职工和个体劳动者也要逐步纳入基本养老保险范畴之内。养老保险费由企业全额负担转变为国家、企业与个人共同负担,实施个人账户与社会统筹相结合的原则,以支定收并略有结余的现收现付制模式,由养老保险基金委员会对养老保险进行监管,养老保险个人缴费率由开始的3%逐步提高到8%,养老保险统筹层次由最初的县市统筹逐步过渡到省级统筹。《关于深化企业职工养老保险制度改革的通知》(1995年)明确提出,基本养老保险金的执行、管理与监督职能相互分离、相互制约,同时限制基本养老保险金运营管理费的提取。

（4）统一阶段

1997年，国务院颁布了《国务院关于建立统一的企业职工基本养老保险制度的决定》，统一企业基本养老保险缴费率为20%，缴费至少满15年退休后才有资格领取基本养老金。《国务院关于完善城镇企业职工基本养老保险制度的决定》（2005年）将基本养老保险个人缴费统一为8%，并且要逐步做实个人账户，基本养老保险金根据经济发展水平正常调节。

2003年我国农村养老保险制度逐步开始恢复，国务院出台的《关于开展新型农村社会养老保险试点的指导意见》（2009年）开启了具有中国特色的新型农村养老保险制度的新阶段（"新农保"）。2014年，《国务院关于建立统一的城乡居民基本养老保险制度的意见》的出台标志着城镇居民与新型农村居民养老保险走向统一。《国务院关于机关事业单位工作人员养老保险制度改革的决定》（2015年）标志着我国养老保险制度双轨制的解体，使得机关事业单位工作人员与城镇职工养老保险走向统一。

2. 我国基本养老保险金的缴费率

当前，我国基本养老保险的缴费率统一标准为企业缴纳工资总额的20%与个人缴纳工资总额的8%，个人缴纳部分由企业代扣代缴。合计为28%的缴费率在世界养老保险国家中居首位，世界养老保险缴费率的平均水平却仅有10%，国际警戒线也才只有20%。我国基本养老保险金的缴费率偏高的原因有两个，一是转制形成的隐性债务，二是统筹层次偏低。

相关答记者问

较高的基本养老保险缴费率又增加了企业与个人的负担，企业与个人所创造的社会经济财富中大部分用于养老保险事业，而企业的扩大投资以及个人的消费能力急剧下降，进而严重影响到经济的发展并使得经济丧失活力。

3. 我国基本养老保险金的替代率

基本养老保险金的替代率是指劳动者退休时所领取的养老金水平与退休前工资水平的比率，反映了劳动者退休前后生活保障水平的差异。世界银行建议养老金替代率达到70%才能勉强维持退休前的正常生活水平，而60%是维持基本生活水平的底线。我国基本养老保险法律制度设定的目标就是满足老年人的基本生活需求，养老保险金的替代率较低，退休前后的生活水平出现较大反差，基本生活需要通过基本养老保险得不到保障，还需要通过其他渠道途径来满足。

与我国的超高养老保险金的缴费率相比,基本养老保险金的替代率却是世界较低水平。

(二)医疗保险

医疗保险(Medical Insurance)是为补偿劳动者因疾病风险造成的经济损失而建立的一项社会保险制度。通过用人单位和个人缴费,建立医疗保险基金,参保人员患病就诊发生医疗费用后,由医疗保险经办机构给予一定的经济补偿,以避免或减轻劳动者因患病、治疗等所带来的经济风险。

1. 我国医疗保险制度的发展历程

截至目前,我国已基本确立了新型的城镇职工医疗保险制度框架。这一改革的过程大致可以分为四个阶段。

(1)萌芽时期。1992年以前,我国实施的医疗制度主要有两类:一是公费医疗制度,二是劳保医疗制度。

公费医疗制度是我国对享受对象实行的一种免费医疗保障制度。公费医疗制度是根据1952年政务院发布的《政务院关于全国各级人民政府、党派、团体及所属事业单位的国家工作人员实行公费医疗预防的指示》建立起来的。1952年8月,政务院又将享受公费医疗待遇的人员范围扩大到在乡干部和大专院校的在校生。由于公费医疗的经费主要来源于各级财政,因此,这项制度实质上是国家或政府保险型的保险制度。

劳保医疗制度是根据1951年政务院颁布的《劳动保险条例》及1953年劳动部公布试行的《中华人民共和国劳动保险条例实施细则修正草案》等相关法规、政策建立和发展起来的。其适应范围主要是全民所有制工厂、矿场、铁路、航运、邮电、交通、基建等产业和部门的职工及其供养的直系亲属。劳保医疗制度是我国20世纪50年代初建立起来的另一种福利型医疗社会保险,它是我国劳动保险制度的有机组成部分,是对企业职工实行免费、对职工家属实行半费的一种企业医疗保险制度。

1992年以前,医疗制度的改革主要是以控制费用为中心,对公费、劳保医疗制度进行改革完善。

1985年以前,主要针对需方,实行费用分担措施。例如,个人要支付少量的医疗费用,即所谓的"挂钩",但各地分担的比例不同,一般为10%—20%。此后,职工个人的费用意识有所增强,在一定程度上抑制了对医疗服务的过度需求。

1985—1992年,重点转向对医院进行控制,加强对医疗服务供方的约束。所采取的主要措施有:①改革支付方式,将经费按享受人数和定额标准包给医院,节支留用,超支分担,激励医院主动控制成本和费用开支;②制定基本药品目录和公费医疗用药报销目录,以控制药品支出;③加强公费医疗和劳保医疗的管理,即提供经费的政府和享受者所在单位等都要承担部分经济责任。

除此之外,一些地区还建立了大病统筹制度,即以地区和行业为单位,由企业缴纳保险费形成统筹基金,对发生大额医疗费用的患者给予补助,使医疗保障的社会化程度有所提高,企业之间互助共济、分担风险的能力有所增强。

这些措施对控制费用的迅速增长、缓解经费紧张和企业之间的不公平现象,起到了一定的作用。

(2)形成时期。1992—1998年,城镇职工医疗保险制度的改革试点。1992年,深圳市在全国率先开展了职工医疗保险改革,从而拉开了对我国职工医疗保障制度进行根本性改革的序幕。党的十四届三中全会决定提出,要在我国建立社会统筹和个人账号相结合的医疗保险制度。为加强对医疗保险制度改革工作的领导,国务院成立了职工医疗保障制度改革领导小组。1994年国家体改委、财政部、劳动部、卫生部共同制定了《关于职工医疗制度改革的试点意见》,经国务院批准,在江苏省镇江市、江西省九江市进行了试点。1996年国务院办公厅转发了国家体改委等四部委《关于职工医疗保障制度改革扩大试点的意见》,在58个城市进行了扩大试点。

(3)成长时期。1998—2009年,全面推进医疗保险制度改革。1998年12月14日国务院发布了《关于建立城镇职工基本医疗保险制度的决定》(国发〔1998〕44号),这是国务院在总结各地试点工作经验的基础上做出的重大决策,要求在全国范围内建立覆盖全体城镇职工的基本医疗保险制度。以此文件的发布为标志,我国城镇职工医疗保险制度改革进入了全面发展的阶段。

(4)构建时期。2009年,中央提出了医疗改革新思路。2009年3月17日,中共中央、国务院启动了新一轮医药卫生体制改革(简称"新医改"),出台了《中共中央国务院关于深化医药卫生体制改革的意见》《医药卫生体制改革近期重点实施方案(2009—2011年)》,旨在解决"看病难、看病贵"问题。新医改提出到2020年人人享有基本医疗卫生服务的改革方向和制度框架,"基本医疗卫生制度"被看作是一种公共产品,这标志着我国基本医疗卫生制度进入了构建时期。

2. 我国基本医疗保险金的缴费率

职工基本医疗保险费由用人单位和职工共同缴纳。用人单位以上一年度在职职工月平均工资总额为月缴费基数,职工个人以本人上一年度月平均工资收入为月缴费基数。用人单位缴费比例为在职职工工资额的7.5%,职工缴费比例为本人工资收入的2%。随着经济发展,用人单位和职工缴费比例可作相应调整。

对于用人单位和个人缴纳的医疗保险费,国务院做了详细的规定:用人单位缴纳的医疗保险费分为两部分,一部分用于建立统筹基金;一部分划入个人账户。划入个人账户的比例一般为用人单位缴费的30%左右,具体比例由统筹地区根据个人账户的支付范围和职工年龄等因素确定。用人单位和参保职工应当认真履行缴费义务,不缴纳或欠缴医疗保险费时,职工个人账户资金停止计入。个人账户的结余资金可以继续使用。

(三)失业保险

失业保险(Unemployment Insurance)是指国家通过立法强制实行的,由社会集中建立基金,对因失业而暂时中断生活来源的劳动者提供物质帮助,进而保障失业人员失业期间的基本生活,促进其再就业的制度。

1. 我国失业保险的领取条件和待遇

在我国,劳动者在失去工作后要想领取失业金,必须同时满足以下三个条件:

(1)按照规定参加失业保险满一年。所在单位和本人已按照国家规定,履行缴费义务满一年。

(2)非因本人意愿中断就业,即失业人员不愿意中断就业,但因本人无法控制的原因而被迫中断就业。由劳动和社会保障部制定自2001年1月1日起施行,并由人力资源和社会保障部于2018年12月1日部分修改的《失业保险金申领发放办法》对哪些情形属于非因本人意愿中断就业作了规定,主要包括:终止劳动合同,职工被用人单位解除劳动合同,职工被用人单位开除、除名和辞退的,用人单位违法或违反劳动合同导致职工辞职。出现上述情形造成职工失业的,职工有权申领失业保险金。

(3)已办理失业登记,并有求职要求。办理失业登记是为了掌握失业人员的基本情况,确认其资格。

失业人员在满足上述三个条件后,可享受以下失业保险待遇:

(1) 按月领取的失业保险金,即失业保险经办机构按照规定支付给符合条件的失业人员的基本生活费用。失业保险金按月发放,标准低于最低工资标准、高于城市居民最低生活保障标准。领取失业保险金的期限根据缴费年限确定,最长为24个月。

(2) 领取失业保险金期间的医疗补助金,即支付给失业人员领取失业保险金期间发生的医疗费用的补助。

(3) 失业人员在领取失业保险金期间死亡的丧葬补助金和供养其配偶直系亲属的抚恤金。

(4) 为失业人员在领取失业保险金期间开展职业培训、介绍的机构或接受职业培训、介绍的本人给予补偿,帮助其再就业。

2. 我国失业保险制度的发展和当前缴费率

我国在1986年建立了待业保险制度,1993年颁布了《国有企业职工待业保险规定》(国务院令第110号),1999年出台的《失业保险条例》(国务院令第258号)标志着我国失业保险制度正式建立。目前我国的失业保险待遇不仅包括为失业者支付失业保险金,还包括为失业者支付医疗补助金、失业人员死亡的丧葬补助金和抚恤金、失业者的职业培训、职业介绍补贴等相关费用。2006年,国家为了充分发挥失业保险制度促进再就业的功能,提出扩大失业保险基金支出范围试点,重点扩大就业补贴规模。2011年,为了进一步保障失业人员的基本生活,又规定领取失业保险金人员需参加职工医保,其基本医疗保险费从失业保险基金中支付,进而突破了失业保险基金的专用性。总体上看,我国失业保险内涵在不断丰富,基金规模逐年扩大,保障功能也在逐渐增强。

1999年的《失业保险条例》规定,失业保险覆盖城镇所有企业、事业单位及其职工;所有企业、事业单位及其职工必须缴纳失业保险费,缴费单位按本单位当月职工工资总额的2%缴纳失业保险费,缴费个人按本人月工资的1%缴纳失业保险费,由所在单位从本人工资中代为扣缴。2017年6月30日,国家发改委、工信部、财政部、人民银行等4部门联合发布《关于做好2017年降成本重点工作的通知》明确,在降低人工成本方面,继续适当降低"五险一金"有关缴费比例,稳步推动养老保险制度改革,允许失业保险总费率为1.5%的省(自治区、直辖市)将总费率阶段性降至1%。该规定没有对单位和个人的承担比例做出明确规定,但认为个人承担部分不应该高于企业承担部分。

(四) 工伤保险

工伤保险(Work-related Injury Insurance)是劳动者因工作原因遭受意外伤害或患职业病而造成死亡、暂时或永久丧失劳动能力时,劳动者及其遗属能够从国家、社会得到必要的物质补偿的一种社会保险制度。这里包含两层含义:(1)工伤发生时劳动者本人可获得物质帮助;(2)劳动者因工伤死亡时其遗属可获得物质帮助。

1994年7月5日,中华人民共和国第八届全国人民代表大会常务委员会第八次会议审议通过了《中华人民共和国劳动法》,其中第73条规定:"劳动者在下列情况下,依法享受社会保险待遇……(三)因工伤残或者患职业病。"这一基本法以国家法律的形式保障了工伤者及其亲属享受工伤保险待遇。

1996年,劳动部颁布了《企业职工工伤保险试行办法》。这一文件第一次将工伤保险作为单独的保险制度统一组织实施,对沿用了四十多年的企业自我保障的工伤福利制度进行了改革。同时,国家技术监督局颁布了劳动部组织制定的《职工工伤与职业病致残程度鉴定》的国家标准。

2003年4月16日,国务院第五次常务会议讨论并原则通过了《工伤保险条例》。4月27日,温家宝总理签署了第375号国务院令,颁布了《工伤保险条例》。2010年12月8日,《工伤保险条例》根据《国务院关于修改〈工伤保险条例〉的决定》进行了修订。条例共分八章六十四条,包括总则、工伤保险基金、工伤认定、劳动能力鉴定、工伤保险待遇、监督管理、法律责任和附则。《工伤保险条例》第14条对可以认定为工伤的情形做了明确规定。

《工伤保险条例》出台后,工伤保险各项政策措施不断完善,有关部门相继出台了《工伤认定办法》《因工死亡职工供养亲属范围规定》《非法用工单位伤亡人员一次性赔偿办法》等一系列政策措施,进一步推进了工伤保险各项工作。

工伤保险根据"职业风险"原则建立,它具有补偿和保障的性质,经费由企业负担,与其他社会保险项目(如养老、失业、医疗等)相比较,待遇最优厚、保险内容最完备、保险服务最周到,且易于实现。

(五) 生育保险

生育保险(Maternity Insurance)是指通过国家立法规定,在劳动者因生育子女而导致劳动力暂时中断时,由国家和社会及时给予物质帮助以确保劳动者基本生活及孕产期的医疗保健需要的一项社会保险制度。其主要内容是在女职工生育期间对她们提供医疗服务和支付产假工资或生活补贴。

我国政府一直关注女职工的健康和保健问题。1986年卫生部、劳动部、人事部、全国总工会、全国妇联联合印发了《女职工保健工作暂行规定》。这一规定在全国范围内进行为期六年调查研究的基础上,经过科学论证,并参考各国法规制定,为保障女职工的合法权益发挥出重大作用。1988年7月国务院发布了《女职工劳动保护规定》,此规定适用于中国境内一切国家机关、团体、企事业单位的女职工,军队系统的单位可参照执行。其主要内容是对女职工的就业、劳动工作时间、产假、孕期保护及其他福利待遇等作了详细规定。1994年12月,劳动部颁布了《企业职工生育保险试行办法》,该办法共十六条,规定本办法适用于城镇企业及其职工,生育保险按属地原则组织,生育保险费用实行社会统筹。随后,多个省份根据自己的实际情况,结合该办法,制定了各自的生育保险补充办法。

中国在实行生育保险社会统筹的地区,规定享受生育保险待遇人员必须符合《中华人民共和国婚姻法》的规定,具体包括:(1)符合国家计划生育政策生育或者实施计划生育手术;(2)所在单位按照规定参加生育保险并为该职工连续足额缴费一年以上。"连续足额缴费一年以上"是指职工分娩前连续足额缴纳生育保险费一年以上。

依据《中华人民共和国社会保险法》第53条,职工应当参加生育保险,用人单位按照国家规定缴纳生育保险费,按缴费基数的0.7%缴纳,职工个人不缴费。

生育保险的报销范围包括:(1)生育医疗费。包括因计划生育需要,实施放置(取出)宫内节育器、流产术、引产术、皮埋术、绝育及复通手术所发生的费用,列入生育保险基金结付范围。(2)生育津贴。生育保险基金以生育津贴形式对单位予以补偿。(3)生育营养补贴与围产保健补贴。(4)一次性生育补贴。原在单位参加生育保险的女职工失业后,在领取失业保险金期间,符合计划生育规定生育的,可享受一次性生育补贴。

四、社会保险与社会保障的区别

社会保险指由被保险人缴纳保险费形成保险基金,当被保险人遇到法定的需要帮助的情形时,即可用此保险基金进行补偿的社会保障制度。社会保障是

国家依据一定的法律、法规,通过国民收入的再分配,对社会成员的基本生活予以保障的社会政策。二者主要有以下区别:

(1) 社会保障的范围比社会保险广,社会保障是一个大概念,它涵盖了社会保险、社会救济、社会福利、最低生活保障等四个部分。社会保险仅是社会保障的一部分。

(2) 社会保障对象比社会保险广。社会保障面向全社会成员,享受的条件是老弱病残又没有固定收入或无依无靠无法生活或有固定收入但不能维持最低生活需要的城乡居民。而社会保险则只面对有工资收入的劳动者,享受的条件是暂时或永久丧失劳动能力或失业者。

(3) 社会保险经费来自国家、企业、个人三方面,而其他社会保障的经费来自政府的财政或社会的援助。

(4) 社会保险实行缴费制度,只有先进行劳动并有特定的主体履行了缴费义务才能享受社会保险,而其他社会保障的享受条件并不包括承担劳动和缴费的义务。

小 结

人力资源的保护对于人力资源的健康和发展非常重要,主要内容包括劳动保障和社会保障,以及劳动关系管理。本章一共有三节。

第一节是劳动保障。首先介绍了劳动保障的定义、劳动关系建立双方,以及劳动关系建立后劳动保障的具体内容;然后介绍了劳动保障和社会保险的关系。

第二节是社会保障。首先是社会保障的含义和作用,其次是社会保障制度的发展历程,再次是社会保障的具体内容,最后是社会保障面临的危机和发展趋势。

第三节是社会保险。首先是社会保险的含义和特征、功能,其次介绍了主要的理论基础,再次介绍了我国的社会保险类型,最后论述了社会保险和社会保障的区别。

复习思考题

1. 简述劳动保障的含义。
2. 简述劳动关系的当事方。

3. 简述掌握劳动保障的主要内容。
4. 劳动保障和社会保险有何关系?
5. 简述社会保障的含义和作用。
6. 简述社会保障制度的发展历史。
7. 社会保障的具体内容有哪些?
8. 简述社会保障面临的危机和发展趋势。
9. 简述社会保险的定义和特征。
10. 简述社会保险制度应遵循的原则。
11. 社会保险的功能有哪些?
12. 社会保险的理论基础有哪些?
13. 简述我国社会保险的类型及具体内容。
14. 社会保险与社会保障的区别有哪些?

推荐阅读

丁建定:《西方现代社会保障制度发展的政治基础》,《新疆师范大学学报(哲学社会科学版)》2017年第2期。

关怀、林嘉主编:《劳动与社会保障法学(第二版)》,法律出版社2016年版。

郭林、丁建定:《试论完善中国社会保障制度体系的基本原则——以"四维体系"为视角》,《华中师范大学学报(人文社会科学版)》2013年第1期。

黎建飞:《劳动与社会保障法教程(第四版)》,中国人民大学出版社2016年版。

林闽钢主编:《社会保障国际比较(第二版)》,科学出版社2015年版。

林闽钢:《中国社会保障制度优化路径的选择》,《中国行政管理》2014年第7期。

孙柏瑛、祁凡骅编著:《公共部门人力资源开发与管理(第四版)》,中国人民大学出版社2016年版,第十三章。

孙光德、董克用主编:《社会保障概论(第五版)》,中国人民大学出版社2016年版。

薛新东、程翔宇:《"建立更加公平可持续社会保障制度"学术研讨会综述》,《中国人口科学》2016年第6期。

郑秉文、于环、高庆波:《新中国60年社会保障制度回顾》,《当代中国史研究》2010年第2期。

第十二章

劳动关系管理

学习目标

1. 了解劳动关系的建立、歧视和退休管理问题。

2. 掌握劳动关系的确定及劳动争议处理、歧视理论及表现和退休制度的具体内容等。

3. 理解劳动关系确定前、确定后人力资源管理主要管理内容的转变和调整。

引 例

裁员都一样,方式有不同[*]

金立手机裁员

(一) 金立裁员

任何一个圈子都存在鄙视链,小小的手机圈也不例外。

IOS 嘲笑安卓,而安卓内部互相嘲笑,谁也看不上谁。自从智能手机面世以来,诺基亚凉了,HTC 没人用了,MOTO 卖给联想了,但是有一个我们不那么知名

---

[*] 根据微信公众号"人力资源研究"(HRresearch88)和搜狐网等媒体报道整理,详见 https://www.sohu.com/a/213609222_690894,2018 年 5 月 1 日访问。

的品牌却一直在,就是金立。

金立,一个从功能机转型品牌机,再转型到智能机的手机品牌,在竞争激烈的手机市场存活了整整16年。

金立以参与者的身份,见证了整个手机市场的快速发展。

当无数人都认为金立还在"闷声发大财"的时候,金立却突然"哑火"了。

公开报道显示,金立手机自去年年底出现资金链断裂问题,债务超过百亿元。

对,就是冯小刚、余文乐、刘涛、薛之谦等代言的金立手机。

据媒体报道,金立手机正遭遇前所未有的资金链困境,不断被供应商告上法庭、冻结资产,负债高达百亿元。当然,每当公司危难时刻,总是要断尾求生,"裁员"也就成了HR最重要的工作任务。

(二)金立官方声明

金立智能手机官方微博在2018年4月2日19时31分发布了官方声明,就"金立工业园"的情况作了一个说明,内容如下:

关于金立工业园目前的一些情况说明

各位金立员工、合作伙伴以及关心金立的各界朋友:

金立集团自危机发生以后,前期我们采取了引资保生产方案,现在采取了裁员降费用,引资保生产的方案,于上周五正式发文,对金立工业园的部分员工通过协商解除劳动合同。未来,金立工业园将保留50%左右的员工继续生产,保证生产线的正常运转,同时也有ODM厂商协助生产金立手机,为金立在国内与海外的订单供货。

金立集团与员工解约是以平等自愿为原则,协商一致为目标,并非强迫行为,尊重员工自主选择,不强迫、不威胁、不利诱、不欺骗。补偿标准严格执行《劳动合同法》相关条款,对离职员工按照"n+1"的方式进行补偿,并与员工签订补偿协议书,经济补偿金分期支付,自补偿协议签订次月起开始支付,按每月支付1个月补偿金的方式进行,最长8个月内支付完毕。如果补偿金不能按期支付,员工未支付补偿金依然受《劳动合同法》保护,并且可以到劳动局进行仲裁。若员工不愿解约或员工不同意分期支付,可以不接受解约,我们会继续保留劳动合同关系。

第十二章 劳动关系管理

对孕期、产期、哺乳期女职工等特殊人群,不纳入协商解除劳动合同范畴。

裁员是金立自救的系列措施之一,公司董事会和经营班子对金立的重组充满信心,金立在全球的研发、生产和销售等部门的很多小伙伴们仍在岗位一线坚守着,大家都希望已经成立16年的金立手机能够继续为消费者提供服务,为社会和国家继续创造价值,为中国制造2025添砖加瓦!

恳请各位给我们多一点时间渡过这个难关。

深圳市金立通信设备有限公司
2018年4月2日

(三) 裁员方案

虽然深陷资金链危机,金立手机在需要裁员50%的情况下,仍然给出了一份让员工满意的裁员方案:经过与员工协商一致,不威胁不欺骗,被裁员工按照"n+1"的方式进行补偿。

根据《劳动合同法》第36条规定:用人单位与劳动者协商一致,可以解除劳动合同。

第46条规定,下列情形用人单位应当向劳动者支付经济补偿:用人单位依照本法第36条规定向劳动者提出解除劳动合同,并与劳动者协商一致解除劳动合同的。

也就是说,公司可以和员工协商一致解除劳动合同,而要不要支付补偿金,就看是谁提出的:如果是用人单位提出的,则需要向劳动者支付经济补偿金;如果是劳动者提出的,则用人单位可以不支付经济补偿金。

金立手机通过与员工协商一致,且公司支付了补偿金,合理合法,而且补偿金"n+1"的标准,也是按照法律规定一分未少。

《劳动合同法》第47条规定:经济补偿按劳动者在本单位工作的年限,每满一年支付一个月工资的标准向劳动者支付。六个月以上不满一年的,按一年计算;不满六个月的,向劳动者支付半个月工资的经济补偿。

即使公司财务遇到危机，金立的裁员也力求合理合法，将员工的利益放在首位，就算是分手，也要分得体面。

万达网科裁员

有人可能说，公司合法的裁员，并没有什么了不起。可是你别忘了，很多公司的裁员也"合法"，却放在谁身上，都难以接受。

2017年12月30日，万达网科曝裁员，员工从6000名裁至300名，即只保留职能部门，这意味着网科人员将从最高峰削减95%。上述知情人士表示："集团现在不仅项目都停了，而且还拖欠供应商的款项。"该公司《劳动合同解除通知》内容显示，公司与员工从2018年1月1日起解除劳动合同，此外，万达网科向离职员工支付1个月工资作为代通知金，支付2个月工资作为补偿金，万达网科为员工缴纳的社会保险到2017年12月为止。

万达网络科技集团的上级领导口头通知员工签字离职，不签的会将合同快递到家，签不签协议都一样要走人，不签协议也没用，公司会单方面终止合同。

目前的裁员流程是：首先是尚在试用期的员工一律不得转正，直接走人。其次，历史审计问题的，比如去年双十一有刷单行为的也开除。最后，年终考核被评定为B的也离职。

通过以上流程，飞凡公司将裁员三分之二，网络科技集团旗下的其他版块如金融科技板块的网贷公司等也将承担部分裁员任务。在万达的考核体系中，评级共分ABCD四级，A为最高，D为不合格。消息人士称，大多数员工都会得到一个C。

裁员的公司格局

做HR久了，肯定能总结出一个现象：企业发展良好的时候，你好我好；企业发展不好的时候，各种劳动纠纷就出来了。

是员工只能同富贵不能共患难吗？

笔者见过很多公司，有钱的时候撒币，没钱的时候适当减少福利，员工也并没有仲裁个不停。但如果公司没钱的时候，就要砸了员工的饭碗，还想一毛不拔，对不起，仲裁走一波，反正投诉不用花钱。

第十二章 劳动关系管理

这个社会就是这么现实,你对我有情,我就对你有义,无论是人与人之间,还是企业与员工之间,都是这样。

特别是裁员这样涉及员工重大利益的时候,想要零成本辞退员工的公司,往往会作茧自缚,不但解决不了问题,还会让企业口碑大打折扣。

裁员通知书上的数字,看上去是企业的成本,其实也是企业的格局,即使经营困难,也不愿意亏待曾经努力过的员工。

当一家公司,敢于为即将离开的员工负起责任的时候,或许也是它涅槃重生的时候。

第一节 劳动关系

一、劳动关系定义

组织的发展和组织目标的实现,需要依靠员工的努力工作来实现。影响员工绩效的因素有很多,其中的重要内容之一就是员工与组织的关系,即劳动关系的好坏在一定程度上决定了组织绩效的高低,因此,劳动关系逐渐成为人力资源管理的一项重要工作。

劳动关系主要是指劳动者与用人单位之间的关系,是增强团队凝聚力、向心力、战斗力的重要环节。融洽、和谐的劳动关系,会在组织中形成互相帮助、协调开展工作的良好氛围,从而不断提高员工满意度,加强员工参与组织管理,提高横向和纵向的沟通效率,促进组织整体工作效率与合作意识的提高,达到使组织能在竞争中保持良好优势的最终目的。

劳动关系管理就是为了规范员工关系的管理工作,创建和谐的劳资合作关系而进行的工作。组织进行劳动关系管理的对象包括所有在职员工,既包括正式员工,又包括试用期员工和临时工。劳动关系管理的内容主要有两方面,劳动合同管理和劳动争议管理。

二、劳动合同管理

劳动合同是组织与所聘员工确定劳动关系、明确双方权利和义务的协议,凡组织员工都必须按规定签订劳动合同。关于劳动合同的订立、履行、变更、解除或者终止等,《中华人民共和国劳动法》《中华人民共和国劳动合同法》做出了详细的规定。

2008年1月1日起施行的《中华人民共和国劳动合同法》(以下简称《劳动合同法》)第2条规定:"中华人民共和国境内的企业、个体经济组织、民办非企业单位等组织(以下称用人单位)与劳动者建立劳动关系,订立、履行、变更、解除或者终止劳动合同,适用本法。国家机关、事业单位、社会团体和与其建立劳动关系的劳动者,订立、履行、变更、解除或者终止劳动合同,依照本法执行。"

(一)劳动合同的订立

用人单位自用工之日起即与劳动者建立劳动关系。建立劳动关系,应当订立书面劳动合同。已建立劳动关系,未同时订立书面劳动合同的,应当自用工之日起一个月内订立书面劳动合同。用人单位与劳动者在用工前订立劳动合同的,劳动关系自用工之日起建立。

《劳动合同法》第17条规定,劳动合同中载明的内容包括两项,一是必备条款,二是约定条款。必备条款包括:

(1)用人单位的名称、住所和法定代表人或者主要负责人;

(2)劳动者的姓名、住址和居民身份证或者其他有效身份证件号码;

(3)劳动合同期限;

(4)工作内容和工作地点;

(5)工作时间和休息休假;

(6)劳动报酬;

(7)社会保险;

(8)劳动保护、劳动条件和职业危害防护;

(9)法律、法规规定应当纳入劳动合同的其他事项。

约定条款的内容包括:试用期、培训、保守秘密、补充保险和福利待遇等其他事项。

(二)劳动合同的履行

劳动合同履行是指当事人双方按照劳动合同规定的条件,履行自己所应承担义务的行为。

1. 劳动合同履行应当遵循的原则

(1)亲自履行原则,这是由劳动本身的特点决定的,也是保证劳动关系严肃性和稳定性的需要。劳动合同是特定人之间的合同,即用人单位与劳动者之间签订的劳动合同,它必须由劳动合同明确规定的当事人来履行,劳动合同的双方当事人也有责任履行劳动合同规定的义务,不允许当事人以外的其他人代替履行。

(2)实际履行原则,即除了法律和劳动合同另有规定或者客观上已不能履行的以外,当事人要按照劳动的规定完成义务,不能用完成别的义务来代替劳动合同约定的义务。

(3)全面履行原则,是实际履行原则的补充和发展,即劳动合同生效后,当事人双方除按照劳动合同规定的义务履行外,还要按照劳动合同规定的时间、地点、方式,按质、按量地履行全部义务。

(4)协作履行原则,即劳动合同的双方当事人在履行劳动合同的过程中,有互相协作、共同完成劳动合同规定的义务,任何一方当事人在履行劳动合同遇到困难时,他方都应该在法律允许的范围,尽力给予帮助,以便双方尽可能地全面履行劳动合同。

2.劳动合同履行的法律规定

根据《劳动合同法》,劳动合同的履行应遵循以下规定。

第29条规定:用人单位与劳动者应当按照劳动合同的约定,全面履行各自的义务。

第30条规定:用人单位应当按照劳动合同约定和国家规定,向劳动者及时足额支付劳动报酬。

用人单位拖欠或者未足额支付劳动报酬的,劳动者可以依法向当地人民法院申请支付令,人民法院应当依法发出支付令。

第31条规定:用人单位应当严格执行劳动定额标准,不得强迫或者变相强迫劳动者加班。用人单位安排加班的,应当按照国家有关规定向劳动者支付加班费。

第32条规定:劳动者拒绝用人单位管理人员违章指挥、强令冒险作业的,不视为违反劳动合同。

劳动者对危害生命安全和身体健康的劳动条件,有权对用人单位提出批评、检举和控告。

(三) 劳动合同的变更

1. 劳动合同变更及其原则

劳动合同的变更是指劳动合同依法订立生效以后,合同尚未履行或者尚未履行完毕之前,用人单位与劳动者就劳动合同内容作部分修改、补充或者删减的行为。

《劳动合同法》第 35 条规定:用人单位与劳动者协商一致,可以变更劳动合同约定的内容。变更劳动合同,应当采用书面形式,变更后的劳动合同文本由用人单位和劳动者各执一份。劳动合同的变更应当遵守协商一致的原则。劳动合同的内容是用人单位和劳动者的合意,一经订立便受到法律的保护。劳动合同是劳动法律的延伸,即具有法律上的约束力:任何一方不得随意变更。现实生活是复杂的,人们无法确定地预测将来发生的情况,所以,为适应变化无常的客观情况,法律规定劳动合同可以有条件地变更,即必须经当事人协商一致。同时,法律又不是僵化的,为加强用人单位对劳动过程的组织管理自主权,法律规定在特定情况下,用人单位单方可以变更劳动合同,这些情况通常包括:

(1) 劳动者患病或者非因工负伤,在规定的医疗期满后不能从事原工作,也不能从事用人单位另行安排的工作的;

(2) 劳动者不能胜任工作,经过培训或调整工作岗位,仍然不能胜任工作的;

(3) 劳动合同订立时所依据的客观情况发生重大变化,致使劳动合同无法履行,经用人单位与劳动者协商,未能就变更劳动合同内容达成协议的。

用人单位可以单方变更劳动合同的情形,主要是指劳动合同订立时的法律、法规发生变化、重大的法律事实的出现等,如《劳动合同法》的颁布实施,或者是用人单位根据市场变化决定调整经营策略,撤销部分岗位、工种等,这些情形都属于原劳动合同因签订时所依据的客观条件改变的范畴,劳动合同也因此而发生变更。另外,《劳动合同法》关于劳务派遣的特别规定中,劳动者在无工作期间,可以对劳动合同约定的工资进行变更,即按最低工资标准发放。上述的案例便是劳动合同订立时的客观情况发生变更的情况。在以上三种情形下,劳动者不同意变更劳动合同的,用人单位可能解除与其订立的劳动合同,终止劳动关系。同时,在订立劳动合同的过程中,用人单位可以在劳动合同中约定变更的情形,法律尊重当事人的意思自治,当具备约定情形时,用人单位一方可能变更劳动合同。

2. 劳动合同变更程序

根据《劳动合同法》及相关的法律法规的规定和实操经验,变更应当履行劳动合同订立的程序,但需要注意以下问题:

第一,用人单位和劳动者均可能提出变更劳动合同的要求,办理劳动合同变更手续。提出变更要求的一方应及时告知对方变更劳动合同的理由、内容、条件等;另一方应及时做出答复,否则将导致一定的法律后果。《北京市劳动合同规定》第 28 条规定:当事人一方要求变更其相关内容的,应当将变更要求以书面形式送交另一方,另一方应当在 15 日内答复,逾期不答复的,视为不同意变更劳动合同。劳动合同变更失败,原内容继续履行。

第二,变更劳动合同应当采用书面形式。变更后的劳动合同仍然需要由劳动合同职工当事人签字、用人单位盖章且签字,方能生效。劳动合同变更书应由劳动合同双方各执一份,同时,对于劳动合同经过劳动行政机关鉴证的,劳动合同变更书也应当履行相关手续。

第三,对于特定的情况,无须办理劳动合同变更手续的,只需向劳动者说明情况即可。如用人单位变更名称、法定代表人、主要负责人或者投资人等事项发生变更的,则不需要办理变更手续,劳动关系双方当事人应当继续履行原合同的内容。

第四,劳动合同变更应当及时进行。劳动合同变更必须是在劳动合同生效后终止前进行,用人单位和劳动者应当对劳动合同变更问题给予足够的重视,不能拖到劳动合同期满后进行。依照法律规定,劳动合同期满即行终止,那时便不存在劳动合同变更的问题了。

3. 劳动合同变更的效力

劳动合同变更是对劳动合同内容的局部的更改,如工作岗位、劳动报酬、工作地点等,一般来说都不是对劳动合同主体的变更。变更后的内容对于已经履行的部分往往不发生效力,仅对将来发生效力,同时,劳动合同未变更的部分,劳动合同双方还应当履行。

劳动合同变更与劳动合同解除不同,劳动合同变更并不涉及经济补偿金等方面的问题。但是,由于劳动合同的变更对对方造成损失的,提出变更的一方应当承担损害赔偿责任。

(四)劳动合同的解除

劳动合同的解除是劳动合同效力的提前终结,往往是当事人双方在签订劳动合同时无法预料的,可能会给当事人造成损失,因此在依法解除劳动合同时,员工可依法获得经济补偿金。

劳动合同

就劳动合同的终止而言,员工一般对合同的终止是可以预见的,即使劳动合同中约定的终止条件到来的具体日期不确定,但是毕竟条件一旦满足,就会立即发生终止效力。因此《中华人民共和国劳动法》(以下简称《劳动法》)没有将劳动合同的终止作为支付经济补偿金的一种情况。

1. 劳动合同的合意解除

经劳动合同当事人协商一致,劳动合同可以解除。

2. 劳动者提前通知解除

劳动者解除劳动合同,应当提前三十日以书面形式通知用人单位。

3. 劳动者随时通知解除

有下列情形之一的,劳动者可以随时通知用人单位解除劳动合同:

(1)在试用期内的;

(2)用人单位以暴力、威胁或者非法限制人身自由的手段强迫劳动的;

(3)用人单位未按照劳动合同约定支付劳动报酬或者提供劳动条件的。

4. 用人单位"无过失性解除"

有下列情形之一的,用人单位可以解除劳动合同,但是应当提前三十日以书面形式通知劳动者本人:

(1)劳动者患病或者非因工负伤,医疗期满后,不能从事原工作也不能从事由用人单位另行安排的工作的;

(2)劳动者不能胜任工作,经过培训或者调整工作岗位仍不能胜任工作的;

(3)劳动合同订立时所依据的客观情况发生重大变化,致使原劳动合同无法履行,经当事人协商不能就变更劳动合同达成协议的。

用人单位解除合同未按规定提前三十日通知劳动者的,自通知之日起三十日内,用人单位应当对劳动者承担劳动合同约定的义务。

第十二章 劳动关系管理

5. 用人单位"过失性解除"

劳动者有下列情形之一的,用人单位可以随时解除劳动合同:

(1) 在试用期间被证明不符合录用条件的;

(2) 严重违反劳动纪律或者用人单位规章制度的;

(3) 严重失职,营私舞弊,对用人单位利益造成重大损害的;

(4) 被依法追究刑事责任的;

(5) 法律、法规规定的其他情形。

6. 用人单位不得解除情形

劳动者有下列情形之一的,用人单位不得解除劳动合同:

(1) 患职业病或者因工负伤并被确认丧失或者部分丧失劳动能力的;

(2) 患病或者负伤,在规定的医疗期内的;

(3) 女职工在孕期、产期、哺乳期内的;

(4) 法律、法规规定的其他情形。

7. 经济性裁员

用人单位确需依法裁减人员的,应当向工会或者全体职工说明情况,听取意见。用人单位的裁员方案应当在与工会或者职工代表协商采取补救措施的基础上确定,并向劳动保障行政部门报告。

用人单位实施裁员方案,应当提前三十日通知工会和劳动者本人。

用人单位依据本条规定裁减人员,在六个月内录用人员的,应当优先录用被裁减的人员。

8. 工会对劳动合同解除的监督

用人单位单方面解除职工劳动合同时,应当事先将理由通知工会,工会认为用人单位违反法律、法规和有关合同,要求重新研究处理时,用人单位应当研究工会的意见,并将处理结果书面通知工会。

9. 解除劳动合同的举证责任

因用人单位作出的开除、除名、辞退、解除劳动合同等决定而发生的劳动争议,用人单位负举证责任,举证不能或不充分的,人民法院或劳动争议仲裁机构可予撤销用人单位的决定,用人单位应赔偿劳动者损失。

此外,《劳动法》第23条规定:"劳动合同期满或者当事人约定的劳动合同终止条件出现,劳动合同即行终止。"1995年8月4日劳动部发布的《关于贯彻执行〈中华人民共和国劳动法〉若干问题的意见》第38条规定:"劳动合同期满或者当事人约定的劳动合同终止条件出现,劳动合同即行终止,用人单位可以不支付劳动者经济补偿金。国家另有规定的,可以从其规定。"由此可以看出,终止劳动合同时,用人单位可以不支付经济补偿金。但当事人双方在劳动合同中约定的终止条件,不能与解除条件相重合,否则这一约定无效,当事人仍然可以按解除合同来对待。

（五）劳动合同的终止

由于《劳动法》规定的可以解除劳动合同的条件是向保护劳动者一方倾斜的,对用人单位是有一定限制的。因此,在劳动合同中约定终止条件,从保护用人单位劳动权益来说,不仅是必要的,而且至关重要。但是,绝大多数用人单位的劳动合同中没有约定劳动合同的终止条件,从而使用人单位对一些不符合法定解除条件,又无法继续使用的职工束手无策,从而背上了沉重的包袱,有的甚至需要支付高额费用协商解除劳动合同。用人单位与职工约定终止劳动合同条件应注意把握以下几点：

1. 约定终止条件应是法定解除条件之外的条件

所谓法定解除条件,是指法律法规规定的可以解除劳动合同的条件,只要符合这些条件,用人单位就可以依法解除劳动合同。既然这些条件可以解除劳动合同,就不能作为终止劳动合同的条件来约定。对此,原劳动部《关于贯彻执行〈中华人民共和国劳动法〉若干问题的意见》(劳部发〔1995〕309号)明确规定,无固定期限的劳动合同不得将法定解除条件约定为终止条件,从而防止用人单位规避应承担的解除劳动合同时给付劳动者经济补偿的义务。

2. 约定的终止条件应当是除时间之外的某种事件或某种行为

在任何情况下,时间都不能作为约定劳动合同终止条件。劳动合同终止的条件只能是时间之外的某种事件或某种行为。对用人单位来说,主要是生产经营过程中出现某种事件,如生产线报废;对职工来说,主要是个人的某种行为,如出国定居、考上大学,或在社会上打架斗殴,经批评教育不改,其劣迹反复出现等。

3. 约定的终止条件必须是合同生效前尚未出现的客观情况

如果是劳动合同生效前就已经出现的事件或行为,就不能作为终止条件在劳动合同中约定。这里所说的客观情况,是指不能确定的情况是自然出现的,不是人为制造的,即可以预见到的,但不能是事先预谋的。这就是说,用人单位不能在劳动合同中把本单位主观制造的条件约定为合同终止条件,如机构合并、人事调整等。

4. 约定终止条件要充分考虑生产经营特点

用人单位约定劳动合同终止条件,目的是要在这种条件出现时终止合同。因此,必须充分考虑本单位的生产经营特点。不同性质的生产性单位在劳动合同履行过程中遇到的具体情况是不同的,生产经营单位可能遇到的情况在一些经营单位是不可能出现的,如果把本单位生产经营中根本不可能遇到的情况约定为劳动合同终止的条件,约定条款根本出现不了,约定的终止条件就失去了意义。

5. 约定终止条件要兼顾到合同当事人双方的情况

由于劳动合同履行过程中,用人单位和职工都可能出现某些客观情况,导致用人单位不愿意继续履行合同,而又不能解除合同,因此,用人单位既要把本单位生产经营过程中可能出现的某种情况约定为终止劳动合同的条件,也要把职工在履行劳动合同过程中可能出现的某种行为约定为劳动合同终止条件。例如,企业聘用的部门管理人员、技术人员中,有的业务能力不差,工作业绩尚佳,也没有违纪问题。但是,其性格和工作作风与其他员工不合,多数员工都不肯与其合作一同共事,甚至因此表现出离职倾向。对于这种情况企业无法继续使用该职工,但又不能解除合同,针对这类问题,可以考虑约定为劳动合同终止条件。一旦出现这种情况,劳动合同即可终止。具体条款可表述为:乙方(员工)履行职责期间,经年度工作总结或职工民主评议,有一半以上员工不肯继续接受其领导或与其共事,其履行职责出现危机的,劳动合同终止。

三、劳动合同解除和终止的经济补偿

经2007年6月29日第十届全国人民代表大会常务委员会第二十八次会议通过、自2008年1月1日实施并根据2012年12月28日《全国人民代表大会常务委员会关于修改〈中华人民共和国劳动合同法〉的决定》修订、自2013年7月

1日起施行的《中华人民共和国劳动合同法》,对于劳动合同解除和终止的经济补偿问题做了较详细的规定。

该法第46条规定,有下列情形之一的,用人单位应当向劳动者支付经济补偿:

（一）劳动者依照本法第三十八条规定解除劳动合同的;

（二）用人单位依照本法第三十六条规定向劳动者提出解除劳动合同并与劳动者协商一致解除劳动合同的;

（三）用人单位依照本法第四十条规定解除劳动合同的;

（四）用人单位依照本法第四十一条第一款规定解除劳动合同的;

（五）除用人单位维持或者提高劳动合同约定条件续订劳动合同,劳动者不同意续订的情形外,依照本法第四十四条第一项规定终止固定期限劳动合同的;

（六）依照本法第四十四条第四项、第五项规定终止劳动合同的;

（七）法律、行政法规规定的其他情形。

该法还规定了经济补偿的计算标准。第47条规定:

经济补偿按劳动者在本单位工作的年限,每满一年支付一个月工资的标准向劳动者支付。六个月以上不满一年的,按一年计算;不满六个月的,向劳动者支付半个月工资的经济补偿。

劳动者月工资高于用人单位所在直辖市、设区的市级人民政府公布的本地区上年度职工月平均工资三倍的,向其支付经济补偿的标准按职工月平均工资三倍的数额支付,向其支付经济补偿的年限最高不超过十二年。

本条所称月工资是指劳动者在劳动合同解除或者终止前十二个月的平均工资。

四、劳动争议管理

（一）劳动争议含义和种类

劳动争议是指劳动法律关系双方当事人即劳动者和用人单位,在执行劳动法律、法规或履行劳动合同过程中,就劳动权利和劳动义务关系所产生的争议。

当组织里发生劳动争议时,组织与员工一方或者两方的合法权益可能会受到损害,严重威胁组织的运营,影响组织目标的达成。

一般来说,组织的人力资源部是劳动纠纷处理的归口管理部门。发生争议

第十二章 劳动关系管理

后,人力资源部应及时上报领导,深入调查纠纷原因,收集证据,提出处理方法,确保适时、正确地处理劳动纠纷。

劳动争议包括以下五类:

(1) 因确认劳动关系发生的争议;

(2) 因订立、履行、变更、解除和终止劳动合同发生的争议;

(3) 因除名、辞退和辞职、离职发生的争议;

(4) 因工作时间、休息休假、社会保险、福利、培训以及劳动保护发生的争议;

(5) 因劳动报酬、工伤医疗费、经济补偿或者赔偿金等发生的争议;

(6) 法律、法规规定的其他劳动争议。

(二) 劳动争议解决的途径

我国《劳动法》第77条规定:用人单位与劳动者发生劳动争议,当事人可以依法申请调解、仲裁、提起诉讼,也可以协商解决。为了解决劳动争议问题,中华人民共和国第十届全国人民代表大会常务委员会第三十一次会议于2007年12月29日通过了《中华人民共和国劳动争议调解仲裁法》(以下简称《劳动争议调解仲裁法》),自2008年5月1日起施行。《劳动争议调解仲裁法》规定,我国劳动争议的解决方式主要有协商、调解、仲裁和诉讼。

处理流程

1. 协商

《劳动争议调解仲裁法》第4条规定:发生劳动争议,劳动者可以与用人单位协商,也可以请工会或者第三方共同与用人单位协商,达成和解协议。就是说,当劳动争议发生后,双方当事人可在合法及兼顾双方利益的前提下进行协商,消除隔阂,加强团结,防止事态进一步恶化。但是,劳动争议双方中的任何一方不能强迫对方进行协商。

劳动争议发生后,当事人协商一致后,双方可达成和解协议,但和解协议无必须履行的法律效力,而是由双方当事人自觉履行。协商不是处理劳动争议的必经程序,当事人不愿协商或协商不成,可以向本单位劳动争议调解委员会申请调解或向劳动争议仲裁委员会申请仲裁。

2. 调解

《劳动争议调解仲裁法》第5条规定:发生劳动争议,当事人不愿协商、协商不成或者达成和解协议后不履行的,可以向调解组织申请调解。当事人双方愿意调解的,可以书面或口头形式向调解委员会申请调解。调解委员会接到调解申请后,可依据合法、公正、及时、着重调解原则进行调解。调解委员会调解劳动争议,应当自当事人申请调解之日起15日内结束;到期未结束的,视为调解不成,当事人可以向当地劳动争议仲裁委员会申请仲裁。经调解达成协议的,制作调解协议书。调解协议书由双方当事人签名或者盖章,经调解员签名并加盖调解组织印章后生效,对双方当事人具有约束力,当事人自觉履行。达成调解协议后,一方当事人在协议约定期限内不履行调解协议的,另一方当事人可以依法申请仲裁。

劳动者可以申请支付令。因支付拖欠劳动报酬、工伤医疗费、经济补偿或者赔偿金事项达成调解协议,用人单位在协议约定期限内不履行的,劳动者可以持调解协议书依法向人民法院申请支付令。人民法院应当依法发出支付令。

调解不是劳动争议解决的必经程序,不愿调解、调解不成或者达成调解协议后不履行的,可以向劳动争议仲裁委员会申请仲裁。

3. 仲裁

《劳动争议调解仲裁法》第5条规定:发生劳动争议,当事人不愿调解、调解不成或者达成调解协议后不履行的,可以向劳动争议仲裁委员会申请仲裁。《劳动法》第81条规定:劳动争议仲裁委员会由劳动行政部门代表、同级工会代表、用人单位方面的代表组成。劳动争议仲裁委员会主任由劳动行政部门代表担任。《劳动争议调解仲裁法》第19条规定:劳动争议仲裁委员会由劳动行政部门代表、工会代表和企业方面代表组成。从仲裁委员会组成代表的角度来看,两部法律的规定是一致的。

仲裁是劳动争议案件处理必经的法律程序。发生劳动争议,当事人不愿调解、调解不成或者达成调解协议后不履行的,可以向劳动争议仲裁委员会申请仲裁。劳动争议发生后,当事人任何一方都可直接向劳动争议仲裁委员会申请仲裁。

仲裁时效的有关规定:劳动争议申请仲裁的时效期间为一年。仲裁时效期间从当事人知道或者应当知道其权利被侵害之日起计算。仲裁时效的中断,因一方当事人向对方当事人主张权利,或者向有关部门请求权利救济,或者对方当事人同意履行义务而中断。从中断时起,仲裁时效期间重新计算。仲裁时效的中止,因不可抗力或者有其他正当理由,当事人不能在法律规定的仲裁时效期间申请仲裁的,仲裁时效中止。从中止时效的原因消除之日起,仲裁时效期间继续计算。劳动关系存续期间因拖欠劳动报酬发生争议的,劳动者申请仲裁不受一年仲裁时效期间的限制;但是,劳动关系终止的,应当自劳动关系终止之日起一年内提出。

提出仲裁要求的一方应当自劳动争议发生之日起一年内向劳动争议仲裁委员会提出书面申请。劳动争议仲裁委员会接到仲裁申请后,应当在5日内作出是否受理的决定。受理后,应当在收到仲裁申请的45日内作出仲裁裁决。案情复杂需要延期的,经劳动争议仲裁委员会主任批准,可以延期并书面通知当事人,但是延长期限不得超过15日。逾期未作出仲裁裁决的,当事人可以就该劳动争议事项向人民法院提起诉讼。

仲裁委员会主持调解的效力。仲裁委员会可依法进行调解,经调解达成协议的,制作仲裁调解书。仲裁调解书具有法律效力,自送达之日起具有法律约束力,当事人须自觉履行,一方当事人不履行的,另一方当事人可向人民法院申请强制执行。

劳动争议案件仲裁的举证责任的规定:发生劳动争议,当事人对自己提出的主张有责任提供证据。在劳动争议案件中,用人单位的举证责任重大,与争议事项有关的证据属于用人单位掌握管理的,用人单位应当提供;用人单位不提供的,应当承担不利后果。

仲裁委员会对部分案件有先予执行的裁决权。仲裁庭对追索劳动报酬、工伤医疗费、经济补偿或者赔偿金的案件,根据当事人的申请,可以裁决先予执行,移送人民法院执行。

为使劳动者的权益得到快捷的保护,加快劳动争议案件的处理时间,劳动争议仲裁委员会对下列案件实行一裁终局:追索劳动报酬、工伤医疗费、经济补偿或者赔偿金,不超过当地月最低工资标准12个月金额的争议;因执行国家的劳动标准在工作时间、休息休假、社会保险等方面发生的争议。上述案件的仲裁裁决为终局裁决,裁决书自作出之日起发生法律效力。劳动者对一裁终局的仲裁裁决不服的,可以自收到仲裁裁决书之日起15日内向人民法院起诉。而用人单位对一裁终局的仲裁裁决,不能再向法院起诉,也不能申请再次仲裁,但在具备法定情形时,用人单位可以向人民法院申请撤销。

除一裁终局的仲裁裁决以外的其他劳动争议案件的仲裁裁决,当事人不服的,可以自收到仲裁裁决书之日起 15 日内向人民法院提起诉讼;期满不起诉的,裁决书发生法律效力。一方当事人逾期不履行,另一方当事人可以向人民法院申请强制执行。受理申请的人民法院应当依法执行。

4. 诉讼

《劳动争议调解仲裁法》第 5 条规定:发生劳动争议,对仲裁裁决不服的,除本法另有规定的外,可以向人民法院提起诉讼。

当事人对可诉的仲裁裁决不服的,可自收到仲裁裁决书之日起 15 日内向人民法院提起诉讼。对经过仲裁裁决,当事人向法院起诉的劳动争议案件,人民法院应当受理。

(1)人民法院对当事人因劳动争议仲裁委员会不予受理而起诉到法院的案件的处理。劳动争议仲裁委员会以当事人申请仲裁的事项不属于劳动争议为由,作出不予受理的书面裁决、决定或者通知,当事人不服,依法向人民法院起诉的,人民法院应当分别情况予以处理:属于劳动争议案件的,应当受理;虽不属于劳动争议案件,但属于人民法院主管的其他案件,应当依法受理。

劳动争议仲裁委员会以当事人的仲裁申请超过期限为由,作出不予受理的书面裁决、决定或者通知,当事人不服,依法向人民法院起诉的,人民法院应当受理;对确已超过仲裁申请期限,又无不可抗力或者其他正当理由的,依法驳回其诉讼请求。

劳动争议仲裁委员会以申请仲裁的主体不适格为由,作出不予受理的书面裁决、决定或者通知,当事人不服,依法向人民法院起诉的,经审查,确属主体不适格的,裁定不予受理或者驳回起诉。

(2)对重新作出仲裁裁决的处理。劳动争议仲裁委员会为纠正原仲裁裁决错误重新作出裁决,当事人不服,依法向人民法院起诉的,人民法院应当受理。

(3)仲裁事项不属于法院受案范围的处理。劳动争议仲裁委员会仲裁的事项不属于人民法院受理的案件范围,当事人不服,依法向人民法院起诉的,裁定不予受理或者驳回起诉。

(4)劳动争议案件的管辖。劳动争议案件由用人单位所在地或者劳动合同履行地的基层人民法院管辖。劳动合同履行地不明确的,由用人单位所在地的基层人民法院管辖。

(5) 劳动争议案件中的证明责任。部分劳动争议案件的举证责任由法律明确规定。因用人单位作出的开除、除名、辞退、解除劳动合同、减少劳动报酬、计算劳动者工作年限等决定而发生的劳动争议,用人单位负举证责任。

(6) 人民法院对一裁终局的部分劳动争议仲裁裁决有撤销权。用人单位对一裁终局的仲裁裁决书自收到之日起30日内,可以向劳动争议仲裁委员会所在地的中级人民法院申请撤销该裁决,但须有证据证明该仲裁裁决,适用法律、法规确有错误的,劳动争议仲裁委员会无管辖权的,违反法定程序的,裁决所依据的证据是伪造的;对方当事人隐瞒了足以影响公正裁决的证据的,仲裁员在仲裁该案时有索贿受贿、徇私舞弊、枉法裁决行为的。人民法院经组成合议庭审查核实裁决有上述情形之一的,应当裁定撤销。仲裁裁决被人民法院裁定撤销的,当事人可以自收到裁定书之日起15日内就该劳动争议事项向人民法院提起诉讼。

(7) 人民法院审理劳动争议案件实行两审终审制。人民法院一审审理终结后,对一审判决不服的,当事人可在15日内向上一级人民法院提起上诉;对一审裁定不服的,当事人可在10日内向上一级人民法院提起上诉。经二审审理所作出的裁决是终审裁决,自送达之日起发生法律效力,当事人必须履行。

(三) 劳动纠纷的处理原则

1. 合法原则

合法原则是指企业劳动争议的处理机构在处理争议案件时,要以法律为准绳,并遵循有关法定程序。以法律为准绳,就是要求处理企业劳动争议要符合国家有关劳动法规的规定,严格依法裁决。遵循有关法定程序,就是要求处理企业劳动争议要严格按照程序法的有关规定办理,企业劳动争议处理的开始、进行和终结都要符合程序法的规定;同时,对双方当事人应该享受的请求解决争议、举证、辩解、陈述和要求回避等有关程序法的权利要给予平等的保护。

2. 公正原则

公正原则是指在企业劳动争议案件的处理过程中,应当公正、平等地对待双方当事人,处理程序和处理结果不得偏向任何一方。尽管企业管理者和劳动者双方当事人在企业劳动关系的实际运作过程中所处的地位是不一样的,前者处于领导者、支配者的地位;后者处于被领导者、被支配者的地位,但是一旦企业劳动争议形成,并进入处理程序阶段,两者便是平等的争议主体,都受到法律的平等保护。公正原则要求企业劳动争议的任何一方当事人都不得有超越法律和有关规定的特权。

3. 调解原则

调解原则是指调解手段贯穿于企业劳动争议第三方参与处理的全过程。不光企业调解委员会在处理企业劳动争议中的全部工作是调解工作,而且仲裁委员会和法院在处理企业劳动争议中也要先行调解,调解不成时,才会行使裁决或判决。同时,即使是仲裁委员会的裁决和法院的判决也要以调解的态度强制执行,否则其法律效力的发挥也会大打折扣。

4. 及时原则

及时原则是指企业劳动争议的处理机构在处理争议案件时,要在法律和有关规定要求的时间范围内对案件进行受理、审理和结案,无论是调解、仲裁还是诉讼,都不得违背在时限方面的要求,如企业劳动争议调解委员会对案件调解不力,要在规定的时限内结案,不要影响当事人申请仲裁的权利;企业劳动争议仲裁委员会在调解未果的情况下,要及时裁决,不得超过法定的处理时限;法院的处理也是这样,在调解未果的情况下,要及时判决。总之,及时处理原则就是要使双方当事人合法权益得到及时的保护。

第二节　就业歧视

在西方国家,就业歧视首先作为一个经济学概念提出,经济学中的劳动力市场歧视,即就业歧视是指具有相同生产率特征的工人仅仅是因为他们所属的人口群体不同而受到不同的对待。或者说是指在所有经济方面都相同的个人之间的报酬差别,即在劳动力市场上对与劳动生产率无关的个人特征的评价。从经济学上对就业歧视进行分类主要有三类:工资歧视、职业歧视和人力资本投资歧视。前两种歧视是劳动者进入劳动力市场后的歧视,后一种歧视出现在人们求职之前。

一、就业歧视相关理论

(一) 偏好歧视论

偏好歧视论(Hobby Discrimination Theory)于 1957 年由贝克尔从经济学视角提出,他把歧视看作歧视者的一种偏爱或者"爱好",社会上的歧视偏好使歧视者宁愿放弃生产效率——即使是最大产出和利润也要满足这种偏好,这部分人愿意为之支付代价或机会成本。主要有雇主偏好歧视、雇员偏好歧视和顾客偏好歧视。他们无论何种原因,主观情感的特征主要表现是尽量与不喜欢的人或团体保持距离。

  雇主偏好歧视模型认为,雇主对具有某种特征的劳动者有偏见,从而这类劳动者的生产率在雇主那里遭到了贬值,即使他们具有与其他人相同的生产率特征,雇主宁愿支付较高工资雇用其他人而不愿雇用这一类劳动者。如雇主对农民工的歧视,即使农民工与城市劳动者具有相同的劳动生产率,雇主也只愿意雇用城市劳动者,雇主宁愿放弃一部分利润来满足他的这种偏好口味。

  里斯金(Reskin)和鲁斯(Roos)提出的"就业隔离理论"是雇主偏好歧视的一个分支,将被歧视者限定在有限的就业范围内。雇主认为如果在工作中一个"团队"成员之间的关系不融洽,会导致劳动生产率降低,因而对其工作进行隔离,这样做的结果是受歧视的群体的利益受到损害,而强势群体受益甚微。

  雇员偏好歧视理论认为,某一类雇员(如白人)不愿意或拒绝与具有某种特征的那类雇员(如黑人)在相同或相近的场所或岗位工作,而那些希望按照非歧视性标准进行雇用的雇主就必须向前一类雇员支付一种工资奖励作为一种补偿性工资来留住他们。雇员由于对民族、种族、性别、年龄、健康等的认识观念差别以及工作中的竞争及摩擦,会出现男性员工不愿意成为女性的下级,白色人种不愿意和黑色人种一起工作,城市劳动者排斥外来农民工等情况。经济学家认为,为了留住这些有歧视倾向的雇员,无歧视行为的雇主可能被迫采取隔离的政策,满足这部分雇员的倾向。所以,雇员的歧视态度与行为会使无歧视行为的雇主为雇用被歧视群体支付更高的成本代价。这种压力如果足够大,就会使得雇主被迫减少对被歧视者的劳动力需求量并降低其工资水平。

  顾客偏好歧视主要是由顾客对服务者的偏见引起的,在有些行业顾客喜欢男性提供的服务,如交通运输业、机械工程业等,而在其他一些行业如旅游业、医疗护理业等,顾客更偏爱于女性提供服务。在这些社会服务的职业范围内,就会发生歧视行为。顾客的歧视态度和行为会使无歧视行为的雇主为雇用女性或少数民族的雇员而付出更高的代价。这种压力如果足够大,就会迫使雇主有针对性地雇用所需劳动力并调整其工资水平。

（二）拥挤理论

拥挤理论（Crowed Theory）认为，拥挤形成职业隔离，某些因素将劳动力划分为非竞争性集团，形成和维持了某种垄断的职业和职业范围，特别是性别职业隔离是普遍存在的，例如矿工由男性垄断，护士由女性垄断。这其中的原因有制度方面的，如国家对部分行业的就业进入设置壁垒，使得某一部分人群只能集中于某一行业，出现劳动力市场过于拥挤。另外，行业技术水平高低以及劳动力市场供需结构也会导致拥挤效应的发生。

（三）双重劳动力市场理论

双重劳动力市场也称作二元劳动力市场，该理论（Double Labor Market Theory）把整个劳动力市场划分为两大非竞争性部门，主要部门和次要部门或一级劳动力市场和次级劳动力市场。一级劳动力市场中的工作提供的是相对较高的工资率、较稳定的就业、良好的工作环境以及进一步的发展机会，而次级劳动力市场中的工作只能提供较低的工资率、不稳定的就业、较差的工作条件，并且根本没有发展机会。而且在这两个相互分割的市场之间的流动是非常有限的。我国的户籍制就是制度性地把城市劳动力和农村劳动力人为地划分为两级劳动力市场，对不同层次的劳动力实行不同的工资和福利待遇等。

（四）勾结行为理论

勾结行为理论（Colludes with the Behavior Theory）是指处于强势的雇主通过相互勾结对处于弱势的雇员群体的一种压制，如对外来务工人员、女性求职者以及毫无工作经验的应届毕业生，由于这些求职人员难以组织并形成共同的要求，对雇主的串谋行为难以形成有效的协议约束，串谋起来的雇主相对于其他雇主便可以获得更多的利润，而受歧视雇员就要受到损失，这很好地解释了许多大学生为获得工作经验而接受零工资的要求。

（五）统计歧视理论

统计歧视理论（Statistical Discrimination Theory）是菲浦斯（Phelps）于1972年提出的。统计歧视是由于信息不完全造成的，雇主要了解求职者的生产效率、工作能力以及所胜任的工作等信息必须支付成本。因此雇主往往把求职者的特征认同为他所属群体的基本特征，通过求职者的性别、种族、教育背景、年龄来判断其生产效率水平，最终主观评价确定聘用谁，这样会使某些不利群体成员如缺乏工作经验、社会阅历少的高校毕业生等受到统计性歧视。

(六) 资源配置论

资源配置是基于资源稀缺性的存在而产生的一种调节手段,资源稀缺使得人们的基本需要不能得到全部的满足,必然会出现资源的一个合理有效的配置过程。资源稀缺也是一切经济活动产生的基础,歧视也是资源稀缺条件下的产物。贝克尔就曾指出,少数民众之所以蒙受实际经济歧视,不是因为偏好的分布,而是资源的分布,即多数民众劳动和资本的分布比他们更为平衡。正如诺贝尔经济学奖得主加里·贝克尔所说:"在竞争的社会中,经济歧视看来与经济上的少数有关,政治歧视看来与政治上的少数有关。"①

资源配置论(Resource Disposition Theory)很好地解释了在资源稀缺情况下资源占有者为了实现自己的既得利益,在劳动力市场招聘雇员往往是考虑自己的既得利益而实行一系列不公平的歧视行为,这也是社会经济发展水平与就业歧视成正相关的原因。如由于社会生产力水平产生的资源稀缺程度不同,社会财富更加富有的美国雇主更注重"以人为本",挖掘雇员的潜力,实行能够充分激发员工积极性、创造性的人力资源管理,其就业歧视发生的比例远低于生产力水平只处于20世纪二三十年代、人口基数是其多倍的中国。

(七) 人力资本投资收益—风险论

人力资本是人们在教育、职业培训、健康、迁移等方面投资所形成的资本,是人们作为经济主体创造财富的源泉。人力资本投资是以支付当前的投资成本获取未来收益为目标的投资行为。根据弗鲁姆的期望理论,在人力资本投资上,只有当预期收益现值大于各种现有的人力资本投资成本时,人们才具有投资的欲望。人力资本投资收益由于受到政治、经济、制度等多方面因素的影响,具有不确定性和风险性,就业歧视产生的原因也就是被歧视群体与非歧视群体在人力资本投资收益风险上有着差别。就性别歧视来说,女性在就业市场上遭到性别歧视主要是由于传统观念如女性在人力资本投资上不如男性,受家庭影响以及怀孕、育婴,在人力资本教育投资上也没有男性投入多,女性追求的是家庭与工作之间的一种平衡等。另外,女性相对于男性的工作周期短、退休时间长的特点

---

① 〔美〕加里·S. 贝克尔:《人类行为的经济分析》(王业宇,陈琪译),上海人民出版社1995年版,第31页。

也决定了企业更倾向于选择男性员工。这就是人力资本收益风险理论(Human Capital Investment Income-Risk Theory)。

(八) 综合影响论

前面的理论侧重于从经济学角度分析就业歧视,综合影响论(Synthesis Influence Theory)主要从社会环境的角度进行分析,主要有社会歧视论和社会性别理论。社会歧视论认为,社会对于性别角色分工——社会既存的"性别歧视观"乃是造成劳动市场歧视的主要原因,即社会传统和文化对两性的角色定义在"工作世界"(男性)和"非工作世界"(女性)。封建社会以来的"男尊女卑""女主内男主外"的传统思想,认为女性不应该进入劳动力市场,这种性别歧视是社会历史因素造成的。提利在分析综合理论中认为,造成以及维持不平等的主要原因在于体制(体制的含义很广,包括公司、家庭、社区等),减少生活机遇和福利的不平等的唯一出路是组织体制的缓慢改变和人力资本的积累。

二、当前就业歧视的表现

在当前的人才市场,相当多的招聘广告含有歧视性条款,诸如年龄歧视、性别歧视、学历歧视、户籍歧视、地域歧视、经验歧视乃至身体歧视如身高、相貌、疾病,等等。

(一) 性别歧视

1958年,国际劳工组织通过的《消除就业和职业歧视公约》定义性别歧视为基于性别的任何区别、排斥或优惠,其后果是取消或损害就业方面的机会平等或待遇平等,基于特殊工作本身的要求的任何区别、排斥或特惠不应视为歧视。

性别歧视(sex discrimination)在我国劳动力市场愈演愈烈。由于我国传统的"男尊女卑""女主内男主外"的传统观念的影响、男女之间的生理条件的差异和雇主的一种主观性偏好等因素,女性在就业机会、工作报酬、晋升机会上受到了不公平的待遇。

(二) 户籍歧视

户籍歧视(household register discrimination)是一种身份歧视,是由于我国二元分割的户籍制度所引起的,即城市劳动者和农村劳动者的二元劳动力,并对两个劳动力市场的劳动者实行不同的就业、工资等待遇。户籍歧视最突出的表现为限制外来工等的就业问题。

第十二章 劳动关系管理

（三）年龄歧视

年龄歧视（age discrimination）是指在劳动力市场上用人单位对求职者的年龄的苛刻限制，或者在工作中对具有相同工作能力的人因年龄不同给予不同的待遇。我国对适龄就业人口的年龄规定为男 16—60 岁、女 16—55 岁，因此，招聘单位在招聘雇员时对雇员的年龄限制为超过 16 周岁，男低于 60 周岁、女低于 50 周岁都属于年龄歧视。近些年来我国一些企业的"40、50"现象，即指男性超过 50 岁、女性超过 40 岁大龄人员一刀切式的全部下岗失业，这是一种对高年龄者的就业歧视。在我国的年龄歧视主要是对高年龄者的歧视。随着劳动力荒现象的凸显，"40、50"人员就业得到了缓解，并且成为基础性劳动岗位的主力军。同时，我国还出现了对低年龄者的歧视，如有些企业要求年龄必须在 25 周岁以上，用人单位认为 25 周岁以上，人在身体、心理上表现得更加成熟，更加有利于工作的完成。

（四）学历歧视

学历歧视（education discrimination）是对低学历者的就业歧视，雇主对招聘人员的与工作不相关的学历招聘限制或在工作中因学历而产生的待遇不平等。学历歧视是当前我国人才市场的一种普遍现象。用人单位追求高学历，提高企业员工的学历层次，这是反映当前知识化社会的需要，但是不根据本企业岗位需要的高学历要求则是一种人才高消费的现象，会造成人力资本的浪费，这属于就业学历歧视。

（五）经验歧视

经验歧视（experience discrimination）主要发生在劳动力市场的招聘用工过程中，大部分企业在招聘启事中都提出了工作经验的要求，如"必须具有两年相关工作经验""具有五年以上相关经验者优先考虑""无工作经验者免谈"等。这给刚毕业的毕业生求职造成了很大的压力，特别是我国高等教育注重专才教育和理论与实践脱钩的现状，导致普通高校毕业生不具有相关学科的实践操作能力而被用人单位拒绝。许多大学生为了获得工作经验接受企业"零工资"的要求。有学者指出，"唯经验是取"是一种严重的短视行为，不利于发现和吸纳高素质优秀人才，不利于用人单位自身的人才储备，更不利于长远发展，因此，应坚决摒弃"唯经验"的人才观。

（六）身体状况歧视

身体状况歧视（body condition discrimination）包括的范围很广，包括身高、相貌、体型、残疾、疾病等，甚至血型、星座等显性的和隐性的身体状况因素，当前最受关注的是有关疾病歧视和容貌歧视。

（七）其他歧视

在我国还存在其他歧视，如婚育状况歧视。我们经常会在一些招聘广告中看到"未婚女性""已婚女性"等字眼。有人对上海某区职业介绍所网上登记的企业招聘的信息进行了统计分析，结果显示：有65.4%的企业在招聘办公室文秘、档案管理、财务、客户服务、人事行政管理等职务时，特别强调聘用已婚女性。其他的歧视如地域歧视。2018年5月9日，爱奇艺某员工回复"面试邀约"的邮件截图流出。邮件显示，该员工在面试一个中央财经大学研二学生后，备注称"今后河南人尽量先过滤掉"。5月11日上午，爱奇艺招聘官方微博回应称："对于网友反映的爱奇艺招聘中存在地域歧视的问题，我们发现后即展开排查，经查实，该行为确系出自爱奇艺在职员工。我们连夜讨论决定，辞退相关当事人，并对因用人不当造成的不良影响，向公众道歉。"爱奇艺强调，坚决反对任何形式的地区歧视、招聘歧视，绝不允许任何形式的歧视存在。

在我国就业歧视现象相当普遍，严重地损害了劳动力市场的正常发育和成长，给劳动力市场的弱势群体造成了巨大就业压力，在引起一系列社会矛盾的同时增加了企业的人力资本负担，导致整个社会部分人力资源的闲置和配置不合理。我们需要探索并借鉴发达国家的先进经验，找出改善我国就业环境的有效途径和治理方法，以实现政府扩大就业的战略和社会经济健康发展，最终实现构建社会主义和谐社会的目标。

第三节 退休管理

生老病死是自然规律，没有人可以例外。劳动者自进入劳动领域以后，总有一天会因为年老力衰、伤病等原因而退出。此时，劳动者已经无力再通过提供正常的劳动而获得劳动报酬以维持自己及其家人的生活，必须通过其他的制度安排来保障基本生活。为了解决该问题，各国设计了退休制度。退休制度是指国家通过建立社会保险制度，设立社会保险基金，给予退休者物质帮助和补偿，保障其晚年基本生活的制度性规定。

一、我国退休制度的历史沿革

我国退休制度从建立到调整经历了五个历史时期,即创建期、调整期、改革期、完善期和创新期。

(一) 制度创建期(1950—1957)

新中国成立初期,我国借鉴苏联经验选择国家保险模式,建立了劳动保险制度。这种退休制度带有浓厚的福利性色彩,其宗旨是"最充分满足有劳动能力者的需要,保护劳动者的健康并维持其工作能力"。1950年颁布的《关于退休人员处理办法的通知》,是我国第一部关于退休及养老方面的法规,规定党政机关及海关、铁路、邮电等公共服务部门领取工资的工作人员,退休时可以一次性领取退休费。

1951年颁布的《中华人民共和国劳动保险条例》,规定男职工退休年龄为60周岁,女职工退休年龄为50周岁。1953年适用范围扩大,覆盖到民营企业职工。1955年国务院颁布的《国家机关工作人员退休处理暂行办法》,将一次性发放退休金改为按月发放,按个人工作年限规定了不同的待遇标准,并把女干部的退休年龄提高到55周岁,这一规定沿用至今。

(二) 制度调整期(1958—1977)

这个时期,对机关事业单位工作人员和企业职工实行统一退休办法,并补充集体所有制单位退休制度,更多群体被纳入退休制度体系中。1958年实施的《国务院关于工人、职员退休处理的暂行规定》,将企业和机关女职员的退休年龄统一规定为55周岁,女工人仍为50周岁。

(三) 制度改革期(1978—1986)

1978年,《国务院关于工人退休、退职的暂行办法》《国务院关于安置老弱病残干部的暂行办法》对干部和工人退休、退职待遇做了修改,区分退休和离休人员两个群体不同待遇,并在1980年针对干部群体制定在退休待遇上更为优厚的离休制度。1986年,退休养老制度开始改革,试行建立养老保险制度。

(四) 制度完善期(1987—2012)

传统退休制度由于存在诸多弊端,已无法适应政治、经济和社会的发展,原有的退休养老制度在这一时期开始改革,养老保险逐步在国营企业(国有企业)中实行退休费的社会统筹,并正式提出了社会统筹与个人账户相结合的养老保险模式。1997年7月出台的《国务院关于建立统一的企业职工基本养老保险制度的决定》,统一了全国各地的养老保险制度,实现了中国养老保险制度由原来的退休制度向社会保险制度的转型,一定程度上消除了退休制度的弊端。

(五)制度创新期(2013年至今)

延迟退休即延迟退休年龄,指国家结合国外有些国家在讨论或者已经决定要提高退休年龄的政策,综合考虑中国人口结构变化的情况、就业的情况而逐步提高退休年龄来延迟退休的制度。2013年6月,由于就业压力等多重原因,国家人力资源和社会保障部已经着手研究延迟问题,进行学术探讨。到2013年11月12日,中国共产党第十八届中央委员会第三次全体会议通过《中共中央关于全面深化改革若干重大问题的决定》提出研究制定渐进式延迟退休年龄政策。该决定明确了延迟退休制度的顶层设计,各项工作正紧锣密鼓地准备。

二、我国现行退休制度框架和规定

(一)退休年龄的规定

我国退休制度自新中国成立以来,经过几次调整完善,进一步考虑到艰苦岗位和特殊工种人员、特殊专业技术人员的实际情况,对不同人员的退休年龄做了不同的规定。从退休年龄来看,退休一般可分为三类,正常退休制度、提前退休制度和延迟退休制度。

1. 正常退休制度

在计划经济体制下,我国的人事管理制度将从业人员的身份分为三类:农民、工人、干部,其中可以享受退休待遇的只有工人和干部两类,但两者的退休年龄并不相同。

延迟退休

关于工人的退休年龄,我国在1957年11月16日颁布的《国务院关于工人、职员退休处理的暂行规定》中对退休年龄做出相关规定,即男性60周岁,女干部55周岁,女工人50周岁。该规定是以1951年颁布的《中华人民共和国劳动保险条例》和1955年颁布的《国家机关工作人员退休处理暂行办法》两个法规为基础的。1999年,《国务院办公厅关于进一步做好国有企业下岗职工基本生活保障和企业离退休人员养老金发放

第十二章 劳动关系管理

工作有关问题的通知》(国办发〔1999〕10号)再次重申"男职工年满60岁、女干部年满55岁、女工人年满50岁"的退休年龄。

关于干部的退休年龄,由国务院颁布、自1956年1月1日起执行的《关于国家机关工作人员退休暂行办法》第2条规定,国家干部的退休年龄为男子年满60岁,女子年满55岁。至此,我国建立起了统一的正常退休制度,六十多年沿用至今。

2. 提前退休制度

提前退休年龄的相关规定见于《国务院关于工人退休、退职的暂行办法》(国发〔1978〕104号)和《关于做好纺织行业压锭减员分流安置工作的通知》(劳部发〔1998〕37号),这两个文件规定了准予提前退休的相关人员和需要具备的提前退休条件。

《国务院关于工人退休、退职的暂行办法》第2条规定了可提前退休的条件:从事井下、高空、高温、特别繁重体力劳动或者其他有害身体健康的工作,男年满五十五周岁、女年满四十五周岁,连续工龄满十年的;男年满五十周岁,女年满四十五周岁,连续工龄满十年,由医院证明,并经劳动鉴定委员会确认,完全丧失劳动能力的;因工致残,由医院证明,并经劳动鉴定委员会确认,完全丧失劳动能力的。

1999年3月9号,劳动和社会保障部下发了《关于制止和纠正违反国家规定办理企业职工提前退休有关问题的通知》(劳社部发〔1999〕8号)再次重申了提前退休年龄规定,"从事井下、高空、高温、特别繁重体力劳动或其他有害身体健康工作(以下称特殊工种)的",退休年龄仍为"男年满55周岁、女年满45周岁"。对因病或非因工致残的职工退休年龄做了微调,"由医院证明并经劳动鉴定委员会确认完全丧失劳动能力的,退休年龄为男年满55周岁、女年满45周岁"。

3. 延迟退休制度

为了保护国家的高端人才资源,做到人尽其才,国家针对高级专家、学者和干部做出了延迟退休的规定。1983年,国务院下发了《国务院关于高级专家离休退休若干问题的暂行规定》(国发〔1983〕141号)和《国务院关于延长部分骨干教师、医生、科技人员退休年龄的通知》(国发〔1983〕142号)两个文件,列示了延迟退休的相关条件,少数高级专家可以突破60岁离退休的规定,最长不超过70周岁。事实上,有少数专家已经突破了离退休制度的规定,对退休年龄不做上限规定。

随着经济和社会发展,女性的法定退休年龄较早的弊端也显现出来。女性越来越多地投入到高科技领域的工作中,具有高级职称的女性干部也日渐增多,如果较早退休就会造成人才的浪费。因此,自20世纪90年代开始,我国制定了一系列专门针对女性延长退休年龄的规定。人事部于1990年下发了《关于高级专家退(离)休有关问题的通知》(人退发〔1990〕5号)、中组部于1992年下发了《关于县(处)级女干部退(离)休年龄问题的通知》(组通字〔1992〕22号),这两个文件分别列示了允许高级职称的女专家和女干部延迟到60岁退休的条件。

2015年2月16日,中央组织部、人力资源和社会保障部联合下发《关于机关事业单位县处级女干部和具有高级职称的女性专业技术人员退休年龄问题的通知》(组通字〔2015〕14号),对正副处级女干部和正副高级职称女性专业技术人员的退休年龄做了规定,即除本人申请可在年满55周岁时自愿退休之外,都在年满60周岁时退休。年满60周岁的少数具有高级职称的女性专业技术人员,因工作需要延长退休年龄的,仍按照《国务院关于高级专家离休退休若干问题的暂行规定》《人事部关于高级专家退(离)休有关问题的通知》有关规定执行。

(二)离退休待遇

国外的企业员工分为退休和退职两种,我国分为离休和退休两种,待遇有所不同。

1. 离休待遇

离休是离职休养的简称。根据《国务院关于老干部离职休养制度的几项规定的通知》(国发〔1982〕62号),离休是指新中国成立前参加中国共产党所领导的革命战争、脱产享受供给制待遇的和从事地下革命工作的老干部,达到离职休养年龄,实行离职休养的制度。

2. 退休待遇

正常退休、提前退休和延迟退休的职工,自退休的第二个月起按规定标准发放退休金,直至去世为止;享受与现职员工等同的医疗待遇和死亡待遇,以及一些企业员工福利等。

(三)退休金的确定与给付

退休金是退休人员依法领取的生活费用,是养老保险待遇的主体部分。退

第十二章 劳动关系管理

休金的确定一般以员工在职时的收入水平为基础,辅之以养老保险金的缴费年限(或工龄)。按照国际劳工组织的公约精神,退休金确定时必须考虑满足退休员工的基本生活要求,并且还应体现经济发展和社会进步的成果。

我国立法对退休金标准的确定规定了如下原则:

(1) 退休金不得低于当地最低生活费用,不得超过在职时的正常工资收入;

(2) 退休金的工资替代率以在职实得工资为基础,因连续工龄、工伤和职业病、特殊贡献等因素有所不同;

(3) 考虑物价上涨因素,对在职人员进行工资调整时,要兼顾退休金的调整。

三、延迟退休制度改革

在我国当前实施的退休制度中,除了正常退休制度和提前退休制度之外,还包括了延迟退休制度。该制度是为了发挥少数高级人才的作用而采取的一项措施,覆盖面窄,且覆盖人员不确定,退休年龄也是因人而异,并且有着严格的规定,比如工作需要、个人申请、组织审批等。该制度的实施确实为我国的经济、社会发展提供了一些必要的人力支撑。最近几年,延迟退休的声音不绝于耳,不过,现在所讨论的延迟退休制度与当前所实施的针对少数高级人才的延迟退休是完全不同的两个制度。新的延迟退休制度是将正常退休制度从现在的男60岁、女工人50岁、女干部55岁,统一延长到65岁。该政策出台主要是为了解决人口老年化进程的加快、政府养老金支出额不断增加的压力问题。

近几年来,世界人口老龄化进程的加快,政府养老金支付总额不断增加,严重影响了各国经济社会的持续发展,为缓解这一压力,西方国家普遍采用了延长退休年龄来应对人口老龄化危机,但延长退休年龄制度的改革对不同阶层的劳动者影响不同,进而对不同产业影响差异较大,实施过程也举步维艰。同时,我国经济、文化不断发展,人口老龄化形势更加严峻,生育率降低、人均寿命延长,我国老龄人口占总人口的比重逐步增加,劳动年龄人口在总人口的比重逐步下降,现行的社会养老制度将由于代际赡养能力的减弱逐渐失去保障力度,人口老龄化问题的临近和未来劳动力数量的减少使延迟退休成了必然之举。

2013年11月12日,中国共产党第十八届中央委员会第三次全体会议通过《中共中央关于全面深化改革若干重大问题的决定》指出,研究制定渐进式延迟退休年龄政策,明确在顶层设计中延迟退休政策逐渐改进。

2013年11月20日下午,中央财经领导小组办公室副主任杨伟民在国新办回答记者提问时表示,延长退休年龄是大势所趋但将采用"渐进式"。

2014年3月9日上午,人力资源和社会保障部部长尹蔚民表示,人社部会在2020年前推出延长退休年龄的方案,此方案是渐进式的退休年龄办法。

目前延迟退休方案仍在抓紧制定中。这需要综合考虑包括人口结构、人力资源供求、劳动者受教育年限、人口、预期寿命以及社会保障制度进展情况等多种因素。可能的一种方案是将延迟退休分为"两步走":第一步是完成养老金制度并轨,取消女干部和女工人的身份区别,将职工养老保险的女性退休年龄统一规定为55岁;第二步是将女性退休年龄每3年延迟1岁,男性退休年龄每6年延迟1岁,至2045年男性、女性退休年龄同步达到65岁。

小　结

组织与员工存在一种劳动关系,员工在组织中也面临诸如歧视等问题,当劳动者达到法定年龄退休的时候,会退出劳动领域。本章内容一共有三节。

第一节是劳动关系,首先是劳动关系的定义;其次是劳动合同管理,包括劳动合同的订立、履行、变更、解除和终止等五种情况;最后是劳动争议管理,包括劳动争议解决的协商、调解、仲裁、诉讼等途径,以及处理原则。

第二节是歧视,首先介绍与歧视相关的典型理论,然后介绍了就业领域中的歧视表现。

第三节是退休管理,首先介绍了我国退休制度的历史沿革;然后介绍了我国现行的离退休制度规定;最后介绍了当前准备实施的延迟退休制度。

复习思考题

1. 简述劳动关系的含义。
2. 简述劳动合同的订立、履行、变更、解除和终止的主要内容。
3. 简述劳动争议的含义和种类。
4. 劳动争议解决的途径有哪些?
5. 劳动纠纷的处理原则有哪些?
6. 歧视相关的理论有哪些?

第十二章 劳动关系管理

7. 简述当前就业歧视的表现。
8. 简述我国退休制度的发展历史。
9. 简述我国现行的退休制度。
10. 如何看待我国的延迟退休制度?

推荐阅读

程延园编著:《劳动关系》,科学出版社 2015 年版。

池振合、李素卿:《中国劳动关系研究及其未来发展——基于知识图谱方法》,《中国劳动关系学院学报》2018 年第 1 期。

程延园编著:《劳动关系(第四版)》,中国人民大学出版社 2016 年版。

董克用主编:《人力资源管理概论(第四版)》,中国人民大学出版社 2015 年版,第十一章。

冯虹:《中国城镇化进程中农民工的就业歧视及其社会风险》,社会科学文献出版社 2016 年版。

郭志刚、刘昌宇:《国外劳动关系发展变革及其对我国的启示》,《理论与改革》2017 年第 1 期。

唐鑛、刘兰主编:《企业劳动关系管理(第 2 版)》,中国人民大学出版社 2017 年版。

谢增毅:《我国劳动关系法律调整模式的转变》,《中国社会科学》2017 年第 2 期。

阎天:《美国集体劳动关系法的兴衰——以工业民主为中心》,《清华法学》2016 年第 2 期。

杨伟国、唐鑛主编:《人事管理经济学》,复旦大学出版社 2012 年版,第三、九章。

杨晓天:《就业歧视的界定与识别》,《中国行政管理》2016 年第 5 期。

张抗私:《劳动力市场性别歧视与社会性别排斥》,科学出版社 2010 年版。

第四编 人力资源管理的发展

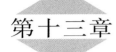

第十三章

国际人力资源管理

学习目标

1. 了解国际人力资源管理的特点。
2. 掌握国际人力资源的定义、特点、与国内人力资源管理的差异及本土化战略。
3. 理解国际人力资源管理的主要影响因素。

引 例

施耐德电气人才本土化之道*

"拥有数字化思维模式,比掌握一门高科技更加重要。"施耐德电气全球人力资源执行副总裁 Olivier Blum 近期接受采访时说道。人是企业最重要的资源之一,尤其是企业在转型过程中,没有合适的人才或人才储备,都有可能导致转型落入败局。而施耐德电气在数字化转型中,对"人才"给予了足够的重视。

赋能本地领导团队

在 Olivier Blum 看来,中国人才为企业数字化转型带来的便利,主要体现在

---

* 根据以下资料改编:司欢,《这家老牌制造巨头也许是人才本土化做得最好的跨国公司》,2018 年 5 月 8 日,搜狐网,http://www.sohu.com/a/230839814_167921,2018 年 8 月 1 日访问。

两方面:一是人才资源特别丰富,每年毕业的大学生基数大,多数拥有扎实的专业技能;二是作为数字化转型最快的国家之一,中国人普遍拥有较强的数字化思维模式,对新事物的接受能力与适应能力极强。

但池子里的鱼不等于盘子里的晚餐。在对人才尤其是数字人才的争夺中,施耐德电气面对的竞争对手不仅仅有跨国同行,还有国内对数字化人才极具吸引力的 BAT 等互联网企业。如何向心仪人才展现出自己的吸引力,是重中之重。

赋能本地团队,让本地人才掌舵中国区业务是积极信号之一。如今施耐德电气在中国的最高层管理团队中,包括 CEO 在内,几乎都是中国人。而"在中国,为中国"(China For China)战略赋权中国分公司根据本地市场和客户的需求进行研发、设计、制造、销售产品与服务。此战略使施耐德电气能够充分洞察中国市场的独特性,更贴近市场的变化;从另一个角度而言也给了中国区团队更大的灵活性。

Blum 透露,在服务中国客户时,本地团队并不需要不断地向总部请示和汇报,极大地提高了本地团队的工作效率。在他看来,赋权最重要的一点就是充分相信被赋权的人,让他们清楚地认识到他们的努力是在为大局发展做贡献。

赋能年轻人

推进数字化进程中,施耐德电气对人才的需求有了更明确的目标:更关注年轻一代,希望通过赋能年轻员工,为他们创造机遇进而使他们为公司做出更多贡献。

让员工做自己喜欢做的事,他们才能做到最好。Blum 称在施耐德电气,没有同质化的职业发展路径,员工既可以专注于自己喜欢和擅长的领域,也有机会去体验和挑战不同的岗位和业务。

对于年轻人,尤其是职场新人,除了提供国外工作机会之外,公司还提供了一个职业发展平台,员工可以在人力资源系统上看到所有职位,财务、人力资源管理、销售、市场等职能和上升途径都被展示出来,告诉大家未来职场的可能性,有哪些职业路径是他们可以追寻的,员工根据自己的能力选择垂直深入,也可以跟随兴趣跨界发展;每个业务部门的 HRBP 及直线经理均会观察员工的表现并给予反馈和指导,帮助他们了解自己的强项与不足,并提供帮助支持。通过这一系统的职业成长支持,大多数职场新人在 2—3 年之内,就能找到自己的职业路径。

推进数字化人力资源管理

数字化转型不仅体现在业务和人才需求上,各个部门也在积极落实数字化。作为为各个部门提供人才服务与管理的人力资源部门,正在积极将招聘、培训、休假、绩效、职业发展、奖励、部门反馈等流程进行数字化改造。在这个过程中,他们发现数据分析也在改变着人力资源管理的规则。

通过收集与分析员工的数据,可以做出更精准的员工画像,以便与公司的项目需求更好地对接。Blum 举例道,比如现在需要一个项目经理,他需要具备某种特殊技能、了解某种技术、在某个国家工作,现在只需要将这些限定条件输入大数据库中,系统就可以进行自动筛选并进行推荐,极大节省了时间,并使人力资源的工作更为精准。

施耐德电气还将人工智能技术运用于人力资源管理中。2017 年校招时,就已经用机器人筛选简历并进行第一轮面试,并且发现测试结果精准度相当高。此外,公司的员工呼叫中心过去都是通过人工操作接通,现在也通过数字技术,将常见问题提炼出来,员工通过微信,就能直接获得回答。

薪酬福利方面的人性化定制,也能利用大数据的优势。此外,大数据还能用于离职预测。数字化和大数据的应用使人力资源管理过程变得更加轻松、精准与高效。Blum 认为数字化未来甚至会颠覆人力资源在企业中扮演的角色。

"幸福感创造高绩效"

Blum 强调施耐德电气是一个非常开放和包容的平台,员工可以在这里找到一种舒服自在的状态工作。公司正在推行的"幸福感"(well-being)项目,其中一点是希望员工能在工作的同时,能更灵活地去照顾生活与家庭,实现工作和生活的平衡。张琰琰介绍,现在通过新技术和一些数字化工具,员工的手机可以连接到公司的各种工具,工作时间和工作环境更灵动,不需要一定得来到办公室完成工作。

今年 1 月 1 日起,施耐德电气在中国落地了一项名为"全球家庭休假政策"(The Global Family Leave Policy)的福利政策,期望通过确保员工在最重要的家庭时刻里能更好地管理自己的生活和工作,从而达到最佳工作状态,实现个人与公司的双赢。

新休假政策后的第一次员工满意度调查将于 5 月出结果,这项福利政策能否如设想般发挥效果,也将拭目以待。但对于信奉"幸福感能创造高绩效员工,高绩效也能提高幸福感"哲学的这家公司而言,让每个员工感受到自己的价值,也许才是最重要的。

一、跨国组织

(一) 跨国组织的分类

20世纪80年代开始,信息技术的快速发展促进了经济的全球化,即在全球经济的整合趋势下,各种贸易与生产要素如物质、资本、技术、知识、市场、人力资源以及政策等,在全球范围自由地流动与配置。另外,随着欧盟、北美自由贸易区、亚太经合组织等的产生,国家与国家之间的界限越来越淡化,区域经济甚至全球经济正日益成为不可分割的整体,牵一发而动全身。经济呈全球化、文化呈多元化,跨国组织以很快的速度和规模发展起来。

跨国组织可为三大类,一是政府间国际组织,二是非政府间国际组织,三是跨国公司。政府间国际组织和非政府间国际组织统称为国际组织。

政府间国际组织(Inter-Government Organization,IGO)是在条约和宗旨规定的范围内,享有参与国际事务活动的独立地位,具有直接承受国际法权利和义务的能力,而不受国家权力管辖的组织。政府间的国际组织既有全球性组织,比如联合国,也有区域性组织,比如欧洲联盟、非洲联盟、东南亚国家联盟(东盟)等。

非政府间国际组织(International Non-Governmental Organization)是各国的民间团体、联盟或个人,为了促进在政治、经济、科学技术、文化、宗教、人道主义及其他人类活动领域的国际合作而建立的一种非官方的国际联系合体。比如国际红十字会和国际奥委会等。

跨国公司(Transnational Corporations)是指由母公司及其一家及以上外国子公司组成,在一个以上的国家范围内开展业务的企业。比如微软、IBM、雀巢等公司。

(二) 跨国公司

无论是国际组织还是跨国公司,都需要不同国家人力资源的支撑和介入,各类组织才能正常运行。其中,作为经济一体化主要推动力的跨国公司,是数量最多、雇用员工数量最多、所处环境最复杂的组织。跨国公司面对着不同政治体制、法律规范及风俗习惯,又推动着各种文化之间的相互了解、相互渗透与不断

第十三章 国际人力资源管理

融合。在这种情况下,传统的管理模式和管理理念不断受到冲击,跨国公司的人力资源管理面临着新的课题,诸如价值观和管理制度迥异的组织如何进行沟通与合作,不同国籍、不同文化背景和语言的员工如何协同完成工作等问题。

中国FDI流入地

虽然跨国公司存在已久,比如,东印度公司、哈德逊湾公司和伦敦弗吉尼亚公司等殖民地贸易公司在20世纪前就已经成立,成为现代跨国公司的先驱,但自20世纪60年代起,跨国公司才成为世界舞台上的一支主要力量。[1] 1960年,以海墨(S. H. Hymer)的博士论文《国际经营:FDI研究》为标志,开创了以跨国公司为研究对象的外国直接投资理论研究领域。1900年,世界上的跨国公司基本上都是欧洲的公司;到1930年年底,美国的跨国公司已经崭露头角;1960年标志着跨国公司新时代的开始。此后,跨国公司的活动迅速活跃了起来。2017年2月1日,联合国贸易和发展会议(United Nations Conference on Trade and Development)在日内瓦发布《全球投资趋势监测报告》称:2016年,全球经济增长复苏乏力、世界贸易量持续疲软,全球外国直接投资比上一年减少了13%,但仍然高达1.52万亿美元左右。这依然是一个天文数字。

随着经济全球化趋势的日益加快,我国企业在全球范围内参与产业和价值创造竞争,已经成为我国在国际舞台上争得地位和话语权最主要的路径。党中央、国务院高度重视我国企业的国际化经营及其对我国全球地位提升所发挥的重要作用,早在21世纪初就将"走出去"正式上升为国家战略,并为其配套了大量政策和保障。但回顾我国企业的国际化进程可知,发展过程并非一帆风顺,在取得快速发展和卓越成绩的同时面临着诸多发展瓶颈,其中最为显著的是,国际化人才匮乏长期以来都是阻碍我国企业国际化经营推进的桎梏。深入分析和有效促进国际化人力资源的开发和管理,是实现企业国际化经营的关键所在。毋庸置疑,跨国组织的经营迫切需要国际人力资源管理来实现其组织职能。

二、国际人力资源管理

(一)国际人力资源管理的定义

目前,研究者们对国际人力资源管理已经有较为成熟的概念界定。例如,泰

---

[1] World Bank, *World Development Report* (New York: Oxford University Press, 1987), p.45.

勒等认为国际人力资源管理是不同的活动、职能和过程的集合,用于吸引、开发和维护跨国公司的人力资源。① 舒勒和塔里克认为国际人力资源管理是跨国公司在全球市场对人力资源的有效管理,以此来获得主要竞争优势,并在全球范围内取得成功。② 赵曙明认为,国际人力资源管理实际上包括三个维度:人力资源管理活动,即包括人力资源的获取、分配和利用;东道国、母国和第三国三个与国际人力资源有关的国家;跨国公司的三种员工,即东道国员工、母国员工和第三国员工。③ 这些研究分别从不同的视角对国际人力资源管理进行了界定,虽然侧重点不同,但无明显的对错之分。

综上所述,我们认为,国际人力资源管理是跨国组织在全球范围内对本组织的人力资源的管理,并以此来保障组织跨国经营的成功和组织目标的实现。

国际人力资源管理是人力资源管理学的扩展分支学科,是人力资源管理学与现代世界经济发展密切相连的结果,是人力资源管理学步入新世纪的最新发展,是人力资源管理研究的新热点领域。国际化人力资源管理需要有与之相匹配的人才,国际化人力资源管理人才需具备广阔的国际视野,国际化专业知识和创新意识,熟悉国际惯例。国际化人才还要具备跨文化的沟通能力以及国际社会活动能力。

(二) 国际人力资源管理的环境

彼得·德鲁克认为,跨国企业在一种不同的文化地域和背景下跨国经营,形成一个"多文化的机构"。④ 布儒瓦认为环境不确定与文化差异性提升了国际人力资源的复杂性"环境"。⑤ 影响环境不确定性的程度与环境的复杂度和变动的因素包括顾客、供货商、竞争者、政府机关与科技进步等。在当今全球化趋势下,跨国企业处于不同文化背景的各国员工,由于不同的价值观念、思维方式、习惯

---

① Sully Taylor, Schon Beechler and Nancy Napier,"Toward An Integrative Model of Strategic International Human Resource Management," *Academy of Management Review*, Vol.21, No.4, 1996, pp.959-985.

② Randall S. Schuler and Ibraiz Tarique, "International Human Resource Management: A North American Perspective, a Thematic Update and Suggestions for Future Research," *The International Journal of Human Resource Management*, Vol.18, No.5, 2007, pp.717-744.

③ 赵曙明:《人力资源管理研究》,中国人民大学出版社 2001 年版,第 264—275 页。

④ 〔美〕彼得·德鲁克:《管理:使命、责任、实务(责任篇)(珍藏版)》(王永贵译),机械工业出版社 2011 年版,第 143 页。

⑤ L. J. Bourgeois, Ⅲ, "Strategy and Environment: A Conceptual Integration," *Academy of Management Review*, Vol.5, No.1, 1980, pp.25-39.

第十三章　国际人力资源管理

风俗等差异,对企业经营的一些基本问题常会产生不同的态度,从而给企业的全面经营带来风险。在此情况下,跨国组织面临来自不同文化体系的摩擦与碰撞。总之,国际人力资源管理是多维度、多面的,随着各维度情况的变化,较之于国内人力资源管理呈现出更复杂的特征。

摩根提出的国际人力资源管理的3个维度共27种组合的概念模型,认为国际人力资源管理是处在人力资源活动、员工类型和企业经营所在国类型等这三个维度之间的互动组合。① 他认为,国际人力资源管理与人力资源管理的基本职能相同,然而,国际人力资源管理所面对的是不同国家,如母国(home country)、东道国(host country)、第三国(the third country),以及不同员工类型,如母国员工、东道国员工、第三国员工。他认为国际人力资源管理与人力资源管理的区别在于三点:高瞻远瞩的考量、较大的范围与活动和更多的风险涉入。

（三）国际HRM与国内HRM的差异

关于国际人力资源管理与人力资源管理的差异性问题,不同的学者有着不同的观点。阿卡夫指出五个主要区别,即国际人力资源拥有更多职能、更复杂的管理、更多参与员工的个人生活、不同的管理重点和受到更多外部因素的影响。② 具体来说:(1)更多职能指国际人力资源管理除人力资源管理的任用、发展、激励和维持等功能,还需要执行派遣人员的遴选和重新安置以及维持派遣人员税后所得一致等工作。(2)更复杂的管理是指要面对母国、东道国和第三国的员工。(3)更多参与员工的个人生活是指国际人力资源管理者要确保派遣人员了解自己的薪酬、居住安排健康保险和家庭照顾等,有些跨国企业更设置单独的部门为派遣人员提供有关派外工作等相关的咨询和服务,因此,国际人力资源管理势必会更多参与员工的生活,以提供必要的协助。(4)不同的管理重点是指当海外操作成熟后,人力资源功能常会调整,比如工作重点由派遣人员薪酬和配置转向为当地工作人员的招聘甄选、教育训练和发展的工作等。(5)更多外部因素的影响是指由于面对不同国家当地政治和经济环境,国际人力资源管理受到更多外在因素的影响。

---

① Paul V. Morgan, "International Human Resource Management: Fact or Fiction," *Personnel Administrator*, Vol.31, No.9, 1986, p.44.

② F. Acuff, *International and Domestic Human Resource Functions: Innovations in International Compensation* (New York: Organization Resources Counsellors, 1984), pp.3-5.

比较国际与国内人力资源活动,至少有三方面的不同。①

1. 国际 HRM 与国内 HRM 的功能差异

国内人力资源管理的功能主要是发展、激励、任用等,国际人力资源管理在此功能之上,还有对外派人员的筛选和工作的重新配置等。国际人力资源的管理人员除了要对本国的人员进行管理,还要对东道国和第三国的本公司员工进行相应的管理,要保障员工对基本工资以及生活基础设备和保险的知情权。所以,在国际人力资源管理中,管理人员要更多地对员工的生活进行协助。当国际事务以及企业员工逐渐趋于稳定时,管理人员应该对现有人力资源管理模式进行相应的改变,比如可以聘请或者录用当地的优秀人才,以更好地适应国外的经济发展,保障企业运营的稳定性和可持续性。

2. 国际 HRM 与国内 HRM 的影响因素差异

国际人力资源管理与国内人力资源管理的基本职能是相同的,但两者之间有一个显著的不同点就是人力资源考虑因素上的差异性。比如,国际税收政策、母国与企业所在国家的外交关系、培训和提供行政服务以及语言交流方面的因素等,这就需要企业重视对风险的计算,对人力资源管理重心进行及时有效的转变,为国际企业不同员工群体制订相应的工作计划,才能对国际人力资源进行有效的管理。

3. 国际 HRM 与国内 HRM 的文化环境差异

每种文化都在不同层面反映其自身行为标准、准则、国家规制和法律的价值观、信仰、习惯和习俗,各国之间的文化和社会环境都有着很大的差异性,因而国际企业在人力资源管理方面具有很大的难度。环境的影响因素主要有消费者、供应商和政府等。虽然现如今各地域文化环境正在经历长时期的社会化与碰撞融合的过程,但各国文化因素与社会结构的差异性依然明显存在。随着跨国企业的建立与规模的进一步扩张,跨国企业员工国籍趋于多样性,在价值观念、思维模式、生活习惯等方面都不可避免地产生很大的差异性,导致其在企业的一些基本问题设定与处理上往往不同,这在很大程度上给企业的全面运营带来风险,影响企业运营的稳定性。

---

① 冯田迅:《国际人力资源管理存在的差异性及应对战略思考》,《人力资源管理》2015 年第 9 期。

(四)国际人力资源管理的主要研究内容

组织的国际化战略的成功离不开适合的人力资源管理方式。随着经济全球化的发展和跨国公司的盛行,国际人力资源管理愈来愈得到理论研究者和实践家的重视。国内外学者也纷纷从不同的视角开展对国际人力资源管理的研究,比较热门的研究集中在两个方面:战略的国际人力资源管理和跨文化的国际人力资源管理。

战略的国际人力资源管理(strategic international human resource management,SIHRM)主要从跨国公司的全球战略角度来探讨有效的人力资源管理模式。舒勒等人提出了战略国际人力资源管理的整体框架模型,考虑企业全球战略部署下海外子公司的当地适应性问题,认为子公司间联结及其内部运作是影响国际人力资源管理的最重要因素,并归纳出一些外生因素和内生因素对国际人力资源管理有效性的影响。道林(Dowling)将企业组织间的网络和联盟关系纳入外生因素之中。这些战略国际人力资源管理的研究使我们更加系统地认识到国际人力资源管理的战略地位和重要作用,不仅丰富了国际人力资源管理理论,而且强调了国际人力资源管理与组织战略目标的一致性,有益于组织目标的实现和跨国经营的成功。

跨文化的国际人力资源管理(cross-cultural international human resource management)主要研究跨国公司在进行人力资源管理活动时面临的文化差异。国际人力资源管理包括东道国、母国和第三国三个与国际人力资源有关的国家,与此同时涉及东道国员工、母国员工和第三国员工三种员工。人员的复杂性决定了文化的差异性。如何在进行国际人力资源管理时平衡民族文化的影响,并建设起被各国员工认可的组织文化是企业国际化经营的重点,亦是难点。目前,跨文化的国际人力资源管理研究存在两种截然不同的观点:普遍主义和情境主义。前者认为,世界各地的企业组织无疑是趋同和相似的,在他们看来组织规模、所采用的技术和竞争战略才是决定企业组织有效性最重要的环境因素,而文化差异随着全球一体化进程以及顾客需求日益相似已经淡化。后者认为,在某一特定文化中有效的管理方法在另一文化中可能会没有效果,因而跨国公司的竞争优势在很大程度上取决于其是否具有将不同地域产生的竞争优势进行跨文化转移的能力。这两种观点都拥有各自的支持者,且双方一直争论不止、得不到统一的定论。这种争论本身足以说明国际人力资源管理的复杂性。

1. 文化差异与跨国企业绩效之间的关系

在管理中,文化差异被视为战略、管理、组织行为和人力资源管理中的一个关键且复杂的变量。文化差异对跨国运营企业的影响是全方位、全系统、全过程的,因此,必须综合分析文化因素对企业经营活动的影响。

文化差异与跨国企业绩效的关系在 20 世纪 80 年代才开始受到学术界的关注,在影响跨国并购绩效的众多因素中,文化差异被认为是最重要的,也是被了解最少的。学者们认为,跨国并购将导致企业高层管理人员流失率的升高,并且文化差异可以通过并购双方文化之间的互补提高企业跨国并购的绩效表现。在整合成功的前提下,并购双方的文化差异越大,并购企业的绩效就越高,但文化的差异可能会影响并购整合的进程,可能使组织在创造价值的过程中所必须经历的组织变革更加难以实现。文化差异还会降低知识转移的有效性,在很大程度上已经被视为跨国企业及其子公司提升绩效的阻碍因素之一。文化差异与跨国企业绩效之间的关系十分复杂,因此,针对文化差异究竟是如何促进或妨碍跨国企业的绩效进行研究是非常有必要的。

2. 战略的国际人力资源管理与组织绩效之间的关系

战略的国际人力资源管理是在国际人力资源管理和战略人力资源管理的基础上发展起来的。因此,明确国际人力资源管理与战略的人力资源管理的定义对于深入了解战略国际人力资源管理来说很有必要。随着跨国企业在全球市场中扮演的角色越来越重要,人力资源管理的国际化开始成为研究的焦点。舒勒认为,国际人力资源管理的概念被界定为一系列旨在吸引、开发和保持企业跨国运营过程中人力资源特征的独特活动、职能和过程,它包括跨国运营企业在国内和海外人事管理活动在内的各种人力资源管理系统的总和。战略的人力资源管理则把人力资源管理活动与企业的战略管理过程联系起来,其重点是强调各种人力资源管理活动之间和人力资源管理活动与公司战略之间的协调性和一致性。人力资源管理在战略制定过程中的战略作用对于在动态环境中开展运营活动的跨国企业尤为重要。

三、国际人力资源管理的模式

近些年来,发展中国家的新兴跨国企业不断涌现,如我国的海尔、华为和联想,印度的"Infosys"和"Ispat",以及巴西的"WEG"等。来自巴西、俄国、印度、南非和中国的世界财富500强企业不断增多。尽管这些国家的快速发展和它们在国际化市场上的竞争力增强已经得到关注,但有关这些跨国企业管理问题的研究还很缺乏。实际上,当前的国际人力资源管理分析框架主要是基于北美情境或发达经济得出的,解释其他情境的问题并不十分有效。此外,尽管国际人力资源管理研究和实践都有了很大的发展,但国际人力资源管理研究者一直在集中与分散两种管理模式之间存在争论。

持集中管理模式的学者认为,国际人力资源管理的关键是将在美国开发并得到成功应用的观念推广应用到国际范围;持分散管理模式的学者认为,国际人力资源管理应该根据不同文化开发不同的管理方法。这表明,归纳和比较不同国家的国际人力资源管理研究不仅必要,而且非常有意义:既有助于指导管理实践,又能够回答研究的基本争议问题。

从实践上看,各国的国际人力资源管理活动都具有某些优点和不足,综合比较各国的国际人力资源管理研究结果可以取长补短,更好地指导我国国际人力资源管理实践。从理论上看,各国学者进行的国际人力资源管理研究多是基于本国或他国企业的跨国经营实践展开探索,这些研究成果具有情境性,有待于进一步验证其在其他情境中的敏感性,或者进一步探索不同现象背后的普适性理论。虽然很多国家的人力资源管理都有自己的特点,但有代表性的国家却不是很多,其中最有代表性的是美国模式和日本模式。

20世纪70年代,日本的经济发展成就给西方发达国家的企业管理人士带来很大震动,他们迫切希望了解日本企业管理产生高效率的秘密。在这种背景下,斯坦福大学商学院的美籍日裔教授威廉·大内(Ouchi)于1973年开始开展这项研究工作。威廉·大内选择了美、日两国的一些典型企业进行研究。他发现,日本企业的生产率普遍高于美国企业,而美国在日本设置的企业如果按照美国方式管理,效率便较差。威廉·大内等人调查了二十多个在日本与美国两个国家都设有工厂或办事处的企业发现,的确存在两种不同的企业管理方法,对于这两种"截然不同"的企业管理方法,威廉·大内分别命名为"J型组织"和"A型组织"。

(一)J型组织

威廉·大内在《Z理论:美国企业界怎样迎接日本的挑战》一书中,把日本的企业组织称为"J型组织"(Japanese Management Style)。他认为,J型组织的文化基础是个人流动性低、团体感强等。J型组织文化源于日本人世代为邻、居住环境没有隐私、靠协调合作而得以生存的社会环境，它创造出了一种最重要的社会价值观，即个人并不重要，个人的需要绝对不可超越整体的利益。因此威廉·大内认为，J型组织是对民族文化的同质、稳定、集体主义等状况的一种适应。在这种组织中，个体间的心理与行为总是亲密地融合在一起的。

威廉·大内发现J型组织具有以下特点：终身雇佣制；缓慢的评估和升职过程；非专门化的职业发展模式；含蓄的控制机制；集体决策；集体负责制；关注整体。

日本、韩国和相当多的中国企业等都采用J型组织的管理模式。

（二）A型组织

大内把由领导者个人决策、员工处于被动服从地位的企业称为A型组织（American Management Style），他认为当时研究的大部分美国机构都是A型组织。

A型组织的特点为：短期雇佣；迅速的评价和升级，即绩效考核期短，员工得到回报快；专业化的经历道路造成员工过分局限于自己的专业，但对整个企业并不了解很多；明确的控制；个人决策过程不利于诱发员工的聪明才智和创造精神；个人负责，任何事情都有明确的负责人；局部关系。

欧美等国家的公司大多采用A型组织的管理模式。

（三）Z型组织

威廉·大内转向探讨从日本企业管理的方法中，美国企业可以借鉴的经验是什么。他认为，美国企业应结合本国的特点，向日本企业的管理方式学习，形成自己的一种管理方式。他把这种管理方式归结为Z型管理方式，并对这种方式进行了理论上的概括，称为"Z理论"（Theory Z）。1981年，威廉·大内在《Z理论：美国企业界怎样迎接日本的挑战》一书中，对Z理论观点进行了详细阐述。Z理论认为，一切企业的成功都离不开信任、敏感与亲密，因此主张以坦白、开放、沟通作为基本原则来实行"民主管理"。经由Z理论改造的企业，最终将形成"Z型组织机构"。Z型组织有以下六个特点：

（1）实行长期或终身雇佣制度；

（2）对员工实行长期考核和逐步提升制度；

（3）培养适应各种工作环境的多专多能型人才；

（4）管理过程中既要运用统计报表、数字信息等清晰的控制手段，又注重对

第十三章 国际人力资源管理

人的经验和潜能进行细致而积极的启发诱导；

（5）采取集体研究与个人负责相结合的决策方式，及吸收有关人员共同讨论、协商、集思广益，最后由领导做决策并承担责任；

（6）树立整体观念与自我相结合的理念。

随着经济一体化进程的加速，跨国公司在发展过程中越来越多地将公司所在的母国文化与东道国文化相结合，创造出一种结合了两者优点的新的管理模式。Z型组织不是唯一的一种，但是比较有代表性的一种。

四、国际人力资源的本土化管理

20世纪80年代以来，在经济全球化和一体化潮流袭来以及知识经济时代到来的大趋势下，国家和地区之间地域和文化的差异日渐成为国际人力资源管理中的重要影响因素，也日益成为影响企业等经济组织在战略上获得重大发展的主要条件。现代企业在扩张型发展战略中，充分考虑跨地区、跨文化差异因素后，建立了三种人力资源管理模式，即人力资源本土化管理、区域化管理和全球化管理。随着市场和竞争越来越走向全球化，越来越多的外国公司进入中国，同时，随着我国国力的增强，也有越来越多的中国公司进入外国市场，不管是哪种情况，企业要想在全球竞争中谋求一席之地，必须获得高效的、具有国际适应性的人力资源管理与开发体系的支撑，这样才能够在全球和当地市场竞争中获得差异化和可持续的竞争优势，其中很重要的一点就是实现国际人力资源的本土化管理。[1]

通常而言，所谓人力资源本土化管理是指跨国企业对东道国的人力资源进行开发，利用当地员工的人力资本，使东道国成为企业员工主体的来源。人力资源本土化则不仅仅要求广泛采用普通工人、一般管理和科技人员，还应该聚焦于利用当地较高层次的管理人才和科技人才。在某种程度上，高层管理和科技人员的本土化才是真正意义上人力资源本土化的标志。人力资源本土化管理实质上是权力的配置，即在经营过程中，跨国公司将其在海外当地公司的管理权及技术开发任务逐步交付于当地的管理人员和技术人员，并最终由当地人员大部分甚至全面取代跨国公司对子公司外派人员的现象。

---

[1] 宋莹、姚剑锋：《跨国企业的本土化人力资源管理——以通用电气（中国）为例》，《中国人力资源开发》2015年第24期。

跨国企业的人力资源管理战略一般有以下四种类型:本国中心主义、国家中心主义、地域中心主义和全球中心主义。本质上,"本土化"是跨国公司将自身融入东道国经济的过程,包括生产、营销、管理、人事等各方面;也是身处东道国的跨国公司承担应有责任,将企业文化融入当地社会和文化的过程。本土化进程涉及生产、购买、营销、研究开发、人力资源管理等方方面面。其中,人力资源管理战略是决定跨国公司经营绩效的关键因素,许多跨国公司的管理者意识到了构建优秀卓越的本土化管理团队对子公司的经营成效所发挥的关键作用。本土化人力资源管理要求跨国公司必须秉承全球中心的人力资源意识,在当地雇用大部分员工和管理者,减少母公司的外派人员,并授予当地管理者在战略决策上的自主权。要想做好本土化管理,应该从以下几点入手。

(一)实施全球化的方法与本土化经验相结合的培训

员工综合素质和能力的不断提升是一个公司未来得以持续发展的永动机。企业真正的"核心实力"不在于生产制造或售后服务领域的短暂领先,而是企业持久不竭的学习能力。对于跨国企业来说,应该"在适当的时机,为适当的人员,提供适当的培训",培训课程既要不脱离实际,也要避免无谓的培训。培训应该充分考虑员工当前处于什么阶段、应进一步达到什么阶段、两者之间存在什么差距等问题,从而切实解决员工的发展需要。对于与领导力发展相关的各类重要课程上,应该保持全球范围内的一致性,以实现程序、术语及训练方法的相同,从而使身处各个国家和地区的人员都能获得一致的训练,避免发生无意义的沟通误解,这意味着之前经过公司任何一个培训机构培训的人员,即使以后被派到其他国家一样可以顺利地开展工作。

在培训课程的选择上应该增加诸如本土化领域的相关素材。在一些重点关注领域中,还需要更具有代表性的本土化案例,从中挖掘归纳出可以在培训课程中共享的内容。同时,公司总部应该充分考虑子公司的内部需要,授权其对课程进行自主设计和规划。在一线人员、区域领导者、高层管理者共同探讨,结合各方从不同角度的关注要点以及对培训所持有的不同期望之后,调动培训师资源拟定议程,在此基础上通过不断的反馈修改和完善培训项目。全球化方法与本土化素材相结合的策略,可以为跨国公司人才的全球流动奠定基础。

(二)提供与组织发展相适应的员工职业生涯管理

跨国公司需要创造一个平台,了解员工目前的职业信息,包括业绩、综合评估情况、特长发挥、下一步的职业发展等,并根据分析结果引导员工落实下一阶段的职业规划,通过相应的体系、工具和引导方式来协助他们开展和落实职业生涯规划。在这一培训体系中,处于不同培训阶段的员工都能够获得至关重要的职业辅导。比如,建立一个专门的职业生涯管理网站,提供实用性的内容和程序引导和帮助员工正确认识自己目前的能力状态,定位今后的发展目标。具体而言,员工通过网站可以清楚地认识自己目前的不足,为了实现目标还需要创造哪些条件,为了弥补这些缺陷或更好地精进技能应当接受什么样的培训,或者从事什么岗位的工作等。跨国公司还可以将培养人才的多少纳入对管理者的考核体系中,考核管理者每年将多少下属提升到关键的岗位。通用电气竭力避免管理者给员工职业发展造成"玻璃天花板效应",引导管理者自觉自愿、开放积极地去培养下属,让管理者充分意识到个人成功是建立在团队成功基础上的。

以通用电气公司为例,该公司提供了有体系的培训课程来协助员工有计划地实现职业生涯规划的目标。对于员工来说,培训只是提升自身技能的一种有效工具,并非是只要上完这些培训课,员工的职业生涯就一定能更进一步,还需要在其他方面做足准备。对此,通用电气提出了PIE模型,其中,P代表performance(业绩),I代表image(品牌),E代表exposure(曝光)。该模型意味着在进行职业规划时,员工的首要任务是做好本职工作的业绩,其次是修炼提升自身品牌形象,最后还需要在恰当的场合恰当地展现自己的魅力,促进个人品牌知名度的提高。中国员工在很多时候只做到了业绩这一块,后两块通常表现得不够充分,而实际上,后两个方面在帮助员工发展上发挥了很大作用。在通用电气中,员工只要自己主动,就能捕捉到很多宣传的机会。此外,通用电气还会安排一些拥有成功职业发展经历的典范人物与员工共享职业经验,他们不一定都是总经理以上级别的人员,也可能是员工周围的同事,但他们的职业生涯都经历过非常成功的转型之路。

(三)进行与公司价值观相匹配的绩效评估与薪酬分配

跨国公司应该按照一定的评价标准将对员工的业绩加以评估,并根据不同子公司所在国家的价值观进行评估,同时在考虑其价值观与业绩情况的基础上再加以评判,员工业绩分成不同的等级,一般会分为高、中、低三个级别,人数呈正态分布。公司应该为不同等级的员工制订详尽的培训计划,同时还提供了极具前景的发展空间,比如通过成熟的奖励机制如加薪、奖励股票期权、工作升迁等进行支持或者被辞退。另外，公司应该注重物质激励与精神激励的结合，合理提高员工的薪酬，包括提供股票与期权奖励、晋升，如果是高潜力的员工，公司还为他们提供历练的机会。企业可以赋予员工诸如"杰出领导奖"等荣誉，表彰他们为公司的创新与发展做出的重要贡献，精神层面的认可和嘉奖有时甚至能起到更大的作用。总之，为了打破"平均主义"，很多公司会实行优胜劣汰、奖惩分明的机制，以使公司得以在残酷的市场竞争中保持无限生机与强大的生命力。

（四）利用多种渠道进行扁平化沟通

跨国公司的所有员工都与母公司高层展开面对面的沟通是不现实的，虽然存在这样的机会，但往往很少，并且金字塔形的组织框架也让沟通的效率很低。但随着科技的进步，跨国公司内部各机构、各部门之间的沟通日益多样化和扁平化。电子邮件可以让母公司的 CEO 将公司业务的变化和自身的体验等与所有员工分享，即时通信工具也可以保证沟通信息更加快捷地传递和回馈。有的公司还会定期地借助卫星直播、网上直播等方式来召开员工大会。比如一至两个月开展一次网上直播的员工大会，根据问题及其涉及范围的不同在不同的地区或全球范围内开展。在公司内部，各种媒体与网络一起共同搭建了促进沟通的平台，这一平台有助于实现公司内外部最新信息与管理层最新动态的第一时间公布，最终希望使公司遍布全球的数十万员工能够在第一时间里及时知晓领导层的新思想，获取与公司发展战略目标和政策调整相关的信息。

综上所述，跨国公司在东道国进行本土化人力资源管理问题上，可以通过对员工的培训、职业生涯管理、绩效评估与薪酬体系以及创新沟通渠道这"四驾马车"实现。培训关注的是对员工价值观、目标、行为方式等进行重塑，强化企业的愿景和文化烙印，既要根据员工的特点因材施教、节约培训成本、增强培训效果，同时培养员工在全球化和本土化两方面的胜任力，才能真正培养出适应全球化且强调本土化的员工；员工职业生涯设计关注的是让员工不断在企业中获得成长和进步，逐渐胜任与自身能力相符的职位，打破本土员工晋升的"隐形天花板"，让本土员工为企业承担更多责任、做出更多贡献；员工绩效评估与薪酬体系可以将企业为员工在本土化培训和职业生涯设计中的投入转化为实际产出，鼓励本土员工符合企业愿景、使命和目标的行为；创新沟通渠道是连接跨国企业高层与本土员工的有效方式。

第十三章 国际人力资源管理

小　结

随着"地球村"的形成,跨国组织日益增多,为了适应环境的变化和影响,国际人力资源管理也应运而生。

本章首先对跨国组织进行界定和分类,其次介绍了人力资源管理的定义、环境、与国内人力资源管理的区别等,再次介绍了国际人力资源管理的三种模式,最后介绍如何实现国际人力资源管理的本土化。

复习思考题

1. 简述跨国组织和跨国公司。
2. 简述国际人力资源管理和国内人力资源管理的区别。
3. 简述国际人力资源管理的研究内容。
4. 简述国际人力资源管理的三种主要模式。
5. 如何实现国际人力资源的本土化管理?

推荐阅读

曹宗平:《国际劳动力市场与海外就业》,科学出版社 2015 年版。

程延园编著:《劳动关系》,科学出版社 2015 年版。

池振合、李素卿:《中国劳动关系研究及其未来发展——基于知识图谱方法》,《中国劳动关系学院学报》2018 年第 1 期。

房宏君:《基于 SSCI 的国际人力资源管理研究文献分析》,《科技进步与对策》2012 年第 14 期。

邱立成、刘文军:《战略国际人力资源管理:一个简单的分析框架》,《中国人力资源开发》2005 年第 4 期。

张明:《国际人力资源管理的差异性及其战略》,《当代经济管理》2012 年第 11 期。

张庆红、李朋波:《国际人力资源管理的研究现状、现实驱动与关键问题分析》,《中国人力资源开发》2015 年第 24 期。

赵曙明、高素英、耿春杰:《战略国际人力资源管理与企业绩效关系研究——基于在华跨国企业的经验证据》,《南开管理评论》2011 年第 1 期。

赵曙明等:《国际人力资源管理(第 5 版)》,中国人民大学出版社 2012 年版。

第十四章

大数据时代的人力资源管理

学习目标

1. 了解大数据背景下人力资源管理的特点。
2. 掌握大数据对人力资源绩效管理的影响及对人力资源管理创新的影响。
3. 理解大数据如何影响人力资源管理的创新。

引 例

人力资源服务行业应当跟上"大数据"趋势*

人力资源服务行业既是对管理新趋势、新理念最为敏感的行业,又是推动人力资源管理实践不断前行的重要力量。近期发布的《中国人力资源服务业白皮书(2013)》指出,以云计算为核心的人力资源SaaS(软件即服务)和大数据分析将成为人力资源服务行业的发展趋势。那么,人力资源服务行业应针对这一趋势作出何种变革?企业又如何应对大数据化的人力资源管理趋势呢?

本报记者就上述问题采访了《中国人力资源服务业白皮书(2013)》主编之一、北京大学政府管理学院行政管理系主任、博士生导师,北京大学人力资源开

---

* 资料来源:孟晓蕊:《人力资源服务行业应当跟上"大数据"趋势》,《中国劳动保障报》2014年6月28日,第004版。

第十四章 大数据时代的人力资源管理

发与管理研究中心主任萧鸣政教授。

记者：您认为在当下的中国人力资源服务企业中，人力资源管理方面的大数据应用处于一个什么阶段？他们面临着什么问题和挑战？

萧鸣政：中国人力资源服务业在国际上的影响在不断提升，这是由于中国经济主体在由传统产业向高科技产业转变的过程中，产业的转型发展需要人力资源服务业的支持。尤其是广大的中小企业，它们在人力资源管理方面的基础比较薄弱，更需要人力资源服务业的支持。

但我们的服务与世界其他国家同行相比还比较低端，服务种类中还是低端的劳务派遣占较大比例，服务方式还是手工操作的传统方式较多，在大数据的技术支持方面提供服务的能力比较弱。比如，在招聘这一块，虽然智联招聘、前程无忧等在网络招聘中处于领先地位的企业，可能在分析网络求职市场数据方面的能力比较强，但是整体上的招聘服务与市场需要来说还是有一些差距。随着网络技术的发展，如何通过分析网络大数据捕捉人力资源供求双方的实际需要，进而提供合理、高效、便捷的服务，将是招聘服务行业需要依托大数据技术进行的提升。

从整体上来说，这种提升技术上应该障碍不大，但是个体间可能会有差异。可以先从政府在人力资源方面的公共服务平台切入，或者以高校或科研机构为依托，建立一个大数据集成、分析、共享的先行案例，然后通过分享机制把这种大数据的分析技术和理念输入其他机构。

记者：如果一个毫无信息化基础的企业需要在应用大数据方面起步，应该从什么模块或什么角度开始建设？

萧鸣政：企业可以从自己的管理实践中的问题出发来梳理最迫切的大数据需求，或者与科研机构、咨询机构联系来取得一些帮助。当然，最基础的工作是要在日常的管理中注重数据积累和整理，养成注重数据分析的管理习惯，没有这一基础，不仅谈不上大数据化的管理，连传统的管理需求也难以满足。在此基础上，再通过自我提升或借助外部咨询机构的协助，筹划建设自己的数据库系统，才能逐渐步入大数据化的管理。

很多企业在进行绩效考评、人员素质测评、岗位管理的时候，就是因为平时不注意数据的积累，到了考评测评的时候，临时整理，临时分析，非常被动，费时费力，效果也不好。

记者：人力资源服务行业面对企业客户对人力资源管理大数据的需求，该如何发展或创新服务模式？需要怎样增值自己的服务水平？

萧鸣政：自己搜集数据，或面向市场购买数据分析软件和服务。在能力方面，则需要结合人力资源管理发展的新趋势来预判将来的新需求，通过不断的人力资源服务实践、案例的积累来建立数据库，进而建设新的服务项目。

比如，薪酬管理的云平台就是这方面的一个创新方向。近年来企业越来越关注薪酬设计和市场薪酬数据带给企业管理提升的价值，并且逐渐重视薪酬管理过程中的数据安全性和管理的高效性。因此，薪酬外包服务商可以建设这样一个平台，依托丰富的行业薪酬管理经验，引入先进的 IT 技术，通过实体服务网点有效收集各地、各个行业的薪酬市场信息，以此为数据基础，向购买服务的客户提供关于薪资措施的正确建议。

一、大数据的特点

（一）大数据的发展和特点

云计算、物联网、社交网络等新兴服务促使人类社会的数据种类和规模正以前所未有的速度增长，大数据（Big Data）时代正式到来。数据从简单的处理对象开始转变为一种基础性资源，如何更好地管理和利用大数据已经成为普遍关注的话题。大数据的规模效应给数据存储、管理和数据分析带来了极大的挑战，数据管理方式上的变革正在发生。

随着大数据时代的到来，学术界、工业界甚至于政府机构都已经开始密切关注大数据问题。孟小峰、慈祥梳理了大数据发展史上的标志性事件：*Nature* 早在 2008 年就推出了大数据专刊，*Science* 在 2012 年 2 月推出专刊、全球知名的咨询公司麦肯锡（McKinsey）2011 年 6 月发布了一份关于大数据的详尽报告，之后，大数据进入了达沃斯、联合国的议题，美国等国家出台了国家战略计划。[1]

迄今为止，大数据在定义上还没有达成一个完全的共识，一个简明的定义是指利用常用软件工具捕获、管理和处理数据所耗时间超过可容忍时间的数据集。

大数据作为信息社会发展的一项新生事物和一个时代的标志，其内涵体系

---

[1] 孟小峰、慈祥：《大数据管理：概念、技术与挑战》，《计算机研究与发展》2013 年第 1 期。

第十四章　大数据时代的人力资源管理

尚处认识、探索、研究的初始阶段,将随着实践的发展日益丰富。现在,学术界普遍已经取得共识的是,大数据有五个特点,这五个特点的英文首字母都是V,所以也称为"5V",即规模性(volume)、多样性(variety)、高速性(velocity)、价值性(value)和真实性(veracity)。

(二) 正确理解大数据

随着科技技术的发展,对大数据的处理能力将越来越强大,大数据将作为社会背景,也将作为一种管理范式影响我们的管理工作。

基于上述分析,我们认为可以从三个层次来理解大数据:第一,大数据指需要超出常规的技术工具、新处理模式才能具有更强的决策力、洞察发现力和流程优化能力的海量、高增长率和多样化的信息资产。第二,大数据具有技术属性和社会属性的双重属性,既是对数据集进行高效可行处理的最先进系统性技术工具和分析能力及方法,又是改变市场、组织机构和政府与公民关系的方法,展示了人类行为发展的社会规律性。第三,大数据是一种全新的大数据的思维方式和数据智慧。可以说,大数据开启了一个重大的时代转型,已经成为当今重要的社会资源及推动经济社会发展的动力源,完整地把握大数据含义对企业人力资源变革具有重要理论指导意义。

新增本科专业

随着大数据时代的来临,大数据所蕴藏的巨大能量和价值将引发井喷式的产业创新和管理变革,对国家治理、企业决策以及个人的生活、工作和思维将产生广泛而深远的影响。对企业的影响力将渗入从战略乃至每个经营管理细节,人力资源管理作为企业提高核心竞争力的关键,必然面临大数据时代的挑战。如何全面认识大数据,把握大数据的机遇与挑战,加快形成大数据思维,充分利用大数据价值,积极变革企业人力资源管理,大胆推进管理创新,无疑是不容回避的现实选择。

二、大数据对人力资源绩效管理的影响

基于大数据的理论分析,转变传统人力资源管理思维方式,形成大数据思维,积极变革人力资源管理模式和管理方法,成为组织人力资源管理应对大数据

时代挑战的核心。① 维克托·迈尔-舍恩伯格指出：大数据颠覆了千百年来人类的思维惯例，对人类的认知和与世界交流的方式提出了全新的挑战。

（一）挖掘员工潜力，提高交互式能力

通过对公司员工绩效情况的数据收集和挖掘，决策人员可以分析员工绩效数据及与其他数据间的潜在联系，以便确切地了解影响员工绩效状况的原因，并在此基础上制定相应的激励方案和制度，从而有效调动员工的积极性。如惠普公司抛弃单一的绩效评估系统，在引入社交网络技术后，动态地、持续地收集员工的反馈意见及建议。这样一种交互式的方式能促进员工全身心地投入工作，进而在一定程度上有效地开发员工潜能，提高领导对员工工作的满意程度，并长久地改善员工工作效率，加强员工工作能力，增强凝聚力。

（二）优化组织架构，实现扁平化的管理

在大数据时代，通过现代的网络技术媒介，组织架构将更加扁平化，而人力资源管理系统的存在将使得员工跨越部门、层级和地域成为可能，这会加快并拓展数据传递的速度与质量。同时，对于思维敏捷且活跃的年轻知识型职工，可以通过大数据条件下的网络实现自我管理。在分析人力资源绩效数据时，组织能够获得对绩效管理有用的关键信息，如果能充分运用，作为催化剂在团队的沟通和交流中将有效解决各种争端，从而有利于组织领导者与员工之间建立良好的、开放的关系，促成良好组织结构及员工文化的形成。

（三）非量化信息数据化，利于人才规划

大数据实现了一些不可计算的、非量化的信息数据化，因此，对人力资源绩效数据间的规律进行研究，可以发现员工日常的工作特征。同时，管理者还可以发现员工日常表现对绩效考核产生的影响，分析这些问题有利于决策者对组织人才培养计划进行合理规划，以支持组织制定人才战略的决策。对人才职业特点及个人能力分析的数据化可以帮助组织在对外招聘的过程中了解求职人员是否适合该职位。在数据"爆炸"的时代，数据资源将作为组织的核心战略。通过对各类招聘网址的数据进行整合，组织能获得有效的信息资源。

（四）应用大数据，构建有效的人才数据管理模式

在对组织人力资源进行测评过程中，采用数据信息进行分析以代替以往管

---

① 徐艳：《大数据时代企业人力资源绩效管理创新》，《江西社会科学》2016年第2期。

理者个人的主观判断,这将增加考评的合理性和公正性。在云技术和移动互联网的支持下,组织通过探寻数据间的潜在关系能迅速找到和实现有效的人力资源绩效管理,有利于人力资源管理部门摆脱烦琐的日常事务,从战略的角度改进绩效管理方案,提高组织人力效益,从而形成以绩效为导向的组织文化,实现人力资源绩效的持续健康发展。

三、基于大数据的人力资源管理创新

人力资源管理包括人力资源规划、招聘与配置、培训与开发、绩效管理、薪酬管理及员工关系六大模块。六大模块之间相辅相成,相互联系,对解决企业人才的"留、选、育、用"问题具有极为关键的作用。大数据时代的到来为其注入了新的能量,有人认为,大数据将成为人力资源管理的第七大模块,渗透到六大模块之中,为每一模块提供过硬的数据支持,推动人力资源管理系统的全面创新。[①]

(一)大数据与人力资源规划:事实+数据

人力资源规划的主要任务是预测人员需求,目前所采用的工具主要有专家预测、回归分析、趋势分析和比率分析等。管理者在使用这些工具的时候大多具有主观臆断性,不能做到全面客观,大数据时代的到来却可以很好地解决这一难题。在大数据的环境下,通过对组织内外部信息资料的收集,管理者可以确切地掌握反映每一位员工真实情况的各种数据。在了解了员工的基本情况、受教育信息、实习或工作经历、普遍兴趣和爱好等结构化和非结构化的基础数据,解决问题的时效、参与竞赛情况等非结构化的能力数据,以及员工的任务完成效率和绩效成果等效率数据和潜力数据之后,结合员工个人的目标和发展需求以及企业近几年的人力资源流动情况等,人力资源部就可以对员工的数量、质量、结构等作出客观的静态分析,对人员的流动性等作出精确的动态分析,随时预测空缺岗位的需求人数,查看其中哪些岗位可以通过企业内部培训来填充,哪些岗位必须通过企业外部招聘获得。

人力资源部通过对数据进行收集、统计和分析并结合企业的战略目标,制定未来人力资源规划。按照这样的原则,企业所有的人事决策都以"事实+数据"

---

① 王群、朱小英:《大数据时代企业人力资源管理创新思考》,《沈阳工业大学学报(社会科学版)》2015 年第 3 期。

的形式进行,不仅可以客观地确定未来人力资源工作的重点,还可以确定具体的方案和计划。人力资源部要善于利用数据、正确利用数据,作出每一步规划都要以事实为前提、以数据为基础,这对企业公平地建立、制定与实施人事政策等多方面都将产生不可估量的影响。

(二) 大数据与人才的招聘与配置:社交网络+数据处理

在招聘的过程中,企业大多采用网络招聘、校园定向招聘和现场招聘等形式,招聘者只对求职者的部分基础数据有大致的了解,如专业情况、实习经历等半结构化数据,而对求职者的动手能力、专业技能掌握情况等一些重要的非结构化能力数据却并不太了解,对于员工的一些业绩完成时效、职称提升率更是全然不知。

在大数据的背景下,一种不断融合社交网络的立体化的新招聘形式逐渐受到人们的关注。人力资源部借助社交网络的大数据能够直接获取应聘者的各类信息,不仅包括人力资源管理中所涉及的大数据信息,还包括其他财务数据信息和隐私数据信息等,从而形成与应聘者有关的立体信息集,全面了解应聘者的实际情况,实现精准的"人岗匹配",达到人尽其才、才尽其用、人事相宜的状态。另一方面,要在此基础上充分利用现代的云计算技术对大量数据进行处理,筛选有用的信息,摒弃无用的数据,得到申请职位情况、就业倾向等系列分析成果,并结合企业的人力资源规划情况得到企业各部门的招聘计划,使招聘工作做到有理有据,流程更有成效,配置工作定位更精确,实现"引"和"用"的艺术结合。

(三) 大数据与员工的开发:最大潜能+查缺补漏

职业生涯管理作为人力资源开发的重要组成部分,在企业的人力资源管理中发挥着重要的作用,可以更加有效地开发和利用企业内部的人才资源,减少对外部招聘的依赖,节约招聘成本,节省招聘时间;增强员工对企业的忠诚度和向心力,提高工作的积极主动性,减少离职率。

在大数据时代,海量的具体量化数据可以为职业生涯管理提供更具有说服力的信息并增强决策的可行性。在大数据的理念下,职业生涯规划是基于全部数据的,因此在信息的收集上,人力资源部不仅要了解员工的应聘岗位、晋升意愿以及职业规划等结构化与非结构化的数据信息,还要深入挖掘与职业生涯规划相关的其他信息,力求保证信息的完整性与整体性,然后对这些信息进行量化分析,摒弃一部分干扰数据,最终形成员工的立体信息集,使职业规划定位和职业引导更具有针对性和说服力。大数据中的一个"大价值"就是在应用中纠正错误,因此人力资源管理部门应关注相关数据所表现出的错误,实施针对性的培训,做到查缺补漏。组织可以根据不同的情况,制订不同的部门培训计划、一般人员的培训计划、选送进修计划等。这样一来,人力资源管理部门就能对员工的培训做到游刃有余。

(四)大数据与绩效考核:岗位数据+员工参与

在以往的考核中,考核者大多依赖有限的记录对被考核者进行主观评价,进而确定考核结果。例如,通过记录员工的出勤率、工作热情程度等通用型结构化和半结构化的基础数据和故障率、任务完成效率等岗位型的效率数据来确定员工对企业的贡献。然而,在大数据时代,想要在考核中做到客观公正,消除员工的机会主义行为,人力资源部门就必须改变原有的考核方式,建立以数据为依托的人员考核和胜任力分析工具。在绩效考核指标的设计中,首先进行的就是岗位分析。企业要充分利用现代科学技术和平台,全面收集和深入挖掘岗位相关数据,建立以数据为依托的绩效考核指标,进而设计员工考核的分析工具,使其不仅可以客观地肯定员工过去对企业的贡献,还可以对员工未来工作的改进提供量化的指导。

利用这样的互动平台,员工就间接地参与了绩效考核政策的制定,可以对企业的领导及其他人员的绩效进行直接的考核,有助于推动组织管理和绩效考核的透明化、领导对员工绩效的把握和员工对领导工作的监督以及员工之间的信息共享和相互沟通。员工参与其中,更能感受到企业对其重视,进而调动其工作热情,提升对企业的忠诚度。

(五)大数据与薪酬激励:针对性+多元化

有效的激励不仅是对员工过去业绩的肯定,使其获得成就感,还对员工未来工作积极性的提高具有重大的意义。随着人力资源管理系统的不断发展,薪酬激励的手段不断增多,体系日趋完善。目前主要有以下几种激励措施:物质利益激励、事业激励和感情激励。物质利益激励主要包括薪酬激励和福利激励,如基本工资、绩效奖金津贴和五险一金等,这些都是员工基本生活和稳定工作的保障。

在大数据时代,要以数据为基础,用事实说话来制定薪酬体系才能做到客观公正,保证人才队伍的稳定。通过对基础数据的了解,对那些长期服务于公司的员工要加大物质激励的力度,可以采取提供无息购房贷款的政策并且通过全面的数据分析来确定贷款的额度。对那些在能力数据和潜力数据方面表现优秀的员工来说,仅仅采用丰厚的物质激励是远远不够的,要采取多元化的激励手段。根据马斯洛的需求层次理论,人都有自我实现的需要,在企业内,尤其是高层或骨干员工都希望在专业上有所建树,在职位上有所提升,其名誉权威需求比物质利益更加强烈。因此,企业可以制订相应的进修计划,其名单的考核和确定一定要以员工所产生的大数据为基础。此外,感情激励也是一种很好的激励手段,是对员工的尊重与信任、理解与支持、关心与体贴。企业恰当地利用感情激励能够充分调动员工的工作热情,培养员工的忠诚和信任,从而打造一支稳定的工作团队。

(六)大数据与员工关系:劳动契约+心理契约

劳动契约明确规定了企业与员工之间的权利与义务。在大数据时代,劳动契约要更多地体现人性化的原则才能保证员工满意,降低企业的离职率。例如在考勤管理方面,随着大数据时代的到来,计算机技术广泛开发和应用,由一种由打卡记录员工出勤情况的考勤手段发展到指纹记录,有些企业甚至已经采用瞳孔记录等一些更为先进的手段,这些都很好地体现了以人为本的原则。此外,企业仅仅以劳动契约与员工建立关系是远远不够的,还需建立以共同愿景为基础的心理契约。

企业应以数据和客观事实为基础进行人事决策,让员工参与其中,对数据进行全面分析,使员工感受到客观公平,从而对工作更加积极,更容易在核心价值观上达成共识,由此来培养员工的职业道德,实现员工的自我发展与管理。大数据时代人力资源管理的信息化及全球化,使得员工通过计算机技术与网络技术逐渐改变其原有的工作方式,不断提高工作效率、规范业务流程,为企业带来更好的增值服务,实现企业与员工个人共同成长和发展,为实现双赢的目标而共同努力。

21世纪是全球化、市场化、信息化的世纪,是以知识为基础的新经济时代,是知识主宰世界的世纪。在这个新时代,知识成为最重要的资产及竞争差异因素。在这个新经济时代中,人及人的知识、智力将达到前所未有的重要程度。组织的运行环境也出现很大的转变,组织的人力资源管理必然要发生相应的变化。首先,随着第三产业的比重上升,服务业越来越成为经济活动的中心。准确高效

第十四章 大数据时代的人力资源管理

地传递信息服务对人力资源的搜集、掌握、使用和管理提出更高要求;其次是经济的全球化和国际化;再次是技术特别是网络技术的进步与发展;最后是企业通过兼并收购、资产重组使企业获得增长和发展。其中,人力资源管理在企业中的地位和作用尤其突出。组织只有取得了优于竞争对手的人力资源并充分发挥他们的智力能力,才能在竞争中取胜并保持其优势。因此,企业对人力资源的开发和管理日益成为企业提高效率,保证自身竞争优势的强有力武器。

小 结

云计算、物联网、社交网络等新兴服务促使人类社会的数据种类和规模正以前所未有的速度增长,大数据时代正式到来。大数据时代改变着很多事物的发展轨迹,包括人力资源管理。

本章介绍了大数据的发展的特点、正确理解大数据的三个层次,大数据对人力资源绩效管理的影响和基于大数据的人力资源管理创新。

复习思考题

1. 如何正确理解大数据?
2. 大数据对人力资源绩效管理的影响有哪些?
3. 基于大数据的人力资源管理创新有何特点?

推荐阅读

Angrave, David, Andy Charlwood, Ian Kirkpatrick and Mark Lawrence, "HR and Analytics: Why HR is Set to Fail the Big Data Challenge," *Human Resource Management Journal*, Vol.26, No.1, 2016, pp.1-11.

Marler, Janet H. and Sandra L. Fisher, "An Evidence-based Review of E-HRM and Strategic Human Resource Management," *Human Resource Management Review*, Vol.23, No.1, 2013, pp.18-36.

卢强、冯蛟、郭伟:《数据化的人力资源管理实践——以 H 企业为例》,《中国人力资源开发》2015 年第 16 期。

彭剑锋:《从二十个关键词全方位看人力资源发展大势》,《中国人力资源开发》2015 年第 2 期。

唐秋勇等:《HR 的未来简史》,电子工业出版社 2018 年版。

王爱敏、王崇良、黄秋钧:《人力资源大数据应用实践:模型、技术、应用场景》,清华大学出版社 2017 年版。

王通讯主编:《大数据人力资源管理》,中国人事出版社 2016 年版。

西楠、李雨明、彭剑锋、马海刚:《从信息化人力资源管理到大数据人力资源管理的演进——以腾讯为例》,《中国人力资源开发》2017 年第 5 期。

徐艳:《大数据时代企业人力资源绩效管理创新》,《江西社会科学》2016 年第 2 期。

喻德武:《互联网+人力资源管理新模式》,中国铁道出版社 2017 年版。

张丽娜、夏庆利:《高校人力资源管理的现实困境与对策——基于大数据思维下高校人事档案信息化建设的探讨》,《学术论坛》2016 年第 4 期。

张欣瑞、范正芳、陶晓波:《大数据在人力资源管理中的应用空间与挑战——基于谷歌与腾讯的对比分析》,《中国人力资源开发》2015 年第 22 期。

参考文献

〔德〕卡尔·马克思:《1844年经济学——哲学手稿》,《马克思恩格斯全集》第42卷,人民出版社1999年版。

〔英〕维克托·迈尔-舍恩伯格、肯尼思·库克耶:《大数据时代》(盛杨燕、周涛译),浙江人民出版社2013年版。

Acuff, F., *International and Domestic Human Resource Functions: Innovations in International Compensation* (New York: Organization Resources Counsellors, 1984).

Angrave, David, Andy Charlwood, Ian Kirkpatrick and Mark Lawrence, "HR and Analytics: Why HR is Set to Fail the Big Data Challenge," *Human Resource Management Journal*, Vol.26, No.1, 2016, pp.1-11.

Armstrong, Michael and Stephen Taylor, *Armstrong's Handbook of Human Resource Management Practice* (London: Kogan Page, 2014).

Bourgeois, L. J., Ⅲ, "Strategy and Environment: A Conceptual Integration," *Academy of Management Review*, No.5, 1980, pp.25-39.

Duncan, Robert B., "Characteristics of Organizational Environment and Perceived Environmental Uncertainty," *Administrative Science Quarterly*, Vol.17, No.3, 1972, pp.313-327.

Lester, D., J. Parnell and S. Carraher, "Organizational Life Cycle: A Five Stage Empirical Scale," *International Journal of Organizational Analysis*, Vol.11, No.4, 2003, pp.339-354.

Marler, Janet H. and Sandra L. Fisher, "An Evidence-Based Review of e-HRM and Strategic Human Resource Management," *Human Resource Management Review*, Vol.23, No.1, 2013, pp.18-36.

Porter, Michael E., *Competitive Strategy: Techniques for Analyzing Industries and Competitors* (New York: Free Press, 1980).

教师反馈及教辅申请表

北京大学出版社本着"教材优先、学术为本"的出版宗旨,竭诚为广大高等院校师生服务。为更有针对性地提供服务,请您认真填写完整以下表格后,拍照发到 ss@pup.pku.edu.cn,我们将免费为您提供相应的课件,以及在本书内容更新后及时与您联系邮寄样书等事宜。

书名		书号	978-7-301-	作者	
您的姓名				职称职务	
校/院/系					
您所讲授的课程名称					
每学期学生人数	_____人_____年级			学时	
您准备何时用此书授课					
您的联系地址					
联系电话(必填)				邮编	
E-mail(必填)				QQ	
您对本书的建议:					

我们的联系方式:

北京大学出版社社会科学编辑部

北京市海淀区成府路 205 号,100871

联系人:董郑芳

电话:010-62753121 / 62765016

微信公众号:ss_book

新浪微博:@未名社科-北大图书

网址:http://www.pup.cn

更多资源请关注"北大博雅教研"